rororo

Sie war als Schriftstellerin kaum bekannt, wurde von der Familie gern abgestempelt als das «recht trübe Problem Moni» und stand zeitlebens im Schatten ihrer Geschwister. Monika Mann war die wohl am meisten unterschätzte Persönlichkeit der Autorendynastie. Dieses Buch stellt sie mit einer Reihe von publizierten Feuilletons und zahlreichen unveröffentlichten Texten und Briefen vor: eine echte Entdeckung!

Monika Mann, geboren 1910 in München, lebte dreißig Jahre auf Capri und starb 1992 in Leverkusen. Sie war die «mittlere» Tochter von Katia und Thomas Mann und musste – wie die gesamte Familie – 1933 Deutschland verlassen. Anschließend lebte sie in verschiedenen Exilländern.

Die Herausgeberin Karin Andert ist Literaturwissenschaftlerin und arbeitet als Studienleiterin an der Evangelischen Akademie Tutzing.

MONIKA MANN

Das fahrende Haus

Aus dem Leben einer Weltbürgerin

Herausgegeben von Karin Andert

ROWOHLT TASCHENBUCH VERLAG

2. Auflage Juni 2025
Veröffentlicht im Rowohlt Taschenbuch Verlag,
Rowohlt Verlag GmbH, Kirchenallee 19, 20099 Hamburg
Originalausgabe
Zuerst veröffentlicht im Rowohlt Taschenbuch Verlag,
Reinbek bei Hamburg, August 2007

Lektorat Astrid Roffmann

Umschlaggestaltung any.way, Barbara Hanke
(Foto: Princeton University Library)
Satz Adobe Garamond PostScript PageOne
bei CPI books GmbH, Leck
Printed in Germany
ISBN 978-3-499-24513-8

Kontaktadresse nach EU-Produktsicherheitsverordnung:
produktsicherheit@rowohlt.de

«Das Dach ist durchlässig.
Aus dem Mond fallen Käfer und Eidechsen
aus Eis und Gold.»
MONIKA MANN

Inhalt

TEIL III

«Kunst und Leben» – Kommentare

TEIL IV

«Choreographisches» – Aphorismen und Gedichte

TEIL V
«Wir sind elf» – Schriften zur Familie

Statt einer Einleitung:

«Der Wind hat mich hergetragen»

Monika Mann im Gespräch
mit Gabriel Laub

Gabriel Laub: Die Schriftstellerin Monika Mann, am 7. Juni 1910 in München geboren, Tochter von Thomas Mann, hatte ein bewegtes Leben. Sie ging in der Nazizeit in die Emigration nach Frankreich, überlebte auf der Flucht die Versenkung des Schiffes, auf dem sie sich befand, lebte in New York und in Rom, bereiste Europa und Amerika. Vor etwa einem Vierteljahrhundert hat sie ihren festen Punkt im Weltall gefunden: die eigenartige Insel Capri, die in der Saison ein Tummelplatz für viele tausend Touristen ist, im Winter jedoch ein verschlafener, idyllisch-romantischer Ort.

Monika Mann lebt in einer stillen Ecke der Insel, wo auch im August die Touristen nicht allzu oft vorbeikommen, mit ihrem um einige Jahre älteren Freund Antonio, einem Capresen, der mal Fischer und Maurer war. Die zierliche, sehr lebendige Frau wollte mal Musikerin werden, ist jedoch Schriftstellerin geworden, wie alle in ihrer Familie. Sie schreibt Feuilletons, Lyrik, Gedichte in Prosa, Essays, die sie vorwiegend in der Schweizer Presse veröffentlicht. In Deutschland erschienen ohne viel Aufsehen einige ihrer Bücher. Der Erinnerungsband «Vergangenes und Gegenwärtiges», «Der Start», Tagebuch eines Musikers, eine Sammlung Gedichte in Prosa unter dem Titel «Tupfen im All», Bilder und Impressionen «Wunder der Kindheit», «Die Jacke», Aphorismen aus dem Alltag. In Literaturzeitschriften erschienen ihre Artikel über Thomas und Klaus Mann.

Wir sprachen auf Capri mit Monika Mann in der «Villa Monacone», so vornehm heißt das schöne Bauernhaus, in dem die Schriftstellerin wohnt.

Frau Mann, wie lange leben Sie schon auf Capri?

Monika Mann: Wie lange ich hier bin?

Ja.

Ja, also schon über zwanzig Jahre.

Und wie sind Sie hierhergekommen?

Ich bin hierhergekommen, eigentlich aus reinem Zufall. Wie alles bei mir im Leben eigentlich. Ich hab' mich erst sehr lange herumgetrieben in der Welt, wie das die Zeit so mit sich brachte, und dann hatte ich es ein wenig satt und wollte irgendwo *sitzen*, und da saß ich plötzlich in Capri. Der Wind hat mich hergetragen.

Na ja, der Wind trägt den Menschen hin und her, aber man bleibt doch freiwillig, in vielen Fällen mindestens.

Ja, ja, also ich meine, wenn ich mal irgendwo bin, bin ich meistens sehr seßhaft. Zum Beispiel sitze ich hier in diesem Haus und komme kaum in die Piazza. Die Piazza, wo der Verkehr vor sich geht, der menschliche Verkehr und so – aber ich lebe hier fast wie in einem Kloster.

Hier ist es auch sehr schön. Es ist schade, wegzugehen.

Es ist so schön, man fühlt sich in keiner Weise eingesperrt, mit dieser riesigen Aussicht, nicht wahr? Und ich muß sagen, ich langweile mich keinen Moment, die Tage sind mir eher zu kurz. Meine Freunde in der Stadt fragen: «Was *machst* Du eigentlich den ganzen Tag?» –

Das wollte ich eben auch fragen.

– «Du gehst nicht aus, du gehst in kein Theater, du gehst in kein Kino, du siehst keinen Menschen», sag' ich: «aber langweilen tu' ich mich *nie*, die Tage sind mir zu kurz, buchstäblich». Nun muß ich sagen, daß mir das Haus ziemlich viel Arbeit gibt. Ich habe eigentlich keine Hilfe, und es ist sehr schwer, Hilfe zu kriegen, und es macht doch eine ganze Menge Arbeit, also kochen und aufräumen ist schon der halbe Tag. Dann bleibt mir mit Mühe noch Zeit, etwas zu schreiben, wenn ich Glück habe. Dann wird es auch schon Abend, und da mach' ich Musik. Menschen fehlen mir manchmal, das muß ich gestehen, aber wo krieg' ich sie her? Es gibt hier nur Möwen.

Na gut, aber auf Capri gibt es doch oft Menschen, ich meine –

Nein! Also ich meine sooo, sagen wir Künstlerleut' und so, so zum Unterhalten, also zumindest intellektuell, überhaupt nicht. Im Winter gibt es nur Capreser. Ich habe gar nichts gegen Capreser, im Gegenteil. Ich bin mit einem Capreser seit zwanzig Jahren sehr befreundet, aber wir sind nicht verheiratet, wir leben seit einer langen Zeit zusammen. Also, im Gegenteil, ich bin sehr für schlichte Menschen, denn ich hab' das Intellektuelle gehabt, in der Emigration, das waren ja lauter « intellectuals », und ich sagte: « So, jetzt nur mal schlicht. » Und dann kam's, so wie ich es wollte! Also, man ist natürlich, vor allem im Winter, vollkommen isoliert. Aber es ist sehr schön, ich finde das wunderbar. Ich hatte es schon als junges Ding gern –

Capri?

– Isoliertheit.

Ach so … Isoliertheit?

Ja, ja, ja, ich erinnere mich, wir waren einmal – unsere erste Emigration war ja in Sanary, in Südfrankreich 1933, das war unser erster Fluchtort. Und da war am Anfang auch ein ganzes Bündel Intellektueller, Schriftsteller und so, vielleicht wissen Sie das?

Ja.

Heinrich Mann, René Schickele und Aldous Huxley, die waren nur in einem Sommer da. Und als der Winter kam, gingen die alle in die Städte. Meine Eltern gingen nach Zürich. Ich, was tat ich? Ich blieb ganz allein in Sanary, in diesem Fischernest – und mietete mir ein Klavier und eine Hütte, und da blieb ich [lacht] ganz allein!

Und was haben Sie gemacht, die ganze Zeit?

Klavier gespielt –

Den ganzen Tag?

– viel Klavier gespielt, ich wollte Pianistin werden, aber – ich hab' sehr viel gearbeitet, ein Klavier geholt aus Toulon und war da vollkommen einsam. Also, ich hab' es schon immer geliebt, diese Isoliertheit. Ich hab' in großen Städten gelebt, aber von allem jetzt hab' ich wirklich genug. Und ich muß sagen, die Jahre vergehen, so wie die Monate und Wochen, das ist … fast erschreckend. Im Sommer geh' ich weg, im Sommer verreise ich.

Und wo?

Im Sommer reise ich, da geh' ich nach Südtirol, in die Dolomiten, mit Freunden. Und dann besuch' ich meine alte Mutter, in Zürich. Und den Rest bin ich hier. Aber es ereignet sich *nichts*, wenn Sie mich fragen, mein Leben ist völlig *einförmig*. Nicht wahr! Ich hab' diese Etappen, Capri und ein paar Monate draußen, nicht? Und das ist es denn auch!

Und ist es so schön?

Schön, frag' ich mich eigentlich gar nicht. So ist es.

Na gut, man kann sagen «So ist es, Kismet», wenn man's nicht ändern kann. Aber Sie können es doch ändern.

Ich ändere es nicht. Ja, ich ändere es nicht, denn ich habe es ja schon sehr oft geändert, und das war jetzt eigentlich der Schlußpunkt. Ich mein', das war jetzt doch eigentlich die Dominante, würde ich sagen.

Aber, warum eben Capri?

Das war, wie ich sagte, *Zufall*. Ich war – habe zwei Jahre in Rom gelebt und wollte dann an einen ruhigen Fleck, nicht? Zum Schreiben, und das war die Frage: Sizilien, oder Capri, oder Ischia oder so, nicht? Es gibt ja immer diese Wahl. Sizilien war mir zu südlich und zu mafiareich und zu vulkanisch. All das hat mich eben geschreckt, und Ischia mag ich auch nicht so gern. Das ist erstens sehr, sehr deutsch, offen gestanden ... und auch vulkanisch, es gibt hier ja auch keine Erdbeben, das ist ein Vorteil. Und mir hat es auch gleich sehr gut gefallen, besonders diese Ecke. Das hatte mir ein Dichter empfohlen, diese Ecke hier. Das war ein ... ein Dichter, der jetzt plötzlich gestorben ist, der in Rom lebte: Rolf Schott.

Und jetzt, was machen Sie tatsächlich?

Natürlich dadurch, daß man keine Zeitbindung hat, wird auch Zeit verplempert, nicht wahr? Aber meine Art von Verplemperung ist ja nicht hundertprozentig, denn wenn man an sich irgendwie schöpferisch ein bißchen arbeitet, wird ja alles im Unterbewußtsein, irgendwie auch das Nichtstun verarbeitet. Was man dazu so braucht.

Wie gern ich das höre.

Das kennen Sie ja auch. Ich meine, faulenzen ist ja fruchtbar –

Ja.

– auch die Jahreszeiten. Wir haben im Norden ja Jahreszeiten, Frühling, Sommer, Herbst und Winter und so, während hier ja eigentlich fast das ganze Jahr gleich ist, also nicht gleich, es gibt nicht genug Unterschiede, die Blumen blühen immer, und es gibt nie Frost, nicht? Und dadurch ist auch ein Jahr schon aus einem Guß und dieses Gleichförmige, der Leerlauf trägt auch zu dieser Zeit, zu dem Gefühl der Zeitlosigkeit bei. Und ich mein', man steht auf, ziemlich früh sogar, um sieben, weil ja schon das Licht so stark hereinkommt, nicht? Da wird man – es hält einen nicht so lange im Bett – und, tja, das Haus, die Küche, das Frühstück, das Bettmachen – die Zeit vergeht –, Schuhe putzen, und was man so tut. Und dann setz' ich mich an die Schreibmaschine und versuche, einen Artikel loszulassen, was nicht ganz leicht ist, wie Sie wissen.

Ja, das weiß ich.

Man modelt so lange herum an diesen kleinen Dingen. Ich hab' schon von großen Schriftstellern gehört, mir fällt – zum Beispiel auch mein Bruder Klaus, der ja viele Bücher geschrieben hat –, mir fällt ein kleiner Artikel schwerer als ein Buch, denn es ist doch eine minutiöse Sache, und es muß doch irgendwie … jedes Wort ist doch … kommt doch unter die Lupe, weil es eben so kurz ist, nicht?

Ja, man kann sich nicht verstecken.

Vor allem bei den Aphorismen und Impressionen, die Sie ja auch machen. Man stößt doch in dicken Büchern – man sagt sich, mein Gott, so viel Papier und doch nichts. Es ist doch im Grunde sehr viel, und wenn man dann auf so konzentrierte Sachen stößt, ist man doch sehr dankbar, das sind nun die Rosinen, nicht wahr, in dem Roman? Meine ganze Liebe ist immer noch die *Musik*, meine ganze «Relaxe», meine ganze Aufmerksamkeit gilt immer der Musik, und ich muß sagen, man hat an den Platten sehr viel. Nun sehen Sie hier dieses … dieses Gewölbe, das klingt ja hier wunderbar –

Hm, Akustik, schön, ja –

– großartig, nun hab' ich hier eine Stereo-Anlage eingebaut, und wenn ich ins Konzert gehe, kann es gar nicht so gut sein.

Also auf Kurzformel gebracht, ist das die Landschaft, Tonio, die Musik.

– Landschaft, Tonio, die Musik –

– und die Arbeit –

– und die Arbeit –

– die schriftstellerische Arbeit –

– die Küche, und die Küche –

Na ja gut …

– spielt eine große Rolle.

Ja, auch als Vergnügen?

Oh ja, ich koche sehr gerne.

Sie kochen sehr gerne?

Oh ja, das ist sehr wichtig, es wird gut und viel gekocht. Übrigens führ' ich kein Kochbuch, also alles aus Phantasie gemacht –

Ja?

– man sagt, ich bin ein Genie im Restekochen – was übrig bleibt –

Mach' ich auch gerne.

Nein, nein, Kochen macht Spaß und Essen noch mehr.

Ja, aber Sie haben gut reden, Sie essen und werden nicht dick.

Nein, dick nicht, nein. Nun lauf' ich sehr viel rum, bin sehr viel in Bewegung, verbrenne viel.

Sie sagten, in die Stadt gehen Sie nicht?

Ja, hier.

Ja, auf Capri muß man sowieso viel laufen, weil es immer bergauf, bergab geht –

Ja, ja, das ist anstrengend.

– und keine Verkehrsmittel. Sagen Sie, Sie wissen doch, wie Capri im Winter lebt?

Viele Villen sind geschlossen, haben geschlossen, haben ihre Gärten – da muß man nachschauen und so, das ist ja ein großer Luxus, diese leerstehenden Villen, die stehen ja zehn Monate leer. Und ... und die anderen Leute sind wohnungslos – da war also – so kommt der Kommunismus. Und die Hotels sind auch viel geschlossen, auch viele Geschäfte sind geschlossen, es ist ganz *verschlafen*, die Insel. Nun komm' ich ja wenig dann ins Dorf, das Landschaftliche verändert sich nicht, die Möwen bleiben hier, und die Landschaft, die Schönheit bleibt bestehen, und das Haus ändert sich auch nicht, es ist ideal.

Also ein richtiger Urlaub wäre hier im Winter.

Ja! Aber sagen Sie es nicht weiter. Tourismus gibt es also gar nicht, nicht? Zu Neujahr wieder ein bißchen, gibt es, es sind dann Weihnachtsferien, aber – es ist wunderschön. Es ist richtig dann eine Privatinsel, es ist eine Art Paradies, aber man muß eben die Nerven haben, diese Einsamkeit so zu bestehen – und das tu' ich also herzlich gern. Weil ich es von Jugend auf schon gern gehabt hab', wir haben ja immer isoliert gewohnt, mein Vater wohnte auch gern isoliert. Nie in der Stadt, nicht? Wir wohnten ja schon in München so draußen, immer so halb ländlich. Trotzdem hab' ich es zwölf Jahre mit New York ausgehalten. Ich hatte New York doch sehr gern. Also, ich möchte nicht wieder hin, aber ich möchte die Zeit nicht missen, es war doch immerhin ein Erlebnis, diese zwölf Jahre. Obwohl es nicht immer lustig war, weil man ... man viel Trauriges gesehen hat. Aber, New York hat einen großen Zauber – damals, heute weiß ich nicht. Ich bin schon dreißig Jahre weg, es hat sich wohl sehr verändert.

Und, haben Sie Freunde unter den Capresen? Ja, außer Tonio?

Nein, Tonio – und Tonios paar Freunde. Ein junger Gärtner, der mit ihm Dame spielt und Karten. Es kommen manchmal Freunde aus Rom, ja? Das sind so sporadische Gäste, aber wir sind meistens alleine. Und es – wir finden das richtig. Sie wissen, was ein Metronom ist? Nun hatte ich manchmal keine Lust zum Spielen, ja, ich war irgendwie a-musikalisch, amusisch aufgelegt. Dann ließ ich das Metronom laufen, und aus diesem einförmigen Tick-Tack-Geräusch ergab sich irgendwie die Musik. Können Sie sich das vorstellen?

Ja.

Aus diesem einförmigen Leben, das ich im Grunde hier führe, ergibt sich ganz von selbst eine gewisse *Fülle*, die ich ... ja, die ich jetzt in Worten nicht so erzählen – das ist mehr ... als –

Könnten Sie das spielen?

Am Klavier spielen?

Ja.

Na, ich bin ja keine Komponistin.

Wie viele Bücher haben Sie bisher geschrieben?

Büchelchen!

Ja, Büchelchen –

Ja, so vier, fünf –

Ja, in diesen zwanzig Jahren?

Ja, aber ich mach' ja sehr viele Feuilletons.

Artikel, ja?

Also, wenn ich meine Feuilletons sammeln wollte, was ich nie gemacht habe – und das tut man wohl, glaub' ich, auch nicht, das tun nur berühmte Leute –, ich habe es nie ernstlich betrieben. Und das ist ja ganz gemischt. Das sind Impressionen, das sind Gedichte, das sind Kritiken, das sind zeitkritische Sachen und … alles!

Ja, wie schreibt man für die Zeitung, wenn man so isoliert lebt?

Wie komme ich auf die Themen, die Feuilleton-Themen? Das … das weiß ich selbst nicht, die fliegen mir zu! Das sind ja keine Aktualitäten!

Ja, ich weiß.

Das sind … sind Gedanken – das, was mir beim Spazierengehen oder sonstwo in der Küche einfällt, irgendwas!

Also meditative Themen?

Meditative Themen, sie können aber schon auf die Zeit bezüglich sein! Es muß nicht unbedingt sein, also – aber, wie ich darauf komme, kann ich Ihnen nicht sagen, es fliegt mir zu! In der Züricher «Tat», die jetzt eingegangen ist –

Jaaa –

– vielleicht meinetwegen –

[lacht]

– hatte ich *jeden* Samstag etwas.

Ja?

Also der war mein Hauptabnehmer, sie ist eingegangen. Es gab schon lange ein Defizit, die konnten das nicht mehr machen, leider, wie alle guten Zeitungen, auch in der Schweiz, das weiß man.

Und, sagen Sie, womit beschäftigt sich Tonio?

Tonio? Der war früher Maurer und Fischer und hat es mit dem Herz zu tun bekommen und durfte keine schwere Arbeit mehr machen, war aber noch nicht alt genug, um gar nichts zu tun, und hat sich da unten eine kleine *Bar* eröffnet, eine Getränkebar – und Souvenirs macht er, sehr hübsch. Er schnitzt Schiffe und verkauft das am laufenden Band, es macht ihm Spaß. Er ist sehr geschickt, also, wie nennt man das, hand... –

– handwerklich?

Ja, und er macht da hübsche Sachen. Dadurch hat er den Kontakt mit den Touristen in allen Nationen und Farben und – er befreundet sich leicht, er ist sehr, sehr gesellig, und es macht ihm Spaß, nicht wahr? So vergeht die Zeit. Und er ist ein großer *Spieler*, also nicht um Geld!

Und wie lange sind Sie mit ihm zusammen?

Die ganze Zeit schon.

Die ganze Zeit?

Ja, ja.

Also, jetzt möchte ich nur die Reihenfolge von Ursachen und Folgen wissen.

Ja, das ist eben das Berühmte, was alle Journalisten eben so ausbeuten und dann auch blödsinnigerweise veröffentlichen, diese ganze Romantik – Fischer und Tochter von Thomas Mann, dieser Kontrast der großen intellektuellen Tochter, und das ist ein einfacher Mann. Ich meine, das finde ich ja gar nicht so *wichtig*. Klassen gibt es für mich überhaupt nicht.

Das war jetzt für mich nicht wichtig, ob Fischer oder Schriftsteller –

Ja! Er war mir im ersten Moment sympathisch, und außerdem habe ich seine Persönlichkeit mit dem ganzen Ort irgendwie verbunden, nicht wahr? Das war alles irgendwie «unito» –

Ja?

– nicht wahr? Ich muß Ihnen das irgendwie ganz blöd erklären. Mein Wunsch, mal irgendwo zu *sitzen* und nicht herumzuleben in möblierten Zimmern in großen Städten – und womöglich *schön* zu sitzen, nicht wahr, landschaftlich und – womöglich auch noch in guter Gesellschaft – und das schien mir dieser Mann zu sein – und wir haben uns ganz natürlich sofort irgendwie gebunden gefühlt – und das hat gar nicht – ich könnte nicht mit ihm in irgendeiner Stadt leben, das könnte ich gar nicht! Das würde dann … dann aus der Rolle fallen. Er gehört hier auf diesen Punkt, nicht wahr, für mich ist dieser Mensch mit diesem Ort verbunden. Nun haben wir ein *Problem*, also ich weiß nicht, ob wir nicht doch noch ausziehen werden oder nicht, aber ich glaube – nun sind wir schon so lange hier –

Nein, ich wollte sagen, für mich war interessant die Frage nicht wegen des Klassenunterschieds, das ist ja alles Quatsch –

Nein –

– aber wegen der Ursache, ob Sie auf Capri geblieben sind, weil Tonio da war, oder ihn genommen haben, weil Sie auf Capri bleiben wollten –

Das ist alles verbunden, das hat alles so zusammengespielt, nicht wahr? Das hat sich, das hat sich *organisch* zusammengeschlossen –

Hm, ja –

– ganz natürlich. Ich hab' nicht gesucht, es ist so geworden, nicht? Wie gesagt, kann ich es schon als Schicksal bezeichnen, glaub' ich. Ich glaube nicht, daß ich mein Leben sehr weit in der Hand habe, daß man herumgetrieben wird, aber das fand ich irgendwie *schicksalsgewollt.* Ich erinnere mich auch an die 80. Geburtstagsfeier meines Vaters –

Ja –

– Bruno Walter, ja, kam eigens – das war rührend, es war sein letzter Freundesdienst –, kam aus Kalifornien angeflogen nach Zürich, um meinen Vater zu feiern, um etwas zu dirigieren. Und da war abends im Schauspielhaus eine große Feier, wo Schauspieler Thomas-Mann-Werke lasen. Und zum Schluß trat mein Vater auf, der blieb die ganze Vorstellung hinter der Bühne, weil er ja auch mitwirkte. Und wir saßen in der Loge, meine Mutter und ich. Und er war dann so furchtbar müde, er war ja auch achtzig, daß er kaum noch sprechen konnte, und hat dann alles verwechselt und hat immer «München» statt «Zürich» gesagt – wir sind ja ursprünglich aus München. Und die *lachten* alle natürlich wahnsinnig, er hat alles verdreht, aber er war sehr gut. Na, kurz und gut, Bruno Walter dirigierte dann noch die «Kleine Nachtmusik» von Mozart, das war sehr hübsch. Und nachher war ja ein großes Essen, und ich saß zufällig – oder nicht zufällig war Bruno Walter mein Tischherr und er fragte: «Sag mal, Capri, ist das nicht furchtbar klein? Und stößt man da nicht immer wieder an denselben Ort? Wie kannst du da immer nur sein, wie machst du das?» Dann sag' ich: «Nein! Es ist nicht klein. Erstens mal ist es gar nicht klein, es sind neun Kilometer zu laufen, neun und ein bißchen – und soviel lauf' ich gar nicht am Tag. Und außerdem wechselt es ja täglich, stimmungsmäßig, beleuchtungsmäßig, wettermäßig, wechselt es ja schon sehr, nicht?» Also nicht in Jahreszeiten, aber es ist immer wieder andere Stimmung, andere Bilder und andere Ausschnitte. Es ist immer wieder neu, finde ich. Ich gehe ja immer denselben Weg, jeden Morgen, und es ist seit zwanzig Jahren immer wieder anders! Immer wieder neu. Und immer wieder erschütternd schön, wenn ich da die Treppen runterkomme. Und ich kann mir – ich kann da in New York leben oder in London leben, oder sonstwo leben, das ist viel ... viel monotoner, glaub' ich. Das *Meer* ist die Weite, nicht wahr? Das ist ja eben das Offene, Sie fühlen sich mitten in der Unendlichkeit, Himmel und Meer – und dann dieser geschlossene Zirkel dieser Felseninsel, das ist der ruhende Punkt, und alles Übrige ist ewig, unendlich. Man sieht hier *Sternenhimmel* wie nirgends auf der Welt! Man glaubt manchmal, daß man Milliarden von Sternen mit den Händen fassen kann, so tief und so hell! Also, faszinierend! Man kann manchmal nachts draußen stehen und statt zu schlafen ... den Himmel anschauen. Wie *nirgends*, hab' ich noch nie gesehen. Und ich meine, im Winter, wenn das Meer wild ist, ja? Es schäumt ja manchmal bis herauf, die Gischt macht einen enormen Radau – Radau kann man es nicht nennen, es ist ja ein wunderschönes Geräusch, nicht? Wenn es hier gegen die Felsen fällt – und das ist also wahnsinnig schön. Also, ich meine, jetzt ist es ruhig, idyllisch und freundlich, aber wenn es tobt, dann ist es noch viel schöner. Und es gibt auch schwere Gewitter im Winter, aufregend! Über das ganze Meer, taghell, nicht wahr, durch die Blitze. Nein, nein, es ist von der Natur aus gesehen wohl das Großartigste, was ich je erlebt habe. Nun kann man sich dessen nicht immer bewußt sein, man kann ja nicht immer die Schönheit genießen und so – aber man kriegt es doch im Unterbewußtsein immer mit. Das ist einfach der «background» – und das hilft natürlich auch mit, daß man stundenlang dann gar nichts zu tun braucht und dann eben doch diesen «background» hat, der in einen hineinsickert und der einen dann immer wieder aufs neue produktiv macht. Entweder koche ich dann was Gutes oder schreibe was Gutes – etwas kommt schon zustande.

TEIL I

«Schule der Weltbürger»

Texte zur Emigration

Die Flucht

Nun hat der Krater seinen gähnenden Schlund aufgerissen,
der Krater meines gequälten Herzens
und meines zermarterten Hirns.
Schwarzschwelende, stickige Wolken
und unheimlich in der Nacht meines Daseins aufleuchtende
Feuergarben brechen hervor.

Und der Haß, mein unversöhnlicher Haß,
der hockt rittlings auf dem Krater
und bläst mit vollen Backen
hinein in die grausige Hölle.

Und ich brenne,
und alles um mich brennt.
Die ganze Welt scheint aufzulodern, –
und ich schreie voller Verzweiflung und ungedämmter Wut
und schlage meine Finger krallend
in das wetterleuchtende Gewölbe des Himmels,
bis ich weinend vor unsäglichem Weh zusammensinke,
zu einem Häuflein Erde;
und das Himmelsgewölbe zerre ich mit mir herunter,
daß es wie ich zusammenbricht,
zu einem Häuflein Erde. – –

Schule der Weltbürger
(Ein Dokument)

Wenn man auf eine kurze Frage eine lange Antwort gibt, so ist das verdächtig oder zumindest sonderbar. Frägt man dich, wie du heißt, so ist die Antwort ein Name, sonst nichts. Man frägt mich, welcher Nationalität ich bin, und ich antworte – ich bin amerikanischer, ursprünglich deutscher, zwischenhinein auch tschechischer und ungarischer und demnächst wohl wieder deutscher Nationalität. – Es ist eine viel zu lange Antwort, als daß sie einen nicht verwundert, ja argwöhnisch lassen sollte. Und wirklich, man schaut mich mit großen Augen an, als wolle man sagen – Teufel, dahinter muß eine Geschichte stehen! – Mit Gott, hier ist sie denn! Das heißt, eine Geschichte ist es eigentlich nicht, sondern eine persönliche Erfahrung, entsprungen dem Geist der Zeit – pointenlos in ihrer Wirrheit und Verworrenheit, Traurigkeit und dennoch gut, ja strahlend.

Einst ließ man ein Wort ins Gebet einfließen für das Vaterland, daß es erhalten bleiben möge im Kriege zwischen den Völkern: Heute läßt man ein Wort ins Gebet einfließen für die Welt, daß sie erhalten bleiben möge im Kriege gegen sich selbst. Unsere Gedanken, Träume und Gebete, mögen sie intim sein, sind heute mondial gefärbt. Einst war der Gipfel von Scherz, seinen Hund, angetan mit einem karierten Mäntelchen und Federhut, in einen Fesselballon zu setzen, mochten Gebell und Gewinsel den blauen Äther entzücken! Heute setzt man seinen Hund, mit allerlei sphärischen Schinken ausstaffiert, in einen Sputnik und gibt ihn der Frau Erde auf ihrer Rundreise als Begleiter mit. Möchte mein Hündchen mir dann erzählen, wie der Mond von hinten aussieht, ich sehe immer nur sein unheimlich Gesicht! So scherzt sich's also in unserer Zeit, und es vergeht einem fast das Lachen. Man schämt sich fast vor seinem Hund, dem kosmischen Haustier. Er reist ohne Grenzen, Valutawechsel, Paß- und Zollrevision, ohne Red Tape, indes man selbst – nun, schweigen wir! Und wäre das Wort «Weltbürger» nicht ein hochfahrendes Synonym für das Wort «Zigeuner», würde man rufen – ich habe bei alledem ein wenig zu weltbürgern gelernt, nicht nur du, Hündchen!

Aber warum schweigen? – Schon in der Schulzeit verstimmte, demütigte mich die Kanzlei, das Sekretariat, das Rektorenzimmer: Es handelte sich dort stets um eine Art des Rechenschaftstehens, um eine Art des Augias. War mein Gewissen unrein, wurde ich rot bis in die Ohren. Später bei dem Augias des Grünen Tisches wurde ich wohl grün.

Der Staat schwelgt in seiner Bürokratie, weil sie ihn aufrechterhält. Und der Bürokrat, Träger des Staates, verrichtet sein Amt mit Behagen und mit Stolz. Mich fragte einmal ein Kind – braucht der Papst eigentlich einen Paß, wenn er reist? Ich erwiderte, daß er den Vatikan nicht zu verlassen pflege, daß er wohl gegebenenfalls ein himmlisches Abzeichen mit sich trage, vor dem die irdischen Autoritäten sich beugen. Ich glaube jedoch – sagte ich zu dem Kind –, daß bei aller Gebeugtheit jene Autoritäten sich erhaben fühlen: Ich lasse dich ziehen, heiliger Mann, weil ich die Macht habe, dich ziehen zu lassen – mögen sie denken, und der große Pápa mag's ihnen nachfühlen. Ein rosiger Hauch der Scham mag sein Antlitz überziehen, während Seine Herrlichkeit einen kleinen Grenzbeamten passiert. Damit sagte ich, daß den höchsten Sterblichen vor den Behörden das Kribbeln überkommt. Was nun mich betrifft – ein Irgendwer –, so habe ich jenen Dornenweg voll ausgekostet.

Ich war fünfzehn Jahre alt, als ich zum erstenmal einen Paß mit mir trug. Ich passierte die Grenze Deutschland-Österreich-Schweiz, um dort ein Pensionat zu besuchen. Mit neunzehn Jahren trug ich zum zweitenmal einen Paß mit mir, als ich die Grenze Deutschland-Schweiz und Schweiz-Frankreich passierte, um Paris zu sehen. Sonst war von einem Paß und desgleichen in meinem Leben keine Rede gewesen. Beim Ausbruch des Reiches fing es an, und es riß nicht ab.

Daß ich automatisch mit meinem Vater ausgebürgert wurde – er hatte sich offensichtlich gegen die deutschnazistische Regierung und ihr Unwesen ausgesprochen, ich nicht –, ist läppisch, um so läppischer, da derjenige, welcher das Urteil so famillant über uns verhing, keinen Familiensinn hatte. Doch jene Ausbürgerung war mir bei aller Läppischkeit und bei aller Schrecklichkeit eine Ehre: Und bei aller Ehre war ich staatenlos. Es war einem das Kleid vom Leibe gerissen worden, das man ohnedies nicht mehr tragen wollte, aber jetzt stand man schutzlos im Winde. Ich befand mich gerade in Italien und wollte, da es um Weihnachten war, meine Eltern in der Schweiz besuchen. Dies ermöglichten mir fremde provisorische Schutzherren wie der später vom Duce ermordete Conte Ciano und der Bundespräsident Motta in Form eines italienischen Ausreise- und schweizerischen Einreisepasses. Nun aber kam wie der Weihnachtsmann ein gebildeter und beherzter Demokrat mit Namen Benesch und schenkte uns ein neues Kleid – genau gesagt, eine ganze Garderobe, denn es waren acht neue Kleider. Ich vergesse nicht, wie der tschechische Generalkonsul dem «Freilein» die Hand küßte und ihm Glück wünschte zur tschechischen Karriere. Meine Brüder gingen wirklich nach der neuen Heimat und hatten sie gern. Golo erlernte sogar ihre (konsonantenreiche, für uns verzwickte) Sprache so weit, daß er beachtliche Artikel ihren Zeitungen lieferte. Klaus eroberte sich einen guten Platz in der «Literatur» Prags. Mein Vater hielt Vorträge in Prag ... Wir waren Tschechen, so traumhaft es uns anmutete. Ich selbst wußte in meiner dankbaren Befangenheit nichts anderes zu tun, als Smetana zu spielen. – Als ich – «Deutsche» bei meiner Heirat in England – einem italienischen Aufenthalt zu verdanken – meinen tschechischen Paß verlor («und sollen sein ein Fleisch» aus fünf Nationalitäten!), war es mir leid darum. Denn er hatte mir jene Zeit hindurch treuen, wenn auch ein bißchen traumhaften Schutz verliehen. Er kam freilich von Benesch, vom Geiste eines Masaryk und nicht eines Zapotocky.

Die Wogen des Atlantischen Ozeans wüteten herbstlich. Mein neuer Schutzherr mit Namen Horthy – ein ausgezeichneter Admiral – paßte ins Bild. Jedoch verhinderte er samt allen Admiralen nicht das Scheitern eines Schiffes, das hundert Britenkinder und uns Jungvermählte nach Kanada evakuieren sollte. Ein deutscher Torpedo schickte beinahe alle Kinder, beinahe die ganze Besatzung, schickte meinen Mann in den Tod. Eigentlich war es dies größte und schrecklichste Erlebnis, das mich die Verachtung vor jeglicher Scheidung, vor schäbigen und absurden Barrieren zwischen den Nationen lehrte. Angesichts des Gewaltig-Entsetzlichen, angesichts des Unmenschlichen, das da unter Menschen geschah – ich selbst war auf dem besten Weg zum Meeresgrund –, entschied ich, daß dies alles aus lächerlichen und wahnsinnigen Ursachen geboren sei. Wie durch ein Wunder wieder zum Leben aufgetaucht, fand ich es bei allem Verlust neu und schön. Aber Ohnmacht, Ekel, ein Drang zum Lachen befielen mich, als ich bei dem ungarischen Konsulat in London um einen neuen Paß eingab. Englisches Ausreisevisum, amerikanisches Einreisevisum, Rechenschaft stehen und Augias, formulare Aussage und Stempelplage im Zeichen der Sirenen – der Ekel tilgte ein wenig die Trauer, dafür war es mir gut: Sonst mochten doch die Walfische, mochte doch Moby Dick persönlich diesen ganzen widrigen Kram verschlingen!

Daß meine Brüder und Vettern und Freunde für Amerika kämpften, daß sie dafür – nämlich für Demokratie und Menschenwürde – durchs Feuer gingen und daß mein Vater ein Streiter der Demokratie und Menschenwürde war – für die ich mit meinem Herzen gleichwohl eintrat – und daß er ein guter Freund Roosevelts war, half mir nichts: da es hier nicht um dergleichen, sondern um Quoten ging. Ich war ein Besucher Amerikas, immer wieder um das Visita-Visum eingebend. Die Akten häuften sich. Als ich nach sechsjährigem amerikanischen Aufenthalt bei Kriegsende meine Emigration anstrebte und die Kanzleien des Kolumbus mir zur Gewohnheit gemacht hatte, häuften sich jene Akten noch mehr. Es kam der Tag, daß ich (dem vorgeschriebenen Bumerangprozeß zufolge) die USA verließ, um von draußen, nämlich von Montreal, Kanada, in aller Form in die USA einzuwandern, was während des Krieges nicht möglich gewesen war.

Abgesehen davon, daß ich das alte, gartenreiche französische Städtchen reizend fand, schauderte ich vor dem Stoß meine Person betreffender Amtspapiere, der mich auf dem American Consulate General Montreals anglotzte: Man konnte meinen, es handle sich um einen sechsfach Vorbestraften. Heil back home hieß nicht, daß ich zu Hause war. Bis dahin sollte jener Stoß und das Spiel der Bürokratie an Dimensionen noch gewinnen! Nach endlichem Empfang der sogenannten First Papers dauerte es ganz auffallend lang, bis ich endlich das Staatsbürgerrecht, bis ich endlich eingeschworen wurde. Wer oder was war schuld? War dem Weißen Haus zu Ohren gekommen, daß ich gerne Tolstoi las und die Musik von Mussorgskij liebte? Waren es «linkselende», «peacemongerische», das heißt pazifistische Verwandte, war mein Plan, eine Reise nach Mexiko zu tun, war es die allgemeine Vorsicht der Regierung, die meine Fragen und Forschungen, unterstützt von einem in solchen Dingen gewiegten Rechtsanwalt, nichts fruchten ließ? (Es stand ja alles und manches andere mehr in jenem Aktenstoß.) Ich saß da also immer noch mit meinem (nunmehr ganz «anrüchigen») Ungarpaß.

Das ungarische Konsulat in New York war ausgezogen, umgezogen, stand überhaupt nicht im Telephonbuch. Man mußte wissen, daß es durch die Hintertüre einer britischen Institution im finstersten Downtown zu betreten war. War ich auch wohl ein wenig abgebrüht, so wurden doch Ohnmacht und Lachkitzel von damals jetzt zur regelrechten Furcht. Ich fühlte mich fehl am Platz, und ich fürchtete mich. Obgleich mein Mann Ungar gewesen war, habe ich nie ein besonderes Verhältnis zu seiner Heimat gehabt. Ihre Pferdesteppen, ihr buntes, kultiviertes Budapest, ihre Rhapsodien – ich kannte es aus der Ferne. Doch das, was mir immer an jenem Volk gefiel, war seine Weltaufgeschlossenheit, sein vielinteressiertes, kosmopolitisches Wesen. Mein Mann war in den verschiedensten Sprachen und Kulturen zu Hause, und er war keine Ausnahme. Diese Herren hier – sie waren klein und geheimnisvoll – sprachen überhaupt nur ungarisch. Sie flüsterten hinter staubigen Barrieren mit Seitenblicken nach meiner Person, sie verschwanden und kamen wieder – kopfschüttelnd, mit finster-listigem Grinsen, so schien mir, Namen aussprechend wie Rákosi und Búdapesti. Sie bedeuteten mir mit unheimlichem Händereiben in ihrer Sprache der Maikäfer, wiederzukommen, ein andermal vielleicht ... Der Augenblick gab mir das Unfaßliche ein, daß dies in Menschen verwandelte Maikäfer waren, die über mein Schicksal entschieden. Ich ging und kam wieder, betrat das verborgene insektenhafte Konsulat. Diesmal konnte jemand englisch, und mir wurde hinter der staubigen Barriere ein Stuhl offeriert, und mein Paß wurde auf einen Monat verlängert. Amerikanisches Exit-Visum, amerikanisches Reenter-Visum, Schweizer Einreisevisum, italienisches Durchreisevisum und scheele Blicke. Hafen- und Grenzoffiziere witterten eine kommunistische Spionin in mir. Auf dem ungarischen Generalkonsulat der Bundeshauptstadt Bern gewärtigte ich ein brummelndes Geschwader, das meinen Weg verdunkeln und bedrohen würde. Statt dessen empfing mich eine manierliche, sportliche, junge Dame – eine Freundin der Literatur – und überreichte mir einen nagelneuen feschen Sowjetpaß. Der Erfolg davon war, daß die Franzosen sich vor mir fürchteten und mir das Durchreisevisum verweigerten, das ich brauchte, um mit der Queen Mary «nach Hause zu fahren». (Wo ich doch keinerlei Absicht hatte, auf die Franzosen noch auf irgendwen ein Attentat zu verüben!) Ich habe vergessen, mit welchen Protektionen und Umwegen ich nach einem Jahr in der Schweiz aufs Schiff gelangte. Und das alles nannte sich Frieden.

Und da war die Sache mit Mexiko, die mich endlich beinahe alles verwünschen ließ. Mein unschuldiger und ökonomischer Plan war – die unsinnige Hitze New Yorks fliehend –, den Sommer in den Bergen Mexikos zu verbringen. Ein dort lebender Schriftsteller schrieb mir von den Schönheiten jener Landschaft, von Gewittern und Sonnenpracht, die so dramatische und einmalige Kontraste in sie hineinspielen, und er schrieb mir von der Billigkeit – es ließe sich dort für einen Dollar pro Tag besser leben als irgendwo. Meine magyarischen Maikäfer standen dem Plan nicht entgegen. Ich blätterte in Katalogen mit spanischen Monumenten und Ruinen inmitten einer schroffen und heiligen Landschaft, wo gedrungene braune Männer mit Messern in den Gürteln herrliche Vasen und Teppiche verkauften und auf Stieren ritten. Ich ließ mich gegen Typhus impfen, sorgte für Flugplatz und mexikanische Herberge: Amerika verweigerte mir das Exit-Visum. – Ich beschloß, meinen Ungarpaß einzustampfen, ihm den Garaus zu machen, so oder so. Das war leichter beschlossen als getan. Zum Vernichten gehört viel, zu viel, als daß es mir gelingen wollte. – Wieder in einem fernen Winkel New Yorks. Diesmal in einem hochmodernen Wolkenkratzerbüro einer christlichen Institution, die Nansen-Pässe vergibt. Es muß abgeschworen werden, meine Liebe, Sie sind nicht staatenlos! Der Nansen-Paß dem Staatenlosen. – Ich fuhr zum Abschwören. Aber da mußte Búdápéstí einschreiten und mitwirken, und das würde Mónáté dauern, wenn es überhaupt zu bewerkstelligen war. O mache mich, o mache diese Erde staatenlos, du großer und seltsamer Gott! – Und all dies mit dem Vorzeichen «Frieden» – was war da noch zu hoffen? – Ich fuhr nach New Hampshire und aß baked potatoes den lieben Sommer lang. Dort war auch eine Psychoanalytikerin, deren kühne Verleugnung des Lebens mich den Fall Mexiko vergessen ließ: Sie löste ja das Leben, das Unbegreifliche ins Begreifliche auf oder ins sophistische Nichts.

Es war soweit – wiederum im Sommer –, daß ich vor den hohen Richter trat. In einem turnsaalartigen Archiv, wo Männer in Hemdärmeln und Goldbrillen zwischen Akten schwitzten, saßen wir, die Angeklagten – nein, die Antragsteller, Verfechter eines Titels, eines Rechts, auf langen Bänken oder Stühlchen und warteten. Emigranten aus aller Herren Länder – Japaner, Portoriker, Deutsche, Philippiner, Juden, Holländer, Franzosen, Neger – teils trüben und hungrigen Angesichts – erwarteten das Urteil, würden oder würden sie nicht jenen Titel, jenes Recht erlangen. Wir saßen 2, 3, 4 und 5 Stunden. Die Hitze war groß. Der Straßenverkehr verhing sich klirrend in den Fenstern. Ab und zu verschwand einer von uns hinter einer Türe, wohin ein Mann in Hemdärmeln und Goldbrille aktenbeladen ihn beorderte. Ich erfuhr, daß dort eine Art Untergericht stattfand, eine Art Untergott waltete: Von ihm wurde man in das eigentliche Gemach und vor den eigentlichen Gott gestellt. Ich hatte das Haus am frühen Morgen betreten. Die Sonne kochte mittaglich, als ich von meinen beiden Zeugen schützend eingerahmt – als wir drei wie die Zinnsoldaten vor den Richter traten. Jetzt sah ich den Rhododendronwald Pennsylvaniens, der mit seinen rosa, weißen und blauen Blüten und seiner satten Ruh' von der feuchten Hitze widerstrahlte – in dem ich die Constitution gelernt hatte, die Präsidenten, die 48 Staaten, und ich fühlte mich plötzlich wohl, glücklich. Ob ich Amerikas Ehre mit Waffen verteidigen wolle, hörte ich fragen. Nein, antwortete ich glücklich. Als der Richter mit freundlichem, ja gewinnendem Lächeln seine Frage wiederholt hatte, gab ich ihm das Ja, obwohl ich keine Waffe in den Händen gehabt hatte, obwohl ich mit Waffen nicht umzugehen wußte. Während wir schon bei der nächsten Frage waren, dachte ich blitzschnell – wenn einer übel von meinem Bruder redet, mag ich ihm einen Nasenstüber versetzen; wenn einer übel von China, Norwegen, Rumänien oder Amerika redet, so ist mir's einerlei. Denn das sind Begriffe, während mein Bruder ein Individuum, eine Tatsache ist. Ich mag nur für das Individuum den Nasenstüber austeilen! – Ich zählte langsam, stockend, ich glaub' ein wenig singend die Staaten auf, nebenher dachte ich wieder blitzschnell – und doch, jene Begriffe mögen Tatsache sein. Der Begriff eines Landes, einer Nation, eines Kontinents, der Begriff «Amerika» wird individuell, verteidigungswert in diesem Menschen, der da als Richter vor mir sitzt. – Kentucky, Tennessee, Georgia, Florida – summte ich, und ich stockte. – In diesem Menschen, der als Richter vor mir sitzt. – Alabama, Mississippi, Louisiana, Ohio, Indiana, Michigan, Wisconsin, Minnesota, Kansas, Nebraska, Colorado, New Mexico, seine Fahne hat 48 Sterne, aber Texas hat nur einen Stern (improvisierte ich), Idaho, Utah, Kalifornien, Oregon, Washington. – In diesem Menschen, der als Richter vor mir sitzt ... Mir schwindelte.

[...]

Und was man sich erworben hat, kann man sich bewahren! Ich bewahre es mir. Nicht äußerlich – ich bin dabei, das amerikanische Staatsbürgerrecht niederzulegen –, aber innerlich: Ich bewahre mir das Recht, Amerika zu lieben, ihm dankbar zu sein. Fast ohne Unterbrechung zwölf Jahre in einem Land gelebt zu haben – soll ich sagen, daß es die besten Jahre waren? –, reichen aus, ihm Treue und Verbundenheit zu bewahren fürs Leben. Ein Gesetz der Vereinigten Staaten von Amerika jedoch erlaubt ihrem naturalisierten Bürger nicht mehr als fünf Jahre seiner ununterbrochenen Abwesenheit. Überschreitet er diese Frist, verliert er die Staatsbürgerschaft. Wer aber will den Kontinent so mir nichts, dir nichts wechseln, noch dazu um eines Gesetzes willen, das unserer Zeit entwachsen, nicht würdig scheint? Denn in Europa leben, heißt nicht, fern von Amerika leben, heißt nicht, das verlernen und vergessen, was man in der Neuen Welt gelernt und erfahren und sich errungen hat. Die Länder Europas, sind sie nicht so etwas wie amerikanische Provinzen (nicht zu ihrer Schande sei's gefragt!), und sind die Vereinigten Staaten Amerikas nicht so etwas wie europäische Ableger? Leben wir nicht in einer Welt, die immer mehr zusammenrückt, die unvermeidlich, bei allem Zaudern und Widerstand sich vereinheitlicht und vereinigt? Während ich meine amerikanische Staatsbürgerschaft niederlege, lese ich Emerson und Whitman, schreibe ich meine «Amerikanische Novelle», denk' ich an zwölf, wenn nicht immer leichte, so doch helle Jahre in New York und Los Angeles, New England, Vermont und Maine ... Ja, es ist vor allem Amerikas Licht, das so unvergeßlich ist. Der Himmel der Neuen Welt ist heller als der Himmel der Alten Welt. (Ein grüner Baum wirkt dort dunkler als hier, zuweilen fast schwarz gegen das lichte Blau.) Und das ganze Dasein ist hell – die hellen, einfachen Wohnungen, die hellen Markets, Schulen, Fabriken, Kaufhäuser, Garagen und Kirchen; das helle, ja strahlend schlichte Antlitz eines Rockefeller Centers, einer Fifth Avenue, eines Sunset Boulevards, einer Washington Bridge, eines Lincoln-Monuments, eines Weißen Hauses, eines Hügelstrichs von New England oder eines Felsplateaus von Maine; das helle, einfache Gemüt des Amerikaners – er beschwert, verdunkelt es nicht mit Konservativismus, weil er dem Tag, dem Heute sein Recht gibt, weil er für das Neue und Helle ist. Möge Wahn seinen Horizont verdunkeln; das Schlichte und Lichte weicht am Ende nicht!

Ich bin seit fünf Jahren wieder in Europa. Ich stehe am Scheideweg. Eine Hand weist nach links, eine Hand weist nach rechts. Zu diesen beiden Händen mal' ich mir einen Kopf, einen Körper, ein Ganzes. Meine Skrupel, der Schmerz der Unentschiedenheit weicht einer seltsamen Ruhe. Es ist ja gar kein Scheideweg, es ist ein Ganzes, das mich zu umarmen anstrebt. – Übrigens werde ich trotz jener seltsamen Ruhe auf dem deutschen Konsulat, wohin ich nun meine Schritte lenke, wahrscheinlich etwas lachen – weiß ich, vor Ohnmacht, Befangenheit, Rührung, Glück? – Und dann? – Auf der Heimreise wird eine alte Engländerin im Verlauf einer Plauderei mich fragen – and what parts of the world are you from? Und aus welchen Zonen der Welt stammen Sie wohl? Und ich: Bayern. Und sie: I could have bet you are at least scottish. Ich hätte wetten mögen, Sie seien mindestens schottisch. Und ich: Ja, wissen Sie, das kommt nämlich daher … Da haben wir die Geschichte. Und wieder und endgültig ist es nichts mit der kurzen Antwort. Weil eben doch das Weltbürgerlein in mir hockt und dies Weltbürgerlein lange Antworten gibt, selbst wenn es aus Bayern ist – und im Grunde nur fette Wiesen liebt mit Kuhgeläut, gotische Städtchen, Burgen, Minnesänger, Fluß und Wald, Bach und Dürer, Mozart und Mörike, verschneite Tannenwege und bäuerliche Holzmadonnen, blühende Linden und einen Heuwagen, der durch die Abendsonne schwankt und rumpelt und dessen Fuhrmann hoch auf dem Heue thronend eingeschlafen ist, getäfelte Stuben mit bunten Kachelöfen, wo behäbige Wirtinnen mit roten Backen und schwarzen Atlasschürzen Knödelsuppe auftischen und in urchig-grotesker Mundart einen Schwank erzählen, wenn es die dezidierte, dabei unendlich nuancierte, zarte deutsche Sprache liebt und ihre Meister … Ich liebe es, weil es die Basis, der Grundstein und Ausgangspunkt ist zu anderem, vielleicht ebenso Wertem, vielleicht Werterem – wie der gigantische Zauber arizonischer Canyons, traumhaft schillernder Schluchten, wie die triumphale Schönheit der Rocky Mountains, oregonischer roter Riesenwälder, nevadischer Sonnenblumensteppen, Neujorker Skylines, dunkel-strotzender neuorleanischer Bananenhaine, wie der lachende und gesegnete Anblick illinoisischer Meere blühender Apfelbäume, die hehre Kulisse Stiller und mediterranischer Ozeane, toskanischer Klöster und römischer Renaissancepaläste, der herbe und farbige Reiz südfranzösischer Häfen, Dörfer und Rebengärten, die blumig-felsigen und wolkigen Panoramen Schottlands, die elegant-feierlichen Parklandschaften Englands, wie Shakespeare, Tolstoi, Debussy, Zola und Dante, die souveräne Gelassenheit der englischen Sprache, das klingende und ästhetisch gezügelte Pathos der italienischen Sprache, die artikulierte, pointierte Grazie der französischen Sprache, die drangerfüllte, gleichsam um Wärme ringende russische Sprache ... Wie weit und wert ist die Welt, und es läßt sich hoch oben auf jenem Heuwagen thronend, durch die Abendsonne schwankend und rumpelnd, gut von ihr träumen – von dieser Welt, die ja schon eins ist, ohne es sich einzugestehen.

Es erübrigt sich fast, hier den internationalen Geist zu erwähnen, der heute bis ins kleinste und ärmste Fischerdorf dringt und gleichsam das Mark der Welt ist. Internationale Ausstellungen, Messen und Olympiaden, Kongresse, Fest- und Wettspiele und Konkurse aller Art, geschäftliche und künstlerische Beziehungen, Freundschaften und Verbindungen zwischen Nationen, Stämmen und Kontinenten, Kinder, die in zwei, drei Sprachen aufwachsen, das vermittelnde, völkerverbindende Medium des Films – das Internationale, das Zwischenstaatliche, das Überstaatliche, durchsetzt es nicht unseren Raum, unsere Zeit wie ein magischer Bazillus und ist es nicht durchaus an der Tagesordnung? – Unter dem, was ich ein bißchen voreilig und zynisch das hochfahrende Synonym von «Zigeuner» nannte, unter «Weltbürger», mein' ich auch nicht (im Zusammenhang mit jenem Hündchen) einen Menschen, der mit einer weltmonopolisierten Zigarre in einer sauerstoffgefüllten Platingondel sitzt und seine Steuern auf die verschiedenen Planeten abwirft, sondern einen Menschen, der in den Bewohnern der Erde eine gar wundersame Familie sieht. Freilich, in jeder Familie spukt und zündelt es gerne. Aus der Verwandtschaft erwachsen mystische Kräfte und Gefahren, Spannungen – ähnlich denen, die der großen Natur, den Lüften und Sphären innewohnen und die zu Explosionen, Katastrophen führen mögen. Diesen zu begegnen, auszuweichen, gibt es zuweilen nichts anderes als das Glockenläuten und den Rosenkranz. Jenen zu begegnen, auszuweichen, gibt es die Vernunft: Nicht jenes spielverderbende Wesen, von der Gouvernante dem Kinde, von Gouverneuren den Völkern eingebläut, sondern die Schutzherrin des Menschen schlechthin, die in den verschiedensten, seltsamsten, schönsten und strahlendsten Gewändern auftritt! Mir scheint, sie ist niemals berechnend, niemals rechtend, sie ist wie durch Wunderkraft bindend, vor allem da, wo Wollen und Müssen Gegner sind. Sie umspielt die beiden Gegner oder Pole, bis sie von ihrem Spiel betört ineinander aufgehen. Eine Welt, die nicht frei und offen, ein Ganzes sein will, doch muß, mag im Schutze jener Herrin das wollen, was sie muß und das müssen, was sie will! Wenn sie das ist, was sie sein will und muß, dann erst beginnt die große Zeit, das eigentliche Spiel unserer Göttin Vernunft, die auch Diplomatie des Herzens heißt. Denn je größer, freier und offener das Revier, desto unumgänglicher ihr Wirken.

Es war wie ein Traum
Casablanca: Hafen voller Gegensätze

Die Wirklichkeit verging am Horizont: Gähnen der Wahrheit strich übers Meer ... Zwischen den perlmuttrig strahlenden Gebäuden stand die Morgensonne. Alles stand – die Sonne, das Schiff, die Stadt. Wir waren trunken vom Durchmessen des Ewigen und empfanden das Endliche als Vision. Ein grüner Schimmer hing im matten Blau des Himmels.

Vorsichtig betraten wir das Land. Es war wie ein Fund, dem wir nicht trauten. Schwarze Augen und fremde Zungen lockten, verführten: wir blickten auf den rosa Kies des Hafenplatzes und lächelten.

Das Licht der Ewigkeit umspielte diese Stadt Casablanca. Es waren große weiße Plätze, in denen weiße Gestalten wandelten. Zwischen weißen Mauern sah man das blaue Meer. Blüten züngelten wie duftige Flammen an den weißen Mauern empor. Palmen rauschten leise bei den weißleuchtenden Moscheen.

Aber die Hütten der Armen standen wie Aschentonnen vor dem Paradies.

Da war das Zauberreich des Sultans. Der junge Halbgott hauste mit Weibern und Schätzen im maurisch-schlanken Palast. Weiter im Park gab es den Kinderpalast und prächtige Tempelchen aus Mosaik und Glitzersteinen, wo elegante Affen und schillernd gefiederte Vögel lebten.

Es gab Lustwege mit dunklen Nadelbäumen, Grotten und Purpurblumen, und es gab bunte Wasserspiele und Fische in silbrigen Brunnen. Abends würden überall farbige Lämpchen brennen, und die Gärten würden aufglühen als lieblicher Spuk. Der Sultan und die verschleierten Frauen und die Sultänchen würden weiß und tänzerisch zwischen den Agaven wandeln und magisches Getier würde lautlos in den Ästen schaukeln.

Neben den funkelnden und lärmenden Basaren erstreckten

sich helle Steinwüsten bis an den Meeresstrand hin: rehbraunes Wild weidete auf dem nackten Fels, als diente diese heilige Landschaft ihm zur Nahrung. Rote Feze schwammen wie Leuchtkugeln in der zartblauen Luft.

Viele arabische Kinder bettelten zum Deck des Schiffes hinauf. Sie flehten mit dunkler Anmut, und die Münzen fielen in ihre mageren Hände. Ein Knabe mit schwarzen Locken, ein paar Lumpen um seine Glieder, führte einen jungen Gorilla vor. Der konnte manch lustiges Kunststück und den Salto mortale. Es regnete Semmeln, Äpfel und Geldstücke, und das dunkle Kinderrudel raufte sich tanzend und purzelnd um den Segen, als sei Mazze vom Himmel gefallen.

Da plärrte Musik, das Schiff fuhr ab. Die winkende Menge am Hafen verging bald im bläulichen Dunst der Ewigkeit.

Hatten wir wirklich eine Stadt gesehen? …

USA 1940
– Notizen –

Your story! Give us your story, please! Die Reporter New York Harbour, Blitzlichter … Publicity. Und Anonymität – Anonymität, als gehe man auf Sand, ohne Spuren zu hinterlassen, das Leichte.

Das Mütterliche des Drugstore. Wir fühlen uns sauwohl hier.

Die Kreuzung von konventionell und exzentrisch. Das Pluralisch-Besondere (John Steinbeck), Führende, wohin?

Und: keine Scheu vorm Wissen. Keine Scheu, es an- oder unterzubringen (von Baked Potato zu Relativitätstheorie ein Katzensprung).

Im großen und ganzen viel Einzelnes. Eigentlich keine Nation. A-nationale Macht. Sehr aktuell.

Was den Yankee mit dem Yankee verbindet, die Suche nach dem Glück. Glückskommunismus. Phantastisch.

Als echter Phantast: Kriegspolitik, Angstpolitik au fond das Kriegs-Abgewandteste der Welt.

Eisenbahn. Hoch- und starkgebaute schnelle, nie haltende Eisenbahnen vom Atlantik zum Pazifik, vom Pazifik zum Atlantik. Raum. Und Zeit. Sonnenblumen. Schafe. Pampelmusen. Im Tabu des Nichts ein weißer Wolf.

New York. Eine gerade, eine einfache Stadt. Es heißt, daß Menschen erdrückt werden täglich.

Man merkt hier nichts von der Herstellung der Dinge, das Leben hat es nur mit Fertigem zu tun.

Riverside Drive West, noble Blocks (otto cento), dazwischen banks. Ecke 90th Street der Fugensatz, Hammerklavier, wohnt hier Artur Schnabel?

Nebenan Zimmer. Feine Etagen, die wir wie eine Schleppe nach uns ziehen. Oben das nackte Frontzimmer nichts als Verheißung. Und drei Grad minus. Durchs kleine Fenster mit Feuerleiter im Hudsondunst die Leute und Hunde. Wir reißnageln etwas an die Wand, machen's uns bequem. Wir denken an jemand, Hut auf dem Kopf. Der Himmel hier sehr groß. Doktor L. in der Schulbank. Das deutsche Dr. med. gilt hier nicht, – neu machen. Wie den Führerschein. Haust in einer Kammer uptown. Erstaunlich die Anpassungsgabe. Erstaunlich und altmodisch die Lebensfreundschaft. Ein Stich ins Mystische. Fräulein J. (Jauchduft) mit dem Koffer, immer der Koffer. Selbstfabrizierter Konfekt, eine Message?

Es zieht uns nach Yorkville (german town) nicht oft. Aber doch. Wildbraten und Moselwein und die unbestimmte dumpfe Wucht (Ressentiment?).

Es gibt ein Bild von Wilhelm Leibl. Oder bilden wir's uns ein. Hager-starke Männer in schweren kragenlosen Hemden und verwitterten Hüten, finster-spähend das Auge – Wildschützen …

Brennende Eisbomben, Herren in Papierhelmen, nackte Mädchen, ein Fünfzig-Mann-Jazzteam zu Silvester (Fifth Avenue). Ein Arrivierter.

Ein Arrivierter, das ist gut hier. Ein Nicht-Arrivierter, das ist auch gut hier. Der Sinn für Chance, die Luft ist voll davon.

Wenn es in Strömen schneit. Die erloschenen Höhen der Stadt und der stille weiße hohe Grund. Kein Wagen mehr. Charme und Fluch. Wir haben etwas ähnliches nirgends und nie erlebt.

Bei sehr großer feuchter Hitze auf der Washington Bridge. Da weht es. Die mauvefarbene Vision einer Skyline. Das Windwehen ein Orgasmus.

Seit zwanzig Minuten sind wir in einem Tunnel, das klebrig-säuselnde Pfeifen der Pneus. Das Tunnel endet. Licht. Das so viel Beständiges hat bei so viel Episodischem.

Selten träumen wir von dem sinkenden Schiff und den toten Kindern im Mid-Atlantic, es war Herbst.

WHAT IS A TRAMP / A TRAMP IS A TRAMP / WHAT *IS* A TRAMP / A TRAMP IS A *TRAMP* / WHAT IS HE LIKE / FILTHY / AND UNDERNEATH / QUITE NEAT – QUITE NEAT!

Ihr Lieblingsspiel. Befragt in der Gebär-Abteilung der Brooklyner Klinik, and who are you?, antwortet sie: I'm doc's daughter. Kaum fünf Jahre alt. (Darf bei Porgy and Bess mitmachen und sich den ganzen Körper schwarz anmalen!)

Menottis Oper DER KONSUL. Eins jener Meisterwerke, die in eine vor sich selber fliehende Zeit fallen, mit ihr flüchtig werden. Schade.

Der verwitwete Industrielle aus Detroit wirbt um uns. Nicht unsere Linie. Was *ist* Linie heut?

Subway auf der Wartebank. Eine schwarze Alte. Wir grüßen, sie nickt, sonderbar sachlich wie alles hier unten. Nirgends ein Schrei. Ein Karton mit Flieder zwischen den Füßen der schwarzen Alten.

Greenwich Village. Wir sind hier nicht Emigranten. Bohème als Mittler.

Manchmal erscheint uns New York als reiner Eros, Eros in den Fugen der Stadt, in den schmalen feuchten Parkwegen, im Blasen eines Schlots, im vermoosten Fenster einer Basementbude – ja, dies Bargelegt-Entrückte der Vitrinen, dies fliegende Gleiten eines schwarz-glänzenden Cadillac, dies rotierende Leben der Luft, dies Mitternächtliche, wenn die Sonne am höchsten steht …

Geld ist hier ein Ding, nichts von dem Um-die-Ecke-Wesen der Alten Welt, ein Pack Dollarscheine auf dem Tisch eben eine Sache, und Wallstreet, erzharte Straße – liegt sie tiefer als die Stadt? –, wir steigen da hinab in eine Art von Grund-Bazar des Rationalen.

Carnegie Hall. Es muß an der Figur «Bruno Walter» liegen – der leicht geduckte Ich-Heilige –, die Vergasten heulen und triumphieren aus einer Mahler-Symphonie.

Walt Whitmans million-footed, superb-faced Manhattan – wir bilden da eine neue Phase. Das Buntlichterspiel des grauen Times Square. Der japanische Kegelschieber rittlings auf dem Baby-Elefant im Gespräch mit Carl Zuckmayer und Erich Maria Remarque. Gegenüber läuft «THE BEST YEARS OF OUR LIFE». «IM WESTEN NICHTS NEUES» ist besser, konstatiert mit Wedekindscher Schärfe Kadidja, an der Seite von Friedelind (Wagner) aus der Popcorn-Bar tretend. Der Kegelschieber spricht von LAND LEASE und fünfundvierzig Milliarden Dollars. Spricht deutsch, und jemand sagt ostentativ «let's go!».

A. übt Brahms-Konzert für NBC. Raucht sich tot dabei. Spät nachts im Drugstore Heine-Philosophie.

P. verkauft deutsche Bücher in einem Slum-Loch. Achim von Arnims ZEITUNG FÜR EINSIEDLER – «Wehe wehe, daß dem Schlechten Macht gegeben übers Beste!». (Herrliches altes Bütten!)

Kino, Disney. Stundenlang.

Leben wir uns weg von den Dingen? Ja. Und das Verankern im Unbewußten.

Prokofiews PETER AND THE WOLFE ein succès fou: es hat unendlich viel appeal, – für den Erfolg weit ausschlaggebender als Größe.

Bartók. Friert und hungert. Hindemith, Yale University (verbindet wohl Größe mit Ellbogen).

Musikologe Professor Doktor macht Babysitter und stimmt Klaviere.

Warum schafft es ein Otto Klemperer hier nicht?
Schnabel im Hunter College, nicht Carnegie!

Strawinsky führt seine PSALMSYMPHONIE auf im Betsaal einer Schule. (Der häßliche Vogelkopf strahlt Welt aus, die großen Hände, fast Pranken, choreographieren das Tonwerk, machen es optisch.) Denken wir an seinen SACRE – dies ist Kopfstehen, jenes ist Knien.

Alma Mahler. La-Grande-Veuve-von-Gestern. Durch den Staub funkelt's.

Im Met-Orchester viel Russischreden. Juden und Prinzen.

HAMLET-Film. Shakespeare auf Super.

Hemingway vertrinkt den Ruhm. Was denn sonst – (wer da nüchtern bleibe, verdiene ihn nicht!)?

Prominenz in Kalifornien, eine Art von Verschwörung.

Chaplin, the person: in Ermangelung von Agieren, Reagieren mit jeder Fiber – ein bißchen wie der Fisch im Trocknen.

Schönberg unser Tischherr auf einer Gartenparty. Sein Wesen hat etwas Athletisches (wir ahnen den Zusammenhang mit den GURRELIEDERN).

Hollywood Bowl. Überdimensionale Raumverhältnisse machen Solistentum zum Unfug. Rubinstein ein bloßes malgré-tout. Die optische Wirkung des Pianisten in der rotglühenden Muschel des immensen Amphitheaters, ein Bild von Chagall, DAS INSEKT.

Einstein: die Erscheinung des Propheten mit der urigen Wachheit des Tiers.

News Reel. Schlimmer als Dabeisein.

Am Himmel der Langlebe-Wissenschaft ein neuer Stern: VITAMINE – je mehr Menschen man beseitigt, um so aktueller.

Torpedo. Wir erinnern. Der Ruck ist nicht besonders stark. Aber endgültig. Die Passagiere: das bescheidene Sich-Einreihen und Befolgen-der-Regeln wie beim Anstehen für Markenbutter. Im Blick einer Frau das weiße Feuer der Todesangst. Die crew – Laskars, kleine braune Männer, bislang ungesehen, plötzlich an der Oberfläche. Sie schreien wie Truthähne. Die große Truthahnfarm von Vermont (größte der Welt), Stimme des Chaos. Es ist Nacht. Bis zur nächsten Nacht fast kein Überlebender. Ein paar Frauen: auf dem British Destroyer von den Offizieren mit Whisky und love-making wiederbelebt. Die Alarmklingel von gestern nacht klingelt im Mark der Dinge weiter.

News Reel. Schlimmer als Dabeisein.

Ostersonntag. Blauer Himmel. Scharfe Ostbrise. Parade Fifth Avenue. Haushohe Monstertiere, Springbrunnen aus Neon-Flammen, Lastwagen voll Masken, Glocken, Millionen von Menschen – eine Dame in Hermelinstola und Blumenhut –, ein Herr in Cutaway und Melone.

Doktor L. etabliert in Park Avenue. Glänzende Praxis. Will, wenn's so weit ist, nach Frankfurt zurückemigrieren. Freut sich wie ein Kind.

Das alte Haus in der Neuen Welt

Vor kurzem hat Amerika den 90. Geburtstag seines großen Philosophen John Dewey gefeiert, der vor zwei Jahren, 88jährig, wieder geheiratet, einige Kinder adoptiert hat und jene für die Neue Welt charakteristische Philosophie betreibt, welche die Abgründe und die Weisheit meidet. Der abgründige oder weise Zufall will es, daß ich mein Quartier in dem Hause aufschlage, wo John Dewey viele Jahre seines konkreten optimistischen Lebens verbrachte. Dewey wohnt jetzt nicht mehr da, sei es weil er mit Gattin und Kindern eine ganze Villa benötigt oder weil ihm das historische Haus am Central Park zu europäisch wird. Von den angeschwemmten «Weisen», die indessen dort Einzug hielten, seien genannt der Literaturhistoriker Hugo Bieber, der Dichter Carl Zuckmayer, der Maler Eugen Spiro, die Sängerin Lotte Leonhardt, der Pianist Bruno Eisner und wie gesagt die Unterzeichnete. Wie soll John Dewey da unversehrt bleiben ... Um das einstige Heim des amerikanischen Gelehrten sieht es übrigens so aus:

Es liegt an der Ecke der Neunundachtzigsten Straße und blickt auf den Central Park. Durch die blendend sauberen Fenster (wenn alle Stricke reißen – das heißt, einen braucht man dringend zu diesem Beruf –, kann man immer noch Fensterputzer in New York werden) sieht man über das seeartige «Reservoir» – um welches Hunderte von Möwen schwärmen und die deutschen Athleten von York-Ville sich im Dauerlauf trainieren – auf die elegant massiven Gebäude der Fifth Avenue. Durch die südlichen großen Erkerfenster schaut man auf die «Skyline» von Central Park South – besonders schön im Abendrosa und im Mosaik der Lichter. Im Frühling strömt vom Park der Duft der bunten Büsche, und man schaut auf die Pärchen im leuchtenden Gras. Aber das junge Birkengrün gegen den blauen Himmel ist nirgends so ergreifend wie dort. Und im Winter, wenn diese Stadt- und Parklandschaft verschneit ist, liegt sie in einem gewaltigen Zauber da. Soviel über die Lage, die großartig pittoresk ist.

Das «Foyer» ist düster und kalt. Ein alter Kanadier sitzt auf einer Bank, die Portiermütze auf dem Hinterkopf, und raucht sein Pfeifchen. Wenn man sich bei ihm beklagt, daß schlecht geheizt sei, schnalzt er schelmisch mit der Zunge und antwortet, daß es in Kanada viel kälter sei. Durch das schwarze Treppenhaus schwebt der Lift, der, noch seniler als der Kanadier, oft a. D. ist, und dann kann man sehen, wie man die sieben Treppen hinaufkommt: angeblich soll es wegen derlei Strapazen neulich im obersten Stock eine Fehlgeburt gegeben haben. Das rote Backsteinhaus ist unter den Taxichauffeuren bekannt als «Oh, the old old one» – als sprächen sie mit zärtlichem Spott von einer unverwüstlichen Verwandten –, übrigens eine «gute Adresse», wohnt dort nicht …? Im fünften Stock wohnt ein Japaner, der Mäuse züchtet. Vor jenem flinken, unheimlichen Geschlecht – ich meine die Mäuse – ist man nirgends sicher, unter Tisch und Herd sind verdächtige grüne Pülverchen: dies wohl auch zur Ausrottung der Cockroaches, die bei Dunkelheit in strategischer Offensive aus Ritzen und Röhren hervorbrechen. Die kleinen Japanerinnen fahren öfters kichernd mit mir im Lift und erinnern mich an jenes flinke, unheimliche Geschlecht … Das Küchenfenster geht auf einen Schacht, in dem die Tauben von Stock zu Stock flattern und um Brosamen betteln. Der alte Kanadier, der schelmisch mit der Zunge schnalzt, wenn man ihn beschuldigt, steckt die Briefe viermal am Tag durch den Spalt der Küchentür (viermal am Tag schlurft Onkel John dorthin und bückt sich, daß es knackt, um gelegentlich einen transatlantischen Brief, sagen wir, von Sartre oder Schopenhauer aufzulesen. Er lauscht auf das Gurren der Tauben und sieht den Abgrund nicht). Anfangs wußte ich nicht, wo das summend pfeifende Geräusch herkommt, das von früh bis spät das alte Haus erfüllt – es ist der Lift, der an einem musikalischen Asthma leidet. Aber was poltert morgens um vier über meinem Kopf herum? Es ist das Kind eines fortschrittlichen Psychoanalytikers, das nachts, vom Teufel geritten und vom eigenen Vater darin begünstigt, mit genagelten Stiefeln auf dem Parkettboden hin und her rennt. Einmal war ich unten im Keller. Weit unter der Erde ist ein katakombenartiges Geschoß, wo es jammervoll heiß ist und nach Kohlen stinkt. Nie dringt dort Tageslicht hin und nie ein Hauch frischer Luft. Dort wohnen der Hausmeister, seine Frau und sein Kind. Alle drei sind blaß und leicht, und ihre verrußten Antlitze entbehren nicht der tragischen Anmut. Wenn das Kind, ein Knabe von zehn Jahren, vor der Haustür spielt oder Schnee schaufelt, sagt es «Halloo Madame», und aus seinem schmalen, aschgrauen Gesicht schauen ein paar kohlschwarze Augen mit einem dunkel verschmitzten Glanz. Alle drei haben die kohlschwarzen Augen im schmalen, aschgrauen Gesicht und den Nachtschalk der Unterwelt im Blick.

Sieht man über diese leicht spukhafte «europäische» Atmosphäre – die inmitten der Wolkenkratzerstadt sogar ihren befruchtenden Reiz hat – ein wenig hinweg und hinaus auf das rauschende, berauschende Bild von New York, so mag man denken, gerade hier ließe es sich gut philosophieren …

TELEGRAPH

Amerikanische Nachrichten

DOKTOR ROSENKRANZ MACHT KÜNSTLICHE HERZEN 1 EAST 12TH STREET TIME KILLER NUR NOCH 9 DOLLAR 50 FÜR BEIDE SEXE NACHTS ABZUSTELLEN KOMMUNISTENGEFAHR 163JÄHRIGE NEGERIN ZWILLINGE GEBOREN PHOTO ZEIGT GLÜCKLICHEN GATTEN (14 JAHRE ALT. PORTORICO) AM WOCHENBETT HURRICANE IM ANROLLEN 3000 MEILEN DIE STUNDE CHICAGO UMGEFALLEN BIS JETZT 3 TOTE 7 000 000 LEICHTVERLETZTE FRED LIMESTATT SINGT «OH KISS ME AT SEVEN O'CLOCK» PHOTO ZEIGT FRAUEN IN DEN ARMEN DER FEUERWEHR 00 000 AUTOEINBRÜCHE DOWNTOWN IN DER NACHT VON FREITAG AUF MONTAG TOTES LIEBESPAAR IM WEISSEN HAUS ANGEKLAGT WASHINGTON BRIDGE FÜR

FUSSGÄNGER 1 DOLLAR ZUR SELBSTMORDVERMEIDUNG AUTOS ZAHLEN DIE HÄLFTE NEUES COCA-COLA-PRÄPARAT FLECKFREI SOFORTIGE WIRKUNG MACHT DURST NEW JERSEY-VERGNÜGUNGSPARK RUTSCHBAHN DIE GANZE NACHT GEÖFFNET FOR GENTILES ONLY HEMINGWAY KNOCK OUT CHAPLIN ERWARTET EIN KIND FREIGESPROCHEN STURM IN MISSISSIPPI THOMAS MANN DEMNÄCHST SCHWEIZER BUNDESPRÄSIDENT SPIELT KLAVIER (PHOTO LINKS) LOHENGRIN MANNS LIEBLINGS-OPERETTE RUSSISCHES ULTIMATUM IM JAHR 2000 HINFÄLLIG GARBO ZU ALT ÜBER MEXIKANISCHE GRENZE ENTKOMMEN WASSERNOT IN KALIFORNIEN AUF PSYCHOANALYTISCHEM WEGE BEIGELEGT EISENHOWER ZÄHLT AN GÄNSEBLUME AB OB KRIEG ODER NICHT KRIEG (PHOTO ILJA RUBINOW) 20 000 000 KINDER ALLER LÄNDER REICHEN FRIEDENSGESUCH EIN IRISH COP ERLEDIGT 21 PORTORICEN.

Ich besitze kein Autogramm

Die wunderbare Nonchalance des Yankee schuf das Wort brunch – eine Zusammenziehung von breakfast und lunch … Garry Headlong bruncht mit Kopernikus. Er hat die Krawatte nicht anders gebunden als sonst: der Knoten liegt wie eine zerplatzte Tomate in der Kragenöffnung. Mund und Kiefer gehen träg' im Kreis.

Wonderful how you kicked it out of you, Kopy, sagt Garry und meint die Sache mit der Erde, die sich um die Sonne und die eigene Achse dreht. Wonderful! Er bewundert die Entdekkung, aber stellt den Entdecker um kein Haar höher als sich selbst. Er kennt nur seinesgleichen. Eine gesunde Lebenseinstellung und eine christliche dazu!

Es war bei einem Bankett, bei einem Empfang oder Essen, bei einer Soiree – in Princeton, München, Washington, London, New York, Paris und Salzburg, da ich neben Albert Einstein saß, neben Franz Werfel, Charlie Chaplin, Bruno Walter und André Gide, Alma Mahler, Igor Strawinsky und Hugo von Hofmannsthal, Bronislaw Huberman und Jakob Wassermann, Hermann Hesse und Artur Schnabel, Arthur Rubinstein, Gerhart Hauptmann und Max Reinhardt, sogar neben einem «großen Tier» des *Weißen Hauses*: das Los meiner Herkunft brachte es so mit sich. Dichter, Schauspieler, Musiker, Gelehrte, Redakteure, Regisseure, Maler, Politiker – Berühmtheiten und Genies aus aller Welt, ich habe sie nicht selten aus nächster Nähe genossen.

Gaben sie mir Mut? Waren sie mir Weiser, Lichter, Sterne?

Festliche Bedrängnis und das Gefühl, die Situation nicht recht zu nützen, machen – wenn auch unbewußt und gegen den eigenen Willen – einer Kühle Platz. Ja, es ist erstaunlich, wie die Nähe uns auf die gleiche Ebene zu bringen sucht, wie das Schulter-an-Schulter mit den Beflügelten frech macht. Man reicht einander die Salatschüssel, das Konfekt und stößt mit dem Glase an, man wechselt ein Wort, ein Lachen, das über das Plätschern und Summen der Gesellschaft hin schwebt, man vergißt – nein, ich vergaß es nicht ... Es war bei einer Garten*party* in Hollywood im Gedränge von Filmleuten, Rennfahrern und Intellektuellen, Globetrottern, Virtuosen, Neuphilosophen, Gauklern und Agenten, da ein Mann neben mich zum Sitzen kam – klein, aufrecht, sehnig, gebräunt und ganz in weißer Wolle, ein wohlerhaltener Siebziger – gewiß ein Veteran des Sports, einstiger Schlittschuhfahrer des Olymps. Schön' Wetter, sagte der Mann, oder so verstand ich, während er, in jeder Hand einen Teller, über die Banklehne zu mir herein in die rüstig-feudale Tafelrunde kletterte. Ich denke immer für zwei, sagte er und stellte einen seiner Teller vor mich hin. Es erhält mich jung. Er hatte tüchtig aufgeladen am Schwedenbuffet, und es war eigentlich überflüssig, daß ich vom *Polo* des Weekends redete, von einem Radrennen bei Marseille und jenem finnischen *Crawler,* der auf das sensationellste alle Rekorde geschlagen hatte: wir waren vollauf beschäftigt mit unserem Knäcke- und Mayonnaisenzeug. Um uns herum – zwischen gigantischen Blumenbeeten und buntsprühenden Zauberbrunnen – tummelten sich tänzelnd exotische Sklaven beiderlei Geschlechts mit heißen Pasteten, Whisky, Kaffee. Dieser sei aus dem Glas zu genießen, Kaffee sei weitaus am besten aus Kristall, behauptete mein Tischnachbar – ein physikalisches Gesetz liege der Tatsache zugrunde. Von meiner Vermutung «Sportveteran» jählings abgekommen, tippte ich das Thema Atomphysik an, als ein Helikopter über unsere Köpfe donnerte und Geschenke abwarf. – Bonbonnièren und saffiangebundene Horoskopbüchlein, silberne Pingpongspiele und Erdbeerkörbchen, sogar ein Kinderwagen – wohl aus Wolkenschaum ... Wir erhaschten ein Knallbonbon, ein regenbogen-schimmerndes, großes. Nachdem wir geschlossenen Auges und angehaltenen Atems an beiden Enden ziehend es zum Knallen gebracht hatten, kam aus Rauch und Schwefel eine Dame am Flügel zum Vorschein, ein rosa Porzellanfräulein, das für *Steinway* Reklame machte. Und das mir, stieß mein Nachbar aus. Sie lieben nicht Musik, fragte ich. Man sagt es mir nach, antwortete er. Obwohl meine «Gurrelieder» ... Sie sind? ... Schönberg, sagte er. Arnold Schönberg.

(Der väterliche Roman «Doktor Faustus» war damals noch nicht erschienen: so war ich sicher vor einer Brise Salz oder gar Arsenikum in meinem Kaffee.) Ich hatte nun tausend Fragen auf der Zunge – was halten Sie von den Romantikern, hat Bach den Grund zum Zwölftonsystem gelegt, ist die atonale Musik die Antithese Wagners ... aber zwei Herren, niemand anderes als Walt Disney und Aldous Huxley, machten uns darauf aufmerksam, daß in der «Laube» etwas liefe. Im fast nachtschwarzen Schatten eines Lorbeerganges wurde ein noch unveröffentlichter Metro-Goldwyn-Mayer-Film vorgeführt. Ein Teil der Gesellschaft hatte sich hier versammelt, während draußen das Leben weiter ging, bei Golf- und Tennisspiel, *Mix*getränken nahe den Zauberbrunnen und sonnengleißenden Marmorgottheiten, bei Tanz auf Rosenblättern. Blendend gewachsene Jugend badete in einem bengalisch erleuchteten Fluß, der den Park zu einer Nillandschaft werden ließ.

Dies war also das Leben – das Leben auf konzentrierte, zugleich exzentrische Art. Und nicht wenig märchenhaft war's in seiner mannigfachen Gestalt. Grelle Seidenhemden, flatternde Haarmähnen, imposante Figuren waren zu sehen, auch ein Zwerg war da – ein weltberühmter Tenor, umringt von den Damen. Da waren leichtsinnige und schwermütige Gesichter, kühne und scheue, und da waren die gezeichneten Gesichter, gezeichnet vom Talent und vom Zwang, es auszutragen – Furchen waren darin und jähe Wechsel von Licht und Dunkel, auch waren sie einmal ganz nah, diese Gesichter, und ferne einmal, häßlich konnten sie sein und, wie durch einen Strahl berührt, schön, entzückend, und sie mochten träge, wie ausgelöscht wirken, um unvermutet das Feuer des Kampfes zu spiegeln – voller Widersprüche waren sie, diese Gesichter, überall und nirgends zu Haus, und gehörten den Jockeyreitern, Schriftstellern, Stars, Dirigenten und Forschern, die ihre Namen auf goldenen Tellern servierten in den Häusern der Grafen wie in den Spelunken.

Ich sah am oberen Ende des Lorbeerganges ein Mädchen stehen. Halb in Schatten getaucht und halb in Sonnenschein, schien sie versteinert zu sein zum Teil und zum Teil aus Fleisch und Blut. Sie ließ die Hände über ihren Körper gleiten, von der Brust seitlich hinab bis zu den Hüften, als wolle sie sich aus dem

Bann der Halbheit lösen – dabei hörte ich ein kleines Geläut aus ihrer Richtung, ein Mahn- und Weckgeläut. Sie stand nun dort ganz gelöst, wie weggeschenkt und ließ ihren Blick im Kreise gehen. Ich sah – sie ist von einem gleißenden zärtlichen Willen beseelt, unter dem ihre Glieder sich straffen, veredeln und jene Kreise in sich aufnehmen. Er ist jetzt in ihrer Gestalt, die, größer – nein, dimensionslos geworden, zu wandeln beginnt auf vollendete Art. Schenkel, Knie, Hüfte, Schulter – die Körperintervalle, harmonisch gebunden und von einem Rhythmus getragen, der dich und mich mit einbezieht und ebenso schwebend wie ruhend ist; die Linie des Nackens, des Profils, die jedem Schritt in neuer Gültigkeit den Ton angibt, und die Spitze des Fußes, die dem flachen harten Boden die weiche Tiefe abgewinnt … Anna Maria Kirilowna! Kleine Maria, wandle, wandle dem Ruhm entgegen, mit deinem jetschwarzen Haarknoten und sonnenfarbenen Leinenkleid, deiner schwanweißen Haut unter dem lustblauen Himmelsbogen, denn deine wandelnde Gestalt ist allumfassend – alles vereinend! Nun lehnt sie, die Tänzerin, deren kindlich-leuchtende Braue von einem Hauch des äußersten Ernstes überzogen ist, am Sockel einer Marmorgottheit, und dann verschwindet sie.

Das Fangspiel von Wort und Gelächter, Springbrunnen, Sklave und Gladiolenbeet, das Durch- und Gegeneinander von Ort und Stunde, was eben noch in ihr sich band und fand, fällt wieder auseinander, treibt einzeln dahin.

Komm zurück, ruft es in mir, komm … denn ich habe dich aus der Nähe genossen, beflügelt-ruhendes Wesen, mit einem Hauch des äußersten Ernstes auf der kindlich-leuchtenden Braue – du, Inbegriff dessen, was bindet und finden läßt!

*

All jene Begegnungen der fortschrittlichen Nonchalance und Bedenkenlosigkeit zuliebe auf den Nenner «ich brunchte mit Kopernikus» zu bringen, bin ich bereit. Jedoch – und sei's den Garry Headlongs samt ihrer Christlichkeit zum Trotz – mir ist's feierlich zumute, wenn ich an sie denke. War mir doch nah und offenbar durch sie das Zusammenfließen des Vielen, das Sichfestigen des Fraglichen und Treibenden, das Sichordnen des Chaos. Merkwürdig, daß ich nicht ein einziges Autogramm besitze. Dafür trage ich dies «Ständchen» in mir. Es gelte den Großen!

«Schönberg» – Monika Mann an Hans Heinz Stuckenschmidt

Pensione Haessig
Colle-Renon
Soprabolzano
30.VII.72

Lieber H. H. Stuckenschmidt,
Ihr Brief wurde mir nachgesandt. Ihnen Dank dafür. «Schönberg» ... Nun ja, das war etwa so:

Mein Freund Peter Stadlen, der ihn vergötterte und ur-aufführte in Wien, später London, «führte» mich zu ihm, das heißt, aus «Liebe» zu Peter suchte ich Zutritt im Reiche Sch., ehrlich gesagt, es glückte nicht *ganz* – ich war damals ganz *romantisch* – ich erinnere das *Oktett* – Stadlen führte es immer zweimal hintereinander auf – der Eindruck war groß, doch nicht von Dauer. Ich lernte damals Peter in Grundelwald bei Genia Schwarzwald kennen, wo auch Kolisch und andere Musikprominenz weilten, Schönberg, glaube ich nicht. – Als Peter im Krieg nach Australien interniert wurde, setzte ich alle Hebel in Bewegung, ihn zu «befreien», bekam auch von Schönberg ein Empfehlungsschreiben.

Später in Kalifornien saßen wir nebeneinander zu Tafel bei Arthur Rubinstein, komischerweise *wußte* ich's nicht – erst im Laufe des Gesprächs «offenbarte» er sich mir. Na, man weiß, wie das ist … Würde Mozart jetzt bei mir zur Türe hereinkommen, er hielte der Jupitersymphonie nicht stand: das Werk ist der Mensch, doch der Mensch ist nicht so recht das Werk, Sie verstehen! … Dennoch, es war ein «nettes» Erlebnis, Sch. schaufelte mir unentwegt prächtige Dinge auf den Teller und sah aus wie ein Tennislehrer (in Weiß), der es faustdick hinter den Ohren hat. –

Die DR. FAUSTUS-Sache *wäre* glimpflich verlaufen, wenn Alma Mahler nicht intrigiert und aufgehetzt hätte: Sie – mehrfach verwitwet – war mit Leib und Seele frei, diesbezüglich «aktiv» zu sein, ich glaube, Sch. alleine wäre zu «genial» gewesen, sich zu identifizieren mit Adrian Leverkühn.

C'est tout. – Peter Stadlen lebt in London. Gewiß weiß er manches über Ihren Helden. Seine Adresse vergaß ich, er ist aber sicher im Telephonbuch verzeichnet. Vom Pianisten ging er ins Theoretische über und Kritische …

Verzeihen Sie den vollen Bogen!

Viel Glück! Herzlich Ihre Monika Mann

P. S. Peter Stadlen wohnte damals Wetherburn Rd[15] London Chelsea, glaube ich.

P. P. S. Schönbergbriefe, wie so manches Kostbare, gingen mir im Krieg verloren. Sie sind von 1939 und 40. Persönlich sah ich ihn 42 und 43, glaube ich. Ich war mit meinen Eltern bei ihm, er machte *eigenhändig* Kaffee und Schlagsahne in hohen Gläsern und lehrte mich das Geheimnis, der Schlagrahm müsse *unten* im Glas sein und der heiße Kaffee *darüber* gegossen werden.

Bilder aus der Emigration

… Als fliehe die Menschheit vor sich selbst. Flüchtlinge überall. Heute wie damals. Vor fünfzig Jahren sprach man von «Deutsch Kalifornien». Hatten wir den Goldnen Westen in Beschlag genommen!? Ein konturloses Dasein schuf die verschwommene Masse. Die am Vergangenen zehrte. Es verklärte. (Spricht der Dackel – Ich war ein Bernhardiner!) Kalifornien – Kulisse des Abenteuers *Freiheit.* Los Angeles, der Komplex *L. A.* – eine unfertige Landschaft. Neigung zum Unsinnigen. Allein das Raumschwelgerische. Fahren. Fahren. Der *Highway,* ein Riß durch Sand und Unendlichkeit mit dem vorsintflutlichen Getier. *Rattlesnakes, Black Widows.* Aus parkenden Autos holt sich der Bär, was zu holen ist. Sektierer, Geisterbeschwörer, Mirakelmänner klopfen an die Türen der willkürlich verstreuten Bungalows, die meist offenstehen. *Sunset Boulevard:* eine Lastwagen-Kolonne, vollgestopft mit Pampelmusen, groß wie Kinderköpfe. *Cape Kennedy:* Start einer Raum-Sonde. *Hollywood: first night* eines Super-Nazifilms (mit Erich von Stroheim). In ein Meer roter Blumen werden Pfähle eingesetzt – Alma Mahler wünscht hier zu schaukeln. Hilfskomitees werden gegründet. Therapeutische Studios eröffnet. Dichter und Geheimräte erlernen das Jockey-Reiten oder gehen stempeln. Thomas Mann (im Rennwagen *downtown* befördert) funkt seine beschwörenden Worte nach D. Vor einem *Drive-In* mitten auf der Strecke ein Orang-Utan im Frack auf Stelzen (er hält Pornographie und Zigarren feil) … Wo viel Raum ist, ist viel Gleichzeitigkeit. Das Ereignis seiner Schwere beraubend. Keine Schwere der Wirklichkeit. Viel Irreales in der Luft. Wie groß die Menschen hier sind! Und freundlich. Aber schon vorbei. Kein Stillstand. Der Tag hat keine Geschlossenheit. Das Leben keine Konturen. Viel Vages in der Luft … Heinrich Mann – er ist Franzose, wird in Mexiko gedruckt, seine Frau ist betrunken, sein «Blauer Engel» ist tot, er fährt nicht Auto – steht bei Nacht im Feuer der Scheinwerfer am Saum des fünfspurigen Autostroms, als sage er – Ich beliebe hier zu stehen. – Das jauchzende Gegacker der Kojotin in der Früh: sie raubt und mordet und zieht sich zurück ins Herz der Wüste. Die trägt es uns zu – in unsern blauen *Living-Room* – dem Spektakel menschlicher Auflösung. Thomas Mann schreibt Tag und Nacht seinen «Faustus». Ist beim «Teufels»-Kapitel angelangt. Fiebert. Muß schleunigst in Chicago operiert werden. Überlebt. Er ist es sich schuldig. Der Neger in weißer Jacke küßt ihn, als er im Haus der *Sieben Palmen* wieder Platz nimmt. – Und es geht weiter. Urenkel gedeihen. Freunde ringsum sterben. Zu früh. Weil das, wohin sie gehören, ihnen fehlte. Wir werden des Signalisierens nach Japan verdächtigt. Dürfen abends nicht ausgehen. *Curfew.* Ein neues Wort. Ein Wort für Häftlinge?! Ein rötliches Flimmern überm Pazifischen Meer dringt in unsre Fenster. Und das jauchzende Gegacker.

Fremd zu Hause

Trotz Frieden und offener Grenzen habe ich es nie erwogen, mein Heimatland aufzusuchen. Ressentiment? Ich weiß es kaum zu sagen. Ich stellte mir nichts darunter vor, da es mir im Rausch der Zeit abhanden kam. Längst hatte das episodische, wellenhafte Dasein den Begriff «Heimat» weggespült. Um ehrlich zu sein, ich kannte ihn nie sehr genau: jene Auflösung ins Vage saß mir immer in den Knochen, das Bodenständige war nicht meine Sache gewesen. Das sag' ich so, als ob ich es wüßte, jedoch was weiß ich schon?

Es geschah, daß ich nach meiner Heimatstadt München fuhr. Vielleicht geschah es, weil ich 20 Jahre lang nicht dort war, weil «20» eine schöne runde Zahl ist; vielleicht würde der Kreis sich nicht schließen, ohne einen Blick auf den Ort meiner Kindheit; vielleicht … Undeutliches und Spielerisches ersetzten Pathos und Schwere. Ich würde eine Maske tragen und ein verworrener Schalk würde mich beherrschen. – Der Himmel war strahlend blau, als ich durch die bayrische Landschaft fuhr. Der Schnee auf den Bergen, die weidenden Kühe, die großen Wälder und die kleinen Städte stiegen aus der Erinnerung in eine vollkommene Wahrhaftigkeit. Gepäckträger, Zollbeamter, Taxichauffeur erschienen mir als Urphänomene – eine wilde Zärtlichkeit drängte mich, ihnen «alles» zu sagen. Das währte einen Augenblick. Dann huschte das Lächeln meiner Maske über die fremde Stadt.

Sie war so fremd und abhanden gekommen, daß ich die Leute nach dem Weg fragte. Sobald ich sie reden hörte, fiel er mir ein, der Weg und manches andere. Vorhänge taten sich auf ins Urvertraute und schlossen sich wieder. Die blaue Mütze des Trambahnschaffners, sein finster-pfiffiges Gesicht nahmen symbolische Kraft an – die Fahrt zur Schule kitzelte meinen Sinn, daß ich lachen mußte. Er sah mich an, erkannte er mich? Wie konnte er, durch die Maske! Ich war ja geborgen, und hinter diesem Schutz begann ich frech zu werden. Ich benahm mich wie jemand, der sich auskennt, gleichviel, ob ich im Kreise lief und an kein Ziel kam. Und war das nur meine Schuld? Hinter dem Abenteuer «Welt» dämmerte die Heimatstadt. Je eingeborener ich mich aufspielte, desto mehr befürchtete ich mir in diesem Dämmer den Kopf anzustoßen. Ich münchnerte und meinte, daß meine Worte wie kosmopolitische Blasen in der Luft zerplatzten, zum Schrecken der Leute. Allmählich merkte ich, daß auch unter ihnen nicht alles stimmte. Die Zeit hatte auch sie ergriffen, durcheinandergeworfen, hatte ihnen vieles genommen und Neues erstehen lassen. Die Häuser, die Menschen, die Luft war anders geworden. Mein München gab es nicht mehr.

Seine Wandlung harmonierte seltsam mit mir: wäre es wie einst, machte es mich selbst zunichte. Mit diesem egoistischen Trost ging ich keck an die eigentliche Stätte meiner Kindheit, in den Herzogpark. Er würde ja doch unkenntlich sein. Aber als ich die «Föhringer Allee» hinunter spazierte, fühlte ich, wie die Jahrzehnte, das Abenteuer «Welt», wie ich lawinengleich ins Nichts stürzte: Es stand da im verklärten Licht, das Einst leuchtete und summte wie eine Offenbarung. Von weitem – durch jenen goldigen Nebel, der sich zwischen die grauen Bäume und die grüne Isar sponn – kam mir ein Mann entgegen. Endlich streifte ich seinen Blick und dachte – wenn du wüßtest!

Die Frage des Wohnens

Je älter die Welt wird, um so jünger stehen wir selbst ihr gegenüber, und wir fragen kindlich-zagend – wo sollen wir wohnen? – Diesen Sommer besuchte ich die Frau von M. auf ihrem Schlosse, wo ich sie zuletzt vor dreißig Jahren besuchte.

Schön wohnst du, sagte ich. Ganz wie einst. Sogar ... Sie sah mich lauernd an. Der Nelkenstrauß auf dem goldenen Erkertischchen traf meinen Blick, und da ein geisterhaftes kleines Kichern von dort zu mir drang, schloß ich verspätet und innerlich erblassend – sogar die Nelken stehen noch da! – Je länger ich mich in jenem Schlosse aufhielt, um so unwirklicher erschien es mir, indes ich mich eines schwermütigen Neides nicht enthalten konnte! Damastwände, Fauteuils und Marmorsimse, beladen mit dem präziösen Plunder der Vergangenheit, unter dem die Erde selbst sich zu biegen schien, die Kraft des Ausharrens, der Unverändertheit erfaßte mich wie eine Halluzination. Während wir «unwohnten», verbrannten und verschenkten, was wir nicht tragen konnten, stapelte, konservierte und wohnte man hier!

Die Zeit, in ihrem Fortbewegungstrieb, hat einen Wohnstil geschaffen, der kaum zum Bleiben auffordert. Synthetisch und mechanisiert, trägt er einen Outdoor-Charakter. Ein Buch, ein Souvenir, ein Angebinde ist fehl am Ort. Kommen wir von einer Reise in unser Haus zurück, sind wir schon wieder sprungbereit. Übrigens ist die Aussicht durch eine große, feierliche, Tag und Nacht dröhnende Garage blockiert. Zwanzig Meter links davon errichtet man mit allem musikalischem Aufwand moderner Bautechnik eine Synagoge. Zwanzig Meter rechts davon triumphiert der Lärm einer Sprengmaschine über das gesamte Leben. Wir merken dies alles gar nicht so recht. Aber so recht gemütlich machen wir's uns nicht. Wir verstauen unser Zeug in Kabinetten, lassen es zum Teil in unsren Luftfahrtkoffern – das Unzweckdienliche verbrennen wir, als ob das Haus durch den Ballast des Herzens unterginge wie ein Schiff –, nehmen eine Mahlzeit ein aus Büchsen und Tuben, die Gesichter dem Fernsehen zugewandt, ruhen ein wenig auf den gelben Luftmatratzen, ergreifen unsere Hüte, die an einer abstrakten Skulptur aufgehängt sind, und suchen das Weite.

Ich selbst mag mich rühmen, während der letzten dreißig Jahre – während gewisse Leute stapelten, konservierten und wohnten –, ohne es recht zu merken, der Zeit gemäß ungewohnt zu haben! Dabei ist zu erwähnen, daß es keineswegs billig war! Jene Dollarkammern auf der oberen Westseite New Yorks waren noch das billigste. Dafür lag eines Nachts ein Betrunkener vor meiner Tür. Und dank meinem sturen Isolationssinn, verbunden mit einiger Listigkeit, entkam ich jenen Überfällen, dortselbst Heiratsanträge genannt. Es gab jene Häuser der East Side, eingeengt zwischen Night Clubs und geparkten Autos, mit Lift und eleganten, jedoch stockdunklen Appartements. Und es gab jene alten Damen am Central Park, welche weißlackierte Schlafzimmer an junge Mädchen vermieteten. Jung war ich einigermaßen. Aber mein schwarzlackierter Steinway würde schlecht zu den weißlackierten Möbeln passen! Die Alten – ganz animiert bei der Idee von rauschenden Chopin-Abenden – widersprachen und lockten mich herein. Am dritten Tag begannen sie zu stöhnen und kündigten mir. Ich schlug ihnen vor, einen Strick um den Bauch des Flügels zu binden und mit vereinten Kräften das Ding aus dem Fenster zu lassen, ich selbst würde mich mit meiner Zahnbürste hineinlegen und mit hinabschweben – gewiß würde mir die Ideallösung des Wohnens dabei einfallen!

Sie wollte mir nicht einfallen bis zum heutigen Tag! Ich habe in Streamlined-Hotels gewohnt, in Scheunen, Trailers und Rittersälen, in selbstgezimmerten Ateliers, ich hab' erwogen, ein Haus zu bauen mit Stahlmöbeln und einunddreißig Stockwerken und keins gebaut, aus Furcht vor den Synagogen und Sprengmaschinen, und ich unwohne immerzu, gemäß der Zeit. Manchmal hör' ich ein geisterhaftes Kichern, mir und der Zeit entgegen. Dann geh' ich hinaus und wandle in Tiberios Haus mit offenem Mund vor soviel Wucht und Beständigkeit, und ich bette meine Souvenirs darein. Und auf der kleinen Caféterrasse über dem Meer schreib' ich eine Ansichtskarte an die Frau von M.

Capri und Campari

Ein Italiener fragte mich eben, warum ich, als Deutsche, Capri liebte. Da ich gerade sieben Jahr' dort lebte, lag diese Frage nah. Übrigens, ich habe brasilianische Ahnen, in Kalifornien stand lange Zeit mein Vaterhaus, und blaue Himmel und Meere sind mir im Blut, nicht nur vertraut. Trotzdem war ich heimisch berührt, wenn im September und Mai die Deutschen «meine» Insel überschwemmten. Und ich glaubte bei meiner Antwort, statt von mir, von uns reden zu dürfen.

Wir lieben Capri, sagte ich, weil es schön ist. Freilich, Schönheit ist auch bei uns, aber entsagend wie eine Nonne, verglichen mit jener, die sich darbietet wie eine Braut. Wir sind verschlossen genug, um uns nach jener Freigebigkeit zu sehnen. Der Süden gewährt sie uns, und auf eine stolze, reine Weise gewährt Capri sie uns.

Capri spiegelt das Leben der Elemente ungebrochen. Wir denken an die Augen eines Seemannes, die einen einzigartigen Zauber haben. Auch denken wir an die Anziehungskraft eines freiliegenden Körpers. Jene Losgelöstheit übt auf uns Leute der Gebundenheit – unser Dasein pflegt am Schnürchen zu gehen – einen märchenhaften Reiz aus. Die Insel ist die Welt. Es ist unser Weltdurst, der auf Capri gestillt wird. Und uns Romantikern, die wir die Romantik fürchten, ist die isolare Schranke Beruhigung und Trost.

Vielleicht keine Insel ist so auf Fremde eingestellt wie Capri, ist so reich an eleganten Geschäften, Bars und Hotels. Kommen wir auch in Windjacken daher, mit Rucksäcken voll Konserven, so atmen wir gern internationale Luft und Schick. Wir tragen statt der Lederhosen das himbeerfarbene Atlaskostüm und statt dem Lodenhut den vergoldeten Strohzylinder.

Es beglückt uns, wenn die Mädchen in den Boutiquen und die Kellner in den Bars deutsch mit uns reden. Doch erlernen wir willig das Idiom der Yankees am Strand und im Café, stottern uns etwas zurecht mit den Schweden, die mit uns das triumphal gelegene Haus von Axel Munthe besuchen, scherzen mit Holländern, Finnen beim Tanz, spazieren mit Franzosen in Tiberios Ruinen und werden – Provinzler, die wir im Grunde sind – zu Kosmopoliten. Ein Rausch des Neuen und Freien befällt uns.

Dazu der Duft der Glyzinien, die leuchtenden Haine und Gärten, der blühende Fels mit dem mannigfachen und immer pittoresken Panorama, die kleinen weißen Boote im smaragdfarbenen Meer, unsere eigene Verliebtheit und in den hellen bewegten Gassen das dunkle, kluge und gütige Volk …

Ein Helikopter schnitt mir die Rede ab, die ohnedies schon zu lang war. Der Italiener hob sein Fernglas gegen das donnernde Gesurr.

«Charlie Chaplin und seine kleine Frau», sagte er. «Für die sieben Kinder, die sie von ihm hat, sieht sie gut aus.»

«Und die Tochter von O'Neill zu sein, scheint sie auch leidlich zu überstehen», sagte ich, meinerseits ins Glas schauend. «Sehen Sie, sogar unserer Unterwürfigkeit ist Genüge getan! Lieben wir es etwa nicht, den Großen zu Füßen zu liegen, den Diktatoren, Champions und Stars?» Mein Begleiter grinste und offerierte mir einen Drink.

Wir saßen unter einem makellosen Himmel und tranken Campari.

«Alles Gepäck verloren» – Monika Mann an Wilhelm Sternfeld

Capri, 4. Januar 1957

Lieber Herr Sternfeld!

Ja – wer erinnert sich?

Ich war wohl «emigriert»: 33–34 Südfrankreich; 34–35 Schweiz; 35–37 Italien; 37–38 Österreich; 38–40 England; 40–50 Amerika; 50–? Italien.

Ich frage Sie heute etwas ganz «Abenteuerliches»: Damals in England zur Kriegszeit hatte mein Mann Jenö Lányi gewiß eine (oder mehr) Versicherung gemacht (Lebensversicherung, Sachversicherung, u.s.w.). Ich habe nach dem Schiffsunglück nicht an dergleichen gedacht. Und auch später nicht. Jetzt, nach all den Jahren fällt es mir ein. Dr. Jenö Lányi, ungarischer Kunsthistoriker, geb. 9. August 1902, Budapest *und seine* Gattin *Monika (Mann)*, geb. 7. Juni 1910, München * haben Versicherung in London gemacht 1940 – *wo* ist das herauszufinden?!?! *Womöglich* bedeutet das viel Geld!!! *Wissen Sie Rat?* (Unsere Adresse war damals Stanley Gardens 149 (?), London). Diese Sache beschäftigt mich mächtig. *Please* help.

Alles Gute! Ihre Monika Mann

* vermählt 1938 London – torpediert auf der «City of Benares» Cunard Line on the way to Canada – Schiff gesunken, Jenö Lányi ertrunken, alles Gepäck verloren.

TEIL II

«Wald – Der Vater – Liebe»

Kleine Prosa

In den Slums

Da draußen gibt es so viele Abfalltonnen – ich weiß nicht warum. Alles erscheint wie Abfall, die Straßen, die Häuser, die Menschen. Abgefallen, geschmäht vom ästhetischen Gott. Wissen sie es? Sie zeigen nie ihr Gesicht.

Die Zentrale des Abfalls. Urstätte des Abfalls von der Erde und, mich dünkt, von anderen Gestirnen. Braucht man ein Visum, um hier zu landen, wie kommt man hin, ist es schwer? Keiner verrät es mir. Haben die überhaupt eine Vergangenheit, eine Geschichte? Ich meine, sind sie allmählich, stufenweise hier heruntergeglitten oder waren sie immer hier? Sie haben eine Art, daß man es glauben könnte: eine so eingesessene Art, die schon bald wieder Wert hat.

Die können's! Man möchte sagen, eine Selbstsicherheit und Harmonie herrscht in der Zentrale des Abfalls. Und Stolz! Der Stolz des Abgefallenen, des Geschmähten, des unwiderruflich Tiefen. Der kommt nicht herauf, der ist drunten, das totale Druntensein macht stolz. Tiefe Erhabenheit umgibt den Gezeichneten. Er zeigt sein Gesicht nicht.

Ich weiß, sie schauen immer auf den Boden. Der Boden ist ihr Himmelreich. Sie greifen nach Schmutz wie nach Sternen. Abfall! Meteore! Ja, ja, die Hüte, die großen Hüte, die sie immer tragen, darunter sind Gesichter, komplette Gesichter. Stolze, verschmitzte Gesichter. Die hören das Gras wachsen, die spähen in den Boden, bis er sich öffnet und etwas herausspuckt: eine Küchenschabe, einen Ring. Ihre Kleider sind so groß und schlapp, man sieht die Ringe nicht, die sie tragen.

Sie sprechen nie. Wenn sie in den Tonnen stochern, in denen Glas klirrt und etwas raucht, kann man sie lachen hören. Ein geschlechtsloses Lachen. Da kommt es einem in den Sinn, sie seien von anderen Gestirnen – Gestirnen der Tiefe. Im Dunkel singen sie manchmal. Ja, sie singen – mit tiefer Bewegtheit. Aus ihren Hüten, die jetzt im Schatten schweben, kommt Gesang. Ein Choral des Suchens durchschneidet das Dunkel. Dann rüsten sie sich zum Schlafen. Der Boden ist das Bett. Ein zweiter Hut wird auf das Gesicht gelegt. Der Boden, die Hüte und das Dunkel schützen sie. Und wenn das Suchen sie drängt, ist es Zeit, aufzustehen. Das Stochern – die Schaben, die Ringe –, immer die alte Mühle, und abends der Gesang.

… Schützen sie – wovor? Vor dem Verschwinden. Wenn einer verschwindet, wehe! Wohin kann er verschwunden sein? Noch tiefer? Unmöglich. Ihr Stolz ist sehr verletzt. Sind wir nicht die Tiefsten?, so drücken sie es aus, erhobenen Hauptes, die Hutkrempe bebend. Wir weisen es zurück. Ihr schlotterndes Kleid strafft sich, ja nimmt Würde an im entschiedenen Protest. Sie gehen auseinander – mit höfischem Gruß.

Mein Schatz

Geschwisterliebe ist Inzest, Eigenliebe ist Narzißmus, Liebe verlangt nach dem Fremden! Mein Schatz war ein Fremder, war es vor allem. Daß er geigen, fechten und tanzen konnte, meiner Gestalt, meinem Geschmack entsprach, diente nebenbei einer Liebe, die, fremd wie sie selber, im Zeichen des Fremden lebte. Je mehr wir einander anglichen und ähnelten, je mehr wir das Eigene opferten, je uniformer unsere Lebensweise wurde, um so mehr erlosch das Feuer unserer Sehnsucht, unserer Liebe. Eines Tages führte er mich ins Haus seiner Eltern, in jenen niederen getäfelten Raum mit der zierlich herausgemeißelten Erkerecke, wo, unter einem Kranz von Ahnenbildern, auf weißen Stühlen zwei schwarzgekleidete Leutchen saßen. Er war ihnen – wie auch den Ahnen – aus dem Gesicht geschnitten und sprach mit ihnen einen Dialekt, der mir klang wie eine neue und heitere

Musik. Eingesponnen in die Hierarchie seines Stammes, seiner Sippe, war ich von ihm angezogen wie noch nie, und als er meine Hand mit seiner Hand umschloß, war der Zauber des Fremden eins mit Liebe, und ich wußte, jetzt bin ich Braut, dies ist mein Altar.

Besinne ich mich dessen heute, drängt sich mir der Gedanke auf, es ist die Verfemung des Fremden, die eine ganze Menschheit versacken läßt. Es ist das Mir-nichts-dir-nichts-Überall-Sein, das Alle-Grenzen-Brechen-alle-Sprachen-Sprechen, es ist das beständige weltweite Kreisen aller Dinge auf Blitzen, das Einfangen der Länder, als wären es Schmetterlinge, es ist die verhexte Nähe, die das entzaubert und auflöst, was uns einander wert macht, wert und begehrt wie das Gold am Grund des Brunnens, ja es ist die verhexte Nähe, die uns inspiriert zur Superwaffe und uns nolens volens hineinmanövriert in die ekstatischen Riten des Dionysos, das Fest *Leben*, auf den Kopf gestellt, das auch meinen Schatz ergriffen hat – er ist verschlungen vom Krieg.

Der Brief

Nicht rosa oder hellblau. Weiß. Die Projektionswand meiner Gedanken. Welch sinnliches Vergnügen, wenn das blaue Naß aus der goldenen Feder fließt, wenn das Wort sich auf dem Papier bildet. Statt der Stimme spricht die Schrift – stetiger als die flüchtige Rede. Vor mir auf dem Tisch stehen Photographien, Bücher, Blumen. Links, das Fenster zeigt die regnerische Stadt, zwischen goldgetönten Samtvorhängen. Ich sehe es und sehe es nicht – meine Augen blicken nach innen – oder durch dies alles hindurch: zu dir. Du bist mit jeder Faser in meiner Handlung des Schreibens. Du bist gleich dem weißen Bogen die schimmernde Projektionswand meiner Gedanken, die von dir, von fern rückstrahlend in mir erstehen. Jedes Wort wirfst du mir zu, ohne dein Ahnen, so formt dein innerer Widerschein. Eine Welt wird entzündet, die sonst im Dunkel liegt. Wie es mir geht, was ich erlebe, das teile ich dir mit im Licht deines Wesens. Du brichst durch Raum und Zeit Ideen wach und weckst mein Herz. Da schreibe ich alles hin – über die regnerische Stadt, wie es mir geht und was ich erlebe. Ich fülle die Bogen. Es dämmert schon; die Straßenlichter brennen. Der Regen, das Tuten, das Rauschen, die Millionen Unbekannten, die Häuser, der Dunst – über das große unverständliche Leben hinweg teile ich dir mit, wie es mir geht und was ich erlebe.

Dort machst du deinen täglichen Bummel zur Post. An den Bäumen vorbei. Die Blätter tanzen durch die graue Luft. Vorbei an dem bellenden Hund. Noch ein bellender Hund. Du trägst den Pullover mit dem Rollkragen. Der Wind weht dir die Haare in die Stirne. Du pfeifst. Vor der Post grüßen dich Kinder. Guten Tag! Die Zeitung – mein Brief: Die Adresse ist wie ein Schritt, den du kennst. Du hörst meine Schritte herannahen im vertrauten Rhythmus durch die fremde Welt zu dir. Du öffnest das Kuvert. Diese Zeilen haben das Aroma, den Klang, das Gesicht – von mir. Und doch ist's nur ein Vogelruf, ein Symbol meiner selbst, das dich rührt und hilflos macht. Du liest den Brief einmal, zweimal; überfliegst nochmal eine Stelle, die dich lachen macht, und legst ihn zu den andern. Morgen kommt wieder einer. Du wartest darauf, auf diesen beflügelten Fetzen. Ein bißchen Duft, ein paar Zeichen meines Seins – ein Brief, ein Nichts. Und bleibt er aus, wird es nicht richtig Tag.

Im Hotel

Einerseits redet man über gar so vieles, und andererseits weiß man oft gar nicht, worüber man reden soll. Im Salon meines kleinen Hotels war das Licht ausgegangen. Die Empfangsdame stellte Kerzen auf und räumte summend und Augen werfend die Cocktailgläser ab. Die Konversation hatte gleich dem Licht einen Kurzschluß erlitten. Man saß im Clubsessel mit übergeschlagenem Bein, blinzelte ins Kerzenlicht und wippte mit dem Fuß. Jemand ließ bei gefalteten Händen einen Daumen um den anderen kreisen.

Lieben Sie Musik? fragte ich wie aus der Pistole geschossen, und ich sah mit einer blitzartigen Wendung des Blickes alle Anwesenden auf einmal an. Man schien verlegen, sogar etwas betroffen, rückte Kragen, räusperte sich. Sodann zeigte sich Lust zum Reden. Und indes ich den fragenden Blick mit Entschiedenheit auf *eine* Person richtete, vermied ich ein Stimmengewirr, und ich erfuhr die Antwort in guter Ordnung und Reihenfolge.

Bin ich offen – sagte ein stark gebauter und ernster Mann –, so gestehe ich, daß die Musik mir ein Greuel war. Wenn ich über meinen Rechnungen saß, und meine Tochter das Klavier bearbeitete, schienen die Zahlen und Ziffern in meinem Gehirn Glocken zu tragen. So sehr ich mich auf meine Sache zu konzentrieren suchte, um so mehr verwirrten sich Zahl mit Klang, Logik mit Sentiment, Kunst mit Wissenschaft. Diese Verwirrung bereitete mir Schwindel und Ekel – abgesehen davon, daß ich von jeher ein Mann der reinen Vernunft und des Beweisens bin. Übrigens habe ich längst gelernt, mich gegen die Musik abzustellen: Ein Willensakt, einem Tricke ähnlich, macht das Ohr stumpf gegen Töne. Heute vernehme ich die Musik nicht, ich bin immun, gepanzert gegen sie. Doch mit Ärger denk' ich an jene Zeit zurück, da mich der Gesang bei den Soldaten marterte. Wenn wir beim Marschieren sangen, wurde der Boden weich unter meinen Stiefeln. Der harte gute Boden verlor an Widerstand, an Wahrheit, und so schwand auch das Ziel: Wir schienen verdammt, ewig so singend einherzuziehen. – Eine Dame, die mit der silbernen Hülse eines Bleistifts gegen ihre hübschen Vorderzähne schlug, äußerte lächelnd, daß die Basis der Kultur die griechische Musik sei, die der moderne Mensch auf seine Weise wiederschöpfe. Ja, seine religiösen Kundgebungen durch sinnlichen Tanz und wehklagende Chöre seien nichts wie eine wilde Abart der antiken Götterspiele. Durch die Musik herrsche Einheit zwischen heut' und gestern, zwischen ältester, erhabenster Kultur und dem Leben des Urwalds, zwischen dem Ich und dem All. – Es interessierte mich, was der Herr zu sagen hatte, der sich die Stirne mit dem Taschentuch betupfte, als bereite ihm dies Gespräch Mühe, ja Qual.

Sie, Herr Doktor – richtete ich mich munter an ihn –, sind gewiß ein treuer und ergebener Freund der Musik. Er ließ die Augenlider schnell auf- und niedergehen, spitzte ein wenig die Lippen und zog die Brauen empor. Mit größter Dezenz, als spräche man eigentlich nicht über dergleichen – ja ein feiner verhaltener Zorn tönte aus seiner Stimme –, bekannte er, mit der Musik verbunden zu sein.

Auf das engste und unwiderruflichste verbunden – sagte der Herr mit feiner bebender Stimme, wobei er in seinem Stuhl zu wachsen schien. Daß ich nicht Musiker bin, rührt allein daher, daß ich die Musik zu sehr respektiere. Ich würde mir nie herausnehmen, mich mit ihr zu brüsten und zu schmücken, den gekrönten Hanswursten zu spielen, wie es heute der Brauch ist. Die Musik ist heilig – sagte der Herr kaum hörbar und er wuchs bedrohlich in seinem Stuhl. Ich akzeptiere und verehre sie als ein Heiligtum. Aber zutiefst widerstrebt mir Virtuosentum und Virtuosenkult, die Verwechslung von Zirkus und Kunst, von Andacht und Ekstase. Der Musiker ist für mich Instrument. Er sollte für immer unsichtbar sein. Er *ist* es. Ich bin im glücklichen Besitz von tausend Langspielplatten. Sie sind mein Seelengut. Ich bin unverheiratet – schloß er scheinbar ganz unvermittelt mit einem Lächeln, und er sank in seine ursprüngliche Größe zurück.

Bravo, rief eine alte Frau, die abseits in einer Ecke saß, über eine große Handarbeit gebeugt. Ihr greises Antlitz erstrahlte im Schein einer Kerze, als sie krächzte – bravo, auch ich bin unverheiratet und ich hasse Virtuosen! Mein seliger Bruder schrieb vor dem Hinschied eine Komposition, die ich gelegentlich einem berühmten Virtuosen vorlegte. Er konnte sie nicht spielen, weil er nicht aufgezogen war. – Die Virtuosen seien nicht nur eitle, sondern schädliche Leute, meinte die Alte aufgebracht in der Erinnerung an die ungehörte Komposition. Sie hätten eine Art, das Publikum zu täuschen, die Reinheit würde unter ihren Händen zum Laster. – Sie machen uns vor, statt Dienern Götter zu sein. Heilig ist denen nichts, Herr Doktor. Wir sind d'accord, d'accord! – Achselzucken und Lachen da und dort. Dann berichtete ein sehr nett aussehender junger Mann von einem kürzlich improvisierten Opernbesuch.

Ich geriet zufällig herein. Eigentlich ging es mich nichts an. Ich bin Sportsmann, Jäger, leidenschaftlicher Jäger. Ich hatte nie etwas mit einer Kunst zu tun. Ich bekam kurz vor Beginn der Vorstellung einen Logenplatz geschenkt und hätte es unhöflich gefunden, ihn auszuschlagen. Ich saß in kurzen Hosen und Lederjacke auf meinem Purpurthron und langweilte mich, hatte aber nicht den Mut heimzugehen. In der Pause verlobte ich mich. Das klingt unglaublich. Ich geriet im Foyer an ein Mädchen. Liebe auf den ersten Blick, rasch eingestandene und gefestigte Liebe. Von da an war meine Einstellung zur Oper verwandelt. Ich hörte zwar nicht recht hin, verstand wenig, aber ich war gerührt. Die dicken, komisch kostümierten Herren und Damen mit aufgerissenen Mündern rührten mich. Sie erschienen mir als die ersten und ausschließlichen Mitwisser meines Glücks. Und ich fühlte mich von ihnen angesprochen. Ich wurde immer aufmerksamer, fing immer mehr von dem Gesang auf, bis er ganz tief in mich drang. Er schien allein mir zu gelten, mich allein anzugehen. Dabei könnte ich nicht mit Bestimmtheit sagen, ob dies alles Erfüllung oder Entsagung war, ob ich mich selbst oder etwas ganz Fremdes erlebte. Es war so neu für mich, daß ich es als ein Wunder empfand. – Das elektrische Licht ging wieder an und streute unverhofft seinen grellen Schein über uns. Der junge Mann verließ das Zimmer.

Und Sie – wandte sich die Dame mit der silbernen Bleistifthülse an mich und sie schlug damit geschwind und herausfordernd gegen ihr Gebiß –, was haben denn Sie für ein Verhältnis zur Musik? Mir brannten die Augen vom Überfall des Lampenlichts, das so etwas wie Nacktheit und Kälte erzeugte.

Ich finde – sagte ich –, daß die Musik die Steigerung des Seins und zugleich dem Sein entgegen, Nichtsein ist. Da sie nicht beschreibt, erzählt, deutet und kündet, sondern bewegt; da nichts Seiendes ihr ähnlich oder angemessen ist, ist sie das, was nichts ist als Bewegung und Trieb. Je länger ich mich zu einer Walzermelodie im Kreise drehe, um so klarer ist es mir. – Ein schönes und liebliches Mädchen betrat den Salon. Hinter ihr erschien jener junge Mann. Er umfaßte ihre Taille, und ich sah unwillkürlich, wie sie zusammen tanzten, bis ihre Glieder Seele wurden, sich schwingend und kreisend im Licht und Klang auflösten und wie sie im Hinüberdrehen und Vergehen einander feierten und liebten.

Die Eisläuferin

Die Eisläuferin ist aus morgenrotfarbener Lavaerde und kaum mehr als eine Handspanne groß. Wieso sie nackt sei, wunderte sich ein kleines Tschechenmädchen. Die Kunst sei nicht die Wirklichkeit, erklärte jemand. Was war gemeint? Als ob eine Wirklichkeit, deren Ursprung wir nicht kennen, gar so wirklich sei und nicht Raum gebe für allerlei Visionen und Spekulationen, ja als ob in jenem Offenbleiben nicht recht eigentlich unsere Freiheit liege! Je tiefer wir in das Geheimnis eindringen, je mehr wir uns mit dem Rätsel einlassen, je weiter wir gehen, um so größer die Freiheit. Fortschritt ist Freiheit, Freiheit bis zum Erträumten, wo man alles darf und kann, eben solches fordert die Kunst heraus. Gab es je so viel wie heute? Vertrug sich je die Herrschaft der Maschine so mit dem Handwerk der Kunst? Kunst als Therapie, Weg zur Erziehung, Volksnahrungsmittel, Kunst als Epidemie (durch Monster-Festspiele, Radio, Platten, Fernsehen), Kunst als Preis-Wettbewerb, internationales Streitobjekt. Gab es je so viele Ausstellungen, Galerien, Theater der Kunst, sah man je so viele Buchproduktionen wie auf der Frankfurter Messe? In Amerika – und nicht *nur* in Amerika – gibt es riesige Kolonien, ganze Städte, wo gemalt und gebastelt wird, gebildhauert und komponiert und dramaturgisch experimentiert, wo das Hobby zur blutigen Passion ausgebildet, zum Leben wird – nie gab es so viele Künstler wie im technischen Zeitalter.

Tausende stehen im Rampenlicht, Tausende nicht, vergraben sich im Dschungel ihrer Werke. Da sind, von der Welt so gut wie ungesehen, die seltsam-schönen Bildkompositionen in Aquarell und Öl, die Skizzen und Skulpturen des *Antonio Esposito* – ein Sohn des Volkes auf der Insel Capri –, da ist seine nackte Eisläuferin aus morgenrotfarbener Lavaerde. Mag es altmodisch genug sein, das Kunstfigürchen, und nicht mit den Abstrakten konkurrieren, es spiegelt mit seinem unverhohlenen Schwung die Freiheit wider, den Fortschritt.

Ich schenk' es dir, sagte der junge Künstler, Züchter kostbarer Blumen und Honigbienen, hochversiert in der Literatur – ich schenk' es dir, sagte er zu dem kleinen Tschechenmädchen – und wenn der Terror des Tages sich vor dir auftut oder vor den Deinen, die daheim geblieben sind, schau' es dir an, mach' es ihm gleich, schwing' dich empor, sei frei, frei auf dem Eise und laß' deine Kindertrompete die Posaune der Fama sein! Die Kleine lachte, begann seine Sprache zu verstehen und verdrückte eine Freudenträne über das kuriose Geschenk.

Capri-Skizzen

Kinder

Sie tragen die gebündelten Schulsachen auf dem Kopf und rufen einander bei langen tönenden Namen, die Kinder der Insel, sie brechen die ersten Mandelblüten und zerknallen Frösche auf den schmalen sonnenübergossenen Wegen, die in uralte Treppen münden, im Glockenläuten und Duft von Ölgebackenem klettern sie zu den steilen Behausungen, Buben und Buben umarmt, umschlungen, Mädchen und Mädchen, Buben und Mädchen, später die Spiele hoch in den Felsengärten, das Händeklatschen, Steinewerfen und die Rufe, die wie Glaskugeln zusammenklingen im Dunkel des Immergrüns, MARIA ANSILIATRICE PERPETUA …

Ein Fest

Alles hat ein Ende, einen Schluß hier, ein Mann steht da, am Ende der Insel, ein Mädchen umgehängt, einen Federbusch schwingend, den linken Fuß auf die Posaune gestemmt, ein kleiner, finsterer, starker Mann – über den nachtspinnenden Felsen im hellgrünen Himmel, der rote Mond als Schluß eines Festes.

Die Piazza
Spiegelnder Asphalt, barocke Staatspaläste, das Standbild eines nationalen Helden, nichts vom hehren Dünkel solcher Plätze hat unsere Piazza, beherrscht vom Mann der Insel und des Festlands gleichermaßen, vom Eseltreiber und Scheich, Lump und Star, von einem Dialekt und vierzig Sprachen, buntbeschirmten Tischchen und einer zuckerweißen Kirche, einem Juwelier und einem giornalaio, vermummten Dieben, nackten Mädchen, Zwergen, Riesen, einem Campanile, der immer schlägt, immer schlägt (ohne daß die Zeit vergeht), und blauen Schatten des längst erloschenen Vulkans, der wie ein ausgestopfter Löwe in der Ferne wachesteht.

Der Treppensitzer
Ein Bein ist hochgezogen, eines ausgestreckt, in der verkürzten Frontsicht nichts als eine große verlöcherte Schuhsohle, der Oberkörper ruht auf den nach hinten gestützten Ellbogen (die Schultern rollen nach vorn wie weiße Keulenköpfe), in der Magengrube zittert die fadenscheinige Matrosenbluse, der Kopf liegt im Nacken, um die gesenkten Lider zieht sich der Bogen einer Frage, die auf dem Schwung der Lippen Antwort findet, der Hals ist voll und weiß und schön, so wie Menschen ihn haben, die abends am Wasser stehen und über das Schwinden der Weiten die Stimme erheben – die Treppe hat ihn hervorgebracht, wie sie ihn verschlungen hat eines Tags, er ist nicht mehr, der Treppensitzer, jetzt erst tritt er ins Bewußtsein der Leute (groß ist die Macht des Nichtseins, sie verrückt Berge, schafft Heilande, es ist die Macht des Nichtseins, die so viele hübsche Heilande schuf!), der Bürgermeister der Insel, Stumpen zwischen den Zähnen, beschreibt einen höflichen Kreis, ein

wenig hopsend, wie es seine Art, um den Platz des Treppensitzers, den leeren (das Knarren seiner Stiefel ist wie der Ruf des Raubvogels über den Wipfeln der Bergföhren), Träger einer Last, einer Botschaft, Kirchgänger, Krankenbesucher, Waisenkinder hinauf, hinunter werden schöpferisch für einen Augenblick.

Das Antiquitätenhexchen

Alt ist es wie das Laster, steht es im fliegenden Rosenlicht, und flattert der Rauscherock, sieht man, daß es aus Alabaster ist, das Antiquitätenhexchen, und Augen hat es (die herrlich-tragischen Kinderaugen der Adele Sandrock, wenn sie den Hamlet spielt)! Aber sein Laden duftet nach Balsam, im Dämmer erglühen die vergoldeten Wurzelmännchen, ein etruskisches Vogelskelett, der Schierlingsbecher des Sokrates und ein Stück Netz der pesca miracolosa, in seinem Kundenbuch finden sich eingetragen keine Geringeren als Mahatma Gandhi, Graham Greene, Oskar Kokoschka, Axel Munthe, Gret Palucca und Rainer Maria Rilke, bezweifelt man die Authentie einer der Antiquitäten und illustren Signaturen auf dem vergilbten Bütten, verharrt es mit den hieroglyphischen Gebärden des Taubstummen im stolzen Protest.

Zikaden

Die Zikade singt, ist sie zu Ende, beginnt sie von vorn mit der Unerschütterlichkeit der Titanen, längst hätte Zeus sie in den Tartarus gestoßen, wenn man sie nur sähe! Es wird behauptet, die Zikade ist eine durch die Hitze hervorgerufene akustische Täuschung, ein Halluzinieren des menschlichen Trommelfells, was den greisen Engländer bewegt, hinzuzufügen (er hüstelt mystisch in sein Whiskyglas hinein), unsere Insel ist eine Fata Morgana, ein neptunischer Scherz, ein Spielzeug des Poseidon, ein Nutzgarten der Nereiden mit Kunstwerkstätten, Modeboutiquen, Klöstern, Quisisanas, Reben, Oliven, Zitronen, Agaven und prächtigen Panoramas, mit weißen Häusern, blauen Grotten, Weltgesindel und dem Felsenschmuck – der Ginster, Gold, Gold, Gold, there's nothing to be trusted here below, warnt der greise Brite und bläst die Asche von seinem purpurnen Cashmeremantel (er trägt an jedem Finger einen Brillant und ist ein Onkel von W. H. Auden).

Der Apfelputzer
Im Namen der Madonna, der Apfelputzer sitzt in der Apfelgruft und putzt mit seiner großen schwarzen Schürze die Äpfel den ganzen Tag, Moder herrscht hier, eine Kerze brennt, ein Lied ertönt, das jeweils in Husten endet, und droben im sonnigen Gassengetümmel, LOOK HENRY, NICE SHINY APPLES! SHINY APPLES, echot Henry von der Schulter seiner Herrin und wühlt in ihrer grünen Strohperücke – SHINY APPLES, echot der Papagei, und aus der Katakombe das schwindsüchtige AVE MARIA.

Siestastunde
Die Siestastunde der Insel ist weiß, schwarz und blau, weiß ist die Stille, schwarz ist das Innere der Tore und Höfe, blau ist der Himmel, wenn der Carabiniere an der Balustrade steht und gähnt, zittert das Weiß, lauert das Schwarz, blaut das Blau bis zum Glühen, keine Katze in den Gassen, alles verrammelt und zu, keine Frucht, kein Brot, kein Gesang, plötzlich, im Inneren des Piazza-Tores vier Weiber auf vier kleinen gewöhnlichen Stühlen, ihre Leiber gesegnet, und als sie sich erheben, geht ein Dröhnen durch das Tor, neues Leben, neues Leben, die vier kleinen gewöhnlichen Stühle allein gelassen, sitzt kerzengerade auf der Lehne des vierten eine Ratte, Pfötchen vor der Brust – sie betet.

Der Hafen
Breughel hat den Hafen von Neapel gemalt, fast verherrlicht, der Hafen von New York strahlt eine grandiose Härte aus, zwar ist es vorbei mit der Romantik von Marseille, doch fasziniert der Hafen durch seine ehrliche Scheußlichkeit, der Hafen von Capri ist eine Null – der Hafen unserer Insel ist eine Null, die es, gleich einer Schwelle, zu überschreiten gilt, ein leises Hissen des Rockes genügt, ein festeres Aufsetzen des Fußes, manchmal stolpert ein Kind und es weiß nichts mehr von Richtung, verwirrt Vorwärts und Rückwärts, Rechts und Links, Ankunft und Abschied …

Ich
Eine Erzählung aus dem Süden

Sie trug nur ein Hemdchen und nichts darunter, und der kleinste Hauch eines Windes zeigte sie, wie sie Gott geschaffen hatte. Das hold-antike Körperchen eines Engels, von der Luft des Mittelmeeres wie in sonnendurchwärmte Bronze gegossen, tanzte, schlenderte, lag oder stand unter der Himmelsbläue, die mit verspieltem Stolz dieses Geschöpfchen zu umfangen schien. Das Schwarz seiner Augen spiegelte Unbewußtheit dieses himmlischen Umsponnenseins: zärtlich und grausam blickten sie in ihre eigene Schwärze hinein.

Dies Geschöpf war wunderbar und mitleidlos wie ein Tier – in sich und von sich erfüllt. Sein flugartiger Schritt, sein instinktgeladenes Antlitz zogen wohl einen bunten Wasservogel in seine Nähe, der bestenfalls unbeachtet blieb, womöglich aber eines Flügels verlustig ging. Das schöne Kind strahlte Gefahr, ja, Majestät aus. Der warme weiße Küstensand lag ihm zu Füßen, als breiteten unsichtbare Hände mit Demut einen Teppich unter es. Die kleinen Tiere, die im Sande wohnten, lauschten seinen Schritten, die voll Vertrautheit und Drohung waren. Die Dinge der Natur schienen dem Kinde zu dienen oder vor ihm zu fliehen; nur zufällig erfuhren sie von seiner Huld.

Wenn die Sonne rötlich am Horizont stand, wenn Meer und Himmel perlmuttrig still ineinander flossen und die Berge wie Mauern aus blauer Seide die Küste säumten, lag das schöne Kind nackt und bloß auf einem Steine und ließ den warmen Sand durch seine Hände rieseln. Unendlich lieblich und herb schmiegte die kleine bräunlich-goldene Gestalt sich an den runden Stein, der unter seinem Leben dankbar zu erbeben schien. Die abendliche Mittelmeerlandschaft umgab mit Verehrung das Kind. Es empfing ihre Schönheit organisch – ohne Dank. Dieses Tier, dieser Engel beherrschte die ganze Welt. Die Hände spielten mit dem warmen Sand, auf einmal rührten sie sich nicht. Die rote Sonnenkugel sank langsam in die Flut: mit welch schuldloser Lust sah das Kind sie sterben! Und als sie versunken war, lief ein Wind über das Meer, über den Sand, über den Stein und über das Kind und das Land, feucht und lau und nächtlich, und alles war voll großer schuldloser Lust. Sie floß in den goldenen kleinen Leib wie Gift und Sterne und sprach satt und leise – Ich.

Die Kleine hatte einen Bruder. Mit dem ging sie wohl ins Dorf, der Mutter was einkaufen. Das Getümmel der engen Plätze und Gassen, wo es ätzend-altertümlich roch, stachelte die beiden zu Unfug auf. Sie drückten sich an die Häuserwände, haschten nach Tauben und Katzen und warfen mit Oliven nach alten Männern, die sie fürchteten und liebten wie kleine Götter. Sie standen mit breiten, schlotternden Knien und lachten ehrerbietig mit zahnlosem Munde vor den schönen und ausgelassenen Kindern. Nach einer Olivenschlacht mochten diese etwa sich vertraulich zu den Alten auf eine Bank gesellen, die tranken dann begierig von ihrem jungen Zauber.

Daheim ging es schlicht und unverwandt zu. Man lebte mit der Sonne, von der Sonne, für die Sonne. Man erwachte mit ihr, man betete zu ihr, sie möge den Wein und das Getreide recht reichlich sein lassen. Man war gesund und schön, auch die Eltern waren es. Die Zusammengehörigkeit dieser Menschen war im Grunde ohne Gefühl – ein elementares Dasein. Die Kinder waren viel allein.

Sie schliefen in einer klösterlichen Halle mit rohen Mauern und Holzgebälk. Große Fenster ließen den Blick frei auf den Pinienwald. Ihre Träume waren meerhaft: in die Weite strebend und ruchlos. Sie spiegelten das Hell und Dunkel des Firmaments. Und nur das eigene Sein rührte sich in ihnen, so wie das Meer ... Der Morgen trat in die klösterliche Ruhestätte, mit Graulicht und Ziegenblöken. Die Kinder gingen auf den Hof und fütterten das Geflügel. Das gab viel Geflatter und Gekrächz: darüber ging die Sonne auf. Ein Huhn stieß seinen Schnabel in die Hand des Kleinen. Sein Schwesterchen sah das Blut rinnen – mit Freude.

Mit Freude kreuzten sie die stille Chaussee mit den Olivenbäumen zum Strande hin. Eine müde Brandungswelle murmelte die Sonne an, die über den gelblichen Bergen stand. Im nassen Sand lagen Seesterne und Muscheln, die sie in ihre Hemdchen bündelten. Die Brandungswelle schlug ein wenig heftiger an. Durch die Ruhe brach ein Wind vom Meer. Dies sagte – Ja – und – Ich – mit einem weiten hellen blauen Sausen. Schräg in der Ferne stieg silbrig weiß ein Felsen auf. Unsere Kleine stand wie eine Bronzekönigin auf dem sandigen Grund. Sie hatte sich einen Seestern ins Haar gelegt, ihre schwarzen Augen blickten stolz und ein wenig lauernd drein. Ihre dunklen Träume umfingen jene helle Ferne: mein Meer, meine Welt, mein Morgen! Sie gab sich dem frischen Frühwind und der Unendlichkeit, und ihr kleines Herz schlug – Ich.

Abseits spielte ihr Bruder. Er hatte einen fliegenden Fisch entdeckt, der sein verführbares Gemüt wie eine Circe bannte. Er töffelte in den Wellen herum, mit erhobenen Ärmchen und kriegerischen Rufen. Jetzt gab er dem märchenhaften Tier Kosenamen, lockte und beschwor es – während die Wellen ihn hinauslockten und beschworen. In seinem kindlichen Sinn verwischte der Wunsch, das Tier zu fangen, die Möglichkeit der Gefahr. Die kleine Königin betrachtete ihr Reich. Der Silberfels – der Bruder in den Wellen – das große lebendige Spielzeug. Da ward er von einer schaumigen Welle ergriffen. Da schnappte sein Köpfchen nach der lustigen blauen Luft. Da war er drunten. Und wieder hoch, ganz hoch war er geworfen, welch Spiel! Und drunten. Sie sah's mit ruhigem Entzücken.

Dann wandte sie sich um und strich durch den Pinienwald, ihre schönen schwarzen Augen blickten in ihre eigene Schwärze hinein. Die Mutter rief – E il tuo fratello? Und wo ist dein Bruder? Keine Antwort. Dann: L'ha mangiato il mare. Das Meer hat ihn verschlungen. Die Mutter rief – wie auf der Oper – Und du hast ihn nicht herausgezogen? Diese Worte bezog die Kleine nicht auf sich. Sie klangen wie von weit her und nicht für sie bestimmt. Nach einer Weile, durch die das Meer rauschte, kam in fragend zurückweisendem Ton aus ihrem Götterantlitz – Io? Ich …

Servus, Hans Mai!
Die Ballade vom Emigranten

Er schwenkt den Hut und verschwindet hinter der Sonne. Für den Weinberg ist das Flugzeug noch hörbar, dann ist es auch hier verstummt. Servus, Hans Mai!

Er lebt jetzt in einer umbrischen Stadt, schlendert hinauf zur Burg La Rocca, setzt sich auf einen Stein und schaut in die Ferne. Servus, Hans Mai! Er wendet den Kopf. Nur der Wind, der Wind von La Rocca, sagt ihm den heimatlichen Gruß.

Drei Jahre sind vorbei, fünf und acht. In Schaftstiefeln und Hemdsärmeln, schief in der Stirn die Baskenmütze, greift er zu, wo es zuzugreifen gibt in der umbrischen Stadt. Braunkohle wird verladen; das bischöfliche Palais wird renoviert; die hohen alten Brückenpfeiler werden verstärkt; ein Unterstand für das Weidevieh wird errichtet; ein Stück der umbrisch-etruskischen Stadtmauer wird abgetragen ... Hans Mai schafft, liebt, lacht, flucht und betet auf umbrisch und wendet den Kopf, wenn der Wind geht, der Wind von La Rocca.

Ich will nachschauen dort, wo meine Väter liegen, denkt er in sein Glas hinein an diesem Sonntagmorgen. Es ist an der Zeit, denkt er in sein Glas hinein, trinkt's aus, trinkt ein zweites und drittes. Er versucht dreimal geradezustehen, geht durch die Türe wie einer, für den keine Grenzen sind, geht durch den Sonnenschein und Glockenläuten bis zu der Wiese am Rand der umbrischen Stadt. Hier liegt er und schaut das Himmelslicht ein. Und wie er's einschaut, träumt er die Wiese seiner Heimat, bestickt und geschmückt mit Butterblumen und Glockenblumen, mit Rotklee und Schaumkraut, die zartlila und weißen Dolden umsummt von den Bienen; das Kuckucks- und Pfingstkraut wiegt sich leise, und in der dunklen fetten Kresse leuchtet ein Falter; von den Auenwäldern erschallen Schüsse, und über den Wipfeln ziehen sich Wölkchen hin, ein weißes Spitzenband, wie seine Mutter es am Sonntag trug.

Ihn befällt ein Schauer, ein Schauer der Entfremdung im Traum der heimatlichen Wiese, denn er ist verwachsen und verbunden mit der Wiese, wo er liegt. Sie ist haarig und goldig, mit schwärzlichen Sträuchern und grellen Stechblüten, da und dort ein Block aus Stein. Hans Mai sieht die Steinblöcke durch das All segeln, sich nach der Weise lenkend und senkend, am Rand der umbrischen Stadt, um mit ihr verwachsen und verbunden zu sein wie er.

Er meint, nie wieder aufstehen zu können, nie wieder sich erheben zu wollen, so hält ihn die fremde Erde. Und er weiß: sie hat Schritt für Schritt von ihm Besitz genommen. Das Brot und der Wein sind eins geworden mit ihm, die Luft und die Geräusche. Die fremden Bäume sind seine Freunde geworden, wenn sie ihm Schatten gaben bei der Arbeit. Die fremden Häuser haben ihm Schutz geboten. Die Stimmen und die Gesichter und die Glocken der umbrischen Stadt sind mit ihm eins geworden in drei, fünf, acht, elf Jahren und mehr. Die Nächte der Fremde und die Mädchen … Nachschauen will ich dort, wo meine Väter liegen, denn es ist an der Zeit! Hans Mai sagt es in den Sonntag hinein – und steht gerade wie eine Kerze auf seinen Beinen.

Schaut, schaut, er ist ganz der Alte!, sagen sie bei seiner Rückkehr in die Heimat. Servus, Hans Mai! Sie reden zu ihm, als ob er der Alte sei, und er sagt: Ja, ja, so ist's.

Hans Mai geht immer nur so rum und denkt: könnt' ich wie Franz Ritter die eigenen Sprüche auf überglastem Pergament an die Wand hängen; könnt' ich wie Hermann Kreuzer die Engelsköpfe für die Kindergräber schnitzen – wär' ich ein Künstler und könnte die Fremde in ein Kunstwerk legen und wieder der Alte sein, könnt' ich! Er denkt's und geht nur immer so rum; sagt: Ja. Ja, so ist's, und hält sich fern von allen.

Einige sagen: er ist zurück in die Fremde. Einige sagen: er ist hinauf, auf den Weinberg. Und einige sagen: mit ihm stimmt es nicht, er glaubt sich jetzt besser. Sie sehen ihn kommen und weichen vor ihm zurück, halb in Scheu, halb in Erwartung. Er schaut jedem von ihnen ins Angesicht und geht vorbei. Hans Mai spürt, wie sie die Köpfe zusammenstecken – Franz Ritter und Hermann Kreuzer und die anderen, im dichten undurchbrechlichen Kreis.

Da regt sich der Mann in ihm, reif – doppelt reif durch die Fremde –, der hier seine Wurzeln hat, Recht und Pflicht. Er schiebt die Hände in die Hosentaschen, wirft einen Blick nach jenem Kreis – einen Blick der feuchten Diamanten voll – und tritt in seine Mitte.

Wald – Der Vater – Liebe

Ein Habicht oder Bussard – ein Adler schaukelt in den Wipfeln, es schläft ein Veilchen im Grund, aber zwischen den Stämmen ist ein Reh gebannt, eine Wendung im Sprung – und es ist verschwunden. Im Dickicht unten steht ein Wasser, da labt sich der Fuchs, er leuchtet wie Feuer, und die kleinen Meisen schreien – die kleinen Meisen schreien nicht mehr. Nah einer Tanne, auf den Hinterbeinen wird die Maus von der Schlange erfaßt, die sich durch die Nadeln windet. Der Wald ist goldgrün und dämmert, ein fernes Dröhnen zeigt den Lauf der Hirsche an, und da geht ein Mann, gebündeltes Holz auf dem Rücken – in den Wipfeln spielt das letzte Licht. Der Abend schafft im Wald – der Wald ist jetzt eine große Lüge. Gegen Morgen erhebt sich ein Rauschen. Totenstille: Millionenwesen – Käfer – Hasen – Vögel – Wild – Schlangen – Nagetier – taucht in grellen Schein, Bäume streben blitzgetragen himmelwärts. Krachen – der Wald ist jetzt ein böser Traum.

*

Der Vater mochte nicht, wenn die Mutter mit dem Knaben war. «Sie wollen aus einem Hund ein Lämmlein machen, es soll zuschauen, wie sie einander herzen.» Und der Vater warf sich aufs Bett und fluchte. Als alles schlief, setzte sich der Knabe zu ihm. Die kleine tropfende Talgkerze brannte auf dem Tisch. Der Knabe sah die kleine tropfende Talgkerze auf der zerbrochenen Untertasse in der Mitte vom viereckigen Holztisch in der Mitte vom Zimmer. Der Tisch war sauber und feucht, weil die Mutter – wenn der Vater schlief – ihn mit Salzsäure abwusch. Die Brust des Vaters ging auf und nieder, unter der Brust war er eingefallen, das Hemd fiel in ein Loch, und darunter wölbte sich der Bauch aus der offenen Hose, der Bauch zog die Luft aus und ein mit Gurgeln, und das Gesicht vom Vater war wie ein roter Luftballon, an den Schläfen waren Strahlen – der Knabe wollte, daß der Vater die Augen öffne, weil sonst die Strahlen so sinnlos und traurig waren. Der Knabe sah, daß ein Auge halb offenstand, da warf sich der Vater im Bett herum, er war wie ein Schiff im Sturm – der Knabe glaubte, auch auf dem Schiff zu sein, er suchte sich festzuhalten am Vater – am Arm, am Kopf, am Bauch, er glaubte, daß er in seinem Vater drin sei und der Sturm sie beide hin und her reiße. Dann wurde es stiller – der Vater hielt das Gesicht des Knaben zwischen seinen beiden Händen. Der Knabe sah wieder die Strahlen und das halboffene Auge, er wollte ihm etwas Gutes tun. Jetzt warf sich der Vater herum schlimmer als je, der Knabe kroch zur Mutter ins Bett hinein. – Der Vater erhebt sich. Er stößt den Tisch um mit der Kerze, die am Boden flackert, er macht einen Schritt nach links, einen Schritt nach rechts und schaut wild herum. Dann macht er einen großen Schritt auf das Bett der Mutter zu. Er sieht den Knaben, er nimmt ihn und wirft ihn irgendwohin, der Knabe schaut. Der Vater reißt der Mutter das Hemd herunter und wirft sich zu ihr. – Die Kerze am Boden gab ein ganz kleines Flackern. – Bald hört der Knabe einen Schrei, als ob ein Tier zerrissen würde.

*

Auf dem warmen feuchten stillen Moos wird das Mondlicht liegen, und er, und sie. Sie werden auf dem warmen feuchten stillen Moos im Mondlicht liegen. Und sie werden sich erheben, und der Mond wird vergangen sein. Jetzt werden sie ins duftende Dunkel zusammen niedersinken – ein Kauz wird rufen. Aber dieser Ruf wird sie selig machen. So selig, daß sie ein wenig lachen werden im Vergehen. Früh werden sie erwachen, den Tau und die Liebe und das Moos von sich streifen und davongehen. Und sie werden sich umschauen und sagen, daß dort ein Strauch oder irgend etwas wachsen werde. Und sie werden in den schwülen fahlen Tag eingehen, etwas wird sie würgen, ein Fluchwort wird ihnen auf den Lippen stehen, und sie werden die Nacht erwarten. Und sie werden leiden, und all das wird menschlich sein. Und sie werden sagen – der Krieg ist unmenschlich. Fahl und verfallen werden sie die Nacht erwarten und einander schwören, nie dem Krieg zu dienen.

Die Spule in der Hand – Monika Mann an Karl Lemke

Capri, 18. X. 63

Lieber Karl Lemke!
Ihr Brief kommt mir eben ins Haus. Meinem Dank möchte ich eine Antwort anschließen. Was aber antworten?

Sie meinen, einen Roman sollte ich schreiben? Nun, finden Sie, daß «sowas» überhaupt aktuell ist? Ist diese Form nicht «passé» oder vielmehr, weiß man heute überhaupt, was für eine Form aktuell ist, ja, *gibt* es noch eine Form? Mir scheint, in der verlorengegangenen Form liegt die Auflösung der Kunst, die im Gange ist.

Es wird viel geschrieben, mehr denn je. (Die Frankfurter Buchmesse bezeugt es!) Aber was, wie? Es ist Forschendes, Experimentierendes, Träumendes, Beschreibendes, Biographisches, es ist Photographiertes, Transfiguriertes, Manieriertes,

Stilisiertes, und es ist – ob kurz oder lang – *nicht* episch. Es ist *nicht* etwa göttlich-geduldiges Abspulen einer Idee, es ist *nicht* romanhaft, das einzig und allein dem Fußgänger natürlich ist.

Denn nur aus dem *Schritt* kommt der Roman. Wir aber fahren. Und mehr: wir fliegen, sind halbe Raketen … Es gibt so einen Haufen zu sagen, und niemand weiß so recht, wie.

Bei mir war die *Kategorie* der Kunst nie so recht festgelegt, ich habe gemalt, musiziert, schließlich geschrieben. Seit zirka 20 Jahren schreibe ich «Feuilletons», das heißt Dinge, die in Zeitungen oder Zeitschriften Platz haben. Es mag ein Gedicht, eine Novelle, eine Impression sein oder auch Kritisches, Grübelndes.

Sie kennen meine kleine Erinnerungsarbeit, die ich sehr rasch hinschrieb, und ein zweites Büchlein liegt vor.

«Der Start», inzwischen vergriffen.

Jetzt ist bei Hegner (Olten-Köln) ein Bändchen von mir herausgekommen. «Tupfen im All» – lyrische Aphorismen, Gedichte.

Ich schreibe und publiziere auch manchmal *englische* Gedichte, was mich gelegentlich «überkommt» – wohl auch ein Symptom der Auflösung (Sprachauflösung)!

So oft ich mir vornehme, etwas Größeres zu schreiben, eine gewichtige Prosa, fällt mir die Spule aus der Hand, und es wikkelt sich ab, eins zwei drei.

Was meinen Sie zu meiner «Antwort», ist sie *sehr* ungenügend?

Schönste Grüße!

Ihre Monika Mann

TEIL III

«Kunst und Leben»

Kommentare

Gelingen

Du liegst im Sand. Dem vielen. Etwas berührt dich. Ein Licht. Konturen, unzählig, von Element und dir decken sich. So ist Gelingen.

Dann ist Klatschen und Rosen – das große Getragensein – Sein trägt das Sein auf den Schultern – Sein trägt das Sein hinfort – Blut trägt die weißen Glieder – die Träne trägt das Gold – der Himmel trägt das Licht – das Licht trägt dich empor und türmt – es türmt sich mit dir.

Du rufst dich heim zum Grund, denn Türme wollen stürzen! Du liegst im Sand ...

Das Paradies – Headquarters der Musen

Ein kleiner Strohbesen tupft beflissen Schultern, Brust und Rücken des Reisenden, mit kollerndem Baß wünscht der «Porter» einen gesegneten Aufenthalt – ein großes zähneschimmerndes Grinsen in seinem schwarzen Gesicht –, und ganz sanft kommt der Zug zum Stehen: Los Angeles. Durch die längste Bahnunterführung der Welt – ein weiß ausgekachelter Gang mit einem Messinggeländer in der Mitte – schieben sich die Ankömmlinge. Los Angeles. Wo ist Los Angeles? Vielleicht verdeckt es der Nebel. Ein Auto trägt dich über mildkurvige, palmenbestandene Avenues, der Nebel tut sich langsam auf und man errät das Meer. Bräunliche Steppenberge heben sich vom gläsernen Himmel ab, und Blumen schreien aus Gärten, die schlohweiße Mauern umgeben. Weit gefahren, viel gefahren fährt man weiter, man fährt, eine fahrende Welt. Nirgends kommt man so wenig an wie in Los Angeles. Später erfährt man auch, daß hinter dem Nebel nichts ist: man muß nur fahren in

Los Angeles, dann erfährt man alles ... Meilen und Meilen schwimmt man durch den breiten Autofluß, an dessen Ufern Tennisplätze und Zitronenbäume wachsen, swimming-pools und Golfwiesen, Tankstellen und Häuser – verloren in Licht und Weite. Ein wenig angeödet und zugleich beflügelt steigt man aus. So groß, so hell, so nicht vorhanden war noch nie ein Ziel.

Das Treibende, Ungefestigte, nicht Definitive dieser Siedlungsstätte, dahingebreitet unter einer festlich jähen Sonne, läßt die Menschen ausgeliefert, ja, geheimnisvoll erscheinen. Man sieht sie kaum. Man hört sie kaum. Sie fahren oder sind unsichtbar. Ein «unmenschlicher» und «unzeitlicher» Ort. Denn auch die Zeit fährt dahin im hellen, konturenlosen Einerlei, so daß sie gar nicht zu existieren scheint. Im Paradies muß es ganz ähnlich sein: der Segen – oder Fluch – der Unendlichkeit. Außer dem goldenen Licht auf den bunten Büschen, der himbeerfarbenen Sonnenkugel, die ins Meer sinkt, außer den Orangenhainen ist dürres Stoppelgras auf sandigen Hügeln mit Spuren von Hyänengetier und arger Einsamkeit. In einer geschmückten Wüste, im austapezierten Nichts bewegen sich die Englein von Los Angeles, dahinter droht Kargheit und Schweigen. Das Monotone und Formlose im kalt schmetternden Sonnenschein des Paradieses also beherrscht diesen Ort, der weder Gefahr noch Hoffnung kennt. (Die einzige Gefahr ist, daß das Auto kaputtgeht und man in der Unendlichkeit ertrinkt – die einzige Hoffnung, daß Gott in der großen Leere auf einen aufmerksam wird.) So ist man denn frei von spießiger Begrenztheit, alles Erlebte ist bedeutungslos und beflügelt wie ein Traum. Woran man sich hält, ist die Vergangenheit und der Wille zur Zukunft, die Gegenwart jedoch begreift man nur aus Zeitungen, Radio und Filmen, aus Ferngesprächen, Besuchern aus der Ferne, Trachten in die Ferne. Es liegt viel jenseitiger Reiz im Leben an dieser Küste. Nicht, als ob man je dort Wurzel fassen könnte –

dazu ist der Boden von Natur zu unfruchtbar –, aber eine kalte, treibende, vage Liebe zu ihr mag einen wohl befallen.

Einmal heißt es dort Brent, West oder Hollywood, einmal Beverly Hills oder Santa Monica, aber überall ist der Auto- und Palmenfluß, der blaue Himmel und die weißen Mauern und die paradiesische Langeweile. Um dem abzuhelfen, trifft man sich zu kindlichen Spielen, zu Vorlesungen, spiritistischen oder astrologischen Sitzungen. Wirkliche Sterne kommen zur Tür herein, in Gestalt von einem Charles Laughton, Igor Strawinsky, Charlie Chaplin oder Thomas Mann. Die Anziehung und Ausstrahlung eines solchen Sterns – meist schmächtige, schüchterne Herrn im Abendanzug – ist groß; die paradiesische Schar, nacktschultrige Engel, gewandte Jünglinge und mondäne Greise lauschen und rauschen in ihrem Glanz. Durch die himmlische Burg – weite, spiegelnde Räume mit Blumenarrangements, exotisch tänzelnden Sklaven und riesigem Fensterdurchblick auf knallgrünen Rasen im bengalischen Schein – klirren die Champagnergläser und gähnt der Hunger nach Kaviar und Sternen. Es ist wirklich schön. (Diese Bemerkung ist an der Grenze des Sarkastischen: ist also nicht sarkastisch.) Denn bei allem künstlichen «glamour» und unverhüllten Snobismus hat diese Szene etwas Rührendes und Echtes.

Millionen von Menschen leben hier verstreut, und nichts hält sie zusammen als die sonnige Ödnis des Himmels. Es fehlt hier völlig das «Element der Stadt», das wie das Brodeln eines großen Kessels ist, in dessen Dampf es abenteuert. Es fehlt der Dämon der Steinfassaden, der den Lärm und die Dünste und die Schicksale aufspeichert und mischt; es fehlt das große Gerüst, an dem die Menschenseelen herumklettern wie die Affen im Urwald, sich in Gefahr und Lust berühren, stürzen, weiterklettern ... Es fehlt der beschwingte Ernst und angeborene Fleiß des Stadt-Artisten, der verworrene Tollkühnheit kristallklar meistert. Hier ist nur spannungsloses Gleiten im Raum ohne

Schicksal. So ausgeliefert trifft man sich. Ist es ein Wunder, wenn man ein Tamtam um jemand macht, der inmitten jener Leere etwas finden und formen kann, etwas konzentrieren und gestalten kann, daß jeder etwas davon hat und begreift? Ein bißchen Karneval, ein bißchen frommer Glaube – wie im Vatikan den Segen des Papstes –, so erheischen sie den Segen des Genies.

Etwas aus Capri
(Bagatellen und Weltfeuer)

Salvatore zieht die Schultern hoch, reibt das Geld, was er nicht hat, zwischen Daumen und Zeigefinger vor dem diabolisch grinsenden Gesicht und spuckt. Ist sonst ein braver Mann. Aber etwas macht ihn rasend.

«Laß doch sein», sagt die Frau Marie, «ist ja doch alles gleich!»

«Gleich?» sagt er. «Nicht bei mir! Habe drei Gesuche machen müssen», brüllt Salvatore im Lärm der Maschinen. «Habe drei Pläne zahlen und drei Jahre warten müssen für die Erlaubnis, auf mein eigenes Dach hinauf ein Zimmer zu bauen, um es zu vermieten, weil der Fischfang nicht immer das Geld bringt, das dich und mich und die Kinder ernährt, habe warten müssen, sag' ich, damit ich nicht den vorüberfahrenden Dampfschiffen die Aussicht versperre! Und hier geht man mir-nichts-dir-nichts her und baut ein Haus.»

Salvatore spuckt. Selten ist er so aufgebracht wie jetzt. Denn man baut in der Grünen Zone. Über Nacht ist das Verbot gestürzt wie ein fauler Baum. Er weiß den Tourismus und den Profit, den er damit verbindet, zu schätzen und begrüßt das Florieren der Villen, Pensionen und Hotels, Nightclubs, Cafés, Restaurants und Geschäfte. Aber seine Insel – vielleicht die schönste der Welt – darf nicht mit Haut und Haar dem Haus und Handel ausgeliefert sein! Es gibt oder es gab bis gestern jene Zone, heilig unberührt. Also auch da, wo die Alten ihre Pinien und Olivenbäume pflanzten, der Dichter träumte, der Maler malte, der Müde ruhte, die wilden Kräuter und Büsche wucherten, ein Vogel in der Stille mit den Flügeln schlug – also auch da …

Ja, da sind jetzt die Männer mit den Eisenhacken und Bohrmaschinen, da sind jetzt die Minenschießer!

Und Salvatore schlägt das Kreuz.

Er schlägt das Kreuz, da dieser naturgesegnete und behütete Kreis der *Faraglioni* von Capri, dies letzte klassische Bild stolzen Friedens, ihm im Zeichen eines Fluches erscheint.

Man begreift die Gefühle dieses guten Mannes. Und man fühlt nicht nur mit ihm, sondern sieht auch besorgt dem Tag entgegen, da jene Herren, die wohl ein Häuslein besitzen in Hollywood, Sankt Moritz und Monte Carlo, sich das Baurecht erwerben in der Villa Borghese von Rom, im Jardin du Luxembourg von Paris, im Englischen Garten von München, im Hyde Park von London, im Central Park von New York, im Stadtpark von Wien …

Und man fragt sich besorgt – machen solche ‹Bagatellen› nicht böses Blut, sind sie nicht ein Scheit ins ewig drohende Weltfeuer und unterminieren sie nicht das ehrliche Schaffen für allgemeines Wohl und Recht?

Apropos Essen

Irgendwo in mir deckt sich Geist und Sinn. Eben da liegt Ästhetik, Geschmack – Wertmesser vor allem für Kochkunst und Kunst. Und ist meine Freude am Essen nicht die Hochzeit von

Gaumen und Seele? Der prächtige Eichentisch mit Linnen und Silber, der rote Damastsessel, hinter dem der Lakai mit feierlicher Miene wacht – das hieße nicht mehr als jenem Moment Genüge getan. Nun, ich befriede mich mit dem demokratischen Stil des Plastiktisches und der Selbstbedienung und starre auf den Fernsehapparat, froh, nicht nach links und rechts konversieren und auf Bildungsschnitzer bedacht sein zu müssen!

Kompliziertes nützt sich ab, Einfaches nicht. Daher schätze ich das Gemüse, frisch aus dem Garten des Bauers Zachaeus. Er liegt eine Stunde weit entfernt von meinem Haus, und wenn es nicht Katzen regnet, lenk' ich meinen Schritt dorthin. Zachaeus, ein barfüßiger Alter, füllt mir das Netz, macht das Kreuz über mich und murmelt, genieß' es in Frieden!

Es sind die Böhnlein, jungen Erbsen, Finocchi, Tomaten, Spinat und Karotten, gesotten, die ich mit Radieschen bekränze und mit dem Kern der Artischocke kröne – die sogenannte Kaisernuß. Das Öl der Olive und Zitronensaft, ein wenig Kräutersalz tun das übrige. Wohnt in diesem Teller nicht Gott? Will er nicht nur verzehrt, sondern gemalt, besungen sein? (Ach, Asketen sind manchmal Heilige, doch nie Ästheten!) Ein Stück Schafskäse und ein Schluck Chianti beschließen das Mahl. Nun bin ich reif für jede Tat. Für eine Stunde mit Dostojewski, für eine Wanderung um die Insel, für eine Großstöberei meines Studios, für ein Gespräch mit einem blinden Hündlein, das hier oft des Weges kommt, und, wenn ich Glück hab', für ein Gedicht. – Abends gibt es heiße Milch mit Cognac und eingemachtes Obst, nicht zu vergessen das Brot aus Vollkorn, das die Ofenwärme dreier Tage hinter sich hat! – Die Blutorange, das mit Braunzucker geschlagene Eigelb und das Täßlein Mokka am Morgen jagen mir den Schlaf in den Wind und lassen mich's von Grund auf spüren, welch ein Segen Essen ist!

Übrigens, ehrliche, ja ehrfürchtige Genießer fand ich besonders unter meinen Künstlerfreunden; Schwelger und Futterorgiasten unter jenen Saft- und Kraftburschen – faule Imitatoren von Walt Whitman, der es seinerseits fertigbrachte, aus dem Schwelger den Gott, nicht das Tier herauszukehren.

«... For I bestow upon any man or woman the entrance of all the gifts of the universe.» Mit jenen Gaben des Universums meinte der Dichtergigant von Manhattan gewiß nicht zuletzt die Früchte der Natur.

Kunst und Natur
Ein Sketch

Luigi schreit laut auf, wenn er einen Regenwurm sieht; Eberhard lebt bei geschlossenen Rolläden und elektrischer Lampe, sonst kann er nicht schaffen; Mike trägt im Bett eine Maske, um unerkannt zu bleiben vor der Nacht – sie sei ihm feind, behauptet Mike: Es handelt sich um einen Bildhauer, einen Komponisten, einen Dichter. Wenn ich mit Edith, der Geigerin, auf dem Land spazierengehe, wählt sie nicht die Wald- und Wiesenwege, sondern die autobefahrene Straße, weil diese sie an die Stadt erinnert, und mein leiblicher Onkel (Heinrich) liebte es, seine Romane in den Hochhäusern von Paris, Berlin und Los Angeles zu schreiben, beim Rasseln und Tollen der Avenues, zu schweigen von den sogenannten Caféhausliteraten – worunter manch Schriftsteller von Format ist –, die aus den goldbespiegelten, zigarettenraucherfüllten, zeitungsraschelnden Lokalen überhaupt nicht herausschauen!

Woher jene Naturfremdheit, ja Naturfeindseligkeit – woher die Unnatürlichkeit des Künstlers? Freilich, Rilke schrieb den «Panther», Goethe das «Veilchen», Beethoven die «Pastorale», und Rembrandt stahl sich sein Hell und Dunkel aus dem geheimsten Herzen der Natur. Also?

Ach! Es ist höchst verwirrend. Müssen Könige begraben, Präsidenten ermordet sein – muß der Tod den Kult erwecken, der sich schon ganz aus der Idee nährt? Muß die Natur, die große Mutter, fern sein, um nichts als Innerlichkeit zu werden? Muß sie ausgelöscht sein, um im blitzenden Rotieren des Traumrads neu geformt, geboren zu werden?

Es ist wohl der Amerikaner Emerson, der sagt, die ungewöhnliche *Nähe* zu den Dingen bezeichne das Wesen des Künstlers. Und möchte man nicht sagen, bei aller Nähe seiner Sinne brütet eine Scheu und Scham seiner Seele *Weite* aus – Weite, Enthobenheit der Schöpfung, welche die Sehnsucht weckt und den Willen zur Wiederschöpfung? Und erschüttert diese nicht sein Gewissen, das er im Tollen und Rasseln der Avenues zu festigen sucht? Und endlich: Ist das Kunstwerk nicht der Zauberei verwandt, das Talent der Sünde, ja trägt mein Freund Mike bei Nacht die Maske, um ihrer strafenden Hand, der Sühne, zu entgehen?

Welch heiliger Schrecken muß den Michelangelo beim Anblick seines «David» oder seiner «Pietà» befallen und heimgetrieben haben, zwischen vier rohe Wände mit ihrer rohen Begrenztheit, geborgen vor der zarten Maßlosigkeit der Natur – seiner Natur! Gott soll schützen, was hat die aus dem Marmor gemacht! Wer so gestaltet, hat Grund, unnatürlich zu sein. Michael Angelus Bonarota, versteck' dich, verkriech' dich vor der Eifersucht des Herrn, laß die Rolläden herunter, fürchte dich vor einem Regenwurm! Aber da schabt, bricht, meißelt, schlägt er die Schenkel, Brüste, Gesichter aus dem Stein, bemächtigt sich des Seins, des Menschen. Barfuß, barhaupt unter der Sonne Carraras, der bärtige faunhafte Kerl wischt sich den Schweiß, und trotz der Mühe geht es von selbst wie bei der Natur. Michelagniolo – so nennt er sich – *ist* Natur.

Hier fällt mir die junge toskanische Lehrerin ein, die mich neulich besuchte. Der schönen Kurzweil halber legte ich eine

Platte auf – Sonate für Violine und Klavier von Mozart. Während des «Adagio» erhebt sich mein Besuch vom Fauteuil, macht sich entschlossenen Schrittes auf die Türe zu, öffnet sie und verweilt auf der Schwelle, den Blick hinaus gewandt. Man wollte Musik *und* die Aussicht genießen. Ich muß sagen, ich fand es etwas unbescheiden. Wo noch dazu Arthur Grumiaux den Violinpart gab!

Das Licht des Mondes veredelte die brünette, ein wenig männliche Gestalt der Lehrerin, ja der Ausdruck sokratischer Weisheit kam über sie. Und während ich gleichsam durch sie hindurchsah, geschah es, daß die mozartischen Klänge eins wurden mit dem homerischen Bild von Meer, Fels und Himmel. Sie mochten auch eins werden mit einer saftgrünen Wiese voll perlweißer Margeriten; mit dem sonn-goldenen Spitzenwerk der Berge; mit einem Feld von Ähren!

Ob Tanz-, Klage- oder Heldentöne, ob Dankgesang an Apollon, Lied von der Erde, Jupitersymphonie – das große Gleichnis, es aufnehmen mit der Natur, ihr standhalten und gerecht werden, ihr unsichtbares und sichtbares Wesen deuten und verkünden, das ist Kunst – da! Sind diese vier Takte – ist dieser Bruchteil einer Phrase nicht die Faßbarwerdung dieses Sternes? … Solches lehrte mich Fräulein Sokrates, und Goethes Wörtlein Kunst und Natur, 's ist eines nur, stand trotz der Unnatürlichkeit des Künstlers nun erst richtig auf zwei Beinen, um so mehr, da mir bewußt wurde, daß der musizierende Hirtengott es verkörpere. Und lehnte er nicht dort am silbrig schimmernden, wogenumsungenen Stamm einer Pinie – Pan mit der Flöte?

Kunst der musikalischen Interpretation

Toscanini erklärte einmal mit Achselzucken, daß er ja bloß dirigiere, was da stehe. Danach müßte jeder, der Noten lesen kann und den Stab zu halten weiß, ein Toscanini sein! Der große Dirigent vergaß oder vertuschte, daß für das Interpretieren der Kunst ein Himmelsschlüssel nötig und bei weitem nicht jeder ein Sankt Petrus sei. «Was da steht» – nämlich in stummer Schrift –, der ungeborene Klang will geboren sein mit «mütterlicher Sorge». Das hieße zugleich, daß die interpretierende Kunst recht eigentlich weiblich, die schöpferische Kunst männlich, aber eines mit dem anderen unwiderruflich verbunden sei. Trägt jenes, gebiert es etwa nicht, was dieses schuf? Übrigens stellen wir uns jene Person mit dem Schlüsselbund trotz der biblischen Rollenverteilung weiblich-mütterlich vor, da der Akt des Erschließens mit dem Akt der Hingabe zu verbinden ist. Zum Erschließen des Wortes – sagen wir von Hölderlin – wäre einer schon berufen, wenn er das Alphabet nach vorn und rückwärts kann? Und zum Erschließen des Klanges – zum Beispiel, von Mozart – wäre einer fähig, weil er die zwölf Halbtöne im Wachen und Träumen kennt? Ihr, die ihr richtet, seid noch längst nicht Richter, und das Tanzen macht noch nicht den Bären!

Der reinste Interpret im Felde der Musik ist nach unserer Auffassung nicht der Dirigent, da er nicht eigentlich wirkender, sondern vermittelnder Künstler ist; auch nicht – wie es nahe läge – der Sänger, der vermittels seiner Stimme gleichsam zu subjektiv ist, um als rein gelten zu können. Wir erachten den Instrumentalisten, vor allem den Pianisten als den reinsten Interpreten der Musik. Denken wir an das Klavier – an die Zahl seiner Saiten (72!) und an die Möglichkeit ihres Zusammenklingens –, so begreifen wir wohl, daß die Beherrschung der Quantität durch Qualität das Absolute und Reine erwirkt. Wir lassen uns Oratorien, Symphonien und Opern auf dem Klavier vorspielen, weil es in seiner Fertigkeit und Unpersönlichkeit uns in jede beliebige Klangsphäre trägt und ebenso die Flöte wie die Orgel, die Trompete wie die Harfe oder vielmehr die Musik an sich uns vorstellig macht.

Noch nie gab es so viele Pianisten – und was für welche! – wie heute. Hatten vor hundert Jahren Liszt und Chopin durch ihre Virtuosität eine exklusive Gesellschaft in helles Staunen gesetzt, so sind es heute Hunderte, die sich auf ähnliche Weise vor aller Welt produzieren. Stumpf, dabei fordernd, ja man mag sagen, erbarmungslos ist diese Welt, angesichts des Vielen und Perfekten, das dargeboten wird. Vor Bäumen sieht sie den Wald, vor Licht die Kerze nicht, und anstatt zu lieben und verehren, wettet und streitet sie, als setzte sie auf Pferde, oder als gelte es mit frecher Kundigkeit eine Firma zu vertreten! Wie aber kommt es nur, daß man heute so gut Klavier spielt? Es ist, als sei man dieser Kunst auf einen Schlich gekommen, als seien Vitamine im Umlauf für Virtuosentum.

Es ist nun wiederum ein geheimnisvoller Prozeß, welcher allzu große Konkurrenz mit Dekadenz verbindet: Als ob die Höchstleistung durch den Mangel an Seltenheit sich selbst verzehre. Das hohe Niveau als Norm und Tagesordnung verliert nicht nur objektiv, sondern subjektiv und in sich – sei es, weil aus einem inneren Gesetz heraus es das Höchste und Beste in großer Zahl letzten Endes nicht geben darf und nicht gibt. Und unsere Zeit der großen Virtuosen führt sich am Ende selbst zum Narren. So ist es zu befürchten, daß trotz unserem hohen Konzertniveau ein Niedergang des Musizierens stattfindet, ja daß die Welt vergessen hat, was wahres Musizieren ist. Wir erinnern uns, wenn wir eine Platte des Pianisten Artur Schnabel laufen lassen. Vergleichen wir ihn mit jenen Hunderten, so wird uns nur zu klar, daß das Genie – produktiv oder reproduktiv – nicht in Rudeln vorkommt und daß unter den gelben Ähren keine oder eine goldene Ähre blüht.

Wir empfinden die musikalische Potenz – die Seele – stofflich und haben stets je nach der Beschaffenheit des Stoffes seinen Wert empfunden. Der Sinn für Stoff und Qualität ist der Welt weitgehend abhanden gekommen, die sich mit der qualitätslosen Perfektion synthetischer Ware befriedet. Artur Schnabel – es besteht, soviel wir wissen, kein äußerlicher Grund, seinen Namen heraufzubeschwören – jedoch können wir heute und jederzeit nicht genug auf ihn hinweisen und empfehlen, sich von seinem Klavierspiel «anstecken» zu lassen. In diesem Sinn kamen wohl auch seine Jünger in Berlin und New York zu ihm. Er nahm hundert Dollar für die «Aufwartung» oder gewährte sie umsonst, wenn es ihm lohnend dünkte. Das erste, was er dem angehenden Künstler verkündete, war, daß er, Artur Schnabel, nicht seine Gouvernante sei. Das hieß so viel wie, daß die Beherrschung dessen, «was da steht», sich von selbst versteht. Erst da, wo die Seele einsetzt, springt der Meister ein, und da man sie nicht lehren kann, wird er nach Möglichkeit sie auf den Lauschenden übertragen. Stilprobleme oder gar technische Grenzen gab es für Schnabel nicht, der schlechthin alles spielen konnte und absoluter und reiner Interpret war der klassischen und romantischen wie rein virtuosen Musik. Nicht Nylon: Perlenchangierte Seide, warm schimmernder Samt, edelrauhes Leinen, lieblich duftender Musselin, kühngleißender Brokat der Seele – hier ist noch Qualität, und hier ist Ton und Gestaltung im tiefsten, wahrsten und erfreulichsten Sinn Noblesse!

Kafka

Wenn ich an ihn denke, ist es, als ob ein wunderschöner, zugleich arg verwachsener Mensch in mein Gedankenreich trete, während ich mich ehrfürchtig neige, fühle ich so etwas wie den

Hauch des Unsegens. Ich weiß von seinem schon symbolgewordenen Namen, und ich weiß von den irrealen Spießern, die sich an ihm weiden, wie ich weiß von denen, die, sobald man ihn nennt, die Augen senken. Eine letzte Selbstenthüllung beinah aber ist es, tritt er in der Maske des jüngsten seiner «Elf Söhne» auf –

«Mein elfter Sohn ist zart, wohl der schwächste unter meinen Söhnen … Ist nicht zum Beispiel auch Flugbereitschaft Schwäche, da sie doch Schwanken und Unbestimmtheit und Flattern ist? Etwas Derartiges zeigt mein Sohn. Den Vater freuen natürlich solche Eigenschaften nicht: sie gehen ja offenbar auf Zerstörung der Familie aus.»

In der Geschichte «Das Urteil» spricht denn der Vater auch zum Sohn –

«Und darum wisse: ich verurteile dich jetzt zum Tode des Ertrinkens!»

In jene Zerstörung der Familie deutet man gern die Zerstörung der Menschheit hinein; Gesichte und Geschichten, entsprungen höchst eigenen Nöten und Komplexen, überträgt man gern ins Weltweite, Prophetisch-Allgültige.

Gibt es jedoch einen privateren Schriftsteller als Kafka? Sein Aufschwung oder Abgleiten ins Qualvoll-Aberwitzige, wie sehr auch getragen von spürsinnigem Geist und hoher Gestaltungskraft, es bleibt Intimes, Inneres, Subjektives. Soll das Subjekt Objekt werden, muß es sich um die Sonne drehen, Kafka dreht sich um die eigene Achse und erzielt damit ein schwindelerregendes Spiegelbild.

Die Verwechslung der Identität – vermeint er auch ein Käfer, Affe, toller Hund zu sein – ist nicht seine Sache, die lädt er uns auf, wir werden Kafka, nicht er wir.

Eben dies begründet das Schwer-Erträgliche dieses großen Künstlers, und eben dies erklärt auch die nie abreißende Jüngerschaft, die Heimsuchung des Kafka-Abklatsches.

Emotionen
Eine Studie

Die intensivste, zugleich erbärmlichste, übrigens psychologisch interessanteste und unerschöpflichste aller Emotionen ist der Neid, ausweglos wie er ist – nicht zufällig das Wort «ich platze vor Neid».

Die Scham ist der Triumph gesellschaftlicher Abhängigkeit: mein Erröten über ein Loch im Strumpf bürgt dafür, daß ich als ein soziales Wesen geboren bin.

Mein Erschrecken ist noch bei wachstem Zustand wie ein Aus-dem-Schlaf-Fahren: es läßt ein Über-Wachsein entstehen, das – ähnlich der dem Strom nicht angepaßten Lampe – den Kurzschluß, den Schlag erzeugen kann.

In der Überraschung liegt die Fusion von Raum und Zeit: von weit her betritt etwas den Augenblick.

Reue, noch so aufrichtig empfunden, ist naturwidrig: die Natur bereut nicht, nimmt nicht zurück, allenfalls deckt sie ihre Untat zu, lohnt sie mit Güte, den Hagelsturm mit Sonnenschein.

Mein Glaube ist wie ein fliegender Altar, er braucht viel Brennstoff, sonst stürzt er.

Wenn ich hoffe, drücke ich ein Auge zu vor dem Aussichtslosen.

Meine Eitelkeit will bestätigt sehen, was mein Ehrgeiz vollbracht.

Mein Ehrgeiz ist der natürliche Drang, mich auszuwerten.

Meinem Haß bleibt nichts anderes, als in der Asche seines Brandes zu ersticken.

Treue war mir stets eine veredelte Abart von Disziplin, und wo sie mich verließ, war die Willkür.

Rausch ist Hochstapelei.

Aber mein Heimweh hat die Lyrik erfunden.

Das Lebendig-Sprachlose – das Tier erweckt meine Emotion: kein Biologe, kein Geologe kennt ihren Ursprung, der liegt also weiter zurück als das organische Leben, unerreichbar weit.

Das kosmische Bewußtsein heute ist so populär, daß man den Flug um die Sonne zu spüren vermeint.

Die Freude des Hundes über die Heimkehr des Herrn – diese Freude ist gesegnet und spricht mir für den Segen in der Kreatur.

Ein Gemisch von Religiosität und Sturheit, das mich ans Vertraute bindet, begründet mein Mißtrauen vor dem Fremden.

Ich bin ein Liederjan und Lump, der alles stehen läßt und geht, dies empfinde ich, wenn ich verreise, dies macht mir den Abschiedsschmerz unheilig.

Vor einem großen Kunstwerk fühle ich das Öffnen von Schleusen, Weichen von Dämmen, Verströmen von Wahrem und Wieder-Zusammenströmen zu *einem* Punkt, dem Kern.

Und die Langweile – sie ist Unwille: Kinder weinen aus Langweile, wir morden aus Langweile: Langweile ist das Urübel.

Der Moment, der mich zum Erpressen bewegen könnte, ist der Moment meiner Neugierde.

Sehnsucht? Ich scheue zu sehr das, was ich nicht habe, es voll und ganz ersehnen zu können: die Hand eines Menschen, der Duft einer Blüte, ein paar Takte einer Symphonie, dies ist meiner Sehnsucht genug.

Meine Begeisterung ist wie auf der Schaukel sitzen – Schaukel, wo's windet und kracht, mir's Hemd übern Kopf schlägt, 's Herz in die Kehle.

Meine Liebe zum Mann ist die verkörperte Liebe zum Leben: jegliche Liebe ist Lebensliebe im Grund.

Gott ward mir am meisten aus einem Negativum, aus der Kraft Seiner Abwesenheit, es war auf einem sinkenden Schiff.

Aber mich in den Harnisch werfen und dem Leidenden zur Seite stehen – Mitleid haben, das hieße zum bloßen Schatten werden eines Helden.

Möchte mich melancholisch sehen in einem dahinsausenden Gefährt! Meine Melancholie ist also eine Verlangsamung meines Wesens, ein Schleppen der Funktionen.

Nichts ist so befreiend wie ein guter Witz, alle Fesseln fallen.

Eine allumfassende Proklamation, die Verteilung neuer Rechte, der Anbruch eines neuen Zeitalters – derlei erweckt eine große

Menschenmenge in mir, die Luft ist voll summarischer Erwartung.

Manchmal ist mir wie Regen im Tannendunkel, das ist Traurigkeit.

Angst, das ist ein Haufen Pfuschzeug, Alarm, das lass' ich mir gefallen!

Wer mich eifersüchtig macht, dem vergeht's. Pack' dich, sag' ich, nimm dich fort, schwing' dich da hinüber, sag' ich, daß ich dich jage, verjage mit dreitausend Hunden, die meiner Wunde entwuchsen, spring, sag' ich, hüpf' über den Dornenberg, die glühende Kohle, den Stinkmorast, und grüß dich Gott, wenn du es schaffst, Halunke, sag' ich oder mein' es doch, falls mir die Stimme versagte, und kreideweiß bin ich bis in die Haarwurzeln hinein, wenn du niederkniest vor mir, vor mir dich niederwirfst vergebens, und ich dich suche, ich erinnere dich nicht.

Ich sitze da, im Schoß die Hände, getrennt und verschmiedet doch vom langen gemeinsamen Tun, das Gesicht ist ins Kinn gelehnt wie in einen weichen Kragen, die Augen baden sich im eigenen Grund, der Körper, breit und fest aufgesetzt, ist eins mit dem Stein der freien Treppe, wo ich sitze, mein Atmen hat Ruh', und Fülle, die Ruh' und Fülle des Halleluja – ich bin im Frieden mit mir selbst.

Kurze Analyse des Selbstmords

Selbstmord ist ein kreativer Akt. Er entspringt – wie jeder kreative Akt – dem Zustand *vollkommener Passivität* und *vollkommener Aktivität.*

Er ist *absurd*, weil dem vollkommen kreativen Einsatz das kreative Resultat vollkommen fehlt: Als ob ein Künstler eine Symphonie in einen Tauben hineinkomponierte; als ob man sich von einer Offenbarung abwendete.

Er ist also die potenzierte Verschwendung: *Vermaledeiter Luxus*. Also ist er etwas *Feminines*. Das Feminine ist zufällig, abhängig, «in sich» inexistent.

Das Kreative wie das Vermaledeit-Luxuriöse macht den Selbstmord zum Phänomen – *nicht* der Entsagung – der Lust. Als Phänomen der Lust ist er Äußerung des *Lebens*. Er ist der Aufstand gegen den Tod. Lebensmüdigkeit ist Todesnähe: der Selbstmord, der orgiastische Protest gegen diese Todesnähe. Wer mit dem Tod im Einvernehmen ist, wer ihn akzeptiert, wer ihn liebt wie das Leben, fordert ihn nicht heraus, sondern läßt ihn gewähren.

Der *Todesverächter* begeht Selbstmord. Er weiß nicht, daß das Leben die Balance von Tod und Leben ist. (Der «Gezeichnete» vermag am meisten zu leben, weil der Tod in ihm stark ist und also das Leben.)

Das Tier begeht keinen Selbstmord (wenn auch dergleichen gemunkelt wird), da es instinktiv jene Tod-Leben-Balance hält. Die Todesverachtung ist Sache des *Intellekts*, da sie Trieb und Seele (Tod ist wie Leben, Trieb und Seele) negiert.

Der Selbstmord als intellektuelle Handlung ist tiefenlos, konstruiert und a-genial. (Wenn große Künstler Selbstmord begangen haben, so war das ihre a-musischste Tat.)

Er ist also nichts *Ganzes*. Ein Splitter, ein Fragment. Ein Hirngespinst, ein akademischer Spuk.

Der Selbstmord als eine Handlung ohne *Seele* ist ohne Qualität. Somit erübrigt es sich eigentlich, ihn zu erörtern, geschweige denn, ihn zu

BEGEHEN.

Fine

Tagebücher

Beinah gleichzeitig erscheinen Tagebücher von Gerhart Hauptmann, Robert Musil, Cosima Wagner, Thomas Mann, Katherine Mansfield, Albert Speer, auch gibt es Neuauflagen von Gides und Kafkas Tagebüchern, Brechts und Ramuz' und Anne Franks, zu schweigen von Max Frisch, der den Nachlaß-Artikel zur unabhängigen literarischen Gattung macht und schließlich in den Tagebuch-Roman übergehen läßt – die Schminke der Fiktion fällt weg, dafür dominiert Maxens Brillengesicht, «Montauk» ist von ihm getragen, geprägt: Persönliches Kompetieren mit der Sache selbst, Zugleich-Subjekt-und-Objektsein, das ist es, was in der Luft liegt und jeden Furz (würde Brecht sagen) publik macht. Das Banausische nimmt Bedeutung an, der kleine Zeh ist Teil des Weltbilds. Du gibst Rechenschaft über dich und den Tag, diesen Tag – Rechenschaft, ja wem? Schreiben, jedes Schreiben ist nach außen gerichtet, spielt mit Widerhall, was du einmal hingeschrieben hast, gehört nicht mehr dir, das hat das Papier so an sich. Dennoch, das Tagebuch, zumindest im juristischen Sinn, ist unantastbar, das wildeste Selbstbekenntnis – der Richter hat keinen Zutritt. Und es ist das Gemisch aus Preisgabe und Tabu, was jene besondere Art von Stimulans ergibt, das Private und dabei Hellhörige, Monologhafte und doch Auf-Echo-Abgestellte. Ein zweites Ich ist gegenwärtig, ein tausendfaches Ich, das erfahren soll, was das erste und eine erfährt. Es ist ein beständiges Melden und Einweihen von Ich zu Über-Ich. Was es aber vor allem ist, das auf sich selbst verwiesene Individuum. Früher schrieben nur junge Mädchen Tagebuch, Sache der jeunes filles, heute schreibt man Tagebuch, eine Erscheinung unserer Zeit. Ob es zusammenhängt damit, daß ich, das Teilwesen, dem Totalwesen um einen Schritt näher gekommen bin und mich im täglichen Rhythmus mit ein paar Federstrichen bei ihm bemerkbar mache?

Versimpeln bis verfälschen

Vom Besserwissen steh' ich ab, nicht vom Anderswissen. Was die Presse über meinen Vater weiß (dank Tagebüchern), weiß ich anders und leg's kurz dar. Ein guter, also ein geistvoller Witz war meinem Vater mehr als ein Sack voll Schönheit, das befreiende Lachen war ihm mehr als das Gaffen, Sichvergaffen in weiß Gott was. Doch wenn's denn sein muß, und zwar dem Werk zulieb, so halte er's mit dem Nämlichen, Männlichen, ja wäre das andere, Weibliche ihm im Weg. Es ist ja gerade das Umgehen des Geschlechtlichen, was in der Wahl des Nämlichen, des Männlichen liegt, zugunsten des schlechthin Schönen und seiner dichterischen Gestalt. Im Außer- oder Übersexuellen das Homosexuelle zu sehen, wäre eine arge Versimpelung bis Verfälschung der Sache. Solches, einmal in Fahrt gebracht durch den Visconti-Film «Morte a Venezia» damals, wird nun wieder aufgefrischt anläßlich der T.M.'schen Tagebücher. Schau, schau, was da nicht alles drinsteht! Schau schau! – Daß es werkbezogen, josephbezogen sei, das merken die Herren Schauschauer nicht, auch von der alt eingewurzelten T.M.-Dualistik «Geist/Schönheit» haben sie offenbar nichts mitbekommen. Vielleicht – wenn man schon Grundschau hält – stößt man auf den narzißtischen Zug bei T.M., was auch wieder nicht zu versimpeln wäre! Vor allem, eine Selbstliebe (ohnedies im sublimierten Sinn) wäre durch ein gesundes Maß Selbsthaß reichlich wettgemacht.

Wie dem auch sei, ich erinnere mich an einen gemeinsamen Besuch in der römischen Villa Borghese(-Museum), und sehe ihn noch vor dem «Narzissus» (Caravaggio?) verweilen, womöglich kam er um seinetwillen hierher. Mit jenem flüchtigen wie skrupulösen Monokelblick – er hielt das Glas ins Auge geklemmt – erfaßte er das Detail, bis er endlich mit dem Antlitz gerührter Kennerschaft das Ganze in sich aufnahm. Mythos aus

Fleisch und Blut. Es war dem Betrachter anzusehen, daß der über den Wasserspiegel gebeugte Nackte im Kranz aus unendlicher Ferne sein innerstes Herz berührte. Es war nicht nur Narzissus und Narzissus allein … Aber was war's, was die holde und verbotene Neugierde da auf dem Bild ihm einflüsterte oder -trillerte? Ein Getriller war's, voll wo nicht berechtigter so begreiflicher Sünde, eine Begegnung war's in ihrem ganzen, tausendganzen Sinn.

Mein Vater wandte sich ab, lächelnd, um dem Knaben seine Zeugenschaft nicht zu schwer zu machen. Wenngleich es ein ernstes Lächeln war.

«I am afraid of knowing who my father is» – Monika Mann an Peter de Mendelssohn

Villa Monacone
Via Pizzo Luongo, 7 – Tel. 8379187
I–80073 CAPRI (Napoli)
20. II. 76

Lieber Peter,

Dankeschön. Sie schrieben mir. Wissen Sie auch noch dies: Ich bin sonderbar. *Will* so wenig wissen. Gerade von den Dingen, die mich angehen. – Halt futuristisch. – Auch nicht.

Hören Sie, Sie überanstrengen die liebe Anita. Oder sabotiert sie mich grundsätzlich? Das wäre – horrible.

Kommen Sie *nie* nach Capri?

Sie könnten doch! Ich koche sehr gut, heißt es.

Herzlich Ihre
Monika

P.S. Nein, davon kann nicht die Rede sein, daß Sie nichts *Neues* über dad sagen. Nur zu viel Neues. Mein ganzer Daseinsmythos wird erschüttert. *Das* ist es.

I am afraid of knowing who my father is. The more I know, the more his face gets foreign. Cold. Myth is warm …

M

Villa Monacone
Via Pizzo Luongo, 7 – Tel. 8 379 187
I–80 073 CAPRI (Napoli)
7. Juni 1977

Dear Pieter!
Heute an meinem Geburtstag, *Rosen*tag – auch vernahm ich Mieleins rauh-melodiösen Baß –, erhielt ich Ihre freundliche Epistel. Thanks.

Ich werde ja nicht gefragt – und *würde* den ganzen Kram dem Deifi überlassen!!! Offen gestanden graut mir vor dem Ganzen. Z. *betonte* ja stets, daß er kein Tagebüchler sei und «sich» dem *Werk* gebe … Aber, gut. Oder schlecht. – Nun das feine unredigierte absolute authentische wahre …

Prost!

Zu Ihrer akuten Frage:

Wäre über mich genug *überhaupt* bemerkt, ich meine, stünde jenes «Unfreundliche» innerhalb eines Ganzen (und Freundlichen), wäre natürlich nichts dagegen zu sagen. Jedoch: in seiner Ausschließlichkeit ist es *nicht* zulässig als Publikumsfraß. – Das sage ich mit einem einzigen runden Punktum.

Unter uns gesagt, Z. war mir gegenüber zu gewissen Zeiten gereizt – wie denn auch nicht? –, hatte aber – wiederum unter uns gesagt – einen gewissen «Glauben», eine gewisse «Erwartung», mich betreffend. – Wenn ich aus Florenz nach Zürich kam, und von mir die Rede war, sagte er – «weiß man's schon?» (Als wäre ein kleines Wunder fällig). Als ich meinen Artikel veröffentlichte «Warum ist Duvivier genial?», neckte er (1/4 ernst), «warum ist die Moni genial?» Er behauptete einmal bei Tisch in Küsnacht, daß ich Lord Byron ähnlich sähe, oder war es Keats? – Als Neumann mich vor ihm in allen Farben pries, lauschte er aufmerksam, und wenn ich Klavier spielte, steckte er den Kopf zur Tür herein ... Er war neugierig, intrigiert und abwartend – schlug gelegentlich auf den Tisch ... Daß ich meinerseits sehr distanziert zur Familie stand seit früher Jugend, wußte er auch wohl, was mein inneres Verhältnis bestärkte ...

Na und so weiter.

Lieber Biograph und amico – Sie haben mich verstanden.

Seien Sie tapfer und froh!!

Stets Ihre Monika

[Tagebucheintrag Thomas Manns als Maschinenabschrift von Peter de Mendelssohn auf separatem Blatt:]

Monika Mann

16. 4. 1942

Morgens Kaffee getrunken und gleich rasiert. Nach dem Frühstück bis ½ 1 gearbeitet. Mit Golo an den Strand und dort gegangen. Lunch ohne Bedienung, von Gret und Erika bereitet. Ergreifender Brief von Heinrich, vorgelesen. Langes Schreiben von Torberg über die Vorlesung von neulich. Zeitschriften. Zum Thee Feuchtwangers bis 7 Uhr. Schrieb an Litwinoff. Die San Francisco Kinder bereiten sich zur Abreise vor. *Nach dem Abendessen Einreden Bibi's auf Moni. Sprach mit Erika, dann auch mit K. über diese und ließ meiner Erbitterung über ihre Existenz die Zügel schießen. Drang auf ihre Entfernung.*

[Darunter handschriftliche Notiz von Monika Mann:]

Liquidierung. *Noch* schöner!
Mir völlig *WURSCHT*

Herzlichst
Ihre Moni

TEIL IV

«Choreographisches»

Aphorismen und Gedichte

Pensilvenia

Violett-zinnobern durchzieht die Straße den Wald.
Am Rand die duftigen Ballen der Rhododendronblüten.
Links und rechts spielen Licht und Schatten im Grün,
Und zwischen den Stämmen steht im stillen Zauder ein Reh.

Das Ineinander von Leuchten und Dunkel – Traum und Sein – Trauer und Glück.
Bange Verwunschenheit. Und die nüchterne Frage – Was bedeutet das? – rollt sinnlos
Auf der violett-zinnobernen Straße.

– – –

Kleine, weiße Schmetterlinge flatterten durch den dunkelgrauen Dämmer.
Der Duft war feucht und satt und friedlich.
Aber oben am Hügel tat sich die Weite des Abends auf.
Drüben strich lautlos das Vieh unter dem Rosa des Himmels.
Die Wiesenmatten mit blauen, braunen und gelben Schleiern ruhten wie Offenbarung vor mir.
Wie tief ich atmete und blickte, und ich sprach es aus –
All dies ist wahr.

– – –

Bevor die Sonne untergeht,
Wenn das Feld wie gesegnet im goldenen Licht steht,
Die roten Blumen wie Feuersterne am Bache glühen,
Dann schäm' ich mich, an keinen Gott zu glauben.

– – –

Das Insektensummen, Zirpen und Quaken zu meinen Füßen,
Die heiße Stille über mir –
Es ist Mittag, und mitten im Sommer.
Gerade so war es am Mittag im Sommer früher und anderswo.

So ist es immer und überall am Mittag im Sommer,
Wenn das Heu so komisch und betäubend erquickt,
Ein winziges Bächlein durch die Wiese rinselt,
Ein paar Himbeeren den Spazierenden kindlich ergötzen.

So war es schon damals in Oberbayern – im Weltkrieg eins.
So ist es heute in Pensilvenia – da sie in Korea kämpfen.

– – –

Wir waren zu dritt, der Mond war halb, nordwestlich ging der Wind,
Und der Hund des Farmers bellte.
Wir sprachen oder schwiegen, wie das Menschen so machen,
Und während die andern lachten, sah ich dies. –

Vier Kälber standen ungeschlacht und zart zusammen – ein schläfriges Rudel.
Im Mondlicht schien ihr schwarzweißes Fell, ihr runder, seitlicher Blick
So voller Unschuld. Oh! So voller Unschuld …
Der dumpfe, heilige Blick des Wiederkäuers.

– – –

Es regnet stark und ausdauernd in Pensilvenia.
Der Regen fällt mit herzhaftem Rauschen auf das grüne Land.
Man fühlt, es muß sein, es ist gut – und man grämt sich nicht.

Vor meiner Stube, mit dem großen Bauernbett und den kleinen
Schiebefenstern,
Fällt der Regen in den braunen Bach,
Ich seh' es durch die Blumen, die am Fenster stehen.

Es hat aufgehört zu regnen, jetzt rauscht nur noch der Bach.
Das Farnkraut leuchtet im steigenden Nebel,
Und am Horizont erscheint unverhofft das Abendrot.

Später lieg' ich im Dunkel meiner Bauernstube.
Ich kann kaum unterscheiden, welches die Glühwürmchen,
Welches die Sterne vor meinem Fenster sind.

Ich kann auch kaum unterscheiden, ob ich einsam oder
glücklich bin.
Eindeutig ist das Rauschen des Baches, darüber schlaf' ich ein –
Vielleicht sind wir zu zweien.

Römisches Lied

Sie trugen mich hinweg, meine Träume, über Kuppeln, Bäume,
Paläste und Gärten:
Durch den blauen Äther sah ich bunt,
Mit großen Bärten die heiligen Väter spazieren
Ich sah Minister in glänzende Wägen steigen
Leute mit knurrenden Mägen sich verneigen
Ich sah viele Katzen zwischen antiken Säulen auf Sonnenstreifen

Und ein paar Sachsen in stiller Kathedrale sich bekeifen
Ich sah köstliche Herren und Damen im Stehen Kaffee trinken
Aus grünem Saal jemand nach einer Kutsche winken
Ich sah dicke schwarze müßige oder eilige Menschen-Haufen
Ich sah eine elegante Römerin einen silbernen Heiligen kaufen
Ich sah Motoren wie Raketen durch die Straßen schießen
Ich sah in schönen Kirchen beten und die Augen schließen
Ich sah einen blühenden Mandelbaum vor einer bronzenen
  Cäsarfigur
Ich sah einen Marmorsaal mit einer goldenen Sonnenuhr
Ich sah 40 Matrosen in der Sixtinischen Kapelle
Einen Korb Mimosen auf einer Tiberwelle
Ich sah auf einer Renaissanceterrasse zwei junge Wäscherinnen
  krakeelen
Ich sah in einer Spelunkengasse einen Raphael
Ich sah kleine Pferdewagen auf enormen Plätzen
Ich sah einen Konditor Torten tragen – er lief in großen Sätzen
Ich sah helle Obelisken in den klaren Himmel zeigen
Ich sah einen mageren Jüngling unter einem alten Tore geigen
Ich sah viele Amerikaner vor einer Venus stehen
Ich sah vom Vatikane feuerrote Tücher wehen
Ich sah Priester vor Mikrophonen, Nonnen vor
  Schreibmaschinen
Päpste mit Kronen und steinernen Mienen
Ich sah lustige Dilettanten Verdi schmettern
Ich sah Restauratoren an Barockfassaden klettern
Ich sah eine summende alte Bettlerin sich an Leute drängen
Ich sah Glocken schwingen zu lauen Kloster-Gesängen
Ich sah Fremde jeder Schicht bei Aperitiven
Ich sah bei geweihtem Licht die herrlichen Perspektiven der
  lärmenden heiligen Stadt Rom

Und meine Träume trugen mich hinweg hinweg übers bläuliche
Pinienland und ewige Trümmer
Die etruskischen Gräber lagen da
Im Abendschimmer
Winzige Schafe weideten nah
Und dort die stumme Ferne – – –

Aufgeschrieben
gedanken zur gegenwart

Das Positive (Kern-Energie) negativ auswerten (Bombe) ist schlichthin dumm: verwunderlich, daß ein Schlichthin-Dummes die Welt in Bann hält

Sartre läßt Poseidon zu den alten Griechen sagen: Führt nur Krieg, ihr blöden Sterblichen … Ihr werdet dran verrecken. Alle. (Wie gemacht als Leuchtspruch über den modernen Großarsenalen)

Verdis Requiem – ein grandioses Stück Musik (wohl ‹anwendbar› für die Opfer der Diktaturen)

Nehm' ich teil an einer Massenbewegung, hab' ich das Gefühl, hier ist ein Zuviel, und das bin ich

Ein Duce, ein Klaviervirtuose, ein Messias, ein Gespenst – einerlei: Hauptsach', wir haben was zu schreien

Manche Leute wissen nicht, was ‹Glauben› (im religiösen Sinn) ist: sag' ihnen, Glauben ist Atmen, sag's ihnen!

Die computer-bewachte Liebesnacht, Klingelsignale unterm Kopfkissen – wohin noch führen die ausgepichten Verhütungsmechanismen?

Wir knien nieder vor ein paar Trümmern des alten Rom und legen kalten Bluts die eignen Städte in Asche

[…]

Die Stadt ist nur noch Büro und Geschäft: wir wohnen außerhalb, fahren hin und her. Weekend fahren wir herum, die Ferien verbringen wir fahrend, wir fahren, wir fahren: eine fahrende Menschheit (gemäß dem rotierenden All rotieren wir auch)

Wenn man in den USA tagelang durch die leeren Ebenen fährt, fragt man sich, wozu auf andere Sterne gehen?

Was wohl Joseph Conrad zum heutigen Fall Polen sagen würde? Und hätte seine Stimme Gewicht? Das Wort, ist es nicht dabei zu verblassen, zu verfallen? SCHAUEN gilt heute mehr oder alles. Allein das viele Reisen, sight-seeing, der Film, das Fernsehen … Ja, es ist, als ob das blinde Aneinander-Vorbei in den Großstädten eine innere Begierde erzeugte nach dem Bild unserer Spezies: wir begeilen uns an den Physiognomien auf dem Bildschirm, auf den Fotos, in den Illustrierten, wir sehen uns satt an den Gesichtern, noch im Einschlafen verfolgen sie uns, die glatten irdischen Mienen der Politiker, der Boxer und Stars, wir sehen sie noch in unseren Träumen, die pechschwarzen Antlitze mit den traurigen Tieraugen der kleinen Mädchen und Buben mit den geschwollenen Hungerbäuchen, wir schauen sie in uns ein, die zerfetzten Gesichter junger Krieger, die jungen dummen Matrosengesichter, die peinlich-gestrafften Polizeigesichter und das Gesicht eines Papstes … Wir schauen uns satt bis zum Rand am Bild unserer Spezies, wir haben ein trainiertes Auge heute für den Bruder, für die Schwester *Mensch*

Aphorismen

Geldangst ist Todesangst – das Grauen vor dem Nichts.

*

Der Schmerz kennt keine Grenzen. Dafür, daß er dennoch endet, erntet er Ehre und Dank so viel, daß er geneigt ist, wiederzukommen.

*

Der Rausch ist ein Kind und wenn er vorbei ist, die Leiche eines Kindes – das Traurigste, was es gibt.

*

Der Erfolg ist die Brücke zu allen.

*

Der Haß führt das Blut des Herzens dem Verstande zu – ausgeleert ist jenes, berstend aber dieser von Blutgericht.

*

Über der Hoffnung ist der Glaube, darüber das Gebet und darüber das Opfer, was darüber ist, nennen wir nicht, doch wir wissen – es gibt immer eine Steigerung zum Anstreben.

Augenblicke

Es klopft. Was wäre so beredt?!

In einer fremden Sprache zählen.
Als ob man in geliehenen Schuhen tanze.

Nachts sich aufs andre Ohr legen. Einen
andern Stern betreten.

In einen Apfel beißen. Der Augenblick
in seiner Vollkommenheit.

Sich in den Spiegel schauen. Überraschend
niesen. Das Alarmierende auf humoristisch.

Der Blitz schlägt in die Ehe ein.
Emotion wird Physik.

Nichts ist so laut wie der Anblick von Blut.

Im Klang der Orgel wird der Dom zu Rauch.

Die Ewigkeit im Augenblick.

Kreise malen. Man fühlt den Kosmos
in der Wirbelsäule.

Duft der Walderdbeere. Duft des Märchens.

Seinen Namen aussprechen. Das Ureigne,
Mystische in den Fängen der Obrigkeit,
in den berghoch gestapelten modrigen Akten.

Zehn Fragen

Ist es nicht so, daß wir nicht, wie wir glauben, um die Dinge selbst uns streiten, sondern um ihre Interpretation zum Beispiel in der Frage «Gott» (es geht nicht darum, ob Gott existiert, aber ob die Gewaltigkeit des Symbols ihn lebendig macht, lebendiger als die bare Existenz)?

Das Wort «Wir alle müssen einmal sterben», würde es nicht an Wärme gewinnen, wenn es hieße «Wir alle dürfen einmal sterben»?

Ist Wissenschaft heute nicht Kunst, nimmt ihr Himmelreich es nicht auf mit Kafkas Schloß?

Ein Ozeandampfer. In der blauen Unendlichkeit verschwindet er am Horizont. Verschwindet da nicht eine letzte Illusion (des Feierlichen, des Eilelosen)?

Steuert der Mensch auf seine Endgültigkeit oder sein Ende hin?

Die Freude von Leonore und Florestan; vierter Akt Fidelio, macht sie nicht Trauer zur bloßen Spekulation?

Ein Fortissimo ist heute da, uns zu erschrecken: Der moderne Musiker sprengt das Medium, musiziert jenseits des weißen Striches. Fühlt er sich wohl dabei?

Beim Anblick eines Säuglings fragt man, was wirst du noch erleben (das liebe Kind ist voll der ungeheuerlichsten Utopien, ist Fleischwerdung der nächsten hundert Jahre)?

Fortschritt bedeutet: das Leben so weit mechanisieren, daß die letzte Forderung nach körperlicher Arbeit hinfällig wird und alle Energien dem Geist überlassen sind. Besteht dann nicht die Gefahr, daß der Geist zu weit geht?

Den Schaumberg der kochenden Milch mit Beschwörungsformeln vor dem Überkochen bewahren – hieße solch Wunderwerk nicht, ungeahnte Kräfte auf Dinge verschwenden anstatt für das Wohl der Menschen verwenden?

Choreographisches

Society
Die messerscharfe Beleuchtung bei nach hinten ansteigender Bühne sich weitend und mildernd und schließlich empor verlaufend im Serpentinenstrahl – ein Geleise, ein Steg, ein Blitz: hier die Befrackten.

Die Kranke
Die Kulisse zur Rampe gedrängt (der Atem der Darsteller spürbar im Auditorium). Links ein Lager mit umständlich aufgebauten Kissen, von einer totenbleichen Mädchengestalt in Anspruch genommen. Schräg rechts, kaum über der Schwelle steht ein Mann: die kurze gespannte, edle, kohlenbestäubte Erscheinung des Bergarbeiters deutet Behutsamkeit, Neugierde, Grauen und Verlangen an. In der erhobenen Rechten, die sich senken will, der Kornblumenstrauß. Der Abend fällt durch die halboffene Tür herein.

Urlaub

Aus eisiger Kuppelhöhe hängt eine Schaukel bis fast auf den Grund. Auf ihr verkrümmt und verklammert der Greis. Dahinter ein junger Uniformierter, dessen Bereitschaftshaltung kraftinnigen Anschwingens den Kopf verschlingt – ja, der Kopf des jungen Uniformierten ist vom Uniformkragen völlig überwuchert. Der Greis, im Begriff kopflosen Angeschwungenwerdens, hat den blinden Blick zur eisigen Kuppel gerichtet.

Der Diktator

Durch das stacheldrahtverhauene Menschenspalier (meist auf Knien) schreitet der weißbekränzte, weißgewandete gottartige Diktator.

Rush-hour

Heimkehrerkolonne. Im Vordergrund rechts die Malerin, den Zug statischer Eile mit dem Pinsel gestaltend.

Der neue Stern

Lehmgelber Platz. In der Mitte ein Mast. Auf ihm ein Jüngling mit einer großen Angelrute. Darum herum die nackten hungermageren Kinder, mit erhobenen Händen abwechselnd zu ihm und etwas anderm aufblickend: im schwarzen Firmament die celestfarbene Kugel, den orangefarbenen Hof um sich ziehend.

Die Verdammten

Unter der Wanduhr auf dem Hocker sitzt die Frau. Hinter ihr – die Hände auf ihren Schultern – steht der Mann. Zeiger und Pendel der Wanduhr stehen still.

Dancing

Zwei Mädchen, einander zugekehrt, einander bei den Hüften haltend, von sich gestreckt das Gesäß, treten die menschliche

Anmut mit Füßen (um des gemeinen und gemeinsamen Funktionierens willen). Abseits, ihr Zeuge, ihr Richter, ein schwarzer Mann im goldenen Mantel.

Elevators
Ein Lift voll Hunde. Die weiße Dogge aufrecht am Etagenbrett. Der oberste Knopf – der Penthouseknopf – glüht rot.

Song
Gebet eines Atheisten

Solange du nicht bist
O Herr
Geht es fort
Und immer toller fort mit uns
Sei o Herr
Ich bitte dich
Sei noch heute
Sei
Und trete vor die Leute
Die sich Herren nennen
Zeige ihnen daß du bist
Zeige es noch heute ihnen
Die sich Herren nennen und regieren
Dich bitte ich o Herr
Solange sie dich nicht erkennen
Geht es fort und immer toller fort o Herr
O Herr o Herr o Herr
Sei noch heute
Sei
Ich bitte!

Liebe

Was ich gesehen habe
die Wetter und Berge und
Meere und Städte
die Wiesen mit ihren Schafen
und Hirten wie Engel in Lumpen
was ich getragen habe und genossen
die Hochzeiten und die Tiefzeiten
mit ihren Freuden und Wunden
die Illusionen
die leuchtend waren und beflügelt
und schließlich da lagen wie
angeschwemmte Hunde
meine Erfahrungen bewußt und
unbewußt
vergangen und künftig
mein Sein von Beginn zum Ende
es ist erst in der Berührung
unserer Hände.

Schuld und Sühne

Was uns zu tun bleibt
Ist
Uns selber auf die Schulter zu klopfen
Die erhobene Braue voll Mitleid
Das ist das mindeste
Was wir tun können für das
Was durch uns verloren ist
Zu viel
Um es zu nennen

Carneval

Halb Henker
Halb Kavalier
Steht er da
Der Terrorist
Wie fromm er ist
Der Sklave seiner Maske

Das nackte Auge *fordern*

Bitte

Trage die lilienbleichen
Kissen über Länder und Meere
und breite sie unter das Haupt
der Heere, bitte, damit ein anderer,
ein neuer Traum sein Gewissen entflamme,
vergiß nicht aufs Zeichen,
du weißt schon – das Blut der Palme!

«Bitte mach's studio-like» – Notizen an Ilse Langenmeyer-Haessig

... Bitte mach's studio-like, wohnlich, inspirierend, nicht «bedroom» vom Niemandsland!
... Ein geräumiger *Tisch* zum *Schreiben.*

Bitte – ein für allemal – abends *kein* Fleisch!

Das heißt: Suppe und Nachspeise. Dazwischen eine kleine Käseplatte. Schafs- und Ziegenkäse vorgezogen. Auch ein kleiner Rahmkäse oder Stückerl Butter. Nicht viel, aber appetitanregend. Ein paar Radieschen ecc. Brotauswahl! Daß man nicht auf jedes Stückerl wartet! Auch ein Biscotto dazu, Du verstehst.

[...]

Danke.

Love Monika

TEIL V

«Wir sind elf»

Schriften zur Familie

Märchenhafte Gespielin

Zwölf Stunden Expreß-Schlafwagen und dann eine enorme fremde Stadt – eine Reise zum Mars könnte kaum verwegener sein! Ich reiste nicht zum Mars, sondern zu meiner Urgroßmutter. Die Wurzeln meines kindlichen Seins lösten sich aus dem Alltag. Zwischen gestern und heute lag eine weite Strecke: Weit war ich fort und lange war ich auf der Welt. Durch das Fernrohr meiner Enthobenheit schaute ich ein wenig trunken, prahlerisch zurück: Meine Geschwister hockten wie Vögel im Nest und kannten das große rotierende Leben nicht. Berlin – das war die Menschheit selbst. Die grauen Steinmassen – summend, plärrend, rumorend, drohend, blendend mit Schicksal – drangen mächtig auf mich ein. Mir war es wohl bang: Vielleicht hätte ich weinen mögen, versteckt hinter der Wucht dieses Bildes, doch das Ahnen meiner Zugehörigkeit erfüllte mich mit abenteuerlichem Stolz.

Meine Urgroßmutter bewohnte eine stille stattliche Villa am Wannsee. Sie stand im Portal unter den Efeuranken und hielt beide Hände nach mir ausgestreckt. Ich lief und grub mein Gesicht in die Falten ihres Kleides. Da ich meine Arme um ihren zarten Körper schlang, warf ich den Kopf in den Nacken und lachte. Sie küßte mich, und ihr Haar wehte wie silbriger Flachs auf mich nieder. Ich hatte bisher keine alten Leute kennengelernt. Ich glaubte, sie gingen an der Krücke und verbrachten ihre Tage in Zurückgezogenheit. Ich wußte, daß meine Urgroßmutter 89 Jahre zählte – welch mythisches Menschenalter und wie jung sie mir erschien! Freilich stellte sie etwas Märchenhaftes dar, das jedoch wunderlich mit meinem Gefühl der Weite übereinstimmte. Ich umarmte eine silberne Fee, eine leuchtende Blume der Ferne, die mich warm willkommen hieß.

Sie war jung, weil sie das Neue, Jenseitige ausstrahlte. Ich war ihr nah, aus einer beseligten Neugierde. Ihr lächelndes schwebendes Wesen ließ eine lichte Zukunft durchschimmern, die mich erregte und zärtlich stimmte. Über die Meilenstufen der Generationen hinweg bildeten wir ein seltsam ebenbürtiges Paar, das in sich das Gegensätzliche von Geburt und Tod versöhnte.

Sie liebte den Tag. Sie schlief nur einige Stunden zur Nacht, währenddenen ein Kandelaber neben ihrem Lager brannte. Früh, beim ersten Strahlen des Morgens wußte ich sie die betauten Wege des Gartens durchstreifen. Ihr weißes Kleid trug sie wie ein Symbol des Lichtes. Die Edelsteine um ihren Hals strahlten wie kleine Gestirne. Und das Blau ihrer Augen gemahnte an einen uralten frischen Quell. Ihr Lachen aber klang wie der lockende Diskant eines Elfenliedes.

Nachdem wir uns wie zwei Kobolde zwischen den alten Bäumen gehascht hatten, mochten wir am Rand einer Grotte rasten und träumen. Sie erzählte mir von ihren Schwestern im Himmel: Unwillkürlich schien ich mein eigenes Körpergewicht zu verlieren, als ich mir die hellen Schwestern vergegenwärtigte. Mit einem Empfinden des Namenlosen lag ich im Gras, und all mein Sinnen wandte sich nach oben ins Unbegrenzte. Meine Urgroßmutter schlug das Buch auf, das in ihrem Schoß ruhte, und begann daraus vorzulesen. Da erfuhr ich die Wunder des Morgenlandes. Ich sah verwunschene Schlösser zwischen blühenden Palmen; holde Prinzessinnen in den Armen bärtiger Räuber und mächtiger Könige; Karawanen mit schätzebeladenen Kamelen und Elefanten – in goldenes Sonnenlicht getaucht. Ich sah heiße bunte Nächte, in denen es zauberte und spukte, und in denen die Sterne des Orients einander zufunkelten und munkelten von dem Reichtum und der Ewigkeit der Welt. Die Worte «Es war einmal» aber, das war nichts Versunkenes, das aus den Tiefen dieser Grotte stieg: Es trug von ihren Lippen den Glanz der Zukunft.

Es begab sich manchmal, daß ich meiner Urgroßmutter von

mir erzählte. Meine kleinen Freuden und Leiden schienen lustig in ihren Bergquellaugen zu tanzen. Das Meiste, was mich bisher gewichtig dünkte – Streit mit dem Bruder, verlorenes Geld, eine mißlungene Aufgabe –, wurde, da sie mir lauschte, leicht. Wenn sie manchem Geständnis ernst zunickte – ich meinte sogar, ihre Edelsteine trotzig blitzen zu sehen – und mir auch einen Ratschlag erteilte, so spürte ich dahinter eine große heitere Nachgiebigkeit. Ich erriet das ‹Große Licht›, in dem wir – wie der Fisch im Meer – geborgen waren.

Ja, meine erste große Reise und der Besuch bei meiner Urgroßmutter weihten mich ein in Ferne und Licht: Daß Abschied darin wohnte, wußte ich nicht.

Mielein
Kleine Aussagen über meine große Mutter

Ihr Gesicht gleicht sich – auf geläuterte Weise – dem Lenbachschen Kinderbildnis an – zauberreich dies Bildnis, in seiner Vifheit und Wachheit auf dunklem Grund!

Nenne sie nicht groß, gab ihr doch die Größe anderer genug zu schaffen, da ist sie selber lieber klein!

Ihre Handschrift ist wie die Fitzelchen, die vom Scherenschnitt ihrer Gestalt abfielen.

Pflichterfüllung, Mittelpunkt der sittlichen Wertordnung – sie hätte Immanuel Kant heiraten müssen, dennoch war und ist sie eins mit meinem Vater, so zwei eins sein kann!

Ihre so oft bekundete Vorliebe für Dahlien deutet auf Selbst-Assoziation hin – eine Blume des Widerstandes und Trostbringens (wenn es herbstelt).

Sie hätte uns das Gehen gelehrt, wäre sie selber lahm gewesen, so unbeirrt ihr Wille zu dem, was an der Tagesordnung ist.

Perlen, Brillanten trägt sie organisch, das ist das Exotische in ihr – in Indien kommen die Kinder mit Schmuck auf die Welt.

Sie hat nie einen Ehering getragen. Konnte die Regel, daß sie keine Ringe trägt, hier nicht eine Ausnahme finden, liegt hier ein Eigendünkel, aus dem sie ihre Echtheit schöpft?

Sie ist unfähig zu lügen, es sei, sie wollte den Menschen vor der Wahrheit verschonen.

Sie kennt keine Schminke und ist darin ganz Leben, nur das Tote läßt sich schminken, das Lebendige wehrt sich, ein bloßes Lächeln zerreißt die Maske.

Sie ist realistisch geboren und humanistisch geschult.

Fern ist ihr der Routineleerlauf unserer Zeit, sie verrichtet die täglichen Handgriffe wie zum erstenmal, das ist das Tierhafte, das Vitale in ihr – ein Fink oder Star wird in seinem Flug nie die Wiederholung finden.

Sie hält beim Schwimmen den Kopf wie eine Reliquie über das Wasser.

Sie bringt es fertig, parteiisch ohne ungerecht zu sein, dies zeugt von ihrer apolitischen Natur.

In der Systemlosigkeit, mit der sie ihre unzähligen Obliegenheiten bewältigt, liegt eine Art von Glück.

Ihre Teilnahme am Weltgeschehen entspricht der Teilnahme an den nächsten Dingen, dennoch ist sie im Herzen ein privater Mensch.

Sie ist nie verlegen, es sei, wenn sie auf einer Gesellschaft «partout nicht weiß», mit wem sie spricht.

Sie ist kein Original: originell bis zum Exzeß, ist sie frei von Exzentrik.

Sie ist ein denkender, kein nachdenklicher Mensch.

Bei allem Witz, ja manchmal Aberwitz, wurzelt sie im Land des Logos.

Sie rechtet mit der Insistenz einer (gelehrten) Mücke.

Ihr Horror vor toten Vögeln widerspricht der fröhlichen Furie, mit der sie Fliegen klatscht.

Ihre Abneigung vor Milch widerspricht ihrer Natürlichkeit (und der Heilighaltung von Milchspeisen meines Vaters).

Intellekt und Instinkt halten sich bei ihr die Waage.

In ihrem Zimmer, zwischen den vielen Familienbildern, herrscht ein Duft, der Duft der Früchte, die sie austrug – sie selbst im Bett, die zeitenthobene Wöchnerin.

Das Selbstloseste unter der Sonne, paßt sie im Grund nur zu sich selbst.

Eine Michelangelo-Figur erlebt sie als fertig-geboren, ganz im Gegensatz zu meinem Vater, der ihr Entstehen erlebte, erlitt. Dennoch mochten sie sich mit dem erschrockenen Wort begegnen: Wo er's nur hernimmt?

Sie kennt nicht das Spielen, Experimentieren mit dem Schönen, das In-den-Händen-Wiegen eines Gegenstandes, damit das Rätsel seiner Schönheit sich löse – ihr ästhetischer Sinn ist bioästhetisch.

Ist auf einen Stoff gedruckt «reine Seide», glaubt sie es. Das ist das Harmlose in ihr, ihre eigentliche Kraft. Das ist aber auch das Bürokratische in ihr.

Über einen Massenmörderstreich mag sie äußern: Pfui! Als ob ein Kind seine Kakaotasse umgestoßen hätte! Eine Normen-Natur, scheut sie die gigantischen Wertungen, die Superlative.

Sie hat nie den Eindruck des Faulenzens erweckt. Hält sie Siesta, ist es, als werde sie einem Brauch gerecht.

In dem Kleid aus der weißen Spitze ihrer Ahnen – das Kleid der «höheren Heiterkeit» – sieht sie aus wie ihr eigener Schutzengel.

Daß sie von den Ihrigen Mielein genannt wird, erklärt sich kaum, und doch könnte sie nicht anders heißen!

Vater liest vor

Schon als Kind durfte ich kapitelweise dem Werk meines Vaters lauschen – welches immer er gerade unter der Feder hatte. Die lange Geistesstraße von «Buddenbrooks» bis «Der Erwählte» ist für mich stets mit seiner Stimme verbunden – diese Wanderung ist ebenso ein akustisches wie gedankliches Abenteuer. Bild' ich es mir ein oder ist es wirklich so – mich dünkt, das Vorlesen meines Vaters deckt sich artig mit dem, was er geschrieben hat.

Um den eigentümlichen Reiz des Direkten zu beschreiben – das Werk lebt, wird leibhaftig, da wir uns zu abendlicher Stunde im Arbeitszimmer meines Vaters versammeln. Außer der Familie sind ein paar gute Freunde und Kollegen geladen, man macht sich's bequem – und es beginnt. Je größer und tiefer ein Werk ist, desto leichter trägt es uns fort, desto williger folgen wir in seine Sphären, entgleiten wir aus der Wirklichkeit in die Entrücktheit hinüber.

So dauert es nicht lange, da das Bild meines Vaters – wie er da mit übergeschlagenen Beinen im dunklen Samtfauteuil bei der Lampe sitzt, die Fußspitze leise wippend im Rhythmus seiner Worte, das Manuskript in der beringten Rechten, die Zigarre in der Linken, den Kopf scheinbar ein wenig müde zur Seite geneigt – wobei doch jede Fiber seines Seins das Gesagte mitartikuliert – die Goldbügel seiner Brille die empfindlichen Schläfen streifend – dies Bild löst sich auf in einem komplexeren: in der Welt des Werkes selbst. Sie steigt plastisch – beinah unerbittlich – vor uns auf. Die Macht und Einheitlichkeit des Stils breitet sich aus, ergreift Besitz von uns – wir atmen, lachen und weinen in dieser Welt.

Ja, auch weinen. Über den Tod eines Kindes – diabolischer Schicksalsmord – Raub des vergötterten Lieblings an einer kranken Künstlerseele. Oder wir weinen wohl auch über die Feierlichkeit einer Vaterrede – wenn Jakob zu seinen Söhnen spricht, den Blick zwar ausschließlich auf Joseph gerichtet – den Liebling. All die Lieblinge, Vorzugskinder und Erwählten, denen es zum Schluß an den Kragen geht – wir lieben sie und fürchten um sie. Ihre Reize und Talente haben sie nicht ungestraft, ihre Besonderheit müssen sie ausbaden, ihr Hochstaplertum büßen.

Und weil denn immer ein Hin und Her von Fluch und Segen hier waltet, schleicht sich etwas Komisches ein – und wir müssen lachen. Ja, aus dem Dämmer des Arbeitszimmers flackert ein Lachen auf, da – dort – und manchmal lacht der Vater selbst, so daß er nicht weiterlesen kann.

Er läßt das Manuskript in den Schoß sinken, sein Blick ist seinen Hörern verspielt fragend zugewandt – und auch wieder abgewandt: als besähe er mit uns gemeinsam ein selten Ding, das wohl von ihm, ja, das er selber ist, aber das doch wie ein zauberisches Luftgebäude außerhalb alles Persönlichen entstanden und nun der Allgemeinheit preisgegeben ist.

Eine Improvisation / 1953

Seine endgültige Eskapade aus dem Norden führt ihn nach Rom. Hier entstehen die «Buddenbrooks» – die Basis seines Ruhmes. Vielleicht sein dichterischstes Werk spielt in Venedig. Es zieht ihn nach Forte, Sizilien, Florenz – Italien ist ihm neben der Schweiz Wahlheimat. Aber wieviel subtiles Für und Wider ist hier verbunden – der brünette Helläugige mag sich entscheiden!

Was für Kirchen und Paläste, was für Schätze! Er betrachtet es im Widerstreit von Stimmung und Gesetz. Die Marmorgottheit im düsteren Immergrün klassischer Gärten nimmt ihn gefangen, erfüllt ihn mit scheuem Dank. Heimweh befällt ihn – Heimweh nach dem Uferlosen von Heide und Meer –, nach dem noch Unausgesprochenen. Aber dies ist herrlich-erbarmungslos in seiner letzten und nackten Ausgesprochenheit.

Gleichsam dem Urteil entkommend, betritt er die Straße.

Was für ein Hingebreitetsein von Menschenleben! Er atmet es ein. Er ist frei.

Triumph liegt in seiner Haltung, da er zwischen den Renaissancepalästen zu Tische sitzt, da er mit (echt italienisch) vorgesteckter Serviette dem ölbegossenen würzigen Gemüse zuspricht und dem funkelnden Wein, da er die große Gebärde markiert, Feuer und Verve. Es ist eine Art der Nachahmung, die Anpassung ist oder sympathisierende Ansteckung, sogar Verwandtschaft. Seine Nüchternheit ist ja gezügelte Trunkenheit, seine Nach-innen-Gekehrtheit ist ja Disziplin. Hier ist er frei … Da sieht er, wie zwei Männer einander umarmen.

Die Oleanderlaube mit den weißgedeckten Tischen wird Bühne – fadenscheinige Anzüge werden platonische Gewänder. Er empfindet Bewunderung und Neid, Spott, Trauer und Lust – dies unverblümte Von-Mann-zu-Mann erweckt in ihm einen Aufruhr von Gefühlen.

Er zieht die gestärkte Damastserviette langsam vom Hals und läßt sie langsam zum Boden gleiten. Ich bin nicht wie sie. Ich bin nicht frei. Ich bin … Ich-verschworene Gedanken streben ins Universale und Ganze. Die Last der Gestalt weicht der Gestaltung.

In diesem Moment nähert sich ihm aus dem anderen Ende der Laube eine Studentin.

Ein Autogramm, sagt sie mit ernstbittendem Blick. Er lächelt. Er lächelt scheu und dankbar, und allmählich wird dies Lächeln Glück. Du suchst mich, du kümmerst dich um mich und meinen Namen, bin ich also doch wie du, ein bißchen doch, sagt er stumm. Er reicht ihr das signierte Blatt und schaut. Ihre schwarzen Augen lächeln in seine meerfarbenen hinein. Sie kenne ein Buch, das alles umarmt.

Abbraccia tutto, sagte sie, indem sie die vollen olive-goldenen Arme breitet – abbraccia tutto, der «Zauberberg», «Montagna incantata» ... Darf ich Euren werten Namen wissen, fällt er ein, mit einer dringlichen kleinen Verneigung. Ich merke mir meine Freunde, ich trage sie mit mir herum und versammle sie um mich, wenn ich schaffe – Freunde aller Welt und jeder Sorte. Er schreibt in seinen Notizblock.

Das Mädchen geht, da es den Moment für angebracht hält, auf orientalische Art vermeidend, den Rücken zu drehen.

Welch tiefen Takt sie haben, diese Italiener, und welch angeborene Ehrfurcht vor allem, was ein bißchen klärt und gestaltet! Ein frommes Hofieren ist ihnen eigen, ein höflicher Glaube an den, der ein Handwerk weiß im höheren Sinn. Ich muß oft über sie lachen, weil das «Schamlos-Expressive» mich lachen macht – es ist, als ob ein Mann unbekleidet vor die Leute trete, es ist wie ein Stück Komödie. Doch es ist mehr. Es ist das Offensein, sie haben es von den offenen Himmeln und hungern wie diese nach dem Schönen. Lichtmenschen sind es, Ästheten, und schon das Kind offenbart es. Dort – die Kleine mit dem schwarzen Lockenkopf, wie sie mit den Händchen ihre Worte formt und knetet, als mache sie Blumen aus Wachs, mit den Wurzeln und Fruchtgefäßen!

In der Pose des Narren vor dem König steht der Jüngling mit der Gitarre und gibt, was er zu geben hat – Arien von Verdi, Puccini, Mascagni, Donizetti und Rossini, Pergolesi und alte namenlose Weisen.

Mit leicht geöffnetem Mund und ein wenig schief erhobenem Haupt sitzt der «König» da und lauscht. Leib und Seele, Geist und Natur, Stimmung und Gesetz, nackte Gottheiten und traumverhüllte Meere, die Gegensätze versöhnen sich, sie fließen zusammen, aller Zwiespalt zerbricht in der italienischen Tenorstimme, in dieser Nacht unter der Oleanderlaube zwischen den Renaissancepalästen – mag es nicht enden! Mit Flügelfedern schreibt in weißem Sande der Wind sich ein, singt der «Narr» und harft die Saiten. Su la docile sabbia il vento scrive con le penne dell'ala ... Das klingt nach dem Lied eines großen Kollegen.

Peitschenknall sprüht auf zu den Sternen, zu den ewigen Hügeln und Kuppeln. Dem Sprühregen mythischer Brunnen entrollt ein Fiaker.

Das Überbegriffliche, eine Übersprache erwacht, ein päpstliches Esperanto, ein Wort über dem Wort, ein Sichverstehen. Da fährt er, da rollt er dahin – ein Sieger im guten Streite!

Der goldene Uhrdeckel schnappt ins Schloß, alles ist bereit, alles ist gut, alles ist bereit.

Er ist in der Ewigen Stadt und tritt vor den Papst (Pius XII.). Es ist, als habe der dunkle Helläugige – der «patrizische Bohemien», «hanseatische Brasilianer», «einsame Weltbürger», «enthaltsame Schwelger», «systematische Träumer» und «prosaische Dichter» –, es ist, als habe der eingefleischte Protestant jene Audienz zur Krönung der Versöhnung ausersehen, zur endgültigen Aufhebung von Kampf und Gegensatz.

Savonarola, der kleine Herr Friedemann und der Besuch eines Yankees

«War Ihr Vater ein Fanatiker?» fragte mich der junge Amerikaner N., Musikstudent in Neapel, der auf einer Bildungsreise durch Deutschland und die Schweiz das Thomas-Mann-Archiv in Zürich besucht hatte und nun mich auf Capri besuchte. – «Was your father a fanatic, ich meine wegen dem Mönch da auf seinem Schreibtisch, Savonarola heißt er, oder nicht?»

«Es kommt darauf an, was Sie unter Fanatiker verstehen, jemand, der sich selbst hinter die Sache stellt, für die Sache lebt ...»

«Jemand, der seine schlechte Laune feilhält bis zum Galgen und Scheiterhaufen», fiel N. mir ins Wort – «wie der heilige Bettler da, möchte wissen, was Ihr Vater zu tun hatte mit *ihm.*»

«Schauen Sie, wie schön man früher Bücher druckte», sagte ich, scheinbar das Gespräch wechselnd, und griff einen kleinen Band aus dem Regal.

«Nettes Buch», stimmte N. mir bei. «Ist das nicht die Geschichte eines Buckligen, der gedemütigt wird von der begehrten Frau und stirbt wie ein Hund?»

«Die Erstausgabe», erklärte ich. – «Armer kleiner Herr Friedemann!»

«Sprachen wir nicht von Savonarola?»

«Da ist eine Verwandtschaft. Der eine transportiert seine Leidenschaft ins Geistlich-Geistige, der andere wird ihr Opfer. Mein Vater begriff sie beide, umfaßte sie beide.»

«Zwei Völker sind in deinem Schoß», zitierte N. aus der Bibel.

«Und man hält sich im Grund an das eine.»

«Indem man viele Bücher macht. Und fast so viele Kinder», bemerkte N. nach einer wohlabgemessenen Pause, «denn man ist nicht nur ein geistiger Mann, sondern auch ein gesunder Mann.»

«Der Icecream ißt; in weichen Fauteuils sitzt; sein Taschentuch mit Veilchenduft tränkt.»

«Und doch hat da dieser griesgrämige Asket seinen Ehrenplatz. Auch er ist bucklig, scheint mir.»

«Die physische Häßlichkeit des Mönches mochte mein Vater hinnehmen als den Preis für den Geist, den er übrigens kaum gegen die Schönheit ausspielte, vielmehr fand er, daß die Schönheit durch den Geist ihren letzten Glanz, ihre letzte Gültigkeit empfange. Savonarola mochte ihm mehr Ermahner als Lehrer sein. Seine Predigten ...»

«... Erinnern mich an eine steckengebliebene Grammophonplatte, ewig derselbe Dreh.»

«Wenn man sie liest. Stand er oben und redete, war es wohl anders. Und vielleicht ist es mehr noch als die Rede der Mann, der meinen Vater begeisterte, dieser ‹fürchterliche Christ›, wie er, über die Kanzel gebeugt, durch die Habichtsnase schnaubend, mit dem starren und brennenden Blick und dem hageren Arm ins Leere weist und die Züchtigung verkündet, so daß die Menge sich krümmt – da ist etwas los im Dom von Florenz, da tut sich was, das ist Darstellung, Gestaltung, Kunst, Dämonie, das ist Äußerstes! Was ist Genie, was der Mensch überhaupt, wenn er sich nicht kennt, seine Grenzen und Möglichkeiten nicht erkennt, sich das Mögliche, das Äußerste nicht abgewinnt? Sicher war es auch dies Äußerste, was meinen Vater an dem Bruder reizte, ohne das keine Eigenart, keine Persönlichkeit ist, dies Sich-an-den-Rand-Wagen, dies Kompromißlose und Ganze, dieser Wille, wenn er es schon nicht aufnehmen konnte mit der ‹glühenden Ursprünglichkeit, der verzückten Beschränktheit›. Während des Zweiten Weltkrieges – das wissen Sie vielleicht – rief mein Vater die Deutschen zur Besinnung, zur Umkehr, nicht unähnlich dem Beschwörer von Florenz. Die Apparatur der Neuzeit freilich machte ihn und sein Wort ein wenig indirekt – die Bandaufnahme in Los Angeles, das Flugzeug, das die Bandaufnahme nach London trug, endlich die Radiosendung nach Berlin –, so daß sein Blick nur erraten werden konnte.»

«War Ihr Vater glücklich?» warf mein Besucher ein.

«Ja», sagte ich ohne Zaudern. «Soweit sein Tun und Lassen sich mit seiner Natur deckte, mit ihm selbst identisch war; soweit er seine Leidenschaft unter Dach, in Guß und Form bringen konnte. Daß er leidenschaftlich war, wird niemand leugnen, wie hätte er sonst nicht müde werden sollen, nichts und niemand unberührt zu lassen, in alles und alle einzudringen – am meisten in sich selbst –, zu klären und erklären, zu deuten, verwerfen und behaupten, wie hätte er so viel und so Verschiedenes von sich geben, sich mit so viel und Verschiedenem auseinandersetzen, ja, wie hätte er die Furcht vor dem Blätterfüllen überwinden können – was für ein Berg papiergewordenes Leben oder lebengewordenes Papier! –, hätte nicht die Leidenschaft ihn geführt und getragen?»

«Hat er jemals gelitten wie der arme kleine Herr Friedemann?»

«Er hätte es sich nicht gestattet. Er hätte es für einen sträflichen Luxus empfunden, so mit sich umzuspringen, sich wie ein Hund im Gras zu wälzen und den Kopf in die Flut zu tauchen für immer. Wohl kannte er, wie jener, den Ekel vor sich selbst, den Durst, sich zu vernichten, ‹sich in Stücke zu zerreißen, sich auszulöschen›, doch war genügend Savonarola in ihm, genügend Wille, den Willen dessen zu tun, der ihn gemacht, damit er sein Werk zur Vollendung führe – tiefste Demütigung, tiefstes Leid hätten ihm solchen Willen nicht gebrochen. Das Gebrechen übrigens des kleinen Herrn Friedemann scheint Symbol geworden, der Buckel, der Stachel des Begehrens und Verderbens, ihm nicht angeboren, ein Unfall, ein Zufall – es heißt ausdrücklich zu Beginn der tragischen Novelle: Die Amme hatte die Schuld.»

«Das macht sie wirklich tragisch», konstatierte N. «Und irgendwie enthüllend. Also beruhen die wesentlichen Dinge auf Zufall: der Sündenfall, Kriege ... Netter Film, dies Büchlein, ich seh's auf der Leinwand, eine Tragödie mit dem Duft von Märchen, tief und grotesk, wahr und fabelhaft, traurig und gewichtlos in ihrer zufälligen Natur, unerhörte Perspektiven eröffnend und endend mit gedämpftem Gelächter – der beste Thomas-Mann-Film, der jemals gedreht sein wird!»

«Mit Lohengrin-Musik und der Gesellschaft einer pittoresken Hansestadt, die von Rinnlingens, die Konsul Friedemanns, die Kaleschen und Zylinder, die Gartenfeste, Theater und Konzerte ... Wollen Sie es anregen, den Agenten spielen? Ich finde, die besten Filme kommen aus Italien, man hat hier noch Sinn für Physiognomien, es gibt noch Gesichter, und hierin liegt schließlich das Zeug zum Film. Was für eine mächtige und zarte Charge, dieser kleine Herr Friedemann, seine innige Liebe zum Leben, die in wollüstigem Haß, irrsinniger Wut, hündischem Krepieren endet, was für eine Chance für die Leinwand, die Fratze des Sinnenopfers, wo die großen und rehbraunen Augen das Licht einer Seele widerspiegeln; die Szene mit dem Fächer in der Oper; die Schlußszene am Fluß, was für eine Chance! Bei Frau von Rinnlingen denke ich – Gott weiß warum – an Fiore, die Mätresse des großen Lorenzo di Medici, das heitere Städtchen scheint mir ins Toskanische verpflanzt. Kennen Sie ‹Fiorenza›, ein Theaterstück, das einzige meines Vaters?»

«Ich hatte es mal in der Hand. Kam nicht durch. Zu hübsche Rede vielleicht.»

«Es ist Sprache. Wir sind's nicht gewöhnt.»

«Was meinen Sie?»

«Ein feierlicher Tanz bei unfeierlicher Musik wird seine Wirkung verfehlen, das mein' ich. Stellen Sie eine Fiore auf die Bretter, diese Dame wird nicht leben, wenn die Kraft der Sprache, wenn die Sprache nicht lebt. In ‹Fiorenza› lebt sie noch. Ein Äschylos oder Shakespeare würde sich wundern über das Drama der letzten fünfundvierzig Jahre, Geplätscher statt Sprache, würden sie sagen, eine Küche ohne Herd, die Hauptsache habt ihr vergessen!»

«Wir wollen es nicht! Die Dinge werden heute im großen betrieben. Unsere Väter sind Geschichtenerzähler gewesen, Briefschreiber, Wortaustauscher, Konversationsmacher, tja, da war kein Ende der Gesprächsfütterung an Eßtischen und Kaminfeuern, bis alles gesagt war. Sprache? Hat ihre Macht verloren. Der Mensch hat seine Macht verloren. Die Dinge nehmen ihren Lauf, ohne Worte, ohne uns. – Was Schönheit betrifft», sagte N. nach einer kleinen Weile und bäumte sich im Stuhl, die Hände tief in den Hosentaschen, «was Schönheit betrifft, so wollen wir sie auch nicht. Meine Freundin ist eine Vogelscheuche, denn das ist die Mode. Um so überraschender und erfrischender ist, was unter den Kleidern sich verbirgt. Da ist keine Kunst in ihr, nur Sex, Sex in seiner wildesten Urform ... Aber ich langweile Sie. Sie sollten rauchen oder Besseres tun», empfahl mir mein Besucher und zog eine kleine Dose hervor. «Es ist Strafgeld drauf, sogar Karzer, aber da die Hafenpolizei Geschmack daran findet, genießen wir einige Freiheit. Wollen Sie nicht versuchen? Sie werden sofort ein Engel sein.»

Das Döslein verströmte den Duft des Jenseits. N. hatte sich bedient, war aus der Stunde, der Zeit getreten. Um seinen Kopf mit dem Rekrutenhaarschnitt lag ein heller Schein. Während er nach dem gelben Wachstuchpelerinchen schaute, das er sich beim Hereinkommen von den Schultern gestreift und an die Klinke der Terrassentüre gehängt hatte, schien er nach seinen Flügeln zu schauen. Obwohl er eine endgültige Stellung in seinem Stuhl einnahm, schien er zu fliegen.

«Lieben Sie das Stück Ihres Vaters?» fragte er aus hohem Fluge in die Tiefe.

«Ich liebe die Szenerie, das *set-up*, die Wandelwege des Schloßgartens, ich liebe den jungen Kardinal Giovanni, seine siebzehnjährige Heiligkeit. Er ist wie ein Füllen, das ein Rennen gewinnt, obwohl es nur das linke Hinterbein bewegt, kein anderer versteht es wie er zu gewinnen. Kein Kämpfer, weiß er durch seine bloße Gegenwart zu siegen. Wäre er nicht Prälat, sondern Tänzer, er würde den Spagat ziehen über die Kluft von Leben und Moral, er würde mit kühnen und anmutigen Sprüngen den Abgrund überbrücken zwischen einem Bußprediger und einem Medici. So bleibt ihm nur, das Theaterstück zum schweren Ende auf leichten Händen zu tragen und diesen Aufwiegler, diesen Propheten, diesen Savonarola ins rechte Licht zu setzen. Giovanni mit dem weichen, hübschen humoristischen

Gesicht erkennt diesen Willen – einen Willen, der ist wie der Wille des Feuers. Er erkennt das Elementare und Wahre des Mönches, und obwohl er ihm nur einen liebenswürdig-spöttischen Seitenblick schenkt, erkennt er, alles um ihn herum ist Spiel, nicht Leben, aber dieser Prior lebt, lebt sich selber bis zum Äußersten, was jenen am Weiterspiel nicht hindert ...»

Für einen Augenblick meinte ich die siebensaitige Lyra zu vernehmen – Musik, ein Liebeswerben, ein erhöhtes Lebensgefühl. Tatsächlich ließ N. mit sonderbarem Zungenschnalzen die Finger durch die Luft laufen, um einen Spinnefaden, der sich vor seiner Nase von der Decke senkte, zu zerreißen.

Ich sah mir meinen Besucher an und sah ihm nach, als er ging; das gelbe Wachstuchpelerinchen flatterte ihm um die Schultern, getroffen von letzten Sonnenstrahlen, während er sich durch die homerische Landschaft davonmachte. Ein Engel? Obwohl er in seltsam gehobener Stimmung gewesen war, hatte er sich kaum veräußert. Bubenhaft, offen, freigebig, war er dennoch nicht tiefer als einen Finger breit sich selbst gewesen und machte sich auf Flügeln heim ins Schwärmende, Unaufhaltsame, Blinde, Kollektive. Dort stieg es auf, ein rötlicher Rauch – aber es war die Piazza, die gute alte Piazza!

Vater

Er schont sich wie einen Sonntagsanzug / Stimmungen drohen seine STETIGKEIT zu unterminieren / ob er gütig sei? Ethik ist nicht Güte / das heimlich Tolle in der feierlichen Luft des Hauses / der in die Stirne gerückte Hut – Siegel der Endgültigkeit, wenn er verreist / introvert und repräsentativ, wie er das macht? Training. Hartes Training / lieber in der Allongeperücke sich fotografieren lassen als ungekämmt zum Frühstück erscheinen / wieviel Ehrfurcht vor dem Schlaf, Morgenrot mag er als Verrat empfinden / Mann der Konventionen, mit keiner Faser seiner selbst konventionell / bei Festlichkeit ist er Kind und Monument / was ihm an uns liegt? Ja no / Ruhm. Er trägt (erträgt) ihn mit Anstand / Ehrgeiz. Mehr Sichlösen vom Unten als Erstreben des Oben / irgendwo beim Paß-Vorweisen: die leere Miene des Beamten quittiert er mit dem Lächeln, das besagt, Du Glücklicher weißt nichts von mir / ein heiliger Jux. *Goethe* in der Feder («Lotte in Weimar») / vorlesen. Die Darbietung läßt NICHTS zu wünschen übrig / keine Spur von wetterscheu – noch bei Schneegestöber der Wandel am Fluß (mit Hund) / Spiegelschauen – von mythischer Unbestimmbarkeit / Empörung – abruptes wesensgesamtes Aufwallen / (zurück bleibt ein leichtes Kopfzittern) / Sommer. Stirnbetupfen mit dem parfümierten Taschentuch (Nackenschweiß verbietet sich ihm) / was er in seinem «Faustus» zu wissen vorgibt – mit jener hochgenialen Montagetechnik Lexikakopiertes dem Werk einverleibend –, wird ihm mit dem *Ehrendoktor* der Naturwissenschaften gedankt. Und er lacht sich ins Fäustchen / das «Podium». Jener durch eine Stufe erhöhte obere Teil seines Studios *(Kilchberg)*, da sitzt er nach dem gemeinsamen Abendessen im Schein der Lampe, in großer Ferne, großer – EINSAMKEIT / von Wagner sagt er einmal «der alte Schurke», von Goethe «der alte Pagane». Und er? Sollte er der alte Nihilist sein? / ERSTAUNLICH, wie taufrisch sein Name.

Versuch über Erika Mann

Oktoberfest, die Giehse, Rettich und Bier ... Das Bayerntum in ihr. Dabei die Verwegenheit eines kaukasischen Gardekavallerieregimentsoffiziers. – Lübecker Patriziertum? Religiöse Beharrlichkeit des Epos-Schaffenden? Nichts könnte ihr fremder sein? Der Vater «liegt» ihr eigentlich nicht. Er, um den sie sich müht, ergo die Rolle, die in der Welt sie sieht, hemmt ihre eigentliche Natur. Sie kürzt seine – freilich VIEL zu langen Vorträge, mit jener sublimierten Erbarmungslosigkeit, die solches bedingt; sie amüsiert ihn zu Tränen, wenn sie, bei Tisch an seiner Seite, die Sprache der Münchner Ladenfräuleins imitiert und sächsische Dialoge improvisiert oder die Bergner und den Bassermann nachmacht auf geniale Weise. Sie, die Erstgeborene, die ihm das Vatererlebnis in seiner Urform beschert – das hehre Kind ist ihm zur Seite auf den *Lecture*-Podien der USA – er braucht es! Ihre Bereitschaft für Exponiertheit, Gefahr und Kampf findet den Schauplatz, oder sie findet ihn aus wie der Jäger das Wild. Dann durchwandert sie friedliches Land, sitzt nieder, wo es nach Mist riecht und die Kuhglocken läuten, und schreibt ein Kinderbuch, das prämiert wird. – So wie König Ludwig II. champagnerberauscht in der Schloßkantine mit dem Gesinde tanzt, so treibt sie's mit den Mägden in der Küche, und wenn der Vater die Küche betritt, senkt er den Blick, berührt bis ins Mark mit Abwehr. Nicht Prinzipienreiterei, aber tiefsterlebte Überzeugung läßt ihn den Rausch verachten ... Nach dem Tod des Vaters beginnt das Eigentliche. In schwarzen Atlas und Zigarettenrauch gehüllt, verläßt sie ihr Dachzimmer nicht und besorgt bis zum letzten Lebensfunken den väterlichen Nachlaß. – Kurz nach ihrem Tod erklärt Michael – unser Benjamin, der geigende Bibi – bei einer seiner sporadischen Elternhausvisiten: «Jetzt ist es eigentlich ganz gemütlich hier.» – Trifft das Pietätlose den Nagel auf den Kopf, so hier. (Zwischen dem «bayerischen» und «kaukasischen», da sitzt es wohl – das Nicht-Gemütliche.)

Ein imaginärer Brief

Deine Lebensverachtung steht im krassen Gegensatz zu Deiner körperlichen Resistenz, so daß Du einem chronischen inneren Widerstreit ausgesetzt bist, der Dich der Güte entzieht.

Dazu dies:

Klaus, dessen teilweise kostbares, rührendes Werk Du verwaltest, war in Deiner Gewalt. Das heißt, als ein Mensch der Poesie lebte er in der Vergangenheit und sah Dich, obwohl Du ihm eigentlich entfremdet warst, als Gestalt uralter Träume. Endlich sah er in Dir die Nacht, die Prinzessin im Rabenkleid, die ihn anzog. Er kannte Dich und ließ sich verleiten. Doch der Verleitbare ist leitbar. Du hättest verhindern müssen! Du tatest es nicht und hegst den, der also verloren ging, als den Deinen. Du krönst Dein Opfer mit Kerzenschein und bist nicht anders wie jene, die, das Ewige Licht in Händen, Blasphemie im Munde hat.

Wer spricht von Schuld? Natur kennt keine Schuld. Aber es gibt den Geist, der uns die Dinge zeigt, wie sie sind. Du umschlingst die Mutter, die ihn gebar und seinen Liebsten hieß, wie eine süße Schlange, in Deiner Natur, die im inneren Widerstreit nicht die Balance sich erkämpft, was ihre Aufgabe wäre. Das Unerfüllte macht Dich bös.

Unsere Wesensverschiedenheit mochte zu Fremdheit oder Feindschaft führen, sie mochte zu einem oberflächlichen Verhältnis führen oder aber zu einer Art Kontrast-Stimulum der Annäherung. Die Überspanntheit des Familienbandes – erzeugt durch den großen Vater – läßt die Alternative offen. Eine tote Wahl. Fast das Schlimmste. Wir wissen nicht, woran wir sind. Alles was wir wissen, ist, wir sind Schwestern.

Im Gedenken an meinen Bruder

Am 18. November 1956 wäre mein Bruder Klaus fünfzig Jahre alt geworden.

Wir sind alle äußeren Kräften ausgesetzt: Der Künstler ist es am meisten. Wer sich, wie Klaus, der Welt gibt, ist ihr Geschöpf, ihr Opfer. Denke ich an meinen Bruder Klaus – ich denke nicht an sein Talent –, er hatte sicherlich den Charakter des Künstlers. Er hatte ihn zu sehr. Er gab sich ebenso rückhaltlos der Welt, wie er ihr erlag. «Man hätte ihn halten sollen», rief ich, als ich vor sieben Jahren von seinem Tod erfuhr, und ich rufe es heute noch. «Ein Älterer, ein Weiserer hätte ihn halten sollen!» Sensibel und aufrichtig, klug und herzlich, ermangelte er ganz der Weisheit. Die Vorsicht des Weisen, das Haushalten war ihm fremd, und eben darin war er ganz – zu sehr – ein Künstler. Freundlich, hell und aufgetan, im Grunde arglos wie ein Kind, warf er sich weg, selbst wenn ein ernster Fleiß, scharfe Kritik, ja Kampfgeist ihn zu Wort und Tat bestimmte. Ein Sonnensohn glitt in Skeptik und Vernichtung. Leichtgläubigkeit, Naivität regierten ihn – tödliche Naivität warnte ihn nicht vor dem letzten Schritt. Seinen so gerne lachenden Mund beschwerte ein furchtbarer Zug in den letzten Jahren, in seinen zärtlichen blauen Augen blitzte ein abgründig-nervöses Licht. Trotz dem steten Abgleiten vom Leben, ließ das Leben ihn nicht ruhen. Arbeit, Geselligkeit und Reisen – der Mut riß nicht ab, bis zum Schluß, wenn auch all sein Tun immer fadenscheiniger, immer durchsichtiger wurde, und jener Mut nichts geweiht war. Trotz einer vielleicht eben durchlittenen dunklen Stunde, kam er – lieb und zu Scherzen bereit – doch wieder an den Tag. Was er als Mensch und Künstler in einer kunst- und menschenarmen Zeit bedeutete, maße ich mir nicht an, zu sagen. Ich überlasse es denen, die durch Distanz mehr Recht auf Urteil haben. Daß mir seine «Pathétique» (der Tschaikowsky-Roman) das Liebste aus seinem

Werk ist, erlaube ich mir, hier zu bemerken. Ich will nur sagen, was er als Bruder mir bedeutete. Ach, der Klaus war so nett! Er war im tiefsten und besten Sinn, was man «drüben» einen «good sport» nennt: Seine Verbindlichkeit, die mit Konvention nichts zu tun hatte, verband: Er war ein Mann der echten und graziösen Solidarität. Übrigens war er verbindlich mit allen – ganz gleich, ob es der Zeitungsbursche oder Präsident Roosevelt, ob es ein Bettler oder ein großer Herr war, der ihn im «Waldorf Astoria» zum Dinner einlud. Er war bei aller Mondänität völlig unsnobistisch und räumte dem «kleinen» Mann alle menschlichen Rechte ein. Ich konnte bei ihm einer leichten natürlichen keuschen Einfühlung und Teilnahme sicher sein. Ein schwesterliches Problem moralisierte er nicht, auch hütete er sich, es zu bagatellisieren oder gar zu frivolisieren, er schien es gefällig und schlicht auf seinen Schultern davonzutragen. Der Klaus verstand es, zu erleichtern und zu teilen. Was ich mit ihm unternahm und tat, trug den Stempel der hübschen, ja rührenden Gemeinsamkeit. Ob ich mit ihm in ein Museum, ein Theater ging, im elterlichen kalifornischen Hause – wenn das Negerpaar ausgeflogen war – den Küchendienst versah, ein Zusammensein mit ihm war von graziöser Herzlichkeit und warmem Humor nie bar. Schlechter Laune, «brummig», passiv kannte ich ihn nicht – was er zu dulden und zu leiden hatte, litt und duldete er allein. Ich sehe ihn schmalspurigen, etwas hastigen Schrittes, die Zigarette im Mund, in seinen Kamelhaarmantel gehüllt, hellen, etwas angestrengten Blicks die windigen Straßen New Yorks durchqueren. Ich sehe ihn an einem Bücherladen, einer Redaktion, am Zigaretten- und Zeitungskiosk haltmachen und in sein Hotel zurückkehren. Wenn ich ihn dort aufsuchte, saß er an der Schreibmaschine. Die Wohnung schien zu vibrieren vom Straßenlärm und seiner zart-hektischen Gegenwart. Unterhaltungsprogramme, Kunstkataloge, Neuerscheinungen – Zeichen der letzten Großstadtaktualitäten auf Tischchen und

Kommoden verstreut – mischten sich seltsam mit seiner Person. Die «Welt» war von einer kränklichen Sonne beschienen; Kunst und Leben – «le monde» präsentierte sich hier im Widerschein einer verzweifelt-faszinierten Seele. Ich stand am Fenster und schaute auf das Vis-à-Vis, eine Tanzschule. Als er zum Ausgehen bereit war, trat er neben mich. «Gehen wir?», sagte er, Zigarette im Mund, Hände in den Hosentaschen, so daß die zweireihige graue Flanelljacke sich warf. Der helle Blick hinter dem Rauch war angestrengt und lächelte: «Die Tanzschule», sagte er, «schau, wie sie sich biegen und hüpfen, von früh bis spät!» Hinter drei großen Glasfenstern – eigentlich war es eine einzige große Glaswand – in einem neunten Stock der 56. Straße gerade vis-à-vis sah man vierzig bis fünfzig Mädchen im Trikot arbeiten. Wie oft mochte sein Blick von der Schreibmaschine zu ihnen wandern? Es war störend, ablenkend, aber es war faszinierend. Diese Mädchen waren für ihn Symbol geworden – ihr holdes Exerzieren begleitete sein eigenes Mühen und Tun. «Gehen wir?» wiederholte er mit jener ein wenig hohen, unternehmenden Stimme, und aus diesen zwei Worten tönte gleichsam ein Irgendwohin. Wie oft hatte er sie ausgesprochen, zu wie vielen Menschen, in wie vielen Situationen – in Schiffshäfen, Hotels, auf Flugplätzen und Bahnhöfen, im Hause eines Freundes, des Vaters? Für ihn war es ja immer ein «Gehen wir», und oft mochte er es in aller Stille und Einsamkeit für sich selber ausgesprochen haben. Und er «ging», bis er nicht mehr konnte. Leiden ergriff ihn, das dem Sonnigen im Grunde vertrauter war als das Glück. Als Kind war er so schön und strahlend und blondlockig, daß die Leute ihm nachsahen. Ein biederer Bayer mochte bei seinem Anblick auf der Straße stehen bleiben und verblüfft sagen: «Jetzt so ein schöner Bub!» Ungefähr achtjährig war er sehr krank, eine Blinddarmentzündung mit vielen Komplikationen brachte ihn dem Tod sehr nah. Er war geschwächt und abgemagert bis zur Unkenntlichkeit. Vielleicht war dies das erste Vertrautwerden mit dem Dunkel, das nicht mehr von ihm ließ. Lange schon zog es ihn zum mageren, schattigen Antlitz mit dem großen bittenden Blick, zum Mann hinter den Eisenstäben, Verurteilten, Verzweifelten – zum Leidenden, einfach weil er ihn mehr rührte und anrührte als der, welcher weise und behutsam den Weg des Glückes geht. – Du solltest nicht fünfzig Jahre alt werden, schon weil Alter ohne Weisheit nicht recht statthaft ist. Weisheit ist nicht liebenswert; du warst es.

«Treuer alter, K.» – Klaus Mann an Monika Mann

THE STARS AND STRIPES
MEDITERRANEAN
UNIT No. 1
APO 512
Rome, September 30 [1945]

WELL, that's very sweet of you, old girl! I hate bothering you but appreciate your kindness. I realize how much of a nuisance it must be for you. To send out, and especially to MAKE, packages, is one of the most tedious, most difficult, most HEART-BREAKING jobs in the world.

Never mind that overcoat. I kept my heavy winter coat issued by the Army – the color of which I might change. Two suits is fine. I hope there will be also some shirts, neckties, and underwear. What about shoes? Did you include any shoes? They would come handy indeed.

And what about a suitcase? If I am not mistaken, I explained to Friedrich that I needed one. It should be a fairly large suitcase – not too fancy; just solid and practical.

What you might do for me, mein klein Engel, is this: Just

drop by at some delicatessen store and buy some *coffee* for me – say, half a pound, or so –, and some *jam*, and some boxes with *sardines* and other fishy stuff, and some *knackebröd* (Swedish crackers) and maybe some plain chocolate – and then go to a suitcase shop, and ask them to send me the suitcase with the breakfast food. I suppose that won't be heavier than five pounds. If it is, however, the delicatessen store has to send me a separate package, while the suitcase shop will mail the empty suitcase to me … MORE NUISANCE! But at least you won't have to make these packages yourself … I hope the $ 40 check which I enclose herewith will take care of your expenses. In case you have spent more than this amount, however, let me know right away. It would indeed be unforgivable to ruin you financially, on top of taking up your time and causing you so much trouble.

…

The other day I met somebody who knows an art historian who is acquainted with a photographer in Florence. And this photographer possesses – or rather, keeps for the real possessor – the whole Donatello material gathered by Lanyi and left behind by him in Italy. I suppose I could get hold of this precious collection – experts tell me that it is indeed a singular compilation of photographs and notes! –, if I knew that you are interested in it. Could you use these pictures in any way? I might try to get them sent to you, or to take them along myself.

…

It's fun being a civilian again (even though I am still using my military address – which is a slightly illegal thing to do, under the circumstances) … I don't know how long I'll stay in Europe. Something like six months, I suppose … What's wrong with Kadidja? I thought you were crazy about each other.

Thanks again.
Treuer alter, K.

«To Klaus» – Monika Mann an Klaus Mann

121 WEST 77th STREET
NEW YORK 24, N.Y.
12 NOVEMBER 1945

Best old KLÄUSCHEN! THIS IS TO LET YOU KNOW FIRST: THAT I HAVE SENT AWAY THE EATS – FIVE POUNDS ISN'T MUCH THOUGH – AND IF YOU WANT MORE JUST SEND ME A LETTER OF REQUEST – MAYBE YOU WOULD LIKE SOME NICE YARDLEY SOAP? – SECOND – AND THIS IS IMPORTANT –: THE ART HISTORIAN WHO TOOK LANYI'S WORK OVER TO MAKE IT A THING TO BE PUBLISHED, IS VERY INTERESTED TO GET HOLD OF THE MATERIAL YOU SPOKE OF! SO IF YOU COULD MAKE IT POSSIBLE TO HAVE IT AND SENT TO HIM IT WOULD CERTAINLY BE WONDERFUL! IN CASE IT SHOULD TURN OUT TO BE TOO COMPLICATED OR SOMEHOW NOT A SAFE AFFAIR, BRING IT ALONG YOURSELF THEN! ONLY DON'T FORGET ABOUT IT! YOU ARE A VERY GOOD BOY! THE ADDRESS OF THE ART HISTORIAN IS: H. W. JANSON, WASHINGTON UNIVERSITY, SAINT LOUIS, MISSOURI. – AND THIRD: LET ME KNOW ABOUT THE REISESACK – WHETHER YOU WANT IT! – HOW WILL YOU SPEND XMAS, POOR THING? – NEW YORK IS GETTING ANIMATED AT THIS TIME OF THE YEAR – I SORT OF LIKE IT! BUT ALL THE CLEVER PEOPLE ARE SO PESSIMISTIC ABOUT THE STATE THE WORLD IS IN! YEAH – THE HAPPY END SEEMS NOT TO BE WANTED! – DARLING – DIDN'T I PRINT NICELY? THAT'S BECAUSE I AM YOUR CUTE LITTLE SIS – WITH LOVE – MONIKA

Der blinde Bruder

Ein diskretes Schöpfungsdetail: der Hund kann nicht reden! Sein Wort würde uns gelegentlich schockieren – ein Wort wie *nicht Hunger, Not und Tod beweine ich, ich beweine meinen Herrn!*

In Amerika wimmelt es von ausgesetzten Hunden. Auch in Deutschland ist es leider Mode und in anderen Ländern, man reist in die Ferien und entledigt sich seines Hundes, nach den Ferien beschafft man sich billig Ersatz.

Schändlich, meint mein Bruder Golo dazu, der die schier mystische Verbundenheit zwischen Herr und Hund, besonders von seiten des Hundes, nur zu deutlich empfindet – *schändlich!* In Kalifornien hat er einmal in einem Lager Ausgesetzter für ein paar Dollar einen Schäferhund erworben. Der wich vom ersten Moment an ihm keinen Augenblick mehr von der Seite, so sehr hatte er den Herrn ersehnt und gebraucht! Es war ergreifend, bekennt Bruder G.

Es fügte sich, daß er einen öffentlichen Vortrag zu halten hatte in jenen Tagen. Er machte sich denn auf den Weg, in Begleitung – versteht sich – des Hundes, der in einem unterirdischen Korridor des Vortragsgebäudes vermittels eines zehnfach umschlungenen wohlverknoteten Seiles an einen Pfahl gebunden wurde … Wer betritt mit Mister Mann das Podium, ist ihm zur Seite? Sein Hund. Ein Raunen und Rauschen ging durch das Auditorium. Der Vortragende, in Begleitung eines Hundes – ein Blinder!

Poor old Goulou, blind.

Um so gebannter folgte man dem gelehrten Invaliden, hing, da man kaum an seinen Augen hängen mochte, an seinen Lippen. Mein Bruder selber mochte – während er im Grunde seines Wasserglases nach Antwort suchte – gefragt haben und wie gefragt haben, wie bist du Hund da hergekommen, hast dich losgewunden, durch das Labyrinth der Korridore gefunden, verschlossene Türen passiert, so daß du hier bist an meiner Seite, ja, wie und *warum?*

Edwin Fischer
Er starb vor zehn Jahren

Neulich besuchte mich meine Schwester Elisabeth. Sie war plötzlich da. Das ist so ihre Art. Aus Malta, Santa Barbara, Belgrad, Paris ... Sie ist so beweglich. Es gab Kuchen, Wein, Musik.

Auf dem Eckmöbel – das gute Ottocentostück – unter der Lampe lag ein Haufen Platten, die historischen Platten – Furtwängler, Schnabel, Fischer. Edwin Fischer. Wie war ich «verschossen» in ihn dreizehnjährig (and ever since), konnte von meinem Parkettstuhl des Münchner Odeons mich an ihm nicht sattsehen, satthören! Er leitete die Bachgesellschaft, dirigierte vom Flügel aus die «Brandenburgischen Konzerte» ...

Diese Musiker, ein Schlag für sich! Die Musik ist die geselligste Kunst, erzieht zur Gesellschaftlichkeit, ja setzt die Gesellschaft voraus! Läßt sie auch an den Bettelgeiger zu Füßen der Domtreppe denken, an den Narren mit der Laute zu Füßen eines ausgestopften Monarchen, an den Kastraten, der seine Mannheit opferte, an den Flötenspieler, der die Schlangen behext! – Edwin Fischer – soviel ich weiß, der Sohn einer Basler Waschfrau –, über dem dicken blonden Haarschopf die schwarze Melone, düsterlich die helle buschige Braue, die kurzen Beine schreiten wie durch einen Zaubergarten – ich begegnete ihm einmal auf einer Party in Florenz, wo er den Gästen das Rauchen untersagte. Mir unvergeßlich. Man verzichtete, verzieh, wäre ihm zu Ehren auch Vegetarier geworden. Er wechselte in diesem Menschenkreis öfters den Platz, reichte sich herum, kam auch kurz neben mich zu sitzen, ehe er sich an den Flügel setzte und Schuberts Wanderer-Fantasie spielte. (Ich rauchte danach mindestens drei Tage nicht.)

Nun ist er zehn Jahre tot. Wie im Gedenken lassen wir «seine» Wanderer-Fantasie laufen.

Das gibt's nicht mehr, bemerkte ich.

Ich hab's vom Richter gehört, bemerkte meine Schwester.

Ich warf den Kopf.

Der russische Richter, weißt du.

Ja ja, und es ist nicht das. Es ist nicht so.

Es ist anders, konstatierte Elisabeth.

In ihrer Stimme lag Neutralität. Sie dachte nicht daran, zwischen diesem und jenem einen Wertunterschied zu machen oder gar zu leiden an ihm. Sie ist auch hier so beweglich, gibt ohne Wimpernzucken das eine für das andere. Was ist es, das den großen Pianisten der Gegenwart vom großen Pianisten der Vergangenheit unterscheidet? Die schwesterliche Neutralität wirkte ansteckend. Obzwar: etwas raste in mir. Diskutiert wurde nicht. Wir hörten zu. Wir hörten Schubert (*waren* Schubert ein bißchen). Ich vertagte das Experiment der Antwort zur ziemlich unbeantwortbaren Frage.

Eine Stilfrage?

Fest steht, daß bei Edwin Fischer nichts überromantisiert oder gar sentimentalisiert ist. Sein Spiel neigt zum vertieften underplaying, ist, bei aller «Authentik», schlicht, beinah scheu. Fest steht auch, daß er das, was er vorträgt, *ist*, während der Musiker von heute es *bewältigt*, es damit der spezifischen Sphäre entreißt und, bei aller vollendeten Interpretation, so etwas wie eine Dynamik des Werktags erzielt: ein Mezzoforte wird ein Halblaut, ein Ritardando wird ein Zögern, eine Fermate wird eine Rast. Und: es ist die Muse im Streitespanzer – bestehen oder nicht! Man spürt die Möglichkeit einer universalen Entgleisung oder vielmehr die Unmöglichkeit, die starre Garantie:

eine mißglückte Passage, eine Gedächtnisstockung ist im kolossalischen Rahmen der Konzertindustrie nicht vorstellbar. Der Künstler muß da schon zugerichtet sein, ein Hall- und Allproof-Musizieren liefern! Edwin Fischer hat dies noch erlebt, war dem noch oder schon ausgesetzt, aber ist dem nicht anheimgefallen, sondern sich treu geblieben. Zu sehr ein Mann des neunzehnten Jahrhunderts, der musikalischen Salons, übte er nicht Verrat am intimen (wahren) Musizieren. Der Solist von heute, eingekreist von einer unabsehbaren Hörerschaft, ausgeklügelten Akustikanlagen und Übertragungsgeräten, die seine Träumerei von Schumann zum Mond senden, wenn es sein muß – dies An-ihm-Zehren-und-Konsumieren in so gewaltigem Maß muß notgedrungen stilbildend oder stil*ver*bildend sein, und wo ist da das Produkt oder die Blume einer lebendigen Gesellschaft, die es nicht mehr gibt, abgesehen von dem Kreis einer greisen amerikanischen Mäzenin, die, auf makabre Weise eine versunkene Welt vorspiegelnd, die Wände ihres Washington-Landschlosses mit Stradivaris und dem überdimensionalen innerlich leuchtenden Bildnis eines Paganini schmückt?

Es ist nicht das, es ist nicht so. Es ist anders.

Brudergespräche

Kicki ist mein Bruder.

Man braucht sich darunter nicht einen Knirps mit einer roten Zipfelmütze vorzustellen. Kicki ist Anfang Dreißig und ein Künstler.

Ich wette, es stört ihn nicht, wenn ich von ihm rede. Er weiß so gut wie jeder Mensch, das Wort berühre nicht die Wirklichkeit, es weise hin auf sie, die in tausendundeiner Art gelebt und gesagt werden könne. Kicki weiß, ich stelle hier niemanden bloß. Kicki ist überhaupt ein Kerl. Das einzig Unheimliche an ihm ist – aber ich habe mich daran gewöhnt –, daß er mich sieht, wenn ich hinter ihm bin. Es kommt daher, daß er – wie im Grunde jeder Künstler – auf der Bühne steht und ringsherum zu agieren und funktionieren hat. Sein großer goldener tiefer Blick sieht, was ich nicht sehe. Ist die Vorderseite des Hauses rot, ist er imstande zu sehen, daß die Rückseite blau sei. Kicki ist imstande.

Wir trafen uns am Hafen von New York. Er kam von San Francisco im Auto, mit dem Hund – im letzten Moment.

Er wird es schaffen, frohlockte ich, als kurz vor Abfahrtszeit kein Kicki in Sicht war. Er schafft es immer. Er hatte zu tun in Europa – eine Tournee mit der Bratsche. Ich hatte eine Verabredung in Camogli. Das ist ein uraltes Fischernest im Herzen der Riviera.

Wir trafen uns also am Hafen von New York. Man braucht sich darunter nichts Großartiges vorzustellen. Es geht dort zu wie auf einem Provinzbahnhof. Das Beieinanderstehen in schwärzlichen lärmigen Ecken, die letzten Umarmungen derer, die der Eigensinn trennt. Kicki und ich gingen dort wie Schatten. Wir merkten, daß es dem Schicksal, der Welt und dem Himmel einerlei sei – daß es überhaupt ganz und gar unwichtig sei, daß wir dort gingen mit unseren Bratschenkästen, Handtaschen und Hunden. Daran und nur daran erkennt man den Welthafen mit seiner beispiellosen Indifferenz und Kälte gegenüber seinem eigenen Treiben.

Ankommen oder scheiden möge, wer wolle!

Kicki verabscheut das Klassenwesen.

Wir hatten uns auf ein Einklass-Schiff geeinigt. Sein Name war Gatto Bianco – als ob die Reise ein Katzensprung sei. Waren wir erst einmal draußen und übersahen die Schiffswerften, die Skyline, die Freiheitsstatue, stellte sich eine Art der Intimität her zwischen uns und dem Bild. Seine Großartigkeit verband sich mit Vertrautheit und würgte uns in der Kehle. Es war uns leid darum.

Wer weiß, wann und ob wir's wiedersehen würden.

Aber es war für Ablenkung gesorgt. Unser Auto wurde in den Bauch der Weißen Katze versenkt, unser Hund in den Deckzwinger gesperrt, das Gepäck in der Kabine verstaut, der Paß wurde abgeliefert – wir legitimierten uns, lebten uns ein –, die Passagierliste wurde studiert, die Menükarte, und der Rest von unserer Wehmut wich bei dem Gedanken an die Rognonata al Madera, Insalata, Coppa gelato, Cestino di Frutta, Caffè – die Atmosphäre war hergestellt, das eben erst betretene Revier unser, was hinter uns lag, vergessen. Wir waren untreu. Oh, was für Menschen!

Die Passagierliste wies keine Bekannten auf. Aber wir hatten Freunde gleich am ersten Tag. Der Steward, der Kellner, der Deckoffizier, das Kioskfräulein, der Bademeister, der Tennistrainer, der Friseur, der im weißen Mantel einladend vor seiner Türe stand. Kicki ließ sich sofort rasieren und sah nun glänzend aus. Er kann richtig gut aussehen – die Augen der Damen hingen schon an ihm.

Auch unser Hund Lux hatte Gesellschaft gefunden – Fina, die zitronengelbe Windhündin, vom Nachbarzwinger.

Aber nichts ist so langweilig wie eine Schiffsreise. Es zeigt sich am zweiten Tag. Nirgends wie auf offener See zeigt sich die innige Verbundenheit von Raum und Zeit. Diese wird Trägerin seiner Unendlichkeit.

Kicki hatte leicht reden. Er spielte Tonleiter und Kadenzen im Stateroom des Ersten Offiziers, prüfte und putzte sein Repertoire, tat, als sei er zu Hause. Aber ich? Der Liegestuhl wurde mir immer mehr zum Rätsel, das ich vergebens zu lösen suchte. Hier wurde konversiert, dort musiziert, wieder hier zerrte der Wind an meiner Illustrierten, dort blendete die Sonne, während hier wie dort Zeit und Raum ihre Hochzeit feierten und ich nicht den gebührenden Respekt aufbrachte.

Es war wohl auf halber Fahrt, da das Wetter schlecht wurde.

In den Schiffsräumen war Hochbetrieb. Man stand Schlange für Zigaretten, Souvenirs und Schokolade, man drängte sich um Kartentische oder auch um nichts, beim Friseur stauten sich die Düfte, war der Boden bedeckt von Haar – alles ließ sich scheren und schnatzen, floh jenes Schauspiel draußen, die Göttin Zeit – wie sie sich abschleppte mit der triefend-grauen Elendslast des Raumes.

Kicki und ich schoben uns durch die Menge. Von den Kabinengängen sahen wir durch offene Türen die Leute rauchend und scherzend auf ihren Betten liegen.

Wir eroberten einen Platz auf dem Treppenabsatz – ein steinernes Bänklein, worüber das Blattwerk einer Zimmerpalme sich neigte – ein wenig knapp für zwei, dafür geeignet als Unterstand unseres Fiaskos mit Rotwein. Um uns herum tummelte sich das Volk – fast lauter Italiener.

Kicki und ich sind nie ganz ernst, wenn wir zusammen sind. Es kommt daher, daß in der Verwandtschaft etwas Humoristisches liegt. Wir wissen, wie verschieden wir sind im Grund, jene Wiederholung aber oder starke Annäherung gewisser Züge und Wesenszüge schwebt zwischen uns wie eine geniale Finte, ein Witz der Natur. Unsere Lust zum Lachen, die hierin wurzelt, erstreckt sich auf andere Gebiete und wurde hier noch verstärkt durch den Fiasko, den wir abwechselnd aus dem Unterstand holten und zu Munde führten.

Wir haben eine Geheimsprache, ähnlich wie Liebende sie haben, nur daß sie der Frühe entstammt, nahe der Wiege.

Aus unserem aberwitzigen Gelächter sprangen Laute, fast ein Lallen, das zögernd Sprache wurde … Chines – Tänzelt fürbaß – Nimmt nimmer Anstoß, Notiz – Doch kosig – Dabei voll Zauber, Grazie – Und Herzenshöflichkeit – Ein Deutscher säß' dir längst im Schoß – Nicht Bruder Italo – No, no, ist mit sich selber ausgefüllt – Kehrt vor seiner eigenen Tür – Und schau, wie er sich gibt, nimm' dir ein Beispiel, gemacht fürs Podium!

Stimmt nicht, sagte Kicki. Für das Podium des Lebens, nicht für das eigentliche. Da ist Sparsamkeit, Berechnung, Haushalten, Kontrolle, weil die Erhöhung alles in tausendfacher Multiplizierung wiedergibt. Die hier müßten sich einer gewaltigen Reduzierungskur unterziehen für da oben, um nicht grotesk, absurd zu wirken.

Wieso gibt es so viele glänzende Schauspieler unter ihnen, fragte ich. Nicht, weil es ihnen leichter fiele, antwortete Kicki. Mag zu tun haben mit der Antike. Theater war da Fest, sie sind festliebend. Und mit Katholizismus. Stell dich mal auf den Balkon unter der Peterskuppel und segne die Millionen, das will gekonnt sein, und man schaut sich etwas ab – wie überaus gemessen das vor sich geht! Apropos, sagte ich – überaus gemessen – unser Vater ... Kicki fuhr zusammen, wie immer, wenn wir anfingen, von ihm zu reden.

Ist genau das, sagte er, was ihn charakterisiert und stabilisiert und ihn eine ironisch sympathisierende Stellung gegenüber dem Südländer einnehmen läßt. Er sympathisiert mit ihm, ja neidet ihm die sprühende Zurschaustellung seines Wesens, und maskiert oder übertrumpft den Neid mit Ironie. Was vor allem ihm im Weg ist zu einer Angleichung oder Freundschaft mit ihm, ist sein Protestantismus, der in seiner Vollkommenheit an Asketismus grenzt. Und das ganz Heimtückische, ganz Irreführende dabei ist, sagte Kicki leise und kniff ein wenig die Augen zu – daß er bei aller Sparsamkeit, Askese und Introvertiertheit tausendmal mehr zu schwelgen, zu feuerwerken und extrovertieren weiß als der italienischste Italiener.

Kicki tat einen mutigen Zug aus dem Fiasko und schnalzte mit der Zunge. Wollte man da anfangen, sagte er – bei der Größe! Man merkt immer mehr, welch ein Unterfangen es ist, dahinter zu schauen. Und doch scheint es mir gegeben in unserem Fall, weit gegebener, als in dem Problem zu wühlen, das seine Größe in uns erzeugt. Das kann sich nur selbst lösen, nicht ich. Auch nicht ein Psychoanalytiker, der ohnedies in der Tiefe sucht, was auf der Hand liegt, warf ich ein. Im übrigen, was Ödipus in uns anrichtet, macht er wieder gut, so daß wir quitt sind und auf jenes Problem nicht allzu großes Gewicht zu legen brauchen – sehen wir von deinem Lampenfieber ab, fügte ich lachend hinzu.

Kicki zuckte die Achseln.

Was hat das mit ihm zu tun, sagte er. Das hat jeder. Ich glaube an keinen Künstler ohne Lampenfieber – an jene Stars, die den Hamlet spielen, das Mikrophon im Knopfloch, als ob's ein Maiglöckchen sei, des Zweihundertmillionenpublikums nicht achtend. Stage-fright for ever, sag' ich. Sein Entzug bedeutet Cocktail ohne Gin, Brot ohne Salz.

Ich weiß noch, sagte ich – ich war noch ein Backfisch, als ich von der ersten Reihe eines Vortragssaals zu unserem Vater aufsah. Er stand vor seinem Tischchen mit der Wasserkaraffe und dem Manuskript und flößte mir so etwas wie eine heilige Beklemmung ein. Er war sehr blaß, gealtert und zitterte ein wenig mit dem Kopf. Es schien übermenschlich schwer zu sein, den Schreibtisch mit dem Podium zu vertauschen, die innere Menschheit mit ihrer physischen Gegenwart. Diese Menschheit, mit der er innerlich auf du steht, war in ihrer Körperlichkeit wie eine kalte Hand, die ihn anrührte, so daß seine Stimme kalt, wenig menschlich war – nicht wie zu Hause. Wir wissen, die Notwendigkeit lehrte ihn ein bißchen Nonchalance in all den Jahren.

Und doch, sagte Kicki, du kannst versichert sein, er hat das Lampenfieber, und zwar bei jedem Wort, das er schreibt. Es erhöht die Spannkraft und ist im Grunde nichts anderes als das äußerste Verantwortungsgefühl. Was sein persönliches Auftreten betrifft, fuhr Kicki fort – so schreckt ihn dabei nicht so sehr das Publikum wie seine eigene Leibhaftigkeit. Er ist es gewöhnt, ihm gegenüber Geist zu sein, ganz aufgelöst ins Weite, Objektive, und nun heißt es dazustehen als gemeines Subjekt, das ist eine Zumutung und will überwunden sein … Hallo, sagte Kicki, während ein Mädchen vorüberging.

Sie winkte ihm und war mit ein paar Sätzen am oberen Ende der Treppe. Dort stand sie, offenbar abwartend, ob er ihr nachkommen würde. Kicki sah's, ohne sich umzusehen, und schien die Situation zu genießen. Er war entschlossen, ihr zu folgen, aber nicht sofort: sie sollte erst mal dort oben stehen!

Im Zusammenhang mit dem Problem, das die Größe des Vaters in uns erzeugt, sprachen wir damals von unserem Bruder. Warum hat er Schluß gemacht, fragte ich in die Luft. Feder gebrochen, sagte Kicki. Entzwei – wie ein feiner, geschwinder, empfindlicher Wagen auf der Straße mit Hindernis. Das Hindernis, der Grund, die Ursache, das keimt heran von Anfang an – Konstellation – wie jede Katastrophe. Außerdem, sagte Kicki ziemlich ernst – Selbstmord, sei er noch so ehrlich, ist im tiefsten Grund Komödie. Versteh' ich nicht, warf ich ihm hin.

Der Akt liegt außerhalb des Leidensbezirkes, berührt ihn nicht eigentlich, erklärte Kicki – erlöst das Leben, ohne das Leid zu erlösen, das ausgelitten sein will und bestehen bleibt, wenn es geflohen wird. In der Verwechslung von Leben erlösen und Leiden erlösen liegt eine unbewußte subtile Heuchelei und heilige Komödie. Man ist dafür gemacht oder nicht. – Daß unser Bruder unter der Größe des Vaters litt und unter dem Gesicht des Jahrhunderts, ist das eine, das andere ist, daß er unter sich selber litt – ein Sonnenkind, bekränzt von schwarzen Sternen und gemacht für das, was er tat.

Mir fällt ein, sagte ich – ich hörte während einer Konversation über Selbstmord unseren Vater äußern –, das tut nur eine Köchin. Wie er diese Äußerung verantworten konnte, weiß ich nicht. Aber er schien sie verantworten zu können.

Er ist der Ansicht, sagte Kicki, daß der Selbstmörder sich der gemeinen Masse übergibt. Er ist der Ansicht, daß Leiden, Individualismus und Christentum einander die Hand reichen. Daher seine passionierte Abneigung gegen jede Art Laster, das in die verschwommene Sphäre des leidverstoßenen Gemeinen, des Achristlichen führt. Wenn du bedenkst, daß er, bei seiner Veranlagung zur schwermütigen Eifersucht, zu profunder Zweifelei, den Freitod schmäht, wirst du ihn als durch und durch christlich erkennen und magst sogar sagen, daß der Christ in ihm ihn zur Kunst zwang als Ausweg und Rettung. Du magst seine großen Werke Offenbarung am Kreuze nennen.

Laetitia – so hieß jenes Mädchen – war noch am oberen Ende der Treppe. Sie war kaum sechzehn und bildhübsch. Eigentlich sah sie aus wie ein Zigeunerknabe. Kicki erlöste sie von ihrem Stand, war jetzt bei ihr. Er schien – in Ermangelung der italienischen Sprache – ein abstraktes Ballett aufzuführen, das in unverhohlene Zärtlichkeiten überging. Wie ähnlich er dem Vater sieht und wie anders er ist, dachte ich unwillkürlich, recht anders wie der Vater! Dieser nämlich würde behutsamer vorgehen mit Laetitia, ich möchte sagen, andächtiger. Seine eigene Leibhaftigkeit würde ihm zu schäbig erscheinen für sie. Zu einer Begegnung würde es im Weiten, Objektiven, Allgültigen kommen. Aber diese Musiker – würde er bemerken mit ironisch-sympathisierender Überlegenheit –, die kennen jene Ehrfurcht nicht, jenes heiligende Offenlassen und Hinübertragen – sie poltern gleich drauflos. Gefallen tut sie mir bis dorthinaus, die Kleine, nicht so sehr, weil sie knabenhaft ist, aber weil sie in ihrer Eigenschaft als Mädchen das Knabenhafte in sich verklärt, das heißt, wenn dieser Kopf, so wie er ist, einem Knaben gehören würde, wäre er so gut wie göttlich. Und weil sie der wirkliche Weg zu dieser Wahrheit ist, gefällt sie mir bis dorthinaus, die Kleine. So würde der Vater bemerken und würde die kleine Laetitia auf den Händen des Geistes ins Allgültige hinübertragen. – Am Ende ist sie besser aufgehoben in Kickis kräftigen braunen Armen, dachte ich, während ich – nicht ohne Furcht, mich zu

1 Katia Mann mit ihren Kindern Erika, Monika, Klaus und Golo (v. l. n. r.), um 1911

2 Das Geburtshaus Monika Manns in der Franz-Joseph-Straße 2, München-Schwabing

3 Thomas Mann mit Klaus, Monika, Golo und Erika, um 1912

4 Die Geschwister Monika, Golo, Klaus und Erika in Bad Tölz

5 Das Elternhaus in der Poschingerstraße 1, Südansicht. Wohnsitz der Familie Mann von 1914 bis 1933

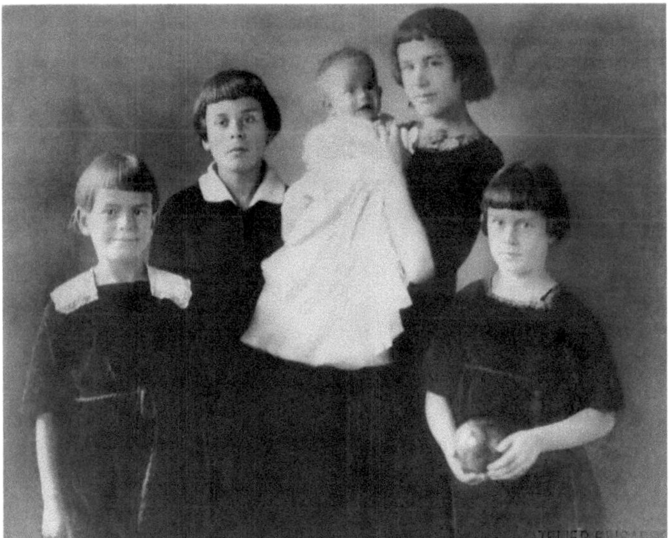

6 Monika Mann im Alter von acht Jahren (ganz r.) mit ihren Geschwistern Golo, Klaus, Elisabeth und Erika (v. l. n. r.)

7 Die Manns vor ihrem Ferienhaus in Nidden. In dem litauischen Ort auf der Kurischen Nehrung verbrachte die Familie von 1930 bis 1932 die Sommermonate. Auf der Bank im Hintergrund: Monika Mann. Vorne: Katia, Elisabeth, Thomas und Michael Mann mit zwei unbekannten Jungen.

8 Elisabeth, Katia, Monika, Thomas und Michael Mann im Niddener Haus, 1930

9 Elisabeth, Monika und Michael Mann vor dem Küsnachter Haus, 1935

10 Im Schweizer Exil: Das Haus Schiedhaldenstraße 33, Küsnacht bei Zürich

11 Gino Malenotti und Jenö Lányi (1902–1940) vor Donatellos «Zuccone» auf dem Campanile von Santa Maria del Fiore

12 Monika Manns Wohnsitz in Florenz, Via delle Badesse

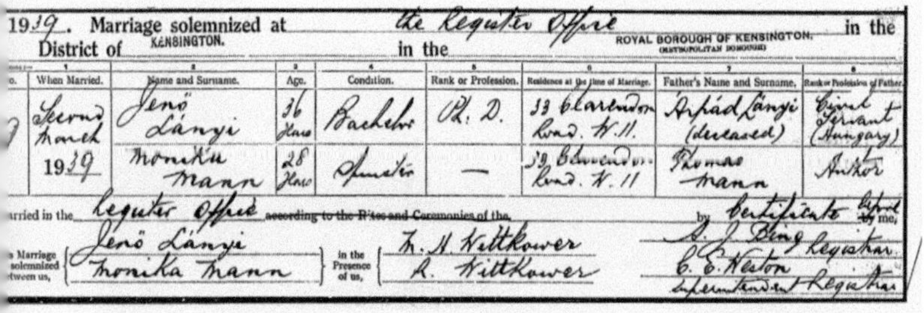

1939. Marriage solemnized at the Register Office in the District of KENSINGTON in the ROYAL BOROUGH OF KENSINGTON (METROPOLITAN BOROUGH)

No.	When Married.	Name and Surname.	Age.	Condition.	Rank or Profession.	Residence at the time of Marriage.	Father's Name and Surname.	Rank or Profession of Father.
[illegible]	Second March 1939	Jenö Lányi	36 Years	Bachelor	Ph. D.	33 Clarendon Road. W. 11.	Árpád Lányi (deceased)	Civil Servant (Hungary)
		Monika Mann	28 Years	Spinster	—	33 Clarendon Road. W. 11	Thomas Mann	Author

Married in the Register Office ~~according to the Rites and Ceremonies of the~~ by Certificate before me,

This Marriage was solemnized between us, Jenö Lányi, Monika Mann

in the Presence of us, [illegible] Wittkower, R. Wittkower

[illegible] Registrar

C. E. Weston Superintendent Registrar

13 Londoner Heiratsurkunde von Monika Mann und Jenö Lányi, 2. März 1939

14 Wohnsitz von Jenö Lányi und Monika Mann-Lányi in London

Mrs. Thomas Mann, wife of the exiled German author, kisses her daughter, Mrs. Monica Lanyi, whose husband, Jeno Lanyi, Hungarian art historian, was lost when the City of Benares was sunk on September 17. Mrs. Lanyi was rescued by a British destroyer after being in an open boat for twenty-four hours.

16 Bericht einer amerikanischen Zeitung über Monika Manns Ankunft in New York am 28. Oktober 1940. Sie wird von Katia Mann am Pier abgeholt.

15 Die «City of Benares». Am 13. September 1940 schifften sich Monika und Jenö Lányi in Liverpool in Richtung Halifax, Nova Scotia, ein. In der Nacht vom 17. September sank das Schiff nach der Torpedierung durch ein deutsches U-Boot mitten auf dem Atlantischen Ozean.

17 Princeton/New Jersey, Stockton Street 65. Wohnsitz der Familie Mann von September 1938 bis März 1941. Monika Mann lebte mit ihren Eltern dort seit ihrer Ankunft in Amerika.

18 Monika Mann in Pacific Palisades, Kalifornien

20 Monika Mann 1951 in Interlaken, Massachusetts. Dort verbrachte sie die Sommermonate und besuchte Schreibkurse.

19 San Remo Drive 1550, Pacific Palisades, Kalifornien

21 «Thomas Mann e sua figlia Monika».
Ölgemälde von Roman Bilinski aus dem Jahr 1953

22 Die Pension Haessig in Colle Renon bei Bozen, Tirol. Nach ihrer Rückkehr nach Europa hielt sich Monika Mann dort bevorzugt in den Sommermonaten auf.

23 Monika Mann mit ihrem Lebensgefährten Antonio Spadaro auf Capri

24 Monika Mann in ihrem Arbeitszimmer
in der Villa Monacone, Anfang der siebziger Jahre

25 Villa Monacone, Türschild «Monika Mann, Schriftstellerin»

26 Villa Monacone, Capri. Heutige Ansicht

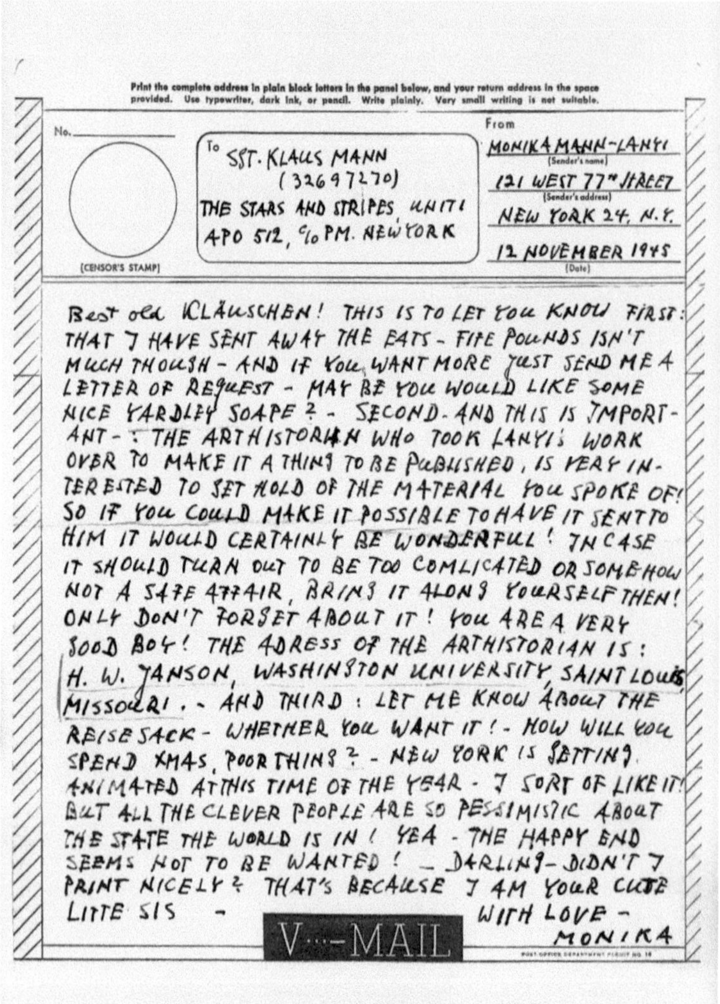

Print the complete address in plain block letters in the panel below, and your return address in the space provided. Use typewriter, dark ink, or pencil. Write plainly. Very small writing is not suitable.

No. ______

To SGT. KLAUS MANN
(32697270)
THE STARS AND STRIPES, UNIT 1
APO 512, c/o PM. NEW YORK

(CENSOR'S STAMP)

From
MONIKA MANN-LANYI
(Sender's name)
121 WEST 77th STREET
(Sender's address)
NEW YORK 24, N.Y.
12 NOVEMBER 1945
(Date)

Best old KLÄUSCHEN! THIS IS TO LET YOU KNOW FIRST: THAT I HAVE SENT AWAY THE EATS – FIFE POUNDS ISN'T MUCH THOUGH – AND IF YOU WANT MORE JUST SEND ME A LETTER OF REQUEST – MAY BE YOU WOULD LIKE SOME NICE YARDLEY SOAPE? – SECOND – AND THIS IS IMPORTANT – : THE ARTHISTORIAN WHO TOOK LANYI'S WORK OVER TO MAKE IT A THING TO BE PUBLISHED, IS VERY INTERESTED TO GET HOLD OF THE MATERIAL YOU SPOKE OF! SO IF YOU COULD MAKE IT POSSIBLE TO HAVE IT SENT TO HIM IT WOULD CERTAINLY BE WONDERFUL! IN CASE IT SHOULD TURN OUT TO BE TOO COMLICATED OR SOMEHOW NOT A SAFE AFFAIR, BRING IT ALONG YOURSELF THEN! ONLY DON'T FORGET ABOUT IT! YOU ARE A VERY GOOD BOY! THE ADRESS OF THE ARTHISTORIAN IS: H. W. JANSON, WASHINGTON UNIVERSITY, SAINT LOUIS, MISSOURI. – AND THIRD: LET ME KNOW ABOUT THE REISESACK – WHETHER YOU WANT IT! – HOW WILL YOU SPEND XMAS, POOR THING? – NEW YORK IS GETTING ANIMATED AT THIS TIME OF THE YEAR – I SORT OF LIKE IT! BUT ALL THE CLEVER PEOPLE ARE SO PESSIMISTIC ABOUT THE STATE THE WORLD IS IN! YEA – THE HAPPY END SEEMS NOT TO BE WANTED! – DARLING – DIDN'T I PRINT NICELY? THAT'S BECAUSE I AM YOUR CUTE LITTE SIS –

WITH LOVE –
MONIKA

V-MAIL

27 Brief von Monika Mann an ihren Bruder Klaus, 12. November 1945

kompromittieren – unser Palmenthrönchen verließ. Jener Fiasko …

Laetitias Eltern sind italienische Kaufleute, in New York niedergelassen. Die kaum Sechzehnjährige befand sich mit ihren zwei kleinen Brüdern auf dem Weg zur Großmutter. Es war ergreifend, ja wunderbar, wie sie den Buben Mutter war. In Kicki hatte sie den Vater gefunden – wenigstens für diese Reise. Lucio und Ferruccio wie sie selbst nannten ihn «papà», und dieser hatte seinen väterlichen Pflichten nachzukommen.

Lucio und Ferruccio trugen zinnoberrote Halstücher und kanariengelbe Schuhe, die glänzten. Sie hatten das erhobene Kinn und den steigenden Schritt eines Diktators. Wenn man sie kitzelte, war es aus damit – sie waren Buben, prächtige und liebe. Übrigens weinten sie leicht, in melodramatischen Tönen, und «papà» Kicki mußte sein gesamtes Clowntum daransetzen, um ihre Tränen zu trocknen. Laetitia und ihre Brüder – obwohl sie in New York geboren und zur Schule gegangen waren, weigerten sich, ein Wort Englisch zu sprechen. Die Neue Welt hatte sie nicht berührt. Sie steckten mit Haut und Haar im Land ihrer Ahnen – die Großmutter würde ihre Freude haben! Vor Freude jung sein würde sie, wenn Lucio und Ferruccio auf ihren Mundharmonikas Troubadour und Rigoletto spielten – wie sie's zur Freude aller Passagiere hier öfters taten.

Es wurde Nacht und wieder Nacht … Göttin Zeit schleppte sich nicht mehr, aber eilte unbeschwert durch das funkelnde Blaue, war kaum zu fassen noch, und eines Morgens wie der Vogel, der unserer Hand entfliegt.

Wir waren am Ziel.

Gleich, als wir den Boden betreten hatten, sah ich den Kicki nicht mehr.

Ich fand ihn in der Position des Narren, der dem König den Saum des Mantels küßt. Er hatte sich herbeigelassen, die alte Erde zu küssen, war wieder mal ganz er selbst.

Während die inhaltsschweren Jahre, die jeden getroffen und uns fern gehalten hatten von hier, wie Blitze in uns aufzogen und von der Kraft, hier zu sein, verschlungen wurden – während wir das Hafenpflaster von Genua durchmaßen, stand mir als weihevolles Einzugssymbol ein im Winde schwankender silbriger Busch vor Augen – der Schweif unseres Hundes Lux. Wir schauten noch einmal zurück auf unser Schiff – ein einziges weißes Gleißen.

Zwei Begebenheiten schweben mir besonders deutlich vor, aus jenen Tagen in Camogli – das Essen bei Alexej und die Sache mit der Katze. Alexej ist ein russischer Maler, der den uralten italienischen Fischerhafen zum Thema seiner Kunst erwählt hatte. Sein Atelier blickte auf einen kalkweißen runden Platz, droben in den Hügeln – ein gutes Stück weit entfernt vom Meer.

Er stand da, in rotem Samt, die Pfeife im Mund, wie ein rauchender Schornstein, als er uns empfing. Er führte uns ohne Umschweif zum Essen, das er im Dachgarten bereitgestellt hatte – Brote, gewürzte Käse, Wodka, scharfe Fruchtpuddings –, alles selbstgemacht. Alexej Petrowitsch aß, vor allem, trank in Schweigen. Dann begann er von dem zu reden, was ihn interessierte. Sie sehen Ihrem Vater ähnlich, sagte er in mäßigem Deutsch, aber mit penetranter Überzeugungskraft, und wandte sich dabei an Kicki, den er heute zum erstenmal sah.

Es liegt in der Natur der Dinge, erwiderte mein Bruder höflich. Serr gutt, sagte Alexej, doch sie hätten mich warnen müssen. Sie fordern mich heraus. Ich war auf einen harmlosen Besuch, nicht auf ein Duell eingestellt.

Ich wußte nicht, sagte Kicki – ich … Gutt, serr gutt, Sie brauchen sich nicht zu entschuldigen. Es ist meine Schuld, ich wußte es selbst nicht, daß das Gesicht dessen, dem ich viel, wenn nicht alles verdanke, einen solchen Aufruhr in mir erwekken würde. Also, versuchen wir, uns zu fassen, das heißt, ich …

Alexej trank aus und redete mit rauher Stimme in die herbstlichfunkelnde Stille hinein. Er tat dabei, als ob er alleine sei, nahm keinerlei Notiz vom Versuch einer Diskussion, den Kicki und ich abwechselnd machten und dann aufgaben. Vom Hafen herauf kam manchmal Gesang – wild, hoch, jammernd –, vielleicht ein Fischer, der, über die Flut geneigt, sein Spiegelbild besang.

Ich bin kein Literat, sagte Alexej. Lese nicht, will ich sagen, hab' anderes zu tun. Der da hat sich eingeschlichen. Hat alles, was ihn bewegt, in mich gelegt, hat sein Herz mein Herz werden lassen. Hab' anderes zu tun, will ich sagen, muß in Kneipen gehen, reden mit den Leuten, leben mit ihnen – schwören möcht' ich, der da war nie in einer Kneipe und malt sie besser als ich mit seinem Wort – Halunke! Es ist die Urkneipe, die er mir bietet schlankerhand, die er nie sah, doch in ihm ist, tief im Narzissusbrunnen, der ihm alles haarklein offenbart – die Urkneipe, will ich sagen – ha, wie er mich überbietet! Armer Alexej, ja, auch er erzählt, legt Figuren hin, Schicksale, rote, grüne und blaue – und gelbe, ja besonders gelbe, Alexej liebt das Gelb! Aber nie war Alexej so besessen von sich selbst, von seinem Ich, als daß es ihm alles offenbarte.

Der Maler Alexej sieht die Wirklichkeit und gebiert sie wieder in seiner Phantasie – der da sieht den Abgrund seiner selbst, Phantom, und gebiert's wieder in der Wirklichkeit. Alexej macht aus dem Menschen die Kunst – der da macht aus der Kunst den Menschen – als ob es ihn gebe, den Joseph oder den Krull, den Castorp oder den Leverkühn, den Herrn Aschenbach oder den Erwählten, den schattenäugigen Tonio Kröger oder den buckligen Friedemann – keine Spur von geben, und wiederum viel mehr als geben, verflucht nochmal, wie es sie gibt, die gebenedeite Sippschaft, ich bin erfüllt davon, bin sie selbst, fange an, sie zu malen – ich, ein Mann der Wirklichkeit, ein Mann, der in den Kneipen sitzt, die Burschen anfaßt und auf die Leinwand setzt – nun male ich den Adrian Leverkühn, den

Herrn Aschenbach – von Aschenbach, wie seit dann und dann amtlich sein Name lautet – sind meine besten Bilder, man reißt sich darum, Reproduktionen gehen weg wie frische Semmeln – ich, ein Mann der Wirklichkeit, male Gespenster – Gespenster, die dank ichverlorener Revelationen universal geworden sind und mich betrunken machen, mich in meinen Träumen besuchen, mir aus der Palette entgegentreten – ich lebe davon –, meine besten Bilder, sagte Alexej, und ging plötzlich schwankenden Schrittes in sein Atelier.

Da er nicht zurückkam, entschlossen wir uns, ihm zu folgen. Zwischen Terpentinflaschen, Ölfarben, zwischen Samtbaretts, Schnapsgläsern, bunten Tüchern lagen die Werke unseres Vaters verstreut. Ungerahmte Bilder lehnten einzeln und in Stapeln an den Wänden – auf dem Boden, Stühlen, Kisten. An der Hauptwand, gegenüber dem Fenster, hing das überlebensgroße, prunkvoll gerahmte Porträt des Herrn Aschenbach.

Darf ich mir die Bemerkung erlauben, sagte Kicki, daß dieser Herr Ihnen selbst ähnlich sieht, bei einer geradezu visionellen Ähnlichkeit mit der Novellenfigur? Alexej hörte nicht zu, aber lachte. Er lachte rauh und glücklich, während er in runden, schleifenden Zügen meinen Bruder aufs Papier brachte. Ist es so etwas Besonderes, fuhr dieser fort, wenn der Künstler sein tiefstes Ich transponiert, besser, transfiguriert ins Objektive? Ohne Banalitäten von mir geben zu wollen – liegt in der Schöpfung Gottes nicht Gott selbst, und was ist einzuwenden gegen die Annahme, daß der «Erwählte» dem «Narzissusbrunnen» entstiegen sei?

Freilich, sagte Alexej, ohne zugehört zu haben, und warf mit Elan die Kreideskizzen hinter sich, eine nach der anderen – freilich, mit den Großen ist es aus. Proust, Joyce, Kafka, von meinen Landsleuten zu schweigen. Doch hat je ein Tolstoi mich so hergenommen? Die Lektüre war mir eine hohe Gabe, und damit hatte es sein Bewenden. Die Leute seiner Werke traten diskret in die Seiten zurück – auch ich ging meiner Wege. Der da jedoch, sagte Alexej und kreiste grinsend mit dem Ballen seines Daumens auf dem Papier herum – der da läßt seine Leute stehen, außerhalb der Seiten, zwingt mich armen Kerl, mich ihrer anzunehmen – mit der Lektüre ist es nicht getan. Ich lasse mich von ihnen umkrempeln, rede wie sie, fühle wie sie, wenn ich nach Mitternacht bei meinem Glase sitze, hocken sie dabei, ist das nicht ein bißchen stark, sagte Alexej mit überschnappender Stimme und warf die Kreide weg. Schwankenden Schrittes trug er die letzte Skizze zur Wand, wo Aschenbach prangte, und hängte sie mit Reißnägeln gerade darunter.

Es war Kicki, stark gealtert und vergeistigt, ja dämonisiert. Bei näherer Betrachtung fehlte nur der Schnurrbart, um es zum Porträt unseres Vaters zu machen.

Serr gutt, sagte Kicki, stets bereit, einen Witz mit einem Witz zu vergelten. Mag sein, sagte er und kam sich ein wenig komisch vor, wissend, daß Alexej nicht zuhörte – mag sein, jenes «Hergenommenwerden», jene Ansteckung der Seele habe damit zu tun, daß unser Vater trotz der privaten Natur seines Wesens ein starkes Anlehnungsbedürfnis habe, ich meine, daß er dazu neige, sich mit dem, was er verehre, zu verquicken, was im Falle Goethe an Manie grenzen würde, wäre nicht gerade hier eine Ähnlichkeit vorhanden, die er wiederum aussauge und verwerte auf eine Art und übrigens im Falle Dostojewski gewissermaßen angebrachter wäre ... Sie werden verzeihen, warf Alexej ein, wenn ich – kein Literat – Ihren Nebensätzen nicht folgen kann – Mut, junger Mann, fahren Sie fort und sagen Sie mir, wenn Sie am Ende sind, auf das Ende kommt es an! Kicki lachte verdrossen. Er hatte Lust zu erklären, warum die Figuren unseres Vaters sich einem aufoktroyierten. Weil ihm nichts einfiel, ging er lachend um Alexej herum.

Warum lesen Sie ihn, sagte er, warum treten Sie in seinen Kreis, in den Bannkreis seiner Welt, weil Sie ihn lieben, wie, Sie lieben ihn – die Bücher hier, bekleckst von Ölfarbe und Wodka, halb zernagt von Ihrer Begierde, Ihrer Liebe – Sie lieben ihn, geben Sie's zu, auf eine fast unerlaubte Weise, auf eine Weise, die Sie zwingt, mit ihm umzugehen, an ihm zu schaffen, kneten, malen – Sie lieben ihn genauso, wie er Sie liebt – seine Liebe zu dem Menschen, sich selbst und dem Leben springt auf Sie über – sie ist ruhelos, unruhig, tätig und begierig, sie ist namenlos und im Grunde ungelöst, spinnt sich durch den großen Traum, die große Fabel, spinnt auch Sie mit ein – seine namenlose, ungelöste Liebe, die – ist alles gesagt und getan – nichts anderes ist wie Resignation. Kicki, der – die Hände in den Hosentaschen, mit etwas hochgezogenen Schultern – den Angesprochenen umkreist hatte, stand nun still, just hinter diesem.

Alexej wandte den Kopf ihm zu. Er schien zum erstenmal zugehört zu haben und sah ernst, ja bekümmert aus. Er stand nun Arm in Arm mit Kicki vor jener Kreideskizze. Beide schauten in sie hinein. Es ist ein undramatisches Gesicht, sagte mein Bruder endlich, fast staunend. Wie denn auch nicht? Im Drama geht's um Aufopferung, um irgendeine Art von Heldentum. Nicht hier: Hier wird auf sublime Weise Einkehr gehalten in Verdammt-Erkorenes. Verdammt, erkoren, wer, wozu? Die Kreatur zum Alleinsein. Wie fern steht er dem Drama, unser Vater, sagte Kicki, immer noch staunend – das ja die Sozialisierung einer Figur, die zur Masse werdende Gestalt ist. Hier aber wird der eine und Abseitige gezeigt, wenn auch auf ansteckende und aufregend schöne Weise. Hier ist man dialektisch, zweihaft, ja in der Maske zwei, doch eigentlich allein. Denken wir an Aschenbach – plumpe Männer nennen ihn den homosexuellen Mystiker, in seiner todverquickenden Liebe zu einem Knaben – doch wer ist dieser, wer ist Tadzio? Der Engel, der Bote seiner selbst, des zu namenloser ungelöster Liebe erkorenen und verdammten Individuums.

Du darfst so nicht lächeln! Höre, man darf so niemandem lächeln, sagt Aschenbach, dem es beschieden ist, zu träumen vom zerwühlten Moosgrund, wo grenzenlose Vermischung begann, dem Gotte zum Opfer, so daß seine Seele Unzucht kostet und Raserei des Untergangs – Sie sehen, auch ich bin ein bißchen im Bilde, sagte Kicki – höre, man darf so niemandem lächeln – wieviel Resignation liegt in diesem Wort! Wieviel Entsagung und wieviel Glaube an das Verhängnis eines Glückes, wieviel Glaube an das Unerlaubte, ja Unmögliche des Einsseins von Zweien – hier dämonisch verklebt und verwebt mit dem narzißtischen Zweisein des Einen – da, Sie haben es gut herausgebracht in Ihrem Porträt, das Große, Resignierte, das, bei aller Schwärmerei, Unromantische, Klassisch-Begrenzte, dem Nachgeben Einhaltgetane, dem Eigentlich-Wahren das Rechteinräumende – der Tod steht ihm auf der Stirn, das Tödlich-Individuale, für das es keinen Ausweg gibt – es ist ganz Aschenbach, im goldweißen Nebel venezianischer Kanäle. Daß er außerdem Ihnen selbst ähnlich sieht, kommt vom Werker im Werk – Sie haben's ja gemalt. Und es kommt von Ihrer Jüngerschaft, von Ihrem Aufhorchen und Gehorsam gegenüber einer Wahrheit – fabelhaft und undramatisch – völlig undramatisch, weil sie den einzelnen, nicht das sozial-gebundene Ganze betrifft.

Wir hatten uns am späten Nachmittag auf einen Spaziergang gemacht. Es war Sonntag. Die Burschen und Mädchen, die Kinder und Eltern waren unterwegs, meist mit Sorgfalt gekleidet und in der Haltung des Stolzes – ein Camogleser zu sein, ist nicht das erstbeste. Von den Hügeln, wo alles blühte und glänzte, ging es in breiten Serpentinen durch Villenstraßen gegen das Dorf, dessen alte Treppengassen hinunter zum Hafen führten. Die Häuser loderten im Sonnenlicht. Kutter und Kähne mit müden wetterbraunen Segeln lagen im Wasser, dessen Oberfläche allerlei Herangetriebenes oder das buntschillernde Spiegelbild des Passanten trug. Alexej, mit dem Blick des Falken, deutete ins Weite.

Etwas ist draußen, sagte er, und kommt daher. Kicki und ich konnten es nicht entdecken. Endlich sahen wir's. Was es sei, war unmöglich zu erkennen. Es zeigte sich, als es da war, und selbst dann nur Schritt für Schritt.

Ein paar Menschen waren mit uns stehengeblieben und trauten ihren Augen nicht, während mehr und mehr spazierendes Volk, wie von einer Barriere zurückgehalten, sich staute. Der abendlich-schillernden Flut war ein Tier entstiegen – offenbar betäubt von seiner Reise. Ohne dessen eigentlich mächtig zu sein, vielmehr magnetisch angezogen, rückte es vorwärts, ins Trockene. Zwischenein hielt es inne, wie um den Schauer seiner Wiedergeburt auszukosten. Es zitterte. Es zitterte so sehr, daß man bei seinem Anblick unwillkürlich das Beben seines Herzens sah – das Beben eines Willens, der sich über den Fischerstrand und dann über die Hügel und den rötlichen Himmel erstreckte. Es war dem Tier nicht leicht seine Gattung anzusehen, weil das festgeklebte Fell sie ihm gleichsam entzog. Sein Kopf war winzig im Vergleich zum Körper, die Beine wie Zündhölzer so dünn, aber der Leib, woran der Schwanz wie ein krankes Schlänglein hing, war so dürr und hölzern, als sei er dem Kreatürlichen abhanden gekommen. Eine Vision, mochte man denken, eine Halluzination – ein Omen, herangetaucht aus tiefer Ferne.

Vielleicht unter dem Eindruck unserer mittäglichen Gespräche und der geschichtenreichen faulen Düfte, die hier herrschten, vielleicht auch durch das Bild der salzzerfressenen alten Häusermauern, glaubte ich nicht nur plötzlich, in Venedig zu sein, aber sah im überanstrengten blassen Gesicht meines Bruders das Gesicht unseres Vaters – nein, Gustav Aschenbachs. Während wir, auf den Fleck gebannt, jenes Omen zu entziffern suchten, löste sich Kicki von unserer Seite und ging geradewegs darauf zu. Er beugte sich zu ihm hinunter, hob es auf, ging damit langsam, aber zielbewußt achtzehn Schritte nach links und setzte es nieder.

Es war nun in einem kleinen Kreis voll Wärme, letzter Sonnenstrahlen. Dort war es nun also, im blutgoldenen Schein, und zitterte, versandte seinen wunderbaren Willen in den Abend, und die Menge schien das Erdenvolk zu sein – die im Schatten ertrinkende blinde Masse vor dem heilig-hellen Bild des Individuums.

Wer noch ein Weilchen blieb, konnte sehen, daß es dort auftauchte und seine eigentliche Gestalt annahm, die Gestalt einer Katze, einer gewöhnlichen Feld- und Wiesenkatze, wie es deren viele, zu viele in Italien gibt, und daß es in seiner Gewöhnlichkeit und Überzähligkeit etwas Besonderes zu sein schien. Serr gutt, hörte ich sagen.

Serr gutt, sagte Alexej Petrowitsch, als Kicki wieder bei uns war.

Der Einsame
Erinnerungen an Heinrich Mann

Zuletzt sah ich ihn – es war zu Beginn des Jahres 1949 – in Santa Monica. Er hatte dort kürzlich, nach dem Tod seiner Frau, eine neue Wohnung bezogen. Es roch noch nach Mörtel und Farbe. Ein patriarchaler Junggeselle – über die feine Goldbrille hinweg sahen seine großen meerfarbenen Augen fragend und ermunternd drein, während er Rotwein und Kuchen offerierte –, wohin es denn jetzt wohl ginge mit mir, und tüchtig nehmen sollte ich … Sein Atem war gepreßt, und sein Blick verlor sich zwischen den purpurnen Vorhängen am kalifornischen Himmel. Da saß er, in seinem blauseidenen Schlafrock, umgeben von hohen Bücherschränken, allerlei Bildwerk und Andenken. Der Schreibtisch nahm die ganze Breite des Zimmers ein: jeden Morgen um sieben setzte er sich daran und schrieb zehn Stunden ohne Unterlaß. Weder das Telephon noch die Hausglocke vermochten ihn zu unterbrechen; Freunde und Lieferanten beklagten sich – Herr Mann war nie zu Hause. An jenem Januar-Nachmittag, da es nach Farbe und neuem Leben bei ihm roch, schied ich betrübt von seiner Seite. Eine überwältigende Einsamkeit schien aus dem feucht verheißungsvollen Duft des Neubaues zu steigen.

Der Lübecker Patrizier mit dem Gebaren des französischen Grandseigneurs ging einsam, fremd und müde durch die Alleen von Santa Monica. Leicht gebeugt der Rücken, die Arme etwas nach vorne hängend, der Panamahut seine junge Stirn beschattend – schaute er verständnislos auf das Treiben der Menschen: abhold, verschlossen ihrer Sprache, ihrer Mentalität. Sein Gang war elegante Opposition und vollkommene Isoliertheit. Europäische Großstadt und Vergangenheit malten sich auf dem ein wenig schief erhobenen Oval seines Gesichtes mit den schmalen Schläfen, das schwere Kinn zuckte in mokanter Schwermut.

Einmal die Woche fuhr er «down town», unter dem Vorwand, sich rasieren zu lassen – in Wahrheit wollte er hohe Häuser und schöne Frauen sehen. Die Vorfreude erweckte ein fast unmerkliches Kopfnicken, und eine zarte Aufgeräumtheit verlieh der Blässe seiner Wangen einen hektischen Hauch.

Friseure reden viel und sind empfänglich für die Seele ihres Kunden. Downtown, im verstellbaren Lehnstuhl, eingelullt in elektrischem Warmwind, Parfüms und geschwätziger Fürsorge, träumte er von Berlin und Paris. Theater, Revue, Tanz, literarische und politische Bankette – da repräsentierte er mit stiller Überlegenheit und Würde. Künstlerischer Erfolg und soziale Bewegtheit führten leidenschaftliche Frauenaffären herbei, die in grotesker Tragik ihr Ende fanden. Sie zogen vor ihm auf – Chanteusen, Soubretten, gestürzte Comtessen … Sein aristokratisches Gemüt liebte das Tingel-Tangel, Blumen der artistischen Anrüchigkeit.

Er war Ehrenbürger und zugleich Opfer jener Welt, was er in

der Kunst durch hämische Macht zu kompensieren wußte. In dem Jugendwerk «Die kleine Stadt», das von einer Operntruppe in einem italienischen Städtchen handelt – vielleicht sein genialstes Buch –, erkennt man den Theaterdirektor und Hexenmeister, der mit dämonischer Kraft das Schicksal seiner Figuren bestimmt, der mit spukhafter Diplomatie Verhängnis und Intrigen spinnt, der das komplizierte Netz seiner Geschöpfe atemberaubend in Szene setzt. Eine bildhafte Kunst – wenn sie nicht so raffiniert wäre, könnte man sie filmisch nennen. Er war ein optischer Künstler. Der nordische Schnitt seiner Augen – die äußeren Winkel abwärts gezogen – gab seinem Ausdruck eine Art seherischer Demut. Er duldete und sah ... Der amerikanische Friseur verabschiedete seinen Kunden mit einem Schwall intimer Ratschläge und Komplimente.

Wie oft saß ich neben ihm, bei Tisch im Hause meiner Eltern. Er aß sehr behutsam an einem Stückchen Hühnerbrust, und in seiner sanft singenden Stimme lag Opposition und Zärtlichkeit. Sein Blick war meist niedergeschlagen, mit einem hellen, kurzen Augenaufschlag fing er alles ein und senkte wieder den Blick. Er sah alles – wenn ich eine neue Frisur hatte, eine neue Bluse ... Ich schaute oft seine Hände an. Es waren die Hände eines mondänen Priesters etwa, eines geistlichen Lebemannes. Sie strahlten etwas sinnlich Duldendes aus. Die Linke trug einen Brillantring. Im «Living-Room» meines Vaters, bei Kaffee und Likör, mochte er mit den Neffen und Großneffen herzlich plaudern oder mit geöffnetem Munde einem Stück von Saint-Saëns oder Berlioz lauschen. Mit seinem Bruder tauschte er Schulerinnerungen aus, wobei sie ihre lübeckischen Lehrer nachäfften. Dann saß er, und ein asthmatisches, aber glückliches Gelächter schüttelte ihn leise und ein bißchen bucklig.

Zu Hause zog er die purpurnen Vorhänge zu – und öffnete niemandem die Türe ... Übrigens mochte er es nicht, wenn man ihn nach dem «Untertan» wertete und beurteilte.

Das politisch-prophetische Element in ihm schätzte er selbst weniger hoch als das artistisch-poetische. Sie hätten ihn zum Staatsmann erwählt. Zu spät. Er war alt und zu vornehm. Nun starb er als Poet, zu früh. Zu früh vor allem als Onkel, dem ich sage – «Farewell».

Tante Mimmi

Immer wieder teilte sich das Gras, spuckte der Vulkan der Erinnerung. Bruchteile sind's, winzige Teile eines Ganzen, das nicht auszuwischen ist. Deutsch? Nein oder nicht nur. Es geschah ja ohne Protest und also im Sinn der Welt. Wieder-gut-Machung, glänzendste Rehabilitierung erscheint wie ein Hohn, wenn ich denke –

Es ist drei Uhr früh. In der Kellerstraße zehn steht ein Auto. Der Führersitz ist limousinenhaft geschlossen. Der Fond ist nach Art der Metzgerautos mit einem braunen Segeltuch überspannt.

Ein Mann bedeutet einer Frau einzusteigen mit einem Wink des Kopfes. Du kannst ja weiter pennen, es ist Platz, sagt er. Die Frau bewegt sich nicht, nichts an ihr bewegt sich, während das weit-offene Auge auf die Armbinde des Mannes niederstarrt.

Plötzlich ist die Frau unter dem Segeltuch, und das Auto fährt. Ein Betrunkener taucht in das blinde helle Licht. Sein Straucheln und Fuchteln, seine Grimassen drücken aus – was wird weggefahren, Jud, Christ, Rebell? Kind, Greis, Mutter, Schwester, was? Was Schwarzes, was Blondes, was Rotes, Blaues, Grünes, was denn? Was?

Tante Mimmi. Es ist Tante Mimmi.

In einem schweren grauen Hemd betritt sie die Arena des Leides, drei Jahre lang. Sie ist Geisel Montag um elf Uhr, Donnerstag um sechs Uhr, Samstag um fünfzehn Uhr und Sonntag um zwölf Uhr.

Ihre Tochter ist eingeladen zuzuschauen am Busen eines Offiziers, um nicht zu fallen. Übrigens, Tante Mimmi ist die geschiedene Frau von dem Mann, der den «Untertan» schrieb, den «Henri Quatre» und die «Kleine Stadt».

Was hat dies mit jenem zu tun? Wo berührt sich dies mit jenem? Wo berühren sich moralbewußter Ästhetizismus, politische Hellsicht, kritische Kraft mit einer bösen Leere, mit einer hohlen Faust, mit dem dumpfen Mahlen einer Maschine?

Trotz des Leides scheint die Maschine daneben zu mahlen. Trotz der aufschreienden Wirklichkeit scheint jenes nicht wahr zu sein.

Als Tante Mimmi das letztemal die Arena betritt, ist sie müde. Das ist knapp bevor die Jungen der «Stars and Stripes» sie erlösen. Es ist ihr Neffe Klaus und ein Frontkamerad.

Als Klaus sie sieht, weiß er – dies ist das Ende einer Welt und der Noch-nicht-Beginn einer anderen Welt – das Zwischendrin – die Geisterstunde – der Wendepunkt.

Hallo, sagt Klaus.

Hallo, sagt der Frontkamerad.

«Big good sis!» – Monika Mann an Erika Mann

Villa Monacone, CAPRI (Napoli)
9. Januar 1964

Big good sis!

Gratuliere zu Briefband zwo, der – wo doch bloß ein Vorspiel zu dro – ja sehr feierlich ist. Besonders feierlich ist An- und Ahnhang, und weiß man doch, unter wie viel grauer, greulicher Pein entstanden! Ich habe freilich drei Bücher publiziert und werde nur zu oft Dichterin geschimpft. Ich armes Müffchen, WIE steh ich da? Nun bin [ich] ja doch eine Freundin des Sprichworts – What's humour? A kiss in spite of all.

Übrigens – ich plane eine Anthologie. *«Wir sind elf»* (einschließlich Omama und Urmimchen), elf Schreibende nämlich. Kein prunkvolles Denkmal, vielmehr ein HEITERES Ding, eine anmutige Statuette.

Würdest Du Deinen Consent geben a) für ein reizvollstes Stoffelkapitel oder so, b) für etwas sehr Graziöses von Kläuschen – und hier eventuell selbst die Wahl treffen?

Ein namhafter Künstler (womöglich Marino Marini) soll zu jedem eine Portraitskizze machen!

Natürlich soll es mit Z. gipfeln – und zwar mit etwas *«Joseph»*!

(Welcher Verlag ist noch unsicher. Jedenfalls ein guter.)

Let me know. Kein no, if possible!!

Love Monnile

«Dear Morrr» – Erika Mann an Monika Mann

13. Januar 1964

Dear Morrr, –
many thanks for charming picture and interesting letter.

Den letzteren betreffend, so muß ich Dich freilich und leider enttäuschen. Die hier Versammelten – also Mielein, Golo und ich – halten die Idee der Anthologie für völlig abwegig. Und dies aus zwei Hauptgründen:

1. scheint es uns überhaupt äußerst untunlich, so inkommensurable Größen, wie etwa Urmimchen und Z. sie darstellen, mit

weiteren inkommensurablen Größen aus der Familie unter einen anthologistischen Hut zu schustern.

2. aber, und vor allem: sollte jemals ein Außenstehender auf die Liköridee kommen, etwas Ähnliches zu tun, – wir würden es ihm zwar auch verwehren. Trotzdem: dergleichen gibt es, und es ist menschendenkbar. Daß aber ein Familienmitglied selbst und höchstpersönlich ein Buch dieser Art zusammenstelle, deucht uns – insbesondere das ausschlaggebende Mielein – schlichthin geschmacklos, und da ich meinerseits weder für Klaus noch für mich irgendwelche Beiträge autorisieren könnte, muß der schöne Plan wohl entfallen. Er kann dies ja aber für Dich um so schmerzloser, als Du ohnedies drei Bücher herausbrachtest und Dich zunehmend einer dichterischen Fruchtbarkeit erfreust, die das Zusammenbasteln von Bänden, wie dem geplanten, wirklich unnötig macht.

Übrigens hat bloßer Zeitmangel mich bis dato daran gehindert, Dir zu schreiben. Auf Grund einer weihnachtlichen Familienberatung (Mielein, Golo, Medi, ich), an der auch eingeweihte und sachkundige Freunde teilnahmen (Lotte Walter, Liesl Frank), sollte und wollte ich Dir folgendes schreiben:

Du bist Deine eigene Herrin und magst dichten, was Du willst. Schau aber mal her: was immer Du über Z. und sein Haus schreibst, wird von Philologen the world over, von Germanisten und T. M.-Forschern als «Quellenmaterial» ersten Ranges betrachtet und behandelt. Schriebe, beispielsweise, die Herz Ida irgendwelche «Erinnerungen» nieder, – das wäre allenfalls Quellenmaterial fünften Ranges, und ließe sie sich dabei Gedächtnisfehler unterlaufen oder zu frei erfundenen Mitteilungen hinreißen, der T. M.-Forscher hielte derlei von Anfang an für denkbar und bezöge es ein in seine Kalkulationen. Nicht so, wenn es sich um ein leibliches «Kind» handelt. Du weißt, ich war und bin – aus eben diesem Grunde – sehr eingenommen gegen Dein Erinnerungsbuch. Du hast es aber dabei nicht bewenden lassen, sondern fährst fort, «Plaudereien» zu veröffentlichen, die den Zauberer und uns alle nicht nur einbeziehen, sondern zum Mittelpunkt haben und die so ziemlich von A bis Z unstimmig und erfunden sind. Als letztes kam uns vor Augen Dein *stimmungsvolles* «Rauschgold». Ich wiederhole: Hießest Du Lieschen Müller und veröffentlichtest Du Kindheitserinnerungen, die vorne, wie hinten, historisch, wie persönlich den Tatsachen nicht entsprächen, es wäre gleichgültig. Sobald aber eine historische Figur wie T. M. als Hauptakteur im Spiele ist, ist dergleichen vollständig unzulässig. Dabei kommt es nicht so sehr darauf an, ob Dein Gedächtnis gut ist (offenbar ist es schlecht) oder ob Du wissentlich die Unwahrheit sagst. Auf die Unwahrheit kommt es an, und die darfst Du nicht mehr in Druck geben. Mißverstehe mich nicht: wenn Du den Leuten – etwa – über Deine Pensionserlebnisse in Lausanne (oder wo immer das war) Unwahrheiten auftischen willst, so tu Du das getrost. Aber den Zauberer und die Seinen mußt Du von nun an eisern aus dem Spiel lassen.

Für den Fall, daß Du aufs erste Wort nicht begreifst, was wir an Deinem «Rauschgold» auszusetzen haben, laß mich Dir ein paar der gröbsten Unzulässigkeiten namhaft machen:

Du stellst es so dar, als hätten wir nur eine Köchin gehabt – außer dem Kinderfräulein also keine weiteren Hausangestellten. Die Köchin, sagst Du, «strömte den Hauch der Unterwelt aus … sie empfing einen Teller Lebkuchen, worin ein Taler vergraben war …» Und das tat also das arme Tier, während wir unsererseits hunderttausende von Mark für die Weihnachtsgans ausgegeben hatten. Ein Taler, – das waren drei Mark, und Gold-, nein, Silbertaler gab es damals überhaupt nicht. Dafür war aber «die Markenfreiheit der Gänse» ein berühmter und berüchtigter Skandal in München, und nie hätte Mielein es also nötig gehabt, die Weihnachtsgans beim Schwarzhändler zu kaufen. Weiter schreibst Du: «Ich kann es jetzt ruhig aussprechen, denn seither hat die Welt aus Dienstboten Menschen gemacht ...» Dienstboten waren also damals *bei uns keine* Menschen, und schon ist es soweit gekommen, daß unsere hiesige Mathild von Kolleginnen aus anderen Häusern gefragt wurde, wie sie es denn an einem Arbeitsplatz aushalten könne, wo man so zu Dienstboten stehe oder doch gestanden habe. *Die Leute glauben, was Du schreibst.* Das ist höchstwahrscheinlich gar nicht Deine Absicht. Du gedenkst, poetisch zu phantasieren, und bist Dir der *Verantwortung* nicht bewußt, die Du, mittels solcher Phantastereien, auf Dich lädst. Es mag relativ unwichtig sein, ob wir Kinder, jeweils etwa zehn Tage vor Weihnachten, das geheimnisvolle Rauschgold in die Betten gestreut bekamen, damit wir doch wüßten, das Christkind sei bereits unterwegs, – oder ob, wie Du bindend mitteilst, der Zauberer das Rauschgold in einer leeren Zigarrenschachtel aufbewahrte und es uns unter die Nase hielt, um uns schließlich ein bißchen davon «in die Hand» zu streuen. *Ist* es denn aber ganz so unwichtig? Vorweihnachtliches Rauschgold in die Betten der Kinder, – das war eine uralte Lübecker Sitte, und Z. hatte sie traditionsfromm übernommen. Dein «Quellenmaterial» schreit zum Himmel. Selbstverständlich bewahrte Z. seine Zigarren auch niemals «in jener Ecke» auf, – in jenem «Schränkchen», in dem auch «Schokolade aus der Schweiz und Rauschgold» ruhten. Die Zigarren, wie Dir erinnerlich sein sollte, waren im Tapetenschränkchen des Eßzimmers, einem vom Architekten schon eigens zu solchem Zweck eingebauten Verlies. Niemand zwingt Dich, Sachen zu erzählen, an die Du Dich nicht erinnerst oder die Dir reizvoller erscheinen, wenn sie der Wahrheit nicht entsprechen. Fest steht nur folgendes: solltest Du noch ein einziges Mal «Erinnerungen» öffentlich auskramen, in denen Z. oder (und) sein Haus figuriert oder figurieren und die Unwahres enthalten, so werden Mielein und ich an die Presseagenturen eine Notiz versenden, der zufolge solche Erinnerungen – völlig unabhängig von ihrem literarischen Wert – als Quellenmaterial unbrauchbar und daher unzulässig sind. Von Herzen hoffe ich, Du wirst es zur Versendung dieser Notiz nicht kommen lassen und lieber davon absehen, Lügenhaftes oder falsch Erinnertes zu verbreiten.

Fürs beinah schon alte Jahr und für Deine literarische Laufbahn, zu deren steter Entwicklung Du weder Z. noch uns irgend nötig hast, alles Herzliche und Gute.

Immer Deine
Sis
E.

PS. Der von Dir geplante Anthologie-Titel, «Wir sind elf» (wobei Du übrigens Ernst Dohm vergessen hast), läßt darauf schließen, daß Du an das Viktor Mann-Buch «Wir waren fünf» gedacht hast und Dich gewissermaßen durch diesen Band legitimiert fühlst. Das war aber eine völlig andere Art von Buch. Vicco *schrieb* nicht, *dachte* nicht daran, sich für einen Schriftsteller zu halten, und stellte sich ergo durchaus nicht an die Seite seiner großen, schreibenden Brüder. Was er machte, war ein «Portrait» seiner Familie, – auch ein Portrait seiner selbst, also eine Autobiographie. Mit der von Dir geplanten Veranstaltung hat «Wir waren fünf» nicht das Entfernteste zu tun.

PPS. Dies Mühschreiben wurde von Mielein gelesen und gebilligt.

D. O.

Oskar Maria Graf: *Zwei Töchter sehen ihren Vater*

Das Trostreiche an diesen beiden schmalen Büchern (*Erika Mann:* «Das letzte Jahr» – Bericht über meinen Vater; *Monika Mann:* «Vergangenes und Gegenwärtiges» – Erinnerungen) ist, daß sie noch einmal den ganzen Glanz eines unwahrscheinlich reichen, schöpferischen Lebens aufleuchten lassen, das buchstäblich bis in die letzten Erdentage, die ihm beschieden waren, unvermindert künstlerische und geistige Höchstleistungen lieferte. Der strömend-heitere, sich an keiner einzigen Stelle ins Betrachtende verbreiternde «Krull», die Studien über Tschechow und Schiller und – nicht zu vergessen! – die ausgezeichnete Einleitung zu den «Schönsten Erzählungen der Weltliteratur» legen ein zwingendes Zeugnis dafür ab. Erschütternd und zugleich erhebend wirkt, wenn wir aus Erika Manns Buch auf Grund des ärztlichen Schlußbefundes erfahren, daß der achtzigjährige Dichter seit langem an einer fortschreitenden Arterienverkalkung litt, von der zu befürchten war, daß sie in absehbarer Zeit auch ins Hirn übergreifen könnte, in dieses gesegnete Hirn, das stets in einem erstaunlich ausgleichenden Verhältnis zum Herzen stand!

Stärke des Schöpferwillens

Grausige, unmögliche Vorstellung, sich Thomas Mann, so, wie wir das Bild seiner lebensstarken Erscheinung unvergeßlich in uns tragen, als hinfällig-senilen, halbblöden Tattergreis zu denken! Glückliche Fügung, die uns dankbar stimmt, daß es nicht so gekommen ist. Mir freilich will scheinen, als sei's nicht so sehr glückliche Fügung – Erika spricht dabei von Gnade – gewesen, sondern die einzigartige Stärke des Schöpferwillens in Thomas

Mann, die bis ans Ende im kranken Körper die Oberhand behielt. Erinnerlich ist vielleicht, daß Tolstoi noch kurz vor seinem Tode einen ähnlichen Gedanken äußert. Und wie nachhaltend hat diese beunruhigende Naturgewalt von einem Genie auf Thomas Mann zeitlebens gewirkt! Erst wenn man seine Rede und seine vielen Aufsätze über den großen Russen wiederholt liest, drängt sich einem die überraschende Einsicht auf, als habe der von der Geistesrichtung Nietzsches befruchtete Thomas Mann mit einer fast neidisch bewundernden, rätselhaften, tief leidenschaftlichen körperlichen Fernliebe an der urgesunden Persönlichkeit Tolstois gehangen, die ihn immer wieder, oft mitten in einer größeren Bucharbeit, aufs intensivste beschäftigt. Man gewinnt dabei manchmal den Eindruck, als versuche er, der körperlich Anfällige, sich mit künstlerisch-geistigen Mitteln an dem von Natur aus Stärkeren zu messen. Sogar der Schneesturm im «Zauberberg» verrät das noch. Seltsame Erscheinung im Raum des rein Geistigen: Ein Lebender ringt mit der fortzeugenden, unsterblichen Kraft und Größe eines Toten. Im späten «Versuch über Tschechow» erhält dieser Tote noch eine Rüge. Das wäre – um das hübsche, ironische Wort Magers in der «Lotte in Weimar» zu gebrauchen – für spätere Betrachter der vielschichtigen Komplexheit Thomas Manns «buchenswert».

Buchenswert ohne jeden ironischen Beigeschmack sind auch die zwei Bücher der beiden Töchter des Dichters, Erika und Monika, und das in vieler Hinsicht. Sie geben nicht nur bemerkenswerte Aufschlüsse über unbekannte Züge des tief zivilistischen Menschen Thomas Mann, über sein Familienleben und seine Schaffensart, sie verraten noch mehr durch ihre ganz verschiedene Haltung zum großen Vater. Es spricht – um es gleich zu sagen – nicht gegen diese Töchter, es spricht nur für das ungewöhnlich stark nachwirkende geistige und künstlerische Fluidum Thomas Manns, daß sie beide mehr oder weniger ausgeprägt seinen Stil schreiben und in seiner Art ihre Ansichten und Gedanken formulieren. Das letztere fällt in dem Erinnerungsbuch der jüngeren Monika weit mehr auf als im Bericht über «das letzte Jahr» der älteren Erika.

Erikas sachlicher Bericht

Erika, die auch die Nachlaßverwalterin des Werkes von Thomas Mann ist, zog sich für ihren kurzen Report von vornherein strenge Grenzen. Sie erzählt nur von den Geschehnissen in diesem letzten Jahr ihres Vaters und bleibt faktisch, substantiell und chronistisch genau bis zur letzten Zeile. Die Bezeichnung «Bericht» ist also vollwörtlich berechtigt. Sehr wohltuend und eindrucksvoll wirkt, daß sie als Berichtende dabei völlig zurücktritt und selbst da, wo hohe oder sehr schmerzliche Empfindungen sie überwältigen, nie ins Familiär-Sentimentale oder Anhimmelnd-Schwärmerische verfällt. Ihre stolze, männlich anmutende Zurückhaltung in der Schilderung jenes Augenblickes, da sie der todesnahen Verfremdung im Blick und Gesicht des Kranken gewahr wird, ist ergreifend. Und es zeugt von einer scharf witternden Unterscheidungskraft, von einer tief liebenden Einsicht in das Wesen geistiger Größe, wenn sie die Nervenspannung und Ergriffenheit Thomas Manns beim Stuttgarter Schillervortrag so sehr in sich selber verspürt und uns gegenwärtig macht, daß wir ebenso empfinden. Es ist, als hielte bei dieser Beschwörung all das, was der Dichter für uns war, noch einmal Einzug in unser trauerndes Herz.

Neben dieser schriftstellerischen Meisterung aber bleibt der Bericht auch als sozusagen historisch bewahrendes Dokument wichtig für Literaturwissenschaftler, und ganz offenbar hat Erika nichts anderes beabsichtigt.

Monikas Verhältnis zum Vater

Ganz anders verhält es sich mit dem Erinnerungsbuch ihrer jüngeren Schwester Monika, die ja ursprünglich ihre Autobiographie – beginnend mit ihrer Münchner Kinderzeit und endend mit ihrem jetzigen Leben auf einer kleinen italienischen Insel – schreiben wollte und sich keine strengen Grenzen zu setzen brauchte. Mitten in dieser Arbeit erreichte sie die Nachricht vom Tod ihres Vaters, und sie bezeichnet die Stelle im Buch mit einem Kreuz. Monika ist das, was der Verstorbene zeitweise innig zu sein wünschte, was er aber seiner ganzen zaghaft-langsamen, denkerisch kontrollierenden Natur nach nie hätte sein können: ein kampflustiger, gegen alles Einengende opponierender Bohemien. Schon deswegen ist ihr Buch interessanter, ganz abgesehen davon, daß es geladen ist mit teils heiteren, teils beklemmend schrecklichen Erlebnissen, die ausgezeichnet erzählt sind. Heiter hebt ihre Kindheit an, aber schon in der Schule entstehen durch ihr rebellisches Temperament Schwierigkeiten, sie fliegt schließlich aus der «höheren Töchterschule» und kommt in ein Landerziehungsheim, wo sie mit gleichgestimmten jungen Menschen glückliche Jahre verlebt. In der ersten Zeit der Unrast des Exils scheint sie wenig mit der Familie zusammen gewesen zu sein. Sie ist eine Vagantennatur, die nicht recht in diesen Rahmen paßt. Unschwer erkennt man auch, daß man sie nicht ganz ernst nimmt. Als der Vater ihr aus Kalifornien den «Faustus» zuschickt, bemerkt er dazu geringschätzig: «Für Mönchen, die es schon verstehen wird.» Das verwundet ihre Liebe, verstimmt sie. Sie heiratet einen italienischen Kunstwissenschaftler, geht mit ihm nach England und verliert diesen Mann, als ein deutsches Torpedoboot das Schiff, das sie nach den USA bringen sollte, in den Grund bohrt. Sie selber treibt zwanzig Stunden lang im eiskalten, dunklen Meer und wird endlich gerettet. Später kommt sie doch noch nach Amerika, erlebt die Princetoner Professorenzeit ihres Vaters und die Umsiedlung der Familie nach Kalifornien. Dann beginnt wieder ihr Einzelgängertum in New York. Nach dem Krieg besucht sie Deutschland, sieht ihr zerstörtes Münchener Elternhaus und landet in Italien. Soweit der ungefähre Inhalt; aber, gewollt oder nicht, das Zugrundeliegende ihrer Aufzeichnungen ist eine sehr eigenwillige Auseinandersetzung mit ihrem Vater, besser gesagt, der Versuch, mit der alles beherrschenden Macht seines Geistes und seiner Persönlichkeit fertig zu werden. Rebellische Selbstbehauptung, störrisches Ressentiment, schneller Verstand und ein äußerst geschärfter weiblicher Instinkt wirken bei ihr zusammen und führen zu überraschend eindringlichen Beobachtungen und Erkenntnissen, die sie ausgezeichnet formuliert. Sicher werden viele Thomas-Mann-Verehrer schockiert sein, wenn sie Monikas Geständnis lesen: «Wird man mir glauben, daß ich meinen Vater langweilig fand?» Nach ihrem Zeugnis ist dieser alte Herr mit dem Weltruhm, der sich bedachtsam «mit dem veilchenwasserbenetzten Taschentuch» den Schweiß im Gesicht abtupft, ein «Ästhet, der keiner Ungeschicklichkeit nachgibt». Und weiter heißt es an dieser Stelle: «... Wenn er friert, macht er nicht ‹brr!› und schüttelt sich, aber es wird sehr kalt ringsumher. Mit elementarer Kraft, mit ästhetischer Distanz offenbart er sich. Der Ästhet. Und die Natur, die Materie? Wie ordinär, wie grausam! Düsterer Ekel steigt ... in ihm auf ...» (Erinnert man sich an das glänzende Buch Ferdinand Lions, «Thomas Mann – Leben und Werk», in welchem des Dichters elastisches, meist schnelles Dahingehen damit begründet wird, daß er in seiner hilflosen Empfindlichkeit nichts Schreckliches, Störendes sehen will?)

Eine erstaunliche Scharfsicht

Monika stellt nicht originalitätssüchtig bloß, sie entlarvt nicht etwa weibisch verwichtigend, sie *durchschaut* und ist von dem, was sie entdeckt, gleicherweise erstaunt und beunruhigt, weil sie bei aller Scharfsicht dem rätselhaften Genie ihres Vaters doch nicht auf den Grund kommt. Großartig finde ich – und manche haben diese Menschenferne und Verschlossenheit Thomas Manns ähnlich erlebt! – solche Charakterisierungen: «Trotz aller Erfahrungen, trotz allen Wissens weiß er nichts. Denn Wissen ist nichts Fixiertes, sondern aus den Tiefen des Augenblicks zu Erhaschendes. Er hat es nicht parat wie sein Partner und zunächst nichts anderes ihm entgegenzuhalten als Ignoranz, was dieser für Hohn hält …» Oder: «Ein Streit mit ihm, ein Wortwechsel … ist undenkbar. Aus Sanftmut, Hochmut wähnt er sich über allem. Oder ist es ihm um die Fragen des Lebens überhaupt nicht ernst, lohnt es nicht, sich ihretwegen zu ereifern, zahlt es sich nicht aus, mit einem Menschen ernsthaft auf etwas einzugehen, zu bestehen, zu beharren, etwas zu behaupten?»

Es gibt viele Aufhellungen in Monikas Buch, das, gerade weil es mit kecker Draufgängerei, mit großem Mut geschrieben ist, ein sehr lebendiges und sicher zutreffendes Bild des merkwürdigen Menschen und Dichters Thomas Mann übermittelt, der – wie es mir immer vorgekommen ist – aus Wissen und Leiden einer der Einsamsten unter uns war. «Ganz bei sich und bei uns», sagte ein gescheiter Freund von mir über ihn, «war er nur in seinem Zimmer am Schreibtisch.»

«Übrigens – bravo»

Seltsam – während ich dies schreibe, kommt mir mittendrin der Gedanke, was wohl Thomas Mann, wenn er noch leben würde, zum Buch seiner Tochter Monika sagen würde, und dabei fallen mir die Sätze aus seiner manifesthaften Verteidigungsschrift für die künstlerische Freiheit «Bilse und ich» von 1906 ein: «Man hat mich ernstlich gefragt, was ich tun würde, wenn ein talentierter Freund von mir hinginge und mich ins öffentliche Gerede brächte, indem er eine glänzende Novelle schriebe, in welcher eine Figur, die aufs Härchen mein Abbild wäre, die und die Gemeinheiten beginge. Hoffentlich würde ich ihn ohrfeigen, den talentierten Freund? Nun, das gewiß nicht … Ich würde zu ihm sagen: ‹Es wundert mich zwar ein bißchen, mein Guter, daß du gerade meine Maske für deinen Schurken benutztest. Aber sei es darum. Ich bin, unter anderem, wohl auch ein Schurke. Übrigens – bravo, und besuch mich, Lieber, doch einmal, damit ich dir meine neuen Bücher zeige …›»

TEIL VI

«Erinnerungsbilder»

Autobiographisches

Kleine Lebensbeichte

Es ist ja gleich alles gesagt und gestanden. Nicht, als ob ich's an den Fingern abzählen könnte – die Jahre, die ich hienieden verbrachte, und das, was ich darinnen verbracht! Aber wer vergäße nicht das Wesentliche bei einer Beichte, und wer verfinge sich gern in Kleinigkeiten, was bleibt, als sich kurz und schadlos zu halten, gemäß dem Geist der Zeit? Geboren bin ich am siebenten Juni Neunzehnhundertzehn als Münchner Kindl und Nesthäkchen einer berühmten, wenn nicht berüchtigten Familie – wann ginge nicht Ruhm und Ruch Hand in Hand? –, viel später folgten mir noch ein Schwester- und ein Brüderlein. Welch geselliges Haus! Die Eltern, fünf Hausdrachen, dazu der Wolf und die kleine Malteserin, die Nachbarkinder und hochwohlgeborenen Gäste und wir sechs Geschwister – gesellig und geschäftig wie ein Bienenhaus. Wenn die Hausglocke schellte, bellte im Keller der Wolf, und wenn ein Tänzer über die rote Treppe ging, ein junger Dichter, ein Chorstudent, ein Sportchampion, Schneider oder Masseur, kläffte in den seidenen Kissen die schneeweiße Malteserin, die sich vor Wut dann gelb verfärbte. Zwischen 1910 und 1933 absolvierte ich die Prüfungen der ersten Kindheit; eine Privatschule, Volksschule und Höhere Mädchenschule; ein Landerziehungsheim und Sittenpensionat sowie eine Garten- und Kochschule; Musik- und Kunstgewerbeschulen in Frankfurt, München, Lausanne, Paris und Berlin; ich freute mich, wenn Sakharoff tanzte, Bruno Walter dirigierte oder Schnabel spielte, wenn Carneval war und wenn ich mit meiner teufelsroten Opelette durch die bayrische Landschaft sauste oder auf Hiddensee in den Dünen lag. Ich schrieb viele Liebesbriefe, ein Tagebuch und manchmal Gedichte und hatte Freunde wie Sand am Meer. Während die Welt immer lauter wurde und sich immer gefährlicher zusammenballte, wurde es immer stiller und einsamer um mich her. Ich glaube nicht, ich hätte den Mut gehabt, die Einsicht und Vitalität, auf eigene Faust dem braunen Pseudogott zu fliehen. Ich emigrierte automatisch mit meiner Familie, ließ mich ausbürgern, einmal zur Tschechin schlagen, ein andermal zur Amerikanerin, lebte in Frankreich, England, Italien, Österreich und der Schweiz. Und je mehr das Übernationale von uns Besitz ergriff, um so verliebter war ich in die Übersprache ‹Musik› – das Idiom, das mir als das heimischste erschien. Obwohl ich erfahren hatte, daß der Vertreter jener höchsten Kunst gar nicht selten ein Kartenspieler, Zotenreißer und Schürzenjäger ist, verband ich Musikertum mit höherem Dünkel und Mönchtum und schloß mich mit meinem Klavier immer mehr von den Menschen ab. Bis ich siebenundzwanzigjährig in London den ungarischen Kunsthistoriker Jenö Lányi heiratete. Ich verlor ihn durch ein deutsches Torpedo auf unserer Überfahrt von Schottland nach Kanada im Jahre 1940. Ich vagabundierte zwölf Jahre in Amerika und suchte in den kahl-gewaltigen Städten die kleinen Mandelbäume. Jenes nur zu ausgesprochene, dabei inartikulierte Volk ließ mich zu Kreuze kriechen und vom Ton zum Wort hinabsteigen. Ich kniete mich ordentlich in die Literatur und ahnte die unermüdlichen Möglichkeiten der gestaltenden Sprache. Beinah nichts ließ ich ungelesen zwischen Bibel und Morgenstern, ich übersetzte den Turning Point von Bruder Klaus ins Deutsche, schrieb und veröffentlichte auf englisch und deutsch kleine Essays, Impressionen, Verse und Kurzgeschichten und kam mir oft recht müßig vor. Als ich mich ins tätige Leben einreihen wollte und mich als Kindergärtnerin meldete, betrachtete der zuständige Geistliche mich etwas hilflos und riet mir, auf einer Farm in Vermont Gedichte zu schreiben. Indes meine Freundin Kadidja Wedekind behauptete, ich sei das Abbild der Bernadotte, jenes französischen Bauernmädchens, das vor lauter Jammer und Untauglichkeit auf Quellen stieß und Wunder tat.

Ich re-emigrierte 1952 nach Italien, wurde in Neapel wieder

deutsch, lebe auf Capri, ohne Wunder zu tun, geschweige auf Quellen zu stoßen – so quellenlos ist Capri, daß es in Zisternen das Regenwasser auffangen muß! –, aber wo Himmel und Meer Geträumtes und Ungeträumtes, Gelebtes und Ungelebtes reflektieren. In meiner Jugend träumte ich, mit drei weißen Windhunden die finstersten Kneipen Marseilles aufzusuchen, um ethische Worte zu schwingen und Bach zu spielen. Wobei die drei weißen Windhunde als Sonnenpferde oder heidnische Gottheiten fungieren sollten! Weil ich Licht und Dunkel, Hohes und Tiefes, Ordnung und Verkommenheit – weil ich alles Gegensätzliche versöhnen wollte! Und ich glaube, aus jenem Versöhnungstrieb wird das dichterische Wort geboren.

Erinnerungsbilder

Eine Huldigung

Wie ich den muffigen kleinen Laden von Lachers liebte! Die Lachers waren kugeldick: Herr und Frau und die Tochter, sogar der Lacher-Hund war kugeldick. Sie trugen Zwicker auf der Nase: die Eltern goldgerahmte, der Zwickerrahmen der jungen Lacher war aus Blech. Herr und Frau Lacher hatten dicke kurze Finger mit Eheringen, die dicken Finger der Tochter waren nackt. Freundlich über die Zwicker hinwegspähend fischten sie in den dunklen Wandfächern nach den verlangten Gegenständen. Nach Tinten-Wischern, Bleistiftspitzern, Schiefer-Tafeln, Griffel-Kästen, Fibeln, Schwämmchen, Wachstuchheften, Ränzchen, Pinseln, Schürzchen – ach, wonach fischten sie nicht? Bei Lachers gab es wohl alles, was das junge Schülerherz begehrte. Es war ein Schul-Schlaraffenland: was dem einen gebratene Hühner und Himbeer-Gefrorenes sind, sind dem anderen spiegelglatte blaue, grüne, rote und gelbe Papierbögen, in die man die Rechen- und Lesebücher schlägt: mit einem weißen Etikettchen beklebt, worauf man in prächtigen Tuschebuchstaben seinen Namen malt. Ich hatte meinen hellen Spaß an diesen schmucken Schulsachen. Bei Lachers einzukaufen, war mir ein Fest. Und die kugeldicke Atmosphäre trug recht zur Gemütlichkeit bei.

Der gepackte Schulranzen aus blankem Leder – ein goldgelbes Schwämmchen baumelte an der Seite –, das war ein Ding der ernstlichen Freude. Da ich ihn des Morgens auf den Rücken geschnallt und mich auf den Weg gemacht hatte, fuhr sein leises Rumpeln mitten in meine Seele hinein. Es war das Rumpeln und Rumoren des Wissens, das im Urstadium des A B C's mich ein wahrer Schatz dünkte. Ja, das erste Lernen war eine Schatzinsel, deren fester Grund tröstlich aus dem Kinderverlorenen stieg. Es war der Beginn einer Ordnung im Uferlosen; es waren die ersten Formen und Pflichten in einer Schattenwelt, die ich mit entzücktem Eifer begriff. Ich lernte also mit ernstlichem Vergnügen. Und ich huldige heute der, die mich lehrte.

Fräulein Licht, sie heißt ein bißchen anders – ich will sie mit meiner Huldigung nicht kompromittieren –, Fräulein Licht fächelt das Ofenfeuer, da ich das dämmrige Schulzimmer betrete. Der Schein der Flamme erhellt ihr Gesicht, das sie mir lächelnd zuwendet. Fräulein Licht lächelt nicht wie jedermann. Es ist ein holdes, entsagendes Lächeln, das direkt aus ihrem überquellenden Jungfernherz strömt. Ein weitgeöffnetes umfangendes Lächeln, das mich muschelartig aufnimmt. Das einzig Anstößige darin ist eine große Goldplombe: jedoch ein mittagklares keusches Lachen, das aus dem Lächeln wird, läßt jenen Defekt vergessen. Ich hänge mein Mäntelchen an den Nagel, setze mich in die Schulbank und packe meinen Ranzen aus. Fräulein Licht steht jetzt vor der Tafel und reibt sich mild die Hände. Sie steht händereibend, lächelnd abwartend, während ihre Kindlein eins nach dem anderen hereintöffeln und sich geräuschvoll setzen.

Sind alle da, steigt sie die Stufe ihres Podiums hinunter, wobei sie den fußlangen bauschigen Wollrock ein wenig lüpft, daß ihre Schnürstiefel zum Vorschein kommen, und durchschreitet die Reihen. Sie neigt ihren Kopf mit der braunen Zopfkrone zärtlich prüfend nach links und rechts: und beginnt zu diktieren. Sie hält mit beiden Händen das lilafarbene gehäkelte Schultertuch auf ihrer Brust zusammen, spannt das Kinn und hebt an, wie eine Oratoriumssängerin uns das gotische Es vorzusingen. Unsere Federn graben sich zu dieser Musik in das Papier – bis es hieroglyphenhaft von jenem Buchstaben bedeckt ist, und es ist unumgänglich, daß er sich nicht aufs schönste fürs Leben in unserem Gedächtnis einprägt. «Auf- -Ab- -dünn dünn dünn dünn dünn – Druuck!», säuselt das Lied vom gotischen Es durch die dämmrige Schulstube.

Was immer Fräulein Licht uns lehrt, sie tut es, indem sie ihr äußerstes daran gibt. Mit erfinderischer Sanftmut weiht sie uns in die Grundlagen menschlicher Bildung ein, und es ist eine Lust, ihr zu folgen. Das Lesen und Singen und Einmaleins und die Geschichte vom Jesuskind – sie scheint es uns aus einem großen Sack freigebig hinzustreuen, es uns mit innigen kleinen Tricks zu erklären und zu eigen zu machen. Sie schenkt uns all ihr Wissen; sie opfert sich für uns. Und da sie uns so beschert und beschenkt, ist sie jung und reich und gut wie eine Fee.

Wenn die Stunde aus ist und sie mit uns auf der Straße steht, wo wir sie zum Abschied umringen, sieht sie aus wie eine alte Frau. Arm, alt und ausgeleert. Ihre Pelerine hängt beinah lumpig um ihren Leib, der sich dieser alten Jungfer zu schämen scheint. Zwischen den blassen Lippen schimmert die Goldplombe als einziger Schmuck in ihrem fahlen Gesicht. Der Filzhut hockt traurig auf dem Kopf – mehrere Nadeln stecken darin, welche sie zu knechten scheinen. Die Rechte im löchrigen Strickhandschuh trägt eine leere Markttasche. Ihr letztes Lächeln ist ohne Glanz, und da sie es weiß, wendet sie sich zum Gehen. Wir sehen ihr nach. Armes, grundgütiges Fräulein Licht. Schäbig und dunkel entfernt sie sich zwischen den Häuserreihen.

(Nachspiel) Eine Heilige. Heilige sind ausgeleert und fahl, nach vollbrachtem Opferdienst. Fräulein Licht opferte sich den Kindlein. Eine Heilige, gewiß, eine Heilige …

Frühe Offenbarung

Wohlgefällig betrachtete ich die kleine Garderobe. Sie liegt mondhell neben meinem Bett: das weiße Kleid, die duftend frische Wäsche, die schönen Haarbänder. Nach verrichtetem Gebet schlafe ich froh ein.

Der Sonntag ist strahlend blau. Er wohnt in allen Fugen und Ritzen der Welt; jedes Stäubchen, jeder Vogelruf ist von ihm erfüllt. Ich drehe und wende mich in seinem Glanz, der durch die Fugen und Ritzen meines Herzens dringt.

Die Blätter der Allee schimmern herbstlich rot. Hoffärtig wandle ich unter ihnen. Ein paar saubere Buben klingeln Sturm, da sie an mir vorüberradeln. Das Schreien der Möwen am Fluß geht auf in Glockenläuten. Ich kenne den Weg wie ein Gedicht: seine vertrauten Strophen spinnen mich fort ans Ziel. Da ist die Brücke mit der Tram – die fährt heute gemächlich, und der Wagenführer hat eine Blume hinter dem Ohr. Nun komme ich zum Park, wo die Leute spazieren – die Kinder Hand in Hand und der frisierte Spitz hinterdrein. Bunt und orgelnd macht das Karussell die Runde. Der Flor einer Witwe weht im Sonnenschein. Dort galoppieren Herren und Damen zu Pferd, daß es stäubt. Und über jenem asphaltenen Platz schwebt golden ein Friedensengel. Im Arkadengarten trinken die Offiziere Kaffee. Durch das sprühende Lied eines Brunnens erreichen mich ihre Worte, neckend – Zur Parade, kleines Fräulein, he? Ich nicke – glücklich – und betrete den Platz.

Tauben schwärmen empor wie Raketen. Um Türme und Dächer spielt ein festlicher Wind. Die Menschen schwatzen und trippeln unter der Himmelsbläue – da taucht ein großer Blumenhut auf, dort blitzt ein Helm mit Federbusch – Gesichter zu flatternden Fahnen aufwärts gewandt. Wie der Hase durchs Dikkicht, so schlüpfe ich durch tausend Beine – in neuen Bügelfalten, Seidenstrümpfen, fein gewichsten Schuhen –, bis ich endlich vor den Musikanten stehe. In der Feldherrnhalle sitzen blaue Soldaten mit roten Gesichtern und gelben Trompeten. Mit prächtiger Gebärde besteigt der Dirigent das Pult – das Sonntagswogen hält den Atem an. In der leuchtenden Stille pirscht sich ein kleiner weißer Matrose an mich heran und reicht mir meine Haarschleife hin. Es wird mir heiß um die Augen: ich sehe, wie der Dirigent mit beiden Armen gebieterisch ausholt – wobei ihm seine Uniform sehr eng wird –, die Spitzen seines Schnurrbarts wie zwei Dölchlein auf die Musikanten gezückt sind und wie er mit furchterregender Bestimmtheit den Taktstock sausen läßt: es ist, als gebe ein General das Zeichen zur Schlacht. Aus der Halle bricht schmetternd das Lied. «Frei nach Wagner» heißt es – von Rienzi bis Parsifal. Die Klänge überwältigen mich.

Die Musikanten verschwimmen vor meinem Blick. Die blauen Uniformen werden zu Himmelsfetzen, die roten Gesichter zu Sonnen, die Trompeten werden zu Kometen. Der Dirigent ist ein beflügelter Riese, der mit magischen Rutenschlägen das Firmament zum Tönen bringt. In ewigen Schatten rumoren Paukenwirbel; Posaunenrufe bersten aus den roten Sonnen, als wollten sie das All zersplittern; Hörnerklang macht die Sterne beben, und Klarinetten pfeifen wie flehende Winde … Es ist Musik, zu groß fürs Herz, voll Lust und Schwere. Ich möchte tanzen, doch meine Glieder sind wie Blei. Ich möchte jauchzen, doch meine Kehle ist abgeschnürt. Da sah ich Menschen im Firmament herumtreiben ‹ohne jegliche Disziplin› – wie meine Lehrerin sagen würde. Sie torkeln, räkeln und sielen sich zu den

Klängen der Musik in den schillernden Wolkenkissen: würdige Herrschaften fallen in Ekstase, alles ist außer Rand und Band. Endlich erschallt ein üppiger Choral mit Harfen und Fanfaren: der kleine weiße Matrose ergreift mich bei der Hand, und wir harren beide in erschreckter Andacht.

Die Leute klatschen. Der Dirigent dreht sich auf dem Absatz herum, er schaut stramm und eitel ins Publikum. Der Applaus schwillt an und zerbricht wie eine Brandung. Die Menge fließt treulos auseinander. Tauben flattern nieder auf den leeren Platz.

Ich gehe wieder an den Offizieren vorbei, sie lachen nicht mehr. Ohne Glanz schwebt der Friedensengel über dem Asphalt. Die Reitwege sind verlassen. Das Karussell steht still. Eine Witwe schläft im Grase. Über die Brücke fährt die blaue Tram. Der Wagenführer hat eine Blume zwischen den Lippen – sie ist welk.

Rauschgold

Zur Zeit des «Zauberbergs» ging es wohl am höchsten bei uns her, und der Weihnachtstisch bog sich von Gaben wie feinste Lederjacken, bunte Atlasschlafröcke, kostbare Parfumflacons, neueste Grammophonmodelle, Luxuseditionen von Lieblingsdichtern und dergleichen mehr. Das war in den zwanziger Jahren daheim an der Föhringer Allee, heute nach Vater genannt und übrigens die schönste Straße von München – ganz im Grünen eingesponnene Stille. Nach dem Ersten Weltkrieg – zur Zeit, da Schmalhans Küchenmeister herrschte, die Gesichter und Geschenke mager waren – glänzte das Fest nicht minder. Der Gralssucher (Hans Castorp) lebte fort, machte aus wenig viel, fand in den Steinen die Sterne. Ja, die Weihnachten jener miserablen Zeit sind für mich die glänzendsten.

In den unteren Räumen des Hauses, mit ihren Persern und Lüstern, standen Eisenöfen mit langen schwarzen Rohren – scheinbar ein Mißverständnis, eine Ungehörigkeit. Der Lichterbaum war krumm und dünn, schien von der allgemeinen Unterernährung ergriffen zu sein, und auf meinem Gabentisch stand ein kleiner rotlackierter Schlitten, der eine Bonbonnière mit Ersatzbonbons und ein kunstlederndes Poesiealbum trug. Ich selber trug ein Kleid aus Rupfenstoff und Holzsandalen. Meine Haarschleifen waren eine himmelblaue Lüge. Wir waren vier Kinder, nein, sechs – die jüngsten lagen in der Wiege.

Die Kinderfrau war da – offenbar einem Märchen entsprungen und viel mehr Hexlein als Weiblein. Vater und Mutter waren da, Großvater und Großmutter – die Eltern von Mutter –, ein Hund war da mit herausstehenden Rippen und Namen Bauschan, und die Köchin war da. Ich kann es jetzt ruhig aussprechen, denn seither hat die Welt aus Dienstboten Menschen gemacht (sie ist sogar geneigt, die Köchin für die Dame auszugeben). Jene Köchin strömte den Hauch der Unterwelt aus – eine Kartoffel mit einem bösen, modrigen Gesicht, der man eine weiße Schürze umgebunden hatte. Sie empfing einen Teller Lebkuchen, worin ein Geldschein vergraben war, und verzog das Gesicht zu einem Lächeln, soweit das einer Kartoffel möglich ist. Und alle sangen mit hungrigen Stimmen «O Tannenbaum», alle beugten sich über ihre spärlichen Gabentische.

Wo nun aber ist der Glanz, von dem ich redete? Allein, daß wir so viele waren, stellte einen gewissen Glanz dar oder nicht? Und der Dickhäutigste empfand hinter allem jene Mühe, die dem Glanz sehr nahe kommt. Reine weiße Tücher bedeckten die Tische – wie schwer war es gewesen, die Seife zu bekommen! Mutter war auf Glatteis zur Stadt geradelt und hatte eingekauft. Vater hatte ihr das Geld hingelegt, womöglich das letzte – Inflationsgeld! Sie war bei Herrn X in Hinterlaching eingekehrt, er hatte eine Gans für sie ergattert – sie hatten's am Telephon miteinander ausgemacht in der Hamstersprache, so daß nur sie es verstanden und keine Füchse, die dann der Mutter die Gans wegholten. Sie war dick – würde einen Haufen Schmalz geben, gefüllt sein mit Äpfeln und Kastanien, mit Blaukraut und Kartoffeln garniert. Mutter legte dem Herrn die Hunderttausender hin, und er wurde auch noch frech. Der Herr steckte mit der Köchin unter einer Decke, gab ihr Prozente ab. Zum Schluß hat er die Mutter angefaßt. Das gehörte zur Mühe, fühlte sie. Der prächtig servierte Gänsebraten, der das Meisterwerk eines alten niederländischen Malers widerspiegelte, ist und bleibt mir unvergeßlich in einer Zeit der Kleie und Rüben und schwarzen Ofenrohre. Das Gläslein Sekt danach – Vater selbst ging um die Tafel und goß es ein – hätte solches Glück besiegeln müssen, tat es aber nicht! Als einer von uns das Christständchen von Kuhlau am Blüthner gestümpert hatte – wobei Großvater zugekniffenen Auges den Takt stampfte –, ging Vater zum «Schränkchen». Gleich rechts im Arbeitszimmer bildete es mit der Empire-Penduluhr jene Ecke, die nur äußerste Werte barg. Jahr und Tag war es verschlossen, seine schimmernde, gewölbte kleine Türe und Rokokotänzer aus Meißner Porzellan standen darüber Wache. Es barg Tabak aus Brasilien, Schokolade aus der Schweiz und Rauschgold – Gott weiß woher. Keinesfalls ist es zu verwechseln mit Charlie Chaplins Goldrausch! Dies Rauschgold war mit nichts zu verwechseln, verwandt – ein Phénomène unique. Es lag in einer leeren Zigarrenschachtel, und Vater hielt es uns unter die Nase. Enthielt es Haschisch und Narzissenstaub? Nein, es enthielt nichts, war nichts von dieser Welt.

Vater schüttelte die Zigarrenschachtel, wie tönte das – als gingen die Engel durchs Land? Nein – es tönte wie Rauschgold. Vater stellte die Zigarrenschachtel auf den Boden und hielt eine brennende Kerze darüber, wie sah das aus – wie Meerschaum, von Jupiter geküßt? Nein – es sah aus wie Rauschgold. Vater streute davon in unsere Hände, wie fühlte es sich an, wie das

Geld einer Fee? Nein, wie Rauschgold. Es war schön und besonders schön zur Zeit der Kleie und Rüben und schwarzen Rohre.

Seitdem ist manches Weihnachten vergangen in Kilchberg, Sanary und bei den Sieben Palmen – in Santa Monica, wo die Wüstensonne die Kerzen beugte und die Rose den Garten zierte statt Schnee –, vergangen ist es bei Krieg oder Frieden, da und dort, so oder so, und einerlei ist's, in Tradition gefestigt, heilig, da es das Unvergängliche im Vergänglichen ist. Geschehe, wie es will, zu Weihnachten schwebt mir Vater vor. Er liebte es, war eins damit – und mit seinem Rauschgold.

Ein Brief

NEW YORK, im Juni 1948

Lieber U. B.!

Nun wundern Sie sich bitte nicht über meinen Brief. Sie haben mir die Rede verschlagen – also will es auf schreiben hinaus. Es ist überhaupt ein bißchen geschmacklos und langweilig, in Gegenwart anderer «Jugenderinnerungen», Reminiszenzen auszutauschen; das mag allenfalls auf dem Papier erlaubt sein.

Als Sie zu der kleinen Gesellschaft bei S.'s hereintraten, sah ich Sie erst so gut wie gar nicht, denn Ihre Frau deckte Sie nicht nur zu, sondern faszinierte mich auch. Dann saßen Sie ein wenig «reluktant» und wie benommen – wie es sensible Menschen anfangs in Gesellschaft gerne sind – auf einem Stuhl, wiederum verdeckt für mich von einer anderen Dame. Ich hatte inzwischen nur, gleichsam durch die Blume, bemerkt, daß Sie ein sehr schönes Hemd trugen – schottisch mit viel Rot – und taxierte Sie auf «Maler». Jedoch war ich weiter mit Ihrer Frau beschäftigt, deren Gesicht und süddeutscher Dialekt mir sympathisch waren und die die lang berockte Mode wegen ihrer schönen Beine zu sabotieren schien.

Ich besinne mich nicht genau, wann ich es «merkte»; es muß eine Stunde gedauert haben. (Sie müssen es gleich gemerkt haben, denn Sie haben in den ersten zehn Minuten den Gastgeber beiseite genommen, offenbar, um sich über die Anwesenden zu informieren.) Sie mischten sich allmählich und intelligent in die Konversation. Sie sprachen von Hemingway «in a familiar way» und literarischen Problemen in Amerika, so daß ich meinen «Maler» für «Schriftsteller» eintauschte. – Plötzlich hörte ich in Ihrem Sprechen etwas Bekanntes, Vertrautes, schon Dagewesenes. Das nahm jeden Moment zu. «Den kenn' ich», dachte ich vage. Und dann konnte ich gelegentlich in Ihren Augen etwas wahrnehmen – als wäre ich diesem Blick in einer anderen Welt schon begegnet – just a minute – das ist ja überhaupt U. B.! Natürlich ist es U. B. Frau S. sagte es auch beim Vorstellen, aber ich habe es nicht verstanden. Das ist U. B. Der Teufel! Soll ich mich freuen! Soll ich was sagen? «In einer anderen Welt» ... Und es verschlug mir die Rede. Denn während ich wie verstohlen diese Augen sah, diese Stimme hörte, ging ich rückwärts, weit zurück in meinem Leben.

Die Gegenwart schwand mir und langsam stellte sich die Linse der Vergangenheit ein: erst neblig, dann klarer, immer klarer rückte das Einstige heran und nun waren wir fünfzehn Jahre jünger und in Berlin.

Warum hat es so was Verteufeltes, etwas Beschämendes und zugleich Wunderbares, wenn das Gewesene lebendig wird? Wenn nach langem zwei Menschen einander wiederbegegnen, wenn das Chaos der Zeit zu dröhnen beginnt und den Rachen auftut, daß wir mit wehmütigem Lächeln hinabblicken – und lauschen?

Ein Dämon ergreift uns bei der Hand und führt uns altgierig

Zaudernden zurück, hinunter, ins schwüle Tal des Einst. Dort zündet er die Lampen an, eine nach der andern und wir folgen wach – schaudernd, jubilierend. Wie herrlich und schmerzhaft spüren wir die Unendlichkeit, in der wir Empfindlichen konturenlos wandeln; wie nichtig, ja, unwahr wird Mühen und Lachen, das konkrete Gelispel der Gegenwart …

Wir waren jung, aber das ist es nicht, was uns bewegt – wie prosaisch ist Jugend und poetisch nur im Rückblick! –, was uns dort unten bewegt, ist, daß wir es sind, wir Unendlichen. Das mannigfaltige Wir ist wie eine süße Welt der Geister, selig taumeln wir wie in Morphiumtiefenhöhen – rotes Licht und Nachtmusik.

Rotes Licht und Nachtmusik. Dorthin zog es mich damals schon. Und jenes Zwielicht … Ich wohnte bei Onkel und Tante am Bayerischen Platz, ganz adrett und ein wenig spießbürgerlich. Ich studierte das Pianoforte, und pianoforte war auch mein Lebenforte bei Nacht! Meine «Opelette», einen Zweisitzer, der einen Höllenlärm machte (ich hatte aus «Kessheit» den Auspuff offen), bestieg ich mit einer kleinen Cabaretistin fast jeden Abend, und das Morgengrauen konnte mich in Traumesstimmung, aber gewagtem Tempo auf der Avus oder an den Gestaden des Wannsees erblicken. Aber von «nach dem Theater» bis «Polizeistunde» saß man unweigerlich im «Jockey». Man war magnetisch angezogen. Von außen war er wohl nicht gar zu verschieden von den üblichen Berliner Nachtlokalen – in einer abseitigen Gasse das etwas biedere und schummrige Lämpchen an der morschen Tür, durch welche die «Welt» mit Würde hereinging und leicht schwankend wieder herausging –, aber von innen war es das Nachtlokal.

Die Schutzleute lächelten sympathisierend, als wir «in Stimmung» an ihnen vorbeisausten. Wir trugen Pelzjäckchen und Baskenmützen – den Ledergürtel in der Taille so eng, daß man kaum schnaufen konnte – und hatten unsere Beine in Pferdedecken gehüllt, denn es war kalt und der Wagen offen. Die Türen schlugen ins rostige Schloß, die Pferdedecken wurden auf den Kühler gebreitet, als wär's ein schwindsüchtiges Pony, die Baskenmützen noch schiefer aufs Ohr und – rin in den Jockey! Aber schon wurde ich weich – zärtlich und weich bis dorthinaus –, als die «Himmelsmusik» uns entgegenwogte. Man kam wohl erst durch allerlei Vorräume, durch die Küche und durch den Garderobenraum, wo Pelze und Überschuhe auf «gut besucht» schließen ließen. Aber dann war man da – im siebten Himmel. Die zwei Klaviere, das Grammophon, die Bar, die kleinen Tische, das rote Licht und – E. E. spielte «Parlez-moi d'amour!»

Eigentlich hatten wir Mut. Denn wir zwei Mädchen nahmen Platz an einem der «lauschigen» Tischchen. Gewöhnlich bestellte E. E. uns zwei Drinks, und als wir lachend darüber saßen, wurden wir auch schon zum Tanze aufgefordert. Dann kam das Tischezusammenrücken, mehr Drinks, mehr ... ach, es war so schön! Jazz! Cocktails, Champagner, Tanzen! Ein guter und netter Tänzer war recht wohl der Höhepunkt des Glücks. Ein Gemisch von heiterer und sentimentaler Sinnlichkeit fand größte Genugtuung in dieser «trivialen» Beschäftigung des umarmten Einherschwenkens. Die frechen und süßen Rhythmen und Harmonien, der Alkohol, die vorgerückte Stunde hatten's mir angetan, und ich konnte nicht genug kriegen. Wir tanzten am Flügel vorbei, wo E. E. spielte. In diesem Moment befand ich mich immer in einem kleinen Zwiespalt, in einer schalkhaften Verlegenheit, wenn E. E.'s Augen uns folgten ... Wenn er müde war, setzte er sich zu uns, und statt seiner spielte das Grammophon. Das war ein großer Moment. Und wenn ich gar mit ihm tanzte! Er tanzte übrigens nicht gut – sprach zu viel und war nicht recht bei der Sache. Aber er war doch der «Boss» und das Zentrum der ganzen Attraktion. Als man zu Kaffee und dann zu Nudelsuppe überging, wurde die Gesellschaft «intellektuell». E. E. pflegte dann Bach zu spielen, und die Unterhaltung mochte «seriös» werden.

Das hielt nicht lange an, denn es war Polizeistunde, und wir traten in die spätfrühe Winternacht, in die «Jockeygasse». Es war schon das Grau des Morgens im Dunkel. Unser Atem dampfte in der Kälte. Unser Sprechen schien laut in der stillen Straße. Ein Schutzmann musterte uns freundlich. Mein Wagen war – trotz der Pferdedecken – natürlich eingefroren, und die letzten Jockeygäste oder ein paar Straßenkehrer schoben mit vereinten Kräften das Gefährt, bis es anzuspringen beliebte. Dann kletterte E. E. schnell auf den anderen Sitz neben mich.

Das war Berlin am Morgen. Da fuhren wir zwei Nächtigen, und es war uns so leicht, so leicht, weil wir nicht geschlafen hatten und weil wir uns liebten. Ja, ja, wir liebten diese Stunde und uns in ihr. Die grauen Mauern, der heitermulmige Geruch des Zwielichts; die Wärme der Nacht sprudelt noch in uns – der Tag würde nie anbrechen. Dies Zwielicht, diese leichte Stunde ist unser, hier verweilen wir! Du und ich, für die es den Tag, den Alltag nicht gibt, wir schweben ohne jegliche Bürden, ohne alle Langeweilen im verantwortungslosen, gewichtslosen, glücklichen Zwielicht und haben uns lieb. So ist es, so bleibt es. Und wenn doch unverhohlen die Sonne durchbricht, wecken ihre Strahlen uns nicht …

Zu jener Zeit waren Sie oft zugegen, lieber U. B., und heute, da ich Ihnen nach fünfzehn Jahren in einer kleinen New Yorker Gesellschaft begegnete, riefen Sie meine Zwielichtliebe und alles, was darum war, wieder wach. Als wir in der Columbus Avenue uns trennten, entschlossen Sie sich, mich zu fragen: «Erinnern Sie sich noch …» «Und ob ich mich erinnere! …» «E. E. spielt in Paris.» «Das freut mich …» – Und ich war schmerzlich und *wunderbar* berührt. Deshalb schrieb ich Ihnen diesen Brief. Vergeben Sie mir!

Fünfzigmal erlebte ich den Rosenmonat

Meine Mutter erwartete mich – das war in München im Jahre 1910 – am Sonntag, dem 6. Juni, Tag und Datum des väterlichen Geburtstags: Geboren wurde ich am Montag, dem 7. Juni, in der Früh um sieben. «Unseren» Monat des jungen reinen Rosensommers hab' ich mir um die Ohren geschlagen schier fünfzigmal, dazu ein paar Weltkriege, eine Emigration ohne Ende … Seit 27 Jahren reise ich.

Ein episodisches Sein, das fahrende Haus hat als Grundstein die gefestigte Kindheit und Jugend. Emigrantentum, das die Herkunft nicht preisgibt, sondern sie als Kern und Basis, ja als Waffe in sich birgt, erfährt statt des Vagabundentums das Weltbürgertum. Sanary-sur-Mer, Florenz, Zürich und Wien, London, New York und Los Angeles, Carmel, Bordighera, Boston und Rom – Länder und Kontinente sind Stockwerke des Münchener Elternhauses.

Nach Absolvierung der «Untersekunda» in der Schloßschule Salem 1925 gab ich mich dem Studium von Kunst und Musik hin in Paris, München und Berlin. Ziemlich zu Beginn des Dritten Reiches emigrierte ich nach Florenz – nunmehr tschechische Staatsbürgerin –, wo ich den ungarischen Kunsthistoriker Jenö Lányi heiratete. Dem Londoner «Blitzkrieg» entkommen, wurde er das Opfer eines deutschen Torpedos, während ich wie ein Wunder dem Tode entkam. Ich habe zwölf Jahre – von 1940 bis 1952 – in den Vereinigten Staaten gelebt.

Nicht als ob ich mich gegen eine Anpassung gewehrt hätte, der sich mancher europäische, besonders deutsch-jüdische Emigrant unterzogen hat! Nicht als ob ich mich außer- oder überhalb des amerikanischen Lebens gestellt hätte, ich geriet vielmehr unwillkürlich und ganz natürlich hinein bis zu einem gewissen Grad. Und eben da machte ich unwillkürlich und ganz natürlich halt. Während ich sechsmal «cross-continent» reiste, während der Broadway und der Sunset Boulevard mein Terrain wurden, während ich die gewaltige, kühne Einsamkeit, jene bodenlose Anonymität Amerikas atmete – ich kannte einen mexikanischen Arbeiter, der während 23 Jahren in Los Angeles keinen Menschen kennengelernt hat (ein ebenso landläufiges wie kapitales Beispiel) –, während ein paar gigantische Negerhände einen «Baby-Steinway» zu meinem Fenster hereinließen (demzufolge «rooming-guests» einen «Boocki-Woocki» von mir forderten), studierte ich Schumanns «Carneval» und «Kreisleriana», las ich 21 Bände Tolstoi und die «Lotte in Weimar», und hatte ich bei Tage in der zyklopischen Lichtwelt eines Cañons geträumt, in den glitzernden Felsen Maines, in den märchenhaften Rhododendrenwäldern Vermonts, träumte ich bei Nacht vom Münchner Herzogspark.

Während ich die gewaltige kühne Einsamkeit, jene bodenlose Anonymität New Yorks atmete, fand ich mich selbst in der persönlichen und, ich möchte sagen, geselligen Kunstgattung des Feuilletons, das ich zu Dutzenden und Hunderten schrieb und das mir schweizerische, später deutsche Zeitungen und Zeitschriften abnahmen. Im Feuilleton liegt etwas Erhaschendes, Eilendes, es liegt darin die Geschicklichkeit des Schreibens auf ein fallendes Blatt.

1952 bin ich nach Italien «heim-emigriert». Mit Zwischenstationen in Zürich und Rom lebe ich seit 1954 auf Capri. Und wenn ich nicht Feuilletons schreibe, träume ich von Haifischen und dem Kaiser Tiberio – oder vom Herzogspark.

Von Meer und Mama

Der große, übergroße Morgen, durchsegelt mit reglosen Schwingen von den Möwen, Möwen … Die Ereignisse, die Sensationen, die Gerüchte – es versiegt im Element der Zeit wie der Regen im Sand. Im Fliehenden, Bestandlosen – monumenthaft die lahme Alte, am Brunnen ihren Eimer füllend: die Krükken lehnen am Brunnenrand. Ein armseliges Gärtchen hoch überm Meer – auf harter grauer Inselerde die Narzisse. Man assoziiert: der Duft einer sehr reichen Dame auf den *Champs-Élysées*.

Die silbrig-grüne Stille eines Vorfrühlingsnachmittags – und der Salut eines großen Schiffes.

*

Der Dialekt der Insel – die einzig wahre Art zu sprechen inmitten dieses Potpourris der Sprachen. Das Volk redet einander mit Titeln an – «Master», «Chef», in der zweiten Person Plural «Voi» –, archaische Sitten, vom Inselgeist erhalten. Ein Buckliger unter einem roten Schirm sitzt auf der Kirchentreppe und malt. Im Frühsommer setzen die jungen Leute die bloßen Füße auf das heiße Pflaster in der rhythmisch-weichen Selbstgewißheit des Panthers. Die Augenwimpern des Postboten sind schwer von mehlfeinem, lila-braunem Staub – der Scirocco hat die halbe Sahara herübergeweht: die Insel ist überzogen von einer Schicht mehlfeinen, lila-braunen Staubes.

*

Eine Auslage: ein Bikini, dazu der passende Busen. Die Wohnungen auf engstem Raum, vollgestopft mit Plüsch und Nips. Die schlafenden Katzen. Bei Anbruch des Tages Männerstimmen: die Straßenkehrer stehen beieinander und reden: *Beieinanderstehen-und-Reden* – ein Ritus ersten Grades. Der Ginster auf allen Hängen wie ein goldner Brand. Der Polizeihubschrauber kreist darüber – kreist, kreist. Wenn der Isolaner seine Insel verläßt und wiederkommt, hat sie einen Bruch erlitten: sie offenbart Verletztheit, Gekränktheit, und es braucht Tage, ehe sie genesen ist, verzeiht.

*

Gegen Mittag. Ich trete bei leichtem Nieselregen und völliger Windstille meinen Felsenrundgang an. Fern von Haus und Unterstand befällt mich ein Wetter, nicht von dieser Welt. Ich kämpfe dagegen an wie gegen einen ganz und gar entsetzlichen Feind: wäre ich nicht halb von Sinnen vor Staunen und Mühen, der nackte Schrecken würde mich töten. Eine aufgeweichte Fratze mit Schellenmütze drängt sich an mich – ein verwaister Spuk Prinz Carnevals.

*

Ich habe sie besucht, die Konzertsäle der Metropolen, habe sie genossen, die Musik, aber in meinem maurischen Caprigewölbe klingt's noch anders – die übersteigerte Authentizität einer BACH-Fuge – ein Jonglieren mit Sternen, ein Klangmosaik aus Erz und Kristall.

*

Besuch aus Sydney, London, Mexiko empfinde ich als ein *drop-in* aus der Nachbarschaft – das Meer verbindet. Der Ausländer ist hier gern als «Inglese» abgestempelt: Eine Art englische Schein-Identität mag sich heranbilden, der man unwillkürlich mit einer sehr hohen Bewertung des Wohnens begegnet und aller persönlichen Dinge – irgendein Schnickschnack wird Reliquie: zum Beispiel ein Buch, das die Mama über mich führte, als sie siebenundzwanzig Jahre alt war – heute wäre sie hunderteins, also hübsch alt ist das Buch. Wie solide die Dinge von einst! Dies Notiz- oder Tagebuch ist in keiner Weise deformiert, die Blätter glatt und unvergilbt, der Goldschnitt leuchtend wie ein Weihnachtsstern, bloß das gerillte Oberleder leicht verwetzt. In uroriginеller gotischer Kritzelschrift (auch mit siebenundneunzig schrieb sie so) dokumentiert sie mein Sein und Werden bis zum vierten Jahr – oft zum Schieflachen und auch entzückend. Ja, die Mama verhimmelte mich von der ersten Stund' an – wenn jemand meinen Hochmut schuf, ist SIE es …

*

Übrigens, dreijährig kann ich nicht nur ganz richtig singen, sondern auch alles Mögliche zart und fein nachpfeifen. Zum Schieflachen ist folgendes: «Moni betrachtet interessiert Tante Ilses Kleid und befühlt mit Kennermiene die Aufschläge: ‹Ist das Seide oder Satin?› Aissi erklärt versiert: daß der Überwurf aus Crêpe sei, während Erika den Einsatz kritisiert: ‹Das ist aber gar kein SEHR feiner Batist!›» (Man hüte sich vor Kindern – und gar vor Dichterkindern!) Ich zitiere: «Golo weint über den bevorstehenden Abschied des Fräuleins, aber Moni tröstet ihn: ‹Sei doch froh, daß nicht die Mama fortgeht.›» Daß Hunde nicht schwimmen können, behaupte ich in einem Streit mit Golo – nicht schwimmen können Hunde, weil sie doch ihre Beine UNTER sich haben.

*

Besagtes Buch hat viele leere Blätter. Was für ein Papier! Gibt es auf der ganzen Welt nicht mehr – wie sehr einladend! Tagebuch schreiben. Tue es längst nicht mehr. Tat es mit acht Jahren. In einem Büchlein mit Schloß und Schlüssel. Eines Tags fand ich das Schloß erbrochen. Das hat mir den Spaß verdorben. – Generell gesprochen – das Tagebuch ist ein unsagbar strittiges Objekt, besonders das Tagebuch berühmter Leute, das bei aller «Selbstkritik» nach der Öffentlichkeit schielt: und doch, vielleicht gerade das Strittige macht seinen Reiz.

Autobiographisches

In München nannte man Leute mit Meinungsexplosionen Sprüchreißer. Ich gestehe, ich habe eine Schwäche für sie, wohl als Antiklimax einer universal verbreiteten Meinungsarmut. Sprüchreißer übrigens können sich zu großen Satirikern auswachsen, Leute, die eine verzweifelte Einsicht auf logischem Weg ins Absurde transponieren, anders gesagt, das Menschendasein durch mathematische Beweise und Schlüsse zu einem zwergfellerschütternden Ereignis machen. Als aufreizend empfindet man jene Sprüchreißer, die den persönlichen Floh im Ohr zur allgültigen Moral erheben wie etwa hier: Man lebt nur ganz, wenn man das Äußerste gibt. Was aber *ist* es, dies Äußerste-Geben? Sich lebendig verbrennen vor Liebesleid und Lust? Tag und Nacht den Fässern den Boden ausschlagen? Oder nach den Weltrekorden zielen, selbst wenn es sich darum handelt, *in no time* ein vollbesetztes Touristenflugzeug in Asche zu verwandeln? Die Frist, das Fristchen – umgedeutet, das Ewig-Nicht-Mehr, das Ewig schlechthin gibt dem Leben den Ton, das Gepräge.

Die verschiedenen Stationen sind aus *einem* Stück, unsinnig, sie gegeneinander auszuspielen, und was die goldene Jugend betrifft, so klingelt sie von Blech. Kessheit und Erhabenheit reichen sich die Hände, Trägheit und hoher Flug, Viertelerkenntnisse erwecken albernen Zynismus, exzentrischer Blödsinn wird an die innere große Glocke gehängt … Was wir später romantisieren und sentimentalisieren, ist die Abdankung der Jugend viel mehr als die Jugend selbst. Gut und tröstlich nur, daß die Kindheit überlebt, ein bißchen Kind uns *nicht* verläßt. Sogar ein Pränatales, wenn auch nur überliefert, ist lebendig. Der fünfunddreißigste Geburtstag meines Papas sah meine Eltern auf einer langen holprigen, nämlich *ergiebigen* Taxifahrt (ein Tip des genialischen Doktors), damit das Hauptgeschenk sich entschließe, geboren zu werden: gerüttelt und geschüttelt kam ich an, im Sternbild des *Zwillings*, zu diesem wie zu jenem bereit. Das hübscheste, friedlichste, sangesfreudigste Kleinkind melden die Annalen, bald ganz maßlos verwöhnt und eigensinnig. Einmal wollte ich in meinen Kissen ersticken, schon schwarz war ich, erklärte die rettende Bauersfrau.

Das Kind war *bereits* schwarz! – Man muß wohl früh an die Grenze geraten sein, um nicht zum Renommierer zu werden. Ich habe mich nie vorgedrängt, gehörte nicht zu den Ellbogen- und Angebermenschen, hab' ich auch meinen Bruder Golo im gemeinsamen Kinderwagen ganz *furchtbar* geschopft. Sangesfreudig war ich übers Maß, kaum ein Jahr alt beherrschte ich ein großes Liederrepertoire, das ich abends im Bett noch und noch von mir gab. Und früh wurde mir *Gehen* zum Grundprinzip. Gehen, Schuhwerk, Ortswechsel durch Gehen, wichtig, wichtig! Gehgeräusche: Fräulein Fiehwegs Schritte waren wie Zähneklappern, Großvater Ofays Schritte wie Silberspäne, die sich entzünden; Papas Schritte waren wie eine Abmachung, ein solides Versprechen, während Mammas bedächtig stampfender Schritt ein Versäumnis andeutete, ein nicht wieder gut zu machendes kleines Versehen, auf der Kellertreppe verhallend oder hinter der mit Goldnägeln beschlagenen Ledertüre verstummend. Ja und da war der Sand und der Schnee und die feuchte Frühlingserde und der gewichste Linoleumboden mit einem eigenen Fußabdruck, der Stempel meines Ichs, wichtig, wichtig! Als ersehnter und unerreichbarer Gipfel des Gehphänomens erschien mir der Spitzengang alla Ballerina, der führte gewiß ins Namenlose, ins Ergriffenwerden einer Gesamtheit und Ergreifen! Wenngleich ich heute das Ballett ausschließlich in Edgar Degas liebe und finde, daß inmitten einem Wirbel von Nylongaze der schönste Bauch zur tückischen Abstraktheit wird – ja, nichts ist so sehr auf Gott angewiesen wie die menschliche Grazie und nichts ist, wenn gedrillt, so synthetisch wie eben sie. Vielleicht war gerade hier das Negativum von *Beruf* am offenbarsten – ich hatte von jeher eine große Scheu vor dem Beruf. Und meine Lehrer scheuten sich, mich zu lehren, nicht, weil sie mich ungelehrig fanden, sondern a-gelehrig. Können hatte zu wachsen und sich zu entfalten wie Blumen und Blätterwerk, es mochte mir da niemand dreinreden. Und so war, was immer ich tat, ein Wildes, Unberechenbares, Aufleuchtendes und Verschwindendes und wieder Keimendes. Meine Berufsscheu empfand ich als Schutz – als Schutz vor dem Irrtum, der Verwechslung, vor dem falschgezogenen Los, dem man sich für immer verschrieb, ja und *eignen* tat man sich schließlich für alles, für die Rolle des Hamlets, des Affenzüchters, der Puffmutter, der Ordensschwester. – Warum denn wohl spielt das sogenannte Hobby eine solche Rolle heute? Wer sich heute nicht zum Hobby bekennt, der lebt nicht und gilt nicht. Ein Präsident ohne Hobby ist kein Präsident. Ich wurde zum professionellen Hobbyisten: verwunderlich nur, daß die *who is whos* mich aufnahmen und daß mein alter Freund A. es sich *nicht* nehmen ließ, an meine Fliegengittertüre ein säuberlich bedrucktes Plastikschild anzubringen: *M. M. Scrittrice* (zu meinem heimlichen Gelächter). Was ich eigentlich und wirklich bin – eine der väterlichen Roman-Widmungen war: *Moni, der Bewunderin.* Papa was right. Bewundern ist's, was ich kann und will. Und nicht lassen kann und will. Schon als ganz junges Ding schrieb ich fan letters noch und noch, die nicht selten in Form eines handgeschriebenen Billetts ihr Echo fanden. Bewunderung ist auch Bestürzung, Getroffen- und Betroffensein, ja das ganz und gar «unerlaubte» Sich-Decken des Bewunderten und Eigenen. Das Bewunderte, in seiner sternenhaften End- und Alleingültigkeit, ist geladen mit Beziehungsvolligkeit und in eine Mitte treffend oder aus einer Mitte kommend, die auch die meine ist. Bewunderung ist etwas Höchstvertracktes und nicht so leicht Abgetanes. Sie ist fromm und unverfroren, inbrünstig und frech.

Wenn Casals das Schumannkonzert spielt, Rubinstein die Chopinmazurkas, Pollini Strawinskys Petruschka, wenn Walter Mozarts Jupitersymphonie dirigiert, warum ich das nicht einfach genieße? Weil geistiges oder seelisches Genießen ein unbewußtes Abrücken und Sublimieren bedingt, das in Bewundern, Wundern und Erschauern übergeht. Allerdings und jedoch, da die seelisch beredteste Kunst, die Musik, sich *auch* körperlich auswirkt und noch dem Mummelgreis das Tanzbein weckt, ist sie *auch* «einfach zu genießen», aber nicht *nur.* So oder so, als ich sieben Jahre alt war oder acht, spielte ich auf einer richtigen Bühne das Rumpelstilzchen. Vom Scheitel bis zum Zeh im roten Trikot, war ich über der Welt – singend und tanzend und erfüllte eine Aufgabe, mit ihr eins und einig. Ja, gut und tröstlich, daß auch in fortgeschrittener Stunde ein bißchen Kind in uns ist, gut und tröstlich, daß mein *Rumpelstilzchen* mich nicht ganz verläßt und, wenn ich es schon nicht bewundern, ihm dankbar sein kann!

TEIL VII

«Eigentlich bin ich immer so kompliziert allein»

Aus dem Briefwechsel

AN KATIA MANN

21, Stanley Gardens
London W. 11.
31. August 1939

Grüß Gott Mama!
Gret – Bibi L und ich saßen grad beim Selbstgekochten, festlich, wenn auch irritiert, als Dein Brief kam! – Jawohl, eine infame kleine Prüfungsarbeit, die man uns da vorlegt – jetzt scheint es ruhiger zu sein! – *Wenn* es so wäre, wie Frau S. sagt: «sein» Ende! – *Nicht* auszudenken ... Eure Briefe an die englischen Herren sind recht prächtig! – Wir hatten ein Telephon mit Mr. H. N. – er bestellte L an's Parlament, – 's *hat* aber nicht geklappt – nun ist er wieder auf dem Land – schrieb ein paar beschwichtigende Zeilen – und würde sich nächste Woche wieder melden! –

Landaufenthalt unsrerseits ist in nächster Zeit geplant – für ein paar Wochen an der Westküste, – wo schon viele hin sind! – (Am besten ist wohl, Mr. N. noch abzuwarten!) – *Welch Miß*geschick mit der E.!! – Die Leber wollte mir im Halse stecken bleiben – es gab nämlich Reis mit Leber! – welcher *Tückebold* konnte sie so entblößen – vor zehn Jahren in Paris am Weihnachtsabend hab ich's ja auch erlebt, wenn auch kleineren Stiles, aber ich selbst war auch kleiner – wie *besonders* jammervoll! Ob sie nun bei Euch ist!? – Und wie mag's *Euch* gehn – was mögt Ihr tun und lassen, und ferner unternehmen –? – Die Urgreise, mag der Engel weiter schützen, der Urgreise Engel ist stark –! – Und wendet alles zum Guten! – Irgendwann doch ...! Die Schweizer Golette mag auch durchhalten! –

Gestern abend waren wir alle mitsammen bei den Tanten, – die sich an grellem Üsewesen gegenseitig übertrafen! – Sie waren so adrett und splendid, wie selten! – Tapfer, überlegen, sogar amüsant! – Käthchen erging sich in Schwänken aus ihrem Leben, Ilschen war keck und konzentriert! – Bib und Gret, springen auf Konsulaten herum und erledigen Express. Lettern in die

Welt, – zielen auch auf's Land, – schon weil Flesch, ihr Wegweiser, abgereist ist! –

Gott mit uns –
bestens auch für Zauberer! –
Mönlé

JENÖ LÁNYI [UND MONIKA MANN] AN FRANZ BAERMANN STEINER

Kistor Hotel
Torquay
28. 10. 39

Lieber Dr. Steiner, es hat uns sehr gefreut, von Ihnen Nachricht bekommen zu haben. Wir sind froh zu wissen, daß Sie Ihren Humor nicht eingebüßt haben: es wäre ja auch zu anstrengend gewesen, so viel Humor in so kurzer, wenn auch schwerer Zeit einzubüßen.

Ich konnte Ihren Brief nicht umgehend beantworten. Ich hatte wieder einmal einen kleinen Besuch in einem Spital unternommen, diesmal war es aber wirklich eine Kleinigkeit, die zu reparieren war.

Wir sind ja nun bald volle zwei Monate in den Ferien, und es ist halt so eine Sache mit Ferien in solch Zeiten: es beginnt uns nun gründlich unheimlich zu werden, diese komplette Scheinfriede in diesem Greisenparadies. Andererseits ist es nicht leicht, zurückzufinden in den Vorkriegszustand, in dem man sich und seinen «Beruf» so humorlos ernst genommen hat. Es wird jedoch kaum anderes übrigbleiben, da man uns am Front nicht gut brauchen kann und irgendwas muß man ja schließlich und endlich mit sich selbst, wie man ist und geworden ist, anstellen. So habe ich nun wieder angefangen zu schreiben, d. h. eher könnte ich vom Dichten reden, denn ich schreibe ganz ohne irgendwelchem Hilfsmaterial ins Blaue hinein, in der Hoffnung, mit dem wissenschaftlichen Belegmaterial irgendwann nachkommen zu können.

Entschuldigen Sie das Apropos: aber apropos Dichten: Ja, das ist nun ziemlich schwierig geworden. Mein Schwiegervater hat uns im wunderschönen Monat September in London besucht. Ich habe ihm erwähnt, was ich am Lager hätte für M.u.W. Er war sehr dafür, die Dinge (freilich von ihm ungelesen, denn dazu kam es leider nicht) an Golo (Mann), der nun die Redaktion übernommen hat, weiterzufürdern. Dann kam der Krieg. Und dann kam von Golo die Nachricht, daß er eventuell nach Amerika zurückkehren wird – und seither kam keine Nachricht mehr von ihm. Ich habe Ihre Gedichte hier bei mir, und nun werde ich sie allen Gefahren trotzend nach Zürich senden, mit den nötigen Kommentaren. Nach meiner bisherigen Erfahrung braucht ein Brief ca. zwei Wochen nach Zürich. Wir werden ja sehen, was und wann was erfolgen wird als Antwort.

Es wurde mir sehr nahegelegt, mich umzuschauen, eventuell gar in Oxford, um irgendeine Beschäftigung. Eine solche hätte ich allerdings nun bitter nötig: was meinen Sie, sind die Chancen besser geworden, sofern welche überhaupt jemals vorhanden gewesen sind?

Schreiben Sie mir bitte, wenn möglich baldigst!

Entschuldigen Sie diesen Brief, ich bin noch etwas rekonvaleszent und reduzierter noch, als ich schon in normalen Zustand für gewöhnlich zu sein pflege.

Mit sehr herzlichen Grüßen, auch seitens von Monika, bin ich sehr freundschaftlich Ihr

Lányi ...

[Nachschrift von Monika Mann:]
Ja ja, es sollen nun alle Hebel in Bewegung gesetzt werden, was Ihre schönen Verse betrifft – sonst haben wir eh nicht viel Nützliches zu tun! – Torquay's Palmen, fallen einem auf die Nerven –

die augenblickliche Kälte steht ihnen schlecht! – Wir erwägen – und es mag sich klären, wenn wir von unseren Weisheitszähnen und Schnupfen wieder hergestellt sind –, woanders hinzugehen; – wo man besser arbeiten kann! – Es wäre hübsch, mit Ihnen in Kontakt zu bleiben! – Freund Canetti, ist ein *Schwein!* – Ihnen alles Gute! –

Monika Lányi

[Nachschrift von Jenö Lányi:]
– Das geht zu weit, Monika
(Und vielleicht weiß es Steiner schon eh)!

AN ARNOLD SCHÖNBERG

65, Stockton Street
Princeton, N.J.
29. Januar 1941

Sehr verehrter Herr Arnold Schönberg,
Ich sandte vor einiger Zeit an Ihre Adresse einen Brief an Ihren Schwager Fritz Kolisch. Ich weiß nicht, ob es Ihnen möglich war, jenen Brief an Kolisch weiterzugeben. Ich erhielt leider keinerlei Antwort. Ich schrieb damals Kolisch wegen PETER STADLEN, der ein Freund und Kollege von ihm ist und der seit Monaten in einem australischen Camp gefangen ist. Ich fragte Kolisch, ob er meinte, daß für den bedeutenden Künstler Peter Stadlen irgendetwas getan werden könnte. Ich schreibe nun heute an Sie mit einer sehr concreten, sehr dringenden Bitte. Ich hatte vor kurzem von Peter Stadlen die Nachricht, daß seine Entlassung bevorstünde. Das heißt, er würde dann nach England zurückgeschickt! Es ist also das Geratenste, alles daranzusetzen, ihm so schnell wie möglich das Non-Quota-Visum für die U. S. A. zu verschaffen. Es ist möglich, daß bei dem Namen, den Peter Stadlen hat, ein «Schein-Job» für ihn aufzutreiben ist,

mit dessen Hilfe er wohl das Non-Quota-Visum bekommen würde. Da aber Peter Stadlen seine Kunst bisher nur in Europa ausübte und man ihn in Amerika wohl wenig kennt, ist es nötig, Empfehlungsbriefe vorzuweisen. Ich bitte Sie nun, sehr verehrter Herr Schönberg, einen solchen wenn möglich unverzüglich auszustellen und ihn mir zu schicken. Ich weiß nicht, ob Sie Peter Stadlen kennen, ob Sie ihn je gehört haben. Ich nehme es an. Er hat vor allem Ihre Werke viel und mit großem Erfolg aufgeführt – früher in Wien und Italien, später in Holland und England. Er ist immer einer der wenigen gewesen, die den Mut und den Verstand haben, mit zeitgenössischer Musik hervorzutreten und sein ganzes Wissen und sein ganzes Herz dareinzulegen. Und, wie gesagt, vor allem Schönberg ist seine ganze Liebe und sein ganzer Glaube. Peter Stadlen ist mit Gewißheit ein bedeutender Pianist und Künstler. Ich schreibe Ihnen das alles, damit Sie, falls Sie (aus Versehen) ihn nicht kennen sollten, ein Bild von ihm bekommen. Er ist kein «Klavier-Löwe», obwohl er sich gelegentlich (aus Witz) solchen Ambitionen hingibt, aber ein ernster, tiefer, mutiger Musiker, ein wirklicher Künstler. Seine «Rettung» ist nicht nur in meinem Interesse, sondern im Interesse des gesamten Musiklebens. Also bitte zögern Sie, sehr verehrter Herr Schönberg, nicht mit dem Empfehlungsbrief, der von großem Nutzen sein könnte! Ich verspreche Ihnen, daß Sie dabei nichts aufs Spiel setzen, als etwas Rechtes getan zu haben. Nehmen Sie im voraus meinen wärmsten Dank. Und verehrungsvolle herzliche Grüße von Ihrer

Monika Längi-Mann

Meine Eltern empfehlen sich auch schönstens!

AN VIVIAN UND CHARLES NEIDER

334 S. Alvarado Street
Los Angeles 5, California
[6. November 1948]

Dearest Vivian and dear(est) Charles!!
I just want to drop you a few lines in order to avoid unnecessary scrupulous thoughts you might form about me. Things go relatively smooth. The parental affair is probably less tragic than it first appeared. It «just didn't work» this time – it somehow never worked «really» – and a sort of «explosion» issued: was bound to issue. *They* are getting along fine, I guess – and I – well, too. I see them occasionally, and things will straighten out by and by.

I sort of intend now seriously to go back to New York ... if it only wouldn't be for that apartment problem. But I guess it *has* to be settled and *will* be settled. (If you *happen* to *see* anything, please do consider it! And tell also your friends: sometimes people are moving out ... maybe your friends – I forgot the names, pardon me! – the writer and the dancer; and the professor of literature ...).

At the moment I have a job to do – the husband of my friend Therese has got an operation (backbone) – and he is home now under *my* supervision: that's to say I cook his lunch a.s.f. When Therese comes home in the evening she thinks I am wonderful. They are both fine people – both writers – and it's good to have them. Of course they have no money – and we sort of live – not like kings, but so what. – I have written a lot of stuff. How are you coming along, Charly? Saw you had gorgeous reviews on your Anthology. «The best ever seen, with very intelligent introduction». *Congratulations! How is Vivian?* How is Mademoiselle? How is my pupil? How is my dressmaker? (The gray dress has been *alterated!*) How is your car? By the way, Doris seems an outrageous monstrous reckless little chicken: she did *not* call me

– and is off to Mexico by now. What an ass! Instead she flirted with my parents, the witch!

And what do you think of the Dr. Faustus? It's about time Charles writes a favourable review about it!! Saw the Saturday Review? It was *very good*. (The New Yorker shameless! So were most of the others: no spirit, nothing. Dad's probably outraged: he even *might* become a Swiss citizen, if you ask *me*.)

I hear nothing from Klaus. He is at Querido in Amsterdam – hope he is doing all right. Dear friends, I have got to go to sleep now. Will you kindly accept my love

both of you
and please remember
yours
silly
Moni

AN ANNA JACOBSON

334 S. Alvarado Street
Los Angeles 5, Calif.
16. November 1948

Liebe Anna Jacobson!
Danke tausendmal für Ihre Zeilen, die voll «pep» und Teilnahme sind. Sie scheinen wieder im alten Fahrwasser zu sein und sich dabei wohl zu fühlen.

Was Ihre Fragen, mich betreffend, angehen – ja, in San Remo geht es alright, it seems. Ich war vorgestern draußen, mit meiner Freundin Therese – es ist ja eine endlose gräßliche Busfahrt – man machte conversation (Therese did), aß guten Kalbsbraten und Sachertorte, saugte das distinguierte Ambiente ein … und adiö! (Der Niko-Pudel folgte mir ständig auf den Fersen) Anschließend waren wir bei Adornos, und dann noch bei Onkel Heinrich – und völlig ausgelaugt kamen die Provinzler (per Taxi

– 4.50) wieder nachhaus. Onkel H. ist nun endlich in seiner neuen Wohnung – meine Mutter hat ihn unter Qualen installiert, denn der Alte ist schwierig – in einem Neubau in der Montana Ave.; es ist ganz schmuck, aber es können einem doch die Tränen kommen, wie allein und aus der Welt der alte Mann da lebt. Ein drugstore – sonst Wüste. Und er ist ein bescheidener, sicherlich großer Mann, der da nicht so hindämmern sollte.

Was meine «Dichtung» betrifft, so hängt sie mir momentan zum Halse raus. Ich habe mich seinerzeit recht hineingekniet – und es hat auch gute Sachen drin, aber es fehlt an allen Ecken und Enden, und es ist in einem «Rohzustand», noch recht unbrauchbar.

Sie wissen, daß es immer schwierig ist, von der Familie ein Urteil zu bekommen – es ist besser, es von Außenstehenden zu erbitten. Also habe ich es einigen Freunden zugesandt. Ja, Bab schrieb mir, er habe jetzt gerade keine Zeit, also will ich warten. – Ich bin übrigens «gemütmäßig» an einem Punkt angekommen, wo mir die «Muße» fehlt, weiterzumachen – vielleicht irre ich mich …, weil ich hier wegdränge. Novembermitte ist vorüber – eben sende ich Weihnachtspackerl an den Reisiger ab – und ich hasse diese Paradoxie, die in der bläulichen, penetranten Heißluft um diese Jahreszeit liegt. Selbst die Blumen könnt' ich verwünschen. Übrigens gibt es hier keine – sondern nur Lärm und provinzlerische Häßlichkeit. Dies will nicht sagen, daß ich nicht all dies der «Pracht» in San Remo vorgezogen hätte: ich war hier unter Freunden, und war «ich selbst» – which is something. Deshalb konnte ich auch was schreiben, wenn es auch, unter den Umständen, nicht recht gut geworden ist. (Übrigens habe ich hier zehn Pfund zugenommen, was beinah ein bißchen deftig ist; dabei sehe ich im Gesicht recht abscheulich aus; hatte wieder Sinussachen … Und mit der Schweiz – wer weiß, wann ich da hinkomm'. Erst wäre wohl New York auf der Zukunftsliste. Und wieder schiebt sich wie eine schwarze Mauer die

Wohnungsfrage vor meine ramponierte Seele. To face it, to solve it, to stand through it, to … schwierig. Theoretisch *bin* ich aufbruchsbereit, ich *muß* hier weg, und doch *fürchte* ich mich, ins Leere aufzubrechen.

Much love Ihre Monika

AN ANNA JACOBSON

[Urban Hotel Garni, Stadelhoferstr. 41, Zürich]
23. Mai 1949

Liebe Anna Jacobson!
Das kam alles sehr geschwind – und wie der Wind war ich auf und davon – auf der «Sobieski» heading Genua! Bibi mit mir. 12 Tage auf dem Wasser – dann eine Nacht in Genua, das pittoresker uns erschien als die U. S. A. …

Nun, nach einigen Strapazen, seit Freitag nacht in Zürich. Die ersten schwindelerregenden, teils freudigen, teils beschwerlichen Eindrücke … Aber gestern abend die traurige Botschaft. Die Eltern und Eri sind in Stockholm. Vater wollte erst alles absagen, nun hält er doch den Vortrag, aber alles Gesellige muß gestrichen werden. Bibi ist sofort nach Cannes gefahren, wo er die nötigen amtlichen Dinge für den armen Klaus erledigen will.

Sonst kann ich heute kaum was sagen. Eine Überraschung ist es kaum, daß es so gekommen ist, aber der Schlag ist deshalb genau so groß. Einzelheiten weiß ich nicht – es ist möglich, daß er schon so reduziert war, allgemein, daß einfach etwas zu viele Schlaftabletten ihn töteten. Es ist sehr, sehr traurig – mit 42 Jahren! … Hier scheint eben ein bißchen Sonne, nach viel kaltem Regen.

Ihnen alles Gute! (Sprechen Sie Bruno Eisner?)

Ihre Monika M.

AN VIVIAN NEIDER

[Urban Hotel Garni, Stadelhoferstr. 41, Zürich]
27. August 1949

Dear Vivian! This is to let you know that I have not forgotten you and Charles. Did I ever tell you how much joy you gave me with your letter about Klaus – I thank you – again perhaps. How are you both – how did you get over the *heat*?? Is M still nasty? Did you have nice trips with your car. I would like to hear from you that all is swell!

«Moni in Europe» – Comedy Spirituelle in one act. From time to time I go to see an American picture to bathe myself in that sweet home sickness – mixed with pride, thinking toward my neighbours: «What do you know about New York ...!»

I keep reading Joseph Conrad in order not to forget my English – but it easily sneaks out of your ear and out of your memory, and you find yourself at home in that rather graceless idiom spoken over here – I have been in Switzerland all the time – and I am longing for new places. Zürich has been as hot and boring as can be. I went a couple of weeks to the mountains where it was quite refreshing – except for want of company. I have met my old friend from London – a touching experience, to say the least. The whole business of «come back» is rather terrifying, and too complex to be discussed.

I made friends, new ones which is nice. I hope it's going to last. My family is in L. A. again, after having turned everything upside down with that Weimar talk a.s.f. Poor dad, une figure trop parlée.

I have written half a dozen articles at least – and one was printed, which is depressing, isn't it?! If I am lucky I will be more lucky in the future. That «Weltwoche»-Redakteur is going to U. S. A. in September. His name is François Bondy – a nice enough chap – maybe you and Charles want to meet him.

Dear friends, that's about all for the moment. There is a Circus under my window!!! – I kiss you, hug you and send you my respectful tenderness all over.

Yours Moni

AN CHARLES NEIDER

I West 89th Str.
NEW YORK 24, N.Y.
TEL.: TR4–0635
28. August 195[0]

Dear Charles!
Did you get my letter last week? I came to New York to meet my parents which I did. They were oldish and saddish. The visit over, I sit in New York and suffer. My Pennsylvania-stay seems to have come to an end. But I have no reason to stay in this city, I intend to be in the country for the month of September, *I don't know where to go. Do you know advice?* Could you take me out with your car? – I pay you willingly the gasoline and all expenses of usage. Only it would be a terrific help to go with you, as alone in a train I feel as excited, lost and helpless as a sheep between wolves … enough for a breakdown … And above all I don't know *where* to go. I write you this in a letter because at the telephone I can't manage, and I am altogether too confused and «uprooted» to talk.

You know the fact that the Mexican-thing didn't work out created some confusion in my whole being: it is the question whether and when my imagination will find a substitute for something I had made up my mind to do. It seems to be a hole there which I have to mend … Charles, will you kindly let me know at once what you can do for me, I would be happy.

Maybe you'll go with Vivian some place anyway, and I could go with you and stay there some weeks.

One more thing: A. Skulsky whom you met, when he picked up the money, could he eventually join us? He is a rather fond person, and I would possibly invite him to go out if I find some place where I can do housekeeping.

Charles, I wait for your friendly answer.

It is important, really urgent.

With love for you and Vivian.
Yours Moni

AN HERMANN KESTEN

Interlaken, Mass.
25. Sept. 1951

Mein lieber Kesten!

Ja, ich bin allein – wenn ich nicht zu Gast bin in der «interessanten Schule», die von Herrn Maeder geleitet und in der Tat schick und interessant ist. Manchmal war ich sonstwo eingeladen. Die Gegend ist eine aristokratische, im Herbst zwar recht vereinsamt. Interlaken ist das hübscheste Dorf in Amerika. Meine Wirte, quer über den Garten, haben weiße Haare und knien immer auf der Erde. Das Unkraut ... Mein Haus und meine Weide erfreuen mein Herz. Aber Sie wollen ja nicht kommen. Ich mache für meine Verhältnisse eine ganze Menge Schreibarbeit – Essays, Geschichten –, wie es sich einstellt.

(Ein kleiner Nachruf auf Schnabel; eine kleine Novelle, die in Neuengland spielt; ein Aufsatz über das «Nationale Gefühl», mit einem poetischen Nachsatz ...) Womöglich bin ich am 30. in New York. Wollen Sie am 30. das Hotel St. Regis anrufen – den Eltern hallo sagen?

Nun leben Sie wohl!

Stets Ihre Moni

P. S. Im Sommer sind hier die berühmten Tanglewood-Musik-Festspiele, sagt Ihnen das was?

AN HERMANN UND TONI KESTEN Hillsdale, N.Y.
30. Mai 1952

Meine Lieben!
Bekam Vorladung auf den 9. Juni für Citizenship! Was sagst De nu?

Und wie geht es Ihnen – wie war das Schiffchenfahren und wie ist alles andere, im Franzosenland? Wohnen Sie in einem Bröckelschloß, in dunklen Sälen mit Samt und Spinneweben? Riechen Sie mit wonnigem Grauen Vergangenheit? Oder übertönt die Schreibmaschine alle Gefühle?

Hier ist eitler Maienfrieden.

Aber weekend völlig grausig – the mob!!

Nun werden wir sehen. Womöglich werde ich den *Winter in Rom* verbringen, wenn *Sie* dort sind: *werden* Sie dort sein?!

Sagen Sie mir ein Wort darüber – und auch über anderes – bitte!

Tout à fait
Moni

P. S. Ich erschien gestern im Aufbau. – Schrieb noch eine Pièce. Bin bei einer neuen. – Vergessen Sie nicht Claassen-Verlag!

AN HERMANN KESTEN Hillsdale, N.Y.
23. August 1952

Lieber Kesten!
Daß Sie das noch in St. Gilgen erreicht – schönsten Dank für Ihren Brief!

Ich war in New York, und habe «applied» für Paß. Womöglich fahre ich am 12. September (Conte Biancamano) gen Genua.

Tout le reste je ne sais pas. J'espère de vous voir.

Grüßen Sie Ihr bohèmisches Haus am See!

Ach, soll ich neidisch sein?

Hier weiterhin – abstrus. Dabei schreibe ich. Kleines.

Bin nicht zum Briefeschreiben aufgelegt – ich habe das Gefühl, man belauert mich.

Meine Bücher u.s.w. gingen gestern zu Maeders, in die Stockbridge School, Interlaken, Mass. in ‹Storage›. So bin ich doch etlichen Ballast los.

Hier weht es schon ein wenig herbstlich. Dabei ist es mulmig. Manchmal, wenn ich alleine am Morgen zwischen den Bäumen spaziere, ist es schön.

Eine ganz arme Mozartoper (Titus) hörte ich in Tanglewood, aber mit Dallapiccola. Nun, er ist mein ‹Maestro› und ich liebe ihn.

Aber Liebe ist Arbeit.

(Und Arbeit ist Spiel) Kuß

MONI

Mailing address: c/o Dr. Maurice Grozin, 3619 BOWNE STREET, FLUSHING, N.Y.

[separates Blatt:]
Kesten … bis 12. September:

c/o Maurice Grozin, M. D. 3619 Bowne Street. Flushing, N.Y.

Von 12.–27. September:

Conte Biancamano – Leading Genua (Cabine, probably, maybe First)

Europäische Post-Adresse zuverlässig:
c/o Georges Schlocker, Badenerstraße 123, Zürich, Switzerland.
Sie kontaktieren mich, ja!

Und viel Glück!
Und halten Sie mir den Daumen! Und stützen Sie mich in meinem Fluge!
Und Aufwiedersehen!
Arrivederci! Adio!

Moni

AN HERMANN KESTEN

‹Conte Biancamano›
Cabine Class
Cabina 183
8. September 1952

Lieber Kesten!
Vor allem bitte ich um Entschuldigung, daß ich Sie beschnitten habe («Kest») – aber das kommt davon … Ich ersehe aus Ihrem letzten (frdl.) Schreiben, daß «Ihr Rome» plötzlich ganz unsicher ist – was wiederum meine Position erschüttert, da ich Ihrem vorletzten (frdl.) Schreiben nach ziemlich fest auf Sie gerechnet habe.

Nun – ich kann nichts ändern. Meine italienische Adresse lasse ich Sie dann wissen. Ich zähle überhaupt auf keinen mehr.

LOVING MONI

AN HERMANN KESTEN Bordighera [1952]

Cher Kesten!!!
Ich habe sowie Ihnen wie M. Kienast «tentatively» meine Ankunft geschrieben. Es war also keineswegs sicher. *Wenn* ich komme, telegraphiere ich – schrieb ich M. Kienast. Bitte sagen Sie das noch einmal jedem, der mich dennoch erwartete. Denn ich möchte nicht so dastehen, als hätte ich jemanden sitzen lassen!

Ja, ich bin hier geblieben – da ich mich fürchtete vor Reisen und Unwettern. Und ich denke mir, es geht dann nach Rom – möglichst direkt, das ist das beste. Vielleicht vorher ein bißchen Florenz – bei meiner Schwester Elisabeth.

Weihnachten verlief glimpflich. Heute ist Silvester. Mögen wir wohlgemut ins Neue Jahr rutschen!

Baisers avec!
(whipped cream) Moni

AN HERMANN [UND TONI] KESTEN
Rom, 10. Mai 1953

Meine Kestens!
Ich schrieb Dir ja schon – aber nun will ich wissen, wie es in Paris ist – anregend, hübsch?

Ich war ein wenig aufgewühlt vom Elternbesuch, – jetzt setzt es sich. Heute war ich sonntaglich im Museo Barraco – archaische Kunst, sehr schön und feierlich. Die Pferde habe ich auch springen, ja fliegen sehen mit rotbefrackten Männlein aller Nationen – und es gab so viele Menschen wie in der Hollywood Bowl. Die Kirchen und Museen sind jetzt wärmer, – daß man unbeschadet hineingehen kann. Die Picassoausstellung ist monströs – ein garstiger Nonsense! Ich weiß jetzt viele nette Restaurants, auch für Euch! Nächstens gehe ich zur Hochzeit des Negerdichters – wie pittoresque! Ein kostbarer Pianist spielt mir manchmal vor – ein Chopinfürst feinster Art. Und mein Maler liebt mich so sehr, so sehr. Doch ich muß Reißaus nehmen. Gestern war ich bei Lowbiers – es gab *wieder nur* Risotto mit Leber. Jennessons (und andere) schwärmen von Kesten! Wo ist Regler – werde ich ihn *endlich kennen*lernen?

Schreib, «was sich tut»! Bitte, speziell und allgemein! Ich schicke Dir noch andere Photos – aber jetzt hast Du ja keine feste Adresse?! – Ich lerne fleißig italienisch – und studiere die Literatura italiana moderna.

Un baiser – et bien à vous deux!

Monika

AN HERMANN KESTEN P. B. 23.VI.53

H. K.!
Also, Dank für «Irisches»! Und nun? Ich bin noch in Ponte Brolla – bis Monatsende – vielleicht auch 3. Juli – weil günstig, und mitten in der Arbeit. Dann Erlenbach – bis Ende Juli: Dann – Nähe von Salzburg?! Weiß noch nichts Genaues. Und Ihr?! *Bis wann seid Ihr in Zürich?* Wenn wir uns dort nicht treffen – wann, wo?! Tessin im Sommer zu heiß. Deutsche Schweiz zu teuer. Am besten Tirol. (Ich will nicht nach Forte – heiß und häßlich.) Falls Ihr nicht nach Ponte Brolla zu «Konferenzen» kommt und Anfang Juli schon Zürich verlassen habt, bitte brieflich ein Rendez-vous irgendwelcher Art! Vielleicht teilt Ihr Euch die Sommermonate auf in Italien *und* Tirol – so daß jeder etwas von Euch hat?!?

Kontaktiere mich! Kisses Moni

AN RICHARD K. RAUPACH [Villnös, 30. März 1954]

Ich schreibe Ihnen aus einem Tiefpunkt oder einer Wirrnis heraus, und, offengestanden, bewundere ich meinen Mut, daß ich es wage. (Wahrscheinlich verlangt meine Gehemmtheit einen Extrem-Punkt, um überhaupt mich «an den Mann» zu bringen.) Nach mehr oder weniger vergnügten, belanglosen, bunten Briefen, die ich Ihnen seit einem 3/4 Jahr schicke, will ich Sie etwas fragen. Oder Ihnen auch etwas erzählen. (Hier oben in den einsamen Bergen klingen meine Worte klein: vielleicht, bei Ihnen zwischen dem Gewirr der Leute, mögen sie bedeutsamer klingen und Ihr Ohr und Herz erreichen – woran ich ja sowieso nicht zweifle.) Über die Länder, Meere und Kontinente habe ich Freunde, Verwandte und Bekannte. Ich habe so viele Orte und Städte, die ich kenne und an die ich irgendwie gebunden bin. Und hier jetzt, am Morgen, wenn ich erwache, frage ich mich – mit einem Druck auf der Brust –, wohin soll ich gehen? Ich bin eingeladen auf Landhäusern und Burgen (von russischen Malern, italienischen Dichtern, amerikanischen Wissenschaftlern) – dies und jenes «Abenteuer» oder «Ernsteres» winkt auf allen Seiten – und mir graut. Was ich Ihnen vorgestern schrieb – «mich erfaßt eine unermeßliche Lust zum Leben» (oder so ähnlich), darunter meinte ich «Sein, in der Nähe eines Menschen, dem ich traue.» Ich traue Ihnen. Ist es Romantik, Vermessenheit, Kinderei? Nach einem «Interview» und Briefen einen Menschen kennen und ihm trauen zu wollen? Aber hier haben wir eben jenes «Wissen» (das Gnade ist), nicht wahr? Und Sie wissen wohl auch, was ich will, was ich bin und worauf ich hier hinaus will. Ich sage das folgende: Kann ich in Ihrer Nähe sein? Kann ich versuchen, ruhig zu sein, einmal, in Ihrer Nähe?

Wollen Sie mich sehen in München?

Kann ich hoffen, daß Sie es wollen?

Ich frage nicht aus Bescheidenheit, aus Kleinmut, als «armes

Kindlein» – Kräfte und Gaben habe ich schon, um für dies «Anliegen» aufzukommen – ich frage nur, weil ich Ihr Ja-Wort brauche, denn ich rücke Ihnen nicht einfach auf die Pelle. «In Ihre Nähe»: das soll Sie nicht erschrecken. Sie erschrecken ja auch gar nicht. Ich gestehe ja nur, daß Sie, dem ich vollkommen traue, jenes Grauen verscheuchen und Ruhe geben könnten, ohne die ich wohl nicht sein will. Dazu brauchen Sie aber nichts zu *tun*, und ich auch nicht. Die Nähe aber kann nicht fehlen. Glauben Sie nicht, daß ich ein gefallener Engel bin oder ein schwermütiges Wrack. Die Kobolde des Lebens wohnen in mir – die großen und kleinen, heiligen und unheiligen, die unverhofft herausströmen und mich und andere ergötzen. Aber heute – und nicht nur heute! – sagt es vollkommen ernst und sachlich in mir drin – dieser Richard, dieser Gottesmann, dieser «Unglückliche», dieser Unvermählte, dieser ungewöhnliche *Mensch*, ich will einmal in seine Nähe. Es ist gut. Es ist sicher gut. Und darum: notwendig.

Traue ich *mir selbst* genug, kann ich mir selber glauben, daß dies «Anliegen» ernst und dauerhaft ist? Werde ich morgen, übermorgen von etwas anderem befallen? Bin ich unstet, flatterhaft, sind meine Initiativen dem Zufall ausgesetzt, bin ich Stimmungen, Impressionen preisgegeben? *Ja, all das*. Und trotzdem bin ich irgendwie ein Fels. Im Grund, einfach, ruhig und bestimmt. Bei aller Buntheit und bei allem Aberwitz meines Daseins, ein herzliches gewöhnliches *Menschenkind*, das die Nähe des Vertrauensmenschen wirklich will. Was habe ich geerbt, angenommen, was ist Maske, Spiel, was ist eigentlich und gezüchtet, was ist Tünche und wahr – –? Man ist ein Cocktail von Elementen, im Laufe der Zeit vermischt sich und gärt alles ineinander, ist zusammengekocht – und doch gibt es die *nackte Tatsache* «Monika», ein paar Töne, volle, herzliche, oder nicht?

Verzeihen Sie den langen Brief! Verzeihen Sie die vielen Briefe! Sie werden denken, das Luder hat Zeit! Während Sie keine haben, und das Antworten Ihnen zur Last wird. Es ist aber nicht Frage der Zeit. Oder vielmehr: alles ist so sehr Frage der Zeit, kommt aus der Zeit, ist von ihr bestimmt, daß es sich erübrigt, sie als Argument einzubeziehen. Man «*hat*» nicht Zeit: Sie ist die Göttin eines jeden, die uns *beherrscht*. Sie befahl mir diesen Brief – sie trieb mich mit metallenen Schlägen – also nicht so frei schreib' ich Ihnen, sondern weil ich mußte. Und so wird sie Ihnen – *falls Sie müssen!* – schon auch Peitschenhiebe versetzen.

Sehr herzlich
Ihre Monika

Halten Sie mich? Lassen Sie mich doch bitte nicht abenteuern?

Ich mute Ihnen nichts zu, ich mache Fragezeichen, keine Ausrufezeichen, letztere wären Aufforderung, erstere bedeuten ein indirektes rundes Erörtern. Soll Richard mir Ruhe geben, und wird mein Dank ihm Freude geben??

? ? ?

Monika, arbeite. Gebe Dich nicht müßigen frevelhaften Egozentrizitäten hin – sagt eine Stimme. Eine andere sagt – alles wäre feige Flucht vor letzten heiligen Entscheidungen.

Und ich sage noch – ich will nichts von Ihnen, ich will etwas, das mit Ihnen im Zusammenhang steht.

AN RICHARD K. RAUPACH

Capri
Ende Januar 1955

Lieber Richard!
Dank.

Alles geht, wie es will.

Die «Goldene» ist am 11. Februar (elften). Scheint nicht, daß ich hinreise. Ist ja auch der «80.» bald – zu viele Feste.

Ich «manövriere». Nichts besonderes zu sagen.

Sie sind liebenswürdig.

Heute Frühling hier.

Love Moni

Statt eines Epilogs:

«Auf mein Capri ist der Herbst eingebrochen»

Raffaele La Capria begegnet Monika Mann

Eine Begegnung mit Monika Mann, die wieder alleine ist. Nach dreißig Jahren ist sie dabei, die Insel zu verlassen. Die Tochter des Schriftstellers erzählt ihre Geschichte mit dem Maurer Antonio.

Hier, vor dem Haus von Monika Mann angekommen, ein Plätzchen, das Gewusel auf Capri, das unaufhörliche Kommen und Gehen der Touristen, all das scheint so entfernt, so vergangen. Es bleibt der einmalige Blick auf die Faraglioni-Klippen, das Geschrei der Möwen und das unendliche Meer. In gewissem Sinne ist es ein unerträglicher Blick, sage ich zu Monika Mann, um das Eis zu brechen. Wie konnte sie es hier dreißig Jahre aushalten?

Sie ist nicht gut aufgelegt, antwortet nicht. Ich glaube, sie ist nicht glücklich über solche Besuche. Zu viele Zeitungsnotizen, zu viele Fotografien, zu viel Lärm. Nun ist es für sie ein schwieriger Zeitpunkt, es ist alles so schnell geschehen. Antonio, der Mann, mit dem sie so viele Jahre lebte, ist tot. Er sei in der Nacht wach geworden, sagte, er habe Schmerzen in der Brust, atmete tief dreimal durch und dann starb er. Es gab nicht einmal Zeit, um einen Arzt zu rufen. Für sie ist es jetzt unmöglich, hier alleine zu leben. Sie wird Capri bald verlassen, in einigen Tagen.

Deshalb möchte sie jetzt ein wenig Ruhe um sich haben. «Mißfällt Ihnen etwas, was die Zeitungen geschrieben haben?» Sie wirkt zerstreut, als würde sie an etwas anderes denken. «Was ist schon eine Zeitung? Sie dauert einen Tag und dann ist es vorbei.» Ich bin sehr durcheinander, sagt sie, um sich zu entschuldigen. Ich frage sie noch dies und das, um das Gespräch am Laufen zu halten. «Ich weiß nicht, wie meine Zukunft wird, alles ist *Utopie*.» Sie will mir damit sagen, daß alles ungewiß ist; ihr Italienisch ist eigen, sie spricht es gänzlich auf ihre Art. Und währenddessen ringt sie mit einer ängstlichen Bewegung unaufhörlich die Hände.

Sie ist dünn, klein, grazil, das Gesicht erinnert sehr an den Vater. Hätte sie ein Bärtchen und Strohhut, wäre sie ihm gleich ... In einem Brief schrieb der Vater: «Monika ist ein seelisch gebrechliches Geschöpf [...], und diese arme Kleine hat solch schreckliche Sachen ertragen müssen.» Er spielte damit auf den Untergang des Schiffes an, das die frisch verheiratete Monika mit ihrem Mann 1940 nach Amerika bringen sollte. Das Schiff wurde von den Deutschen versenkt, der Ehemann starb, sie rettete sich. Und weiter schreibt Mann (in einem Brief an Feuchtwanger): «Monika kommt zu uns mit gelähmten Händen, weil sie sich 20 Stunden lang damit an den Rand eines Bootes ohne Boden geklammert hat.» Diese gleichen Hände ringen jetzt ängstlich vor mir. Sie mußten so lange festhalten und nun wissen sie nicht, was tun.

Der Raum, in welchem wir sprechen, ist einfach eingerichtet, mit einer franziskanischen Armut, würde ich sagen, die berührt. Alles ist auf seinem Platz, geordnet, sauber, aber es ist nur das Notwendigste. Eine Liege mit einer Matratze und Wolldecke, ein Spiegel auf den Boden gestellt, Schreibtisch, ein Tisch, ein Stuhl, ein Sessel.

Sie sagt, sie sei sehr müde an diesem Morgen, vielleicht die Hitze. Heute ist eine schreckliche Hitze. Ich habe eine Idee: ich frage sie nach ihrem Buch, dem einzigen, das sie schrieb. Ich werde es durchblättern und später im Gespräch, wenn sie will, darauf zurückkommen.

«Ja, ich verbrachte meine Kindheit in einem Haus voller Bewegung und ihr Schwingen und Klingen ist laut in meiner Erinnerung [...]. Brüder, Schwestern, Personal, Tiere, [...] die Welt da draußen schien sich in unserem Haus widerzuspiegeln, nicht bloß, weil dort eine Menge Besucher verkehrten, sondern auch wegen des Charakters meines Vaters. Obwohl er konzentriert auf sich selbst lebte, war sein Geist der Welt zugekehrt. [Jedoch, ich merkte bald], daß in jedem Künstler etwas wie ein ‹Nicht-Leben› existiert [...], ich gehöre einer Familie an, die, seitdem ich mich erinnern kann, von solchem ‹Nicht-Leben› geführt wurde. Es war wie ein Gespenst, das unser Haus regelmäßig aufsuchte ...»

Dies schrieb Monika im Buch, das ich gerade durchblättere. Ich stehe da, mit dem Buch in der Hand, vor dem Haus, wo es im Schatten des Baums eine schöne Aussicht gibt. Das Buch trägt die Widmung «Für Toni». Auf der ersten Seite habe ich gelesen: «Mein Vater ist am zwölften August 1955 gestorben. Ich habe an der Stelle des Buches, wo mich beim Schreiben die Trauernachricht traf, ein Kreuz gemacht.» Und in der Tat, auf der Seite 111 fand ich das Kreuz. Dieser Vater ist immer präsent, Seite für Seite ist von ihm die Rede, es mag eine fixe Idee gewesen sein; aber man versteht, daß sie sich wenig sahen und miteinander sprachen, es mußte eine große Distanz zwischen ihm und seinen Kindern geherrscht haben.

Trotz des Möwengeschreis hört man jetzt den Gesang der Vögel in den Bäumen. Ein Überschallflugzeug taucht in den azurblauen Himmel hinein und hinterläßt einen langen weißen Streifen. Ich lese bereits eine Stunde. Mache kurze Notizen. Höre hinter meinem Rücken ihre Stimme mit dem merkwürdigen Italienisch:

«Sie sind *kreativ* tätig?» (Das ich als «Arbeiten Sie? Störe ich?» übersetze.)

Sie setzt sich neben mich, hat eine Seidenbluse und gelbe Hosen an. Die weißen Haare sind sorgfältig gekämmt.

«Wissen Sie, daß Sie mich an Musil erinnern?»

– Wirklich?

«Ja, doch, Sie ähneln ihm sehr», sie lächelt ein wenig. «Ein sehr ähnlicher Kopf.»

Sie kam in eine andere Stimmung, kurz zuvor war sie knapp, nervös. Jetzt ist sie es, die das Gespräch führt.

«Musil besuchte mich öfters in London, doch ich war frisch verheiratet.» Sie schmunzelt.

– Machte er Ihnen den Hof?

«Ja. Wir haben uns in Zürich kennengelernt.»

– Wie war Musil?

«Klein … Er war sehr unzufrieden, weil ihm sein Ansehen in der Welt nicht genügte. Wie hätte es aber können? Er schrieb zu wenig, um so geschätzt zu werden, wie er es wünschte.»

– Aber «Der Mann ohne Eigenschaften» ist ein wichtiges Buch. Es hat ihm schließlich zu jenem Ansehen verholfen. Er hat wenig geschrieben, weil das, was er wollte, quasi unmöglich war.

«Sie haben ‹Der Mann ohne Eigenschaften› gelesen?»

– Ja, sicher.

«Ich nicht.» Sie lacht und verbirgt ihren Mund mit der Hand. «Ich habe nicht viel von ihm gelesen. Eigentlich nichts. Aber es war ihm egal.»

– War er wirklich in Sie verliebt?

«Irgendwo hat er es auch geschrieben, ich weiß nicht wo. Monika, Monika …»

– Und Sie, warum haben Sie ihn nicht gelesen? Hat es Ihnen nicht gefallen? Oder fanden Sie es zu intellektuell?

«Zu intellektuell.» Und lacht, als hätte man sie ertappt.

– In Ihrem Buch sprechen Sie von einem Nicht-Leben des Künstlers, und es scheint, als würden Sie sich davor fürchten. Ist es eine Anspielung auf Ihren Vater?

Sie antwortet nicht. Manchmal sieht es so aus, als hörte sie nicht zu.

– Wenn man Ihr Buch liest, sieht man, daß Sie Ihren Vater einerseits bewunderten, daß aber die Distanz, die er zwischen sich und die anderen legte, auch für Sie schwer zu ertragen war.

Vielleicht ist sie wieder zerstreut, oder sie hat nicht zugehört. Sie betrachtet das Meer. Aber dann sagt sie in einem Atemzug: «Ich denke, der Intellektuelle ist irgendwie dazwischen ... Er hat keinen direkten Bezug zu all dem», und deutet auf das Meer hinaus.

– Weshalb ziehen Sie einfache Menschen vor?

«Ja, sie sind näher an allem.»

– War Toni so?

«Ja, er war so, aber er wußte es nicht. Auch die Musiker sind so. Sie sind nahe an allem.»

– Mögen Sie Musik?

«Oh ja, sehr.» Vor allem gefalle ihr Mozart. Einmal nach dem Tode des Vaters, während sie Mozart hörte, hatte sie den schrecklichen Eindruck seiner Nichtexistenz. «Der Musik zuhören ist eine ganz besondere Empfindung, es geschieht manchmal, daß es dich wie ein Blitzschlag trifft und zu Boden schleudert.» Damals, als sie Mozart hörte, hat sie die Tatsache, daß der Vater diese Musik nicht mehr hören konnte, mit einem unerträglichen Bewußtsein seiner Nichtexistenz erfüllt. Es war ein überaus starkes Gefühl, das nur einen Augenblick währte. «Ich versuchte, es zu unterdrücken, es war wie ein Elektroschlag, ein Schmerz, der mich durchraste, um sogleich im Dunkeln, wie ein Dämon, zu verschwinden. Ich wurde fast ohnmächtig.»

Sie steht auf. «Ich mache jetzt meinen Spaziergang. Gehen Sie mit?» Und damit fängt unser Spaziergang an. Von Monikas Haus

aus folgen wir dem Gässchen, das von Pizzolungo kommt (es führt zu dem Arco Naturale), da gibt es einen kühlen, schattigen Weg unter Bäumen. Auf der einen Seite der Felsen, auf der anderen Seite der Abgrund und zwischen den Ästen der Bäume und den Myrtensträuchern der Blick auf das strahlende blaue Meer. Nach kaum fünfzig Metern tauchen einige Treppenstufen auf und dort endet Monikas Spazierweg. Umkehren und nach Hause. Dort wieder umkehren und wieder bis zu den Stufen. Und so weiter und das ein paar Mal, bis das Pensum von ungefähr einem Kilometer erreicht ist. Diesen Spaziergang macht Monika zwei- bis dreimal am Tag, um in der Form zu bleiben. Mit kleinen Schritten, wie jemand in einem gewissen Alter. Zuerst machte sie ihn zusammen mit Antonio, der herzkrank war und sich bewegen sollte. Antonio, sagt sie mir, war nicht ein Fischer, wie es die Zeitungen schreiben, sondern ein Maurerpolier. «Zusammen mit seinem Vater baute er unser Haus. Er war sehr geschickt mit den Händen, er machte viele Sachen. Er machte die azurblaue Grotte, ganz mit blauem Licht bestrahlt, wunderschön, und da drinnen Schiffchen, die sich bewegten, und dazu Musik, wie aus einer Spieluhr. Er machte auch Segelschiffe mit Segelwerk und allem. Flaschenschiffe, die er an Touristen verkaufte.»

– Waren Sie immer nur zu zweit in diesem Haus?

«Manchmal bekamen wir Besuch. Er hatte hier zwei Freunde.»

– Aber lebten sie nicht *zu* eng zusammen?

«Nein, er lebte im Erdgeschoß und ich oben darüber. Jeder führte sein eigenes Leben.»

– Aber damals …

«Die *Anwesenheit* des andern genügte. Wir waren sehr vereint, auch wenn er bisweilen behauptete, ich wäre wie die Frucht der Kakteen, die außen voller Dornen ist, innen aber süß schmeckt. Er baute die azurblaue Grotte, ich hörte Mozart, weshalb hätten wir reden sollen?»

– Der Winter soll auf dieser Seite der Insel schrecklich sein, wenn die Winde peitschen und es stürmt.

«Den Winter mag ich sehr gerne, den Winter an unserem Öfchen ziehe ich dem Sommer vor. Manchmal gibt es da unten fürchterlich große Wellen, und wenn dann das Meer stark bewegt ist, kommt der Salzgeschmack bis hier herauf; man spürt ihn im Mund, weil es der Wind ist, der ihn zusammen mit dem Schaum herweht.»

– Machten Sie auch im Winter Ihren Spaziergang? Sind Sie nie ins Café auf der Piazza gegangen?

«Ab und an, meistens blieben wir aber hier. Wir waren immer hier. Ein Freund von Antonio machte für uns die Einkäufe.»

– Kommen Ihnen nicht diese knappen … fünfzig Meter der Welt zu wenig vor?

«Es ist wunderbar. Man spaziert wie auf dem Deck eines Schiffes. Das Schiff fährt, während du spazierst. Das Schiff ist die Phantasie. Und dann kommen Leute vorbei, hin und wieder Touristen, und wenn es Deutsche sind, höre ich mit Vergnügen ihre Dialekte. Kommt jemand aus München, dann fang' ich an zu reden. Es kommt zu Begegnungen … Dann gibt es die Möwen, sehen Sie diese da unten? Ich kenne sie alle einzeln. Und die Vögel … Es gibt eine Mäusefamilie in den Bäumen …»

– Sind es nicht zufällig Eichhörnchen?

«Es gibt keine Eichhörnchen auf Capri. Es sind Mäuse. Vater, Mutter und drei Kleine. Sie essen Pinienkerne. Mit den Zähnen brechen sie die Pinienzapfen auf und dann essen sie die Kerne. Nachts haben Antonio und ich sie gehört. In der Stille konnten wir ihr Knack-Knack bis zum Morgengrauen hören. Und morgens fand man die Pinienreste. Sie haben eine Menge davon vertilgt.»

– Die Welt ist vielfältig, ich weiß das. Doch unter diesem gleichgültigen Himmel könnte ich es dreißig Jahre in einer solchen Einsamkeit nicht aushalten.

«Könnte uns der Himmel Sympathie zeigen, was wäre mit uns? Ist es nicht gerade seine Indifferenz, die unsere Gefühle in Bewegung bringt?»

– Als Sie nach Capri kamen und Antonio kennenlernten, wie lange lag der Tod Ihres Mannes zurück?

«Fünfzehn Jahre. Ich war aus Amerika zurückgekommen. Ich wußte nicht, wohin ich gehen sollte.»

Wir kehrten um, immer mehr im Gespräch. Jetzt gehen wir nach Hause. Das von Antonio gebaute, hohe Haus liegt auf den Faraglioni-Klippen, das einzige mit diesem Blick. Seine Architektur ist ursprünglich, bäuerlich, capresisch, mit Bögen, Säulen, kleinen Terrassen, einigen Spitzfenstern und das Mauerwerk weiß gekalkt. Ein mediterranes Haus. Kaum eingetreten, bin ich abermals von der extremen Armut der Einrichtung berührt, auch wenn alles eine Würde ausdrückt. Es muß beabsichtigt gewesen sein, denn Monika, ausgestattet mit Autorenrechten des Vaters, dürfte keine finanziellen Probleme haben. Während sich Monika zurückzieht, um die Schuhe zu wechseln (das macht sie immer nach dem Spaziergang), betrachte ich eine der azurblauen Grotten Antonios. Es ist eine Schachtel, in welcher eine Art kleiner Theaterbühne aufgestellt ist; doch ohne Beleuchtung und ohne Musik, ohne daß sich etwas bewegte, ist es wie ein Glühwürmchen unter einem Glas, es inspiriert kaum. Besser ist das Segelschiff mit dem Segelwerk und eine gerahmte plastische Ansicht von Capri. An der Wand bemerke ich das Aquarell einer menschlichen Figur, «A pageant», eine Art Schauspieler. Monika tritt wieder ein: «Das hat Kokoschka gemacht», sagt sie, als handle es sich um ein Werk Antonios. «Er hat auch den Küchenschrank bemalt.»

– Kam Kokoschka öfters her?

«Er kam uns oft besuchen, wenn er auf Capri war. Ihm gefiel dieses Haus, und er mochte Antonio. Er hat auch die Terrasse ausgemalt. Hier ist es schön, sagte er. Doch er wußte auch, daß man sich an Schönheit gewöhnen muß, daß es nicht darauf ankommt, sie zu bezwingen, daß sie sich nicht beherrschen läßt.»

Während sie mit mir spricht, wird sie wütend, aber gegen sich selbst. «Es fehlen mir so viele Wörter, das macht mich rasend, bin seit dreißig Jahren da und habe noch immer nicht sprechen gelernt …»

Mein Interview könnte auch hier enden. Als ich Monika verlasse, fordert sie mich auf, sie in Zürich, wo sie in das alte Haus der Manns zieht, zu besuchen.

Auf der Straße, während ich zur Piazza zurückkehre, frage ich mich: war diese Frau hier glücklich? Diese Insel, Antonio, sind sie das Stück Holz, an welchem sie sich hielt bei der Strandung des Lebens? Und jetzt, wenn ihre Hände das loslassen müssen, was wird aus ihr? Später, im Hotel, lese ich abermals das Stück, das ich ad hoc aus ihrem Buch übersetze: «Auf meiner Insel ist es Herbst. Man merkt es kaum. Denn die Sonne scheint heiß – nur ein wenig golden hat sich ihr Weiß gefärbt – die Kaktusfeigen sind in voller Pracht – tauglänzende Trauben laden zum Essen ein – nur ein wenig stiller ist die Luft geworden, obgleich die Winde lauter wehen: in sich gekehrt zieht der Morgen auf, gleichsam ohne Gruß an den Menschen. Die Menschen zeigen sich nur noch selten, und bald sieht man hier niemanden mehr, und wir werden allein auf dem Felsen stehen und auf das weite Meer hinausschauen.»

Nachwort der Herausgeberin:

Monika Mann – schutzsuchende Weltbürgerin

«Die Moni ist schalkhaft, nichts weiter»

Wie alle Kinder der Manns steht auch Monika im Mittelpunkt eines Interesses, das vom Zentrum, von Thomas Mann ausgeht. Seine Worte legen den Grundstein, geben den Ton an und bestimmen die Ordnung. Er bevorzugt oder verwirft, seine Kinder gehen als eigenständige, von ihm geschaffene Figuren in die Literaturgeschichte ein. So kann sich der jüngste Sohn Michael weder vom Image des «Beißers» aus «Unordnung und frühes Leid» befreien, noch gelingt es Monika Mann, das «arme Mönle» abzustreifen. Bis in die heutige Rezeptionsgeschichte hinein wird sie entweder übersehen oder unter diesem Vorzeichen wahrgenommen. Ihre jüngere Schwester Elisabeth äußerte sich in einem ähnlichen Sinne und entwarf das Bild eines wenig expressiven Kindes: «Monika – die hat halt nicht so viel hergegeben.» Introvertiert und schweigsam, manchmal aus Protest, häufig jedoch aus einer Unsicherheit heraus, steht Monika im Schatten ihrer Geschwister und wird zu einer Art Sonderling. Gleichwohl möchte sie dazugehören und dem Vater gefallen. Spätestens nach Einblick in Passagen seiner Tagebücher, die sie betrafen und mit denen sie Peter de Mendelssohn konfrontierte, gibt sie diese Hoffnung auf und wird sein Verhältnis zu ihr realistisch einschätzen: «Mein Vater hatte mich nicht weiter ungern, aber auch nicht weiter gern.» Mit dieser etwas merkwürdigen Formulierung greift Monika Mann die Indifferenz auf, die der Vater für sie empfunden haben mag. Endgültig durchschneidet sie dennoch nicht das Band.

Seine Gleichgültigkeit diesem Kind gegenüber äußerte sich schon früh. Überliefert ist eine wenig schmeichelhafte Charakterisierung: «Die Moni ist schalkhaft, nichts weiter.» Um dieses «nichts weiter» zu ergründen, hätte es mehr bedurft als einer oberflächlichen Betrachtung. Denn das Schalkhafte kann durchaus liebenswert sein und Charme besitzen. Vergleicht man über die Jahrzehnte hinweg die an sie gerichteten Worte, ändert sich die Struktur von Thomas Manns Äußerungen nur minimal. Noch am Ende seines Lebens meint er, sie in einem so nonchalanten wie vertrauten Ton abwerten zu müssen, und niemals wird sie von ihm gehört haben: ‹Das hast Du gut gemacht›: «Der Geburtstag ist doch zu etwas gut, nämlich, Dich wieder flott und flügge zu machen. Ohne ihn würdest Du wohl immer und ewig in Capri sitzen bleiben, – übrigens ein Aufenthalt, so gut wie ein anderer. Herzlich Z.» Letztlich bleibt es in der Schwebe, wie er zu dieser Tochter stand. Anhand seiner Briefe und Tagebücher können Tendenzen nachvollzogen werden – mehr nicht. Ein differenziertes Bild verlangt nach Ergänzungen. Der Eindruck, jemand tritt am Rande der sonst gut beleuchteten Mann-Familie nur diffus oder einseitig negativ in Erscheinung, führte zur intensiven Suche nach Dokumenten, die Monika Manns eigene Handschrift tragen. Ein Gang in die Archive widerlegte die verbreitete Meinung, wohl kaum etwas sei zu finden und der Aufwand lohne sich nicht. Allein die Anzahl ihrer Feuilletons verblüffte wie auch die Zeitspanne von mehr als dreißig Jahren, in der ihre «Pièces» regelmäßig erschienen sind. Keineswegs war es ihr gleichgültig, ob die Manuskripte angenommen, wo und wann sie publiziert wurden. Bei den einschlägigen Zeitungen kümmerte sie sich selbst darum und pflegte die Kontakte. Darüber hinaus nahm sie die Dienste von Elfriede

Mechnig in Anspruch. Bei der langjährigen Mitarbeiterin und Sekretärin Erich Kästners, die für sie als Literaturagentin tätig war, beklagte sich Monika Mann jedoch des Öfteren über die fehlende Resonanz: «Sie haben viel Material von mir – und *nichts* ergibt sich daraus. Sie können sich denken, daß mich das nicht befriedigt.» Experimentelle Prosa war nicht gefragt, von der Tochter Thomas Manns erwartete man etwas anderes. Gut vermarkten ließen sich Erzählungen des Stils «So feierten wir zu Hause» und, immer wieder, Porträts ihres Vaters. Seine Tagebücher lagen noch unter Verschluss, und Monika Mann war bekannt für ein offenes Wort. Capri brachte jedoch Abstand und neue Eindrücke. Sie löste sich allmählich von den Bildern der Vergangenheit, und ihre Vater-Gedenken werden am Ende immer knapper und kürzer. Auch wenn sie später klagen wird, sie sei nur noch «Jubelhexe», lehnte sie doch so manchen Auftrag ab: «Über Papa kann ich momentan nichts schreiben. *Vielleicht* später einmal.»

Das Spektrum ihrer Themen ist breit gefächert. Oft sind es Szenen des Alltags oder spontane Eingebungen, die keiner aufwendigen Recherche bedurften. Manche ihrer Texte sind originell und sprachlich überzeugend, andere hingegen verlieren sich in exzentrischen Konstruktionen. Eine zusammenfassende Beurteilung fällt schwer. Im Überschwang geschrieben, hält so manches bei erneutem Lesen ihrem eigenen kritischen Blick nicht stand. So äußert sie einmal gegenüber Karl Lemke, dem sie eine Novelle angekündigt hatte: «Diese ist nun ungültig. Nur die Idee gilt. Die Ausführung ist Suppe. Ich mache eben ein Gericht daraus.» Sie beobachtet und schreibt aus einer Stimmung heraus, mit kurzem Atem und schneller Hand. Persönliche Erlebnisse, sie betreffende Ereignisse streift sie eher nebenbei, und man darf keine Analyse ihrer traumatischen Erfahrung erwarten. Nur selten gewinnt man Einblick in jene für sie schrecklichen Stunden und darauffolgenden Jahre. Einige ihrer

Briefe an Charles Neider oder Hermann Kesten lassen erahnen, in welch existenzieller Not sie sich in den Jahren ihrer Emigration in Amerika befand. Man kann es als Glücksfall betrachten, dass sie von den Empfängern aufbewahrt wurden. Ihre Briefe an den Vater, die Mutter und den Bruder Klaus, so steht zu vermuten, wurden hingegen entweder achtlos weggeworfen oder später mit Absicht vernichtet – auch dies ein Zeichen der Auslöschung eines Familienmitgliedes, dessen man sich, aus welchen Gründen auch immer, entledigen wollte. Nach der Veröffentlichung des Briefbandes von Klaus Mann, um nur ein Beispiel zu nennen, fragt sie bei dem Herausgeber Gregor-Dellin an: «Damals übergab ich dem Fräulein Naef einen Stoß Klaus-Briefe. Warum haben Sie denn nichts davon ausgewählt?» Auch wenn im nachlässigen Umgang mit ihren Schreiben die Handschrift der Nachlasshüterin Erika Mann durchzuschimmern scheint, bleiben viele Fragen offen, denn von den erwähnten Briefen fehlt bisher fast jede Spur. Die geringschätzige Behandlung der verbliebenen Reste ihres Nachlasses überrascht umso mehr, als auch die Thomas-Mann-Forschung davon profitieren könnte. Man kann sich jedoch des Eindrucks nicht erwehren, dass Biographen und Literaturwissenschaftler dem Urteil des Vaters folgen und sein beiläufig über ihr Wesen verhängtes «nichts weiter» kritiklos übernehmen. Obwohl sie gerne und oft aus Monika Manns Erinnerungsband «Vergangenes und Gegenwärtiges» zitieren, unterliegen sie der redundant beschworenen Nichtigkeit dieser Tochter und ihrer Lebensdaten. Falsche Angaben werden wiederholt, bestenfalls trägt man Tagebucheintragungen von Thomas Mann zusammen und zitiert aus bereits veröffentlichten Briefen.

Erika Manns Meinung war in der Familie ausschlaggebend, ihr schlossen sich der Vater, die Mutter im Wesentlichen an. Nach dem Tod von Klaus und Thomas Mann bemühte sie sich um die Wieder- oder Erstveröffentlichungen ihrer Werke und gab eine erste Briefausgabe des Vaters heraus. Als Nachlasshüterin ihrer Angehörigen übernahm sie die Zusammenstellung von Familiendokumenten, traf selbst die Auswahl und schreckte auch vor Zensur nicht zurück. Mit anderen Worten: Klischees sind langlebig und ohne große Mühe zu kopieren. Man greift auf Äußerungen zurück, ohne zu berücksichtigen, dass diese im Kontext einer höchst komplizierten Familiendynamik entstanden sind und dementsprechend gelesen werden müssen. Erst allmählich ändert sich mit neuen Biographien und Briefausgaben das Bild von Thomas Mann und den Seinen. Der Begleitband zur Ausstellung «Die Kinder der Manns» liefert verlässliche Daten und ist bemüht, das Bild von Monika Mann plastischer und weniger einseitig als bisher darzustellen. Auch in den von Heinrich Breloer dokumentierten Interviews «Unterwegs zur Familie Mann» kann man zwischen den Zeilen einige wertvolle Hinweise finden. Zu nennen wäre hier insbesondere das Gespräch mit Charles Neider, der Monika Mann in mehrfacher Hinsicht unterstützte und der ihre literarischen Ambitionen ernst nahm. Der vorliegende Textband setzt weitere Puzzleteile in die bislang nur unvollständig erkennbare Biographie der Schriftstellerin Monika Mann ein – mit einer Auswahl ihrer literarischen Arbeiten und erstmals veröffentlichten Briefen an Freunde und Mitglieder der Familie. Die Korrespondenz mit den Eltern und Geschwistern ist nur sparsam vertreten, da kaum noch vorhanden.

Trotz aller Intensität der gegenwärtigen Spurensuche bleibt jedoch festzuhalten, dass weder ihre biographischen Daten noch das Ausmaß ihrer literarischen Produktion lückenlos recherchiert werden konnten. Zu betrachten ist dies sicherlich auch als ein Zeichen der Emigration, der Übersiedlung per leichtem Gepäck, des unfreiwilligen Weltbürgertums und der Heimatlosigkeit bis zum Ende ihres Lebens. Eine erste schwere Zäsur zogen die Torpedos der Deutschen. Diese ließen Monika Manns Emigrationsversuch mit dem britischen Passagierdampfer «City of Benares» von England nach Kanada im September 1940 in eine private Tragödie münden. Nicht nur ihr Mann ertrank vor ihren Augen, auch die gesamte Habe ging bei dem Untergang des Schiffes verloren. Danach wechselten die Orte und Kontinente, die möblierten Zimmer glichen sich, «das fahrende Haus» wurde von ihr alleine bewohnt und bot nur Platz für das Notwendigste. Vor ihrer endgültigen Rückkehr nach Europa ließ sie ihre Bücher in Pennsylvania zurück, und wieder einmal kommt sie mit leichtem Gepäck in Genua an. Auch später wird sie wenig Wert auf eigene Besitztümer legen. Eine Ausnahme bildete der Wunsch nach einem guten Grammophon. Möglicherweise führte dieses Leben aus dem Koffer zu der im letzten Interview registrierten asketischen Kargheit ihres Ambientes auf Capri, dem Wissen um die Vergänglichkeit der Dinge und die Flüchtigkeit des Seins.

Mit zunehmender Anerkennung, die Monika Mann von Verlegern, Freunden und Redakteuren erhielt, wuchs auch ihr Selbstwertgefühl. Sie sammelte ihre Feuilletons, bat mit handschriftlichen Notizen um Aufbewahrung im Thomas-Mann-Archiv in Zürich und versuchte, sie als Sammelband zu veröffentlichen. Wenngleich dies nur ein vager Wunschtraum blieb, denn bei aller Bestätigung mangelte es an wohlmeinender Kritik und Förderung ihres schriftstellerischen Talents. Viele Türen standen ihr zwar offen, nicht zuletzt aufgrund ihrer Zugehörigkeit zur Mann-Dynastie. Stets musste sie jedoch gegen die Missbilligung ihrer Familie anschreiben. Ohne Ausnahme – der ihr noch am ehesten wohlgesinnte Bruder Klaus war nicht mehr am Leben – wurde ihre publizistische Tätigkeit heftig kritisiert, abwertend kommentiert und mokant belächelt. Selbst Katia Mann, die manchmal versuchte, ihr den recht bescheidenen Erfolg zu gönnen, kehrte sehr schnell zu ihrer ablehnenden Haltung zurück. Monika Mann schrieb trotzdem – in deutscher, englischer und italienischer Sprache. Sie besaß Kontakte zu vielen Künstlern und stand spätestens seit ihrer Übersiedlung nach Capri auf eigenen Beinen. Es wäre jedoch eine Illusion, wollte man die Aura des Namens «Mann» leugnen. Er begründete das Interesse an ihren Feuilletons, ihrer Person und ihren Schilderungen der Familie. Ihre Visitenkarten verdeutlichen, wie stolz sie auf diesen Namen war und wie viel Wert sie auf deren wechselnde Gestaltung legte. «Monika Mann, Villa Monacone», Klang und Schrift stimmen in schöner Weise überein. Niemals hätte sie Antonio Spadaro geheiratet – auch wenn Monika Mann immer wieder betonte, dass sie «einfache Menschen» bevorzuge und Antonio, den sie «Tonio» nannte, für sie ein «Aristokrat des Volkes» sei. Die Standesunterschiede waren ihr wohl dennoch bewusst, sie hätte qua symbolischer Handlung ihren Status verloren.

Die Hinwendung zu Monika Mann zeitigte also doch die Auseinandersetzung mit ihrer berühmten Herkunft, ließ diese sogar unumgänglich werden: die Beschäftigung mit den Schriften der Manns, ihren Tagebüchern, den Arbeits- und Lebensweisen, Versuche, sich in die Familiensituation hineinzuversetzen. Weshalb schreibt ein Vater über seine Tochter «Drang auf ihre Entfernung»? Meinte er dies wirklich so? (Monika Manns Kommentar dazu an Peter de Mendelssohn, als er sie mit diesem Tagebucheintrag konfrontierte: «Liquidierung. *Noch* schöner! Mir völlig *WURSCHT.*») Und was störte Thomas Mann derart, und zwar durchgängig über Jahre hinweg, an ihrem Wesen, ihrer Person, im Grunde von Kindheit an, auch schon bevor sie traumatisiert war und des Trostes bedurfte? Man sucht vergeblich, hofft für sie – nach guten Worten, einem Mitgefühl, Mitleiden, das er für einige seiner Kinder aufbrachte. War es ihre weibliche Art, ihr «elfischer Überschwang», ihre Lockenpracht, die sie im Kontext mit ihrem Vater immer wieder erwähnt und die sie nicht in einen androgynen Bubikopf umwandelte wie die übrigen Mann-Frauen? Ihre Stimme wird genannt, sie sei hoch und schrill gewesen. Das Interview von Gabriel Laub aus dem Jahre 1979 steht dagegen. Man erkennt Katia Manns schnelles, rhythmisches Sprechen, Golo Manns «nicht wahr». Manchmal erinnert ihre Stimme an Erika Manns Duktus, der weiche, bayerische Klang ist unverkennbar, aber hoch und schrill? Die Stimme gibt vieles preis. Ihr Klang wird von der Zustimmung oder Ablehnung des Gegenübers beeinflusst. Die Befindlichkeit äußert sich in ihr – der Hals wird eng, man bekommt keine Luft, die Stimme verliert an Volumen. Jeder kennt das an sich und anderen. Monika Mann schnürte es vermutlich oft die Kehle zu.

Sie war verträumt und introvertiert – erkennt Thomas Mann sich in manchem wieder? Unsicher, gehemmt, zeigte sie ihre Angst, weint, spricht über ihren Kummer – legte sie vieles offen, was er zu verbergen suchte, es überdeckte mit weltmännischem Gehabe? Der «Erwählte», alles gut gespieltes Theater? Er braucht die immer männlicher wirkende resolute Katia, ihre Stimme ist im Alter so tief, dass sie sich als Golo Mann ausgeben kann. Er braucht die unterhaltsame, tüchtige Erika, sein «kühnes herrliches Kind». Aber Monika? Sie verlangt, beobachtet, wartet ab, ist missmutig und klagt an. Auf der anderen Seite: Er sorgt für sie wie für alle seine Kinder, finanziert ihre langen Studien, ihre Reisen und Überfahrten nach Europa. Ebenso: Sie bewundert ihren Vater und kennt, entgegen vieler Annahmen, sehr gut seine Werke. Über die Jahre hinweg schreibt Monika Mann mehr als zwanzig verschiedene «Vater-Gedenken». Mitunter entbehren diese nicht einer gewissen Ironie – und trotzdem kann sie sich seinem Einfluss nicht entziehen. Sie lebt in seiner musischen Welt und Sprache, bis hin zur Übernahme von Formulierungen und Wortwahl. Einer ihrer Lehrer, so schreibt sie in ihrem Erinnerungsband, «überschritt die Grenze des Statthaften». Bereits im Roman «Buddenbrooks» ist zu beobachten, dass Gerda Buddenbrook «die Grenzen des Sittsamen überschritt». Erst spät, kurz vor seinem Tod, findet Monika Mann zu einer unabhängigen Lebensform. Auch dies ein Zufall oder Zeichen der Zeit? Emigration, Krieg, Rückkehr nach Europa, ein Umherirren zwischen den Kontinenten, das zehn Jahre nach Kriegsende vor einem Abschluss stand?

Gehen als Grundprinzip – frühe Emigration

Monika Mann galt als vielseitig begabt, und lange Zeit konnte sie sich nicht für eine bestimmte Kunstrichtung entscheiden. In rascher Folge wechseln Orte, Institutionen und Lehrer, vieles scheint verlockend, nichts das Richtige zu sein. In einem Rückblick wird sie «Gehen» zu ihrem Grundprinzip erklären und damit die langen Wanderjahre rechtfertigen. Man muss jedoch zwischen freiwilligen und unfreiwilligen Ortswechseln unterscheiden. Erstere dienten zur Erkundung des Terrains und der eigenen Fähigkeiten, letztere waren der Emigration geschuldet. Die Entscheidung für ein Klavierstudium führte Monika Mann im europäischen Exil zunächst nach Florenz – der Stadt ihres ersten längeren Aufenthaltes, in der sie eine dauerhafte Bindung einging. Als Vorbild mag zu Beginn ihrer Jugendjahre der ältere Bruder Klaus gedient haben. Auch er führte ein Nomadenleben, galt als talentiert und hatte schon bald die ersten Erfolge vorzuweisen. Wie ihre älteren Geschwister verlässt Monika Mann ebenfalls sehr früh das Elternhaus. Als gravierenderen Einschnitt erlebt sie jedoch bereits zuvor die Geburt ihrer Schwester Elisabeth: «Alles Wesentliche ist mir achtjährig widerfahren, Schwimmen und Klavierspielen, Märchenlesen und Lauschen in den Dämmer vor dem Dunkel. Das Geräusch meiner Holzsandalen erfüllte mich mit dem Stolz und der Macht der Gemeinen. Ich hielt statt der Puppe den Menschen im Arm, Schwesterchen.» Diese Geburt nennt Monika Mann «Gefoppte Niederkunft. Ein wahres Begebnis». Der Text ist bemüht, diese Zäsur als einen positiven Schritt zu interpretieren. Und doch äußern sich darin, wohl ohne ihre Absicht, negative Gefühle, die dieses Ereignis hervorrief. «Gefoppt» ist gleich betrogen, und ähnlich könnte es ihr ergangen sein.

Plötzlich genießt sie nicht mehr das Privileg, das jüngste von vier Kindern zu sein, sondern ist mit ihrem Bruder Golo unter dem Synonym der beiden «Mittleren» vereint. Man könnte vermuten, dass sich hier die Wege trennen und aus dem schalkhaften Kind das «wunderliche Mönle» wird. Denn nicht nur die Neuordnung des Geschwisterverbandes geriet ihr zum Nachteil. Auch Thomas Manns offen zur Schau getragene Liebe zu diesem neugeborenen Kind galt es zu verschmerzen. Die zahlreichen und längeren Kuraufenthalte von Katia Mann hatten zuvor schon eine Lücke geschlagen, die durch Dienstboten und Kinderfräuleins nicht zu füllen war. Von den Kriegsjahren und dicht aufeinanderfolgenden Geburten der jüngsten Kinder Elisabeth und Michael erschöpft, konnte die Mutter damals bei aller Mühe nur partiell den Anforderungen gerecht werden. Dazu kam ein Ehemann, der sie in höchstem Maße in Anspruch nahm und als Vater nur eingeschränkt zur Verfügung stand. Im Kampf um seine Gunst hatte Monika neben Erika, Klaus und vor allem der kleinen Elisabeth jedoch keine Chance. Ihnen konnte Thomas Mann – ungeachtet aller ambivalenten Gefühle gegenüber seinem ältesten Sohn – Liebe und Zuneigung zeigen. Trotzdem suchte Monika Mann auf ihre Art wie jedes der Kinder, seine Aufmerksamkeit zu erheischen, und wählte, ihr sicherlich nicht bewusst, den falschen Weg. Das liebreizende, sangesfreudige und in sein Puppenspiel versunkene Kind entwickelte sich zum schmollenden Teenager, launisch und unberechenbar. Diese Phase entsprach ihrem Alter und könnte als vorläufige gelten. Sie findet jedoch wenig Verständnis, auf Dauer festigen sich die Strukturen, statt sich zu lösen. Wenig liebenswert, geht ihr die Familie aus dem Weg. Bald wird sie zum «trüben Problem Moni», und Thomas Mann registriert «ihre nach menschlichem Ermessen aussichtslose Musik».

Nach Misserfolgen in der Schule wechselt sie wie Golo Mann in das Internat nach Salem. Danach folgen die Stationen Lausanne, Paris, Frankfurt, Berlin. Dazwischen liegen oft längere Aufenthalte im Elternhaus und immer wieder von Thomas Mann notierte Irritationen über «verfehlt poetische» oder anspruchsvolle Briefe, die sie an die Mutter adressiert. Dieses Schema wird Monika Mann beibehalten und noch von Capri aus jährlich Katia Mann in Kilchberg besuchen, sich Trost erhoffen und durch Kritik verunsichern lassen. Das von Freud erkannte «Fort»-«Da»-Spiel eines kleinen Kindes mit seiner Holzspule erinnert daran. Nur wird sie nie die Gewissheit erlangen, dass ihre Eltern für sie da sind. Bedingt durch diese Struktur wird sie lebenslang das «Kind Moni» bleiben, aufmüpfig und sonderbar, poetisch und liebenswert. Das geheime Motto der Familie, nach außen hin zu glänzen und auch in höchster Not das Gesicht zu wahren, wird Monika Mann sublim unterlaufen – nicht nur schweigend und stumm, auch weinend und vorwurfsvoll. So nimmt es nicht wunder, dass Katia Mann sich oft keinen Rat weiß und überfordert ist von *diesem* Kind, das Empathie verlangte und schwer einzuordnen war. Positiv könnte man vermerken, dass sie keine Suizidversuche unternahm und nicht drogenabhängig war, später selbständig lebte und einen eigenen Haushalt führte. Aber Katia Mann, an sich schon sehr kritikfreudig und schwer zufriedenzustellen, sucht nach den Fehlstellen: Haus und Mann sind nicht repräsentativ, die Briefe in der Mehrzahl unzulänglich, statt Rosen sendet sie ein Gedicht und dergleichen mehr. Diesen Klagen vergleichbar ist es auch Monika niemals recht zu machen, ignoriert auch sie die Bemühungen ihrer Mutter und missachtet ihre Geschenke, wie Klaus Mann einmal bemerkt.

Nur wenn Monika Mann mit Freunden ist, fernab der Familie in anderen Städten und Ländern, kann sie sich befreien und die ihr gemäße Form und Sicherheit finden: «Moni angekommen, von Florenz, niedlich aussehend», notiert der überraschte Thomas Mann über die positive Wandlung der Tochter in seinem Tagebuch. Auch wenn das Spiel bald wieder von neuem beginnt und sie zu Hause in alte Mechanismen verfällt, hat sie, wie Katia Mann verwundert, aber auch erleichtert bemerkt, viele Freunde und Verehrer. In London wird Monika Mann dann nach anfänglichem Zögern den ungarischen Kunsthistoriker Jenö Lányi heiraten. Sie lernte ihn in Florenz kennen, stellte ihn der Familie vor und verlobte sich offiziell mit ihm. London war nach Kriegsausbruch jedoch kein sicherer Ort und sollte nur als Sprungbrett dienen, um über Kanada nach Amerika einzureisen. Wie ihr Leben ohne den Krieg und den Tod ihres Mannes verlaufen wäre, darüber lässt sich nur spekulieren. Hätte sie Kinder geboren, eine Familie gegründet, ein zufriedenes Leben jenseits der Mann-Familie geführt? Sich vom Sog des Vaters befreit? Es war ihr nicht vergönnt. Nach der Torpedierung ihres als Rettung nach Amerika gedachten Schiffes ertrinkt Jenö Lányi. Monika Mann ist trotz dieser schrecklichen und nicht nachvollziehbaren Erfahrung froh, noch am Leben zu sein. Ihr starker Überlebenswille versetzt die Familie in Erstaunen. Wie sie es in «Vergangenes und Gegenwärtiges» schildert, klammert sie sich über Stunden hinweg im offenen Ozean an ein Stück treibendes Holz. Ein englisches Kriegsschiff bringt sie und andere Überlebende nach Schottland. Der zweite Emigrationsversuch wenig später glückt. Monika Mann kommt alleine in New York an und lebt vorerst in Princeton bei Katia und Thomas Mann. Eine Situation, die für alle Beteiligten schwierig bis untragbar war. Die Familie rückte notgedrungen zusammen, im amerikanischen Exil war man mehr denn je aufeinander angewiesen. Um den Lebensalltag und sein tägliches Arbeitspensum zu bewältigen, war die Unterstützung der ‹Seinen› für Thomas Mann unverzichtbar. In unterschiedlicher Ausprägung bieten sie ihm Sicherheit, Anregung und Korrektur, bis hin zur Übersetzertätigkeit bei seinen zahlreichen Lectures. Umgekehrt waren alle Mitglieder nicht nur materiell von ihm und der Mutter abhängig. Monika Mann hätte jedoch einer besonderen Fürsorge bedurft. Alle wussten darum und sahen mit großer Sorge und ebensolchem Unbehagen das «Problem Moni» auf sich zukommen. Insgesamt hoffte man jedoch, vor allem Thomas Mann, möglichst rasch wieder zur Tagesordnung übergehen zu können. Monika Manns anfängliche Freude, überlebt zu haben, weicht indes mehr und mehr den Folgen des Traumas. Stimmen und Bilder bedrängen sie, Ängste und Depressionen wechseln sich ab. In dieser Lage kann ihr niemand so recht helfen. Verständlicherweise ist sie keine angenehme Hausgenossin.

Der ihr zustehende Raum wird enger. War Monika Mann zuvor schon nicht gerne gesehen, wird sie jetzt zur Unberührbaren, zum *homo sacer.* In einem Interview mit Horst Königstein und Heinrich Breloer spricht sie von Äußerungen Thomas Manns über «die heilige Moni», in deren Gegenwart man keine anzüglichen Bemerkungen fallen lassen sollte. Damit bleibt sie zwar im Kreis der Anwesenden, zugleich steht sie außerhalb. Die Definition des Homo sacer als einer rätselhaften Kippfigur könnte eine Erklärung bieten: «Das Leben, das nicht geopfert werden kann und dennoch getötet werden darf, ist das heilige Leben.» Auf die damalige Situation übertragen heißt das: Jeder und jede darf über sie abwertend sprechen, ohne dafür getadelt zu werden. Das trifft insbesondere auf Erika Mann zu. Die ältere Schwester lässt sich keine Gelegenheit entgehen, Monika zu diffamieren. Briefe an Thomas und Katia Mann belegen dies in drastischer Art und Weise. Um nur eines der geläufigsten Beispiele zu nennen: «P. S. Moni beinah so lange nis desehn wie Bodensee. Sie will NICHTS tun, übt bei Ach-Ohm's Francoise und bleibt wohl am besten *ungeschoren*, bis sie Zicken macht, pekuniär oder sonst. Urmimchens Putzvasen, – soviel ist richtig, – *können* nicht nutzloser gewesen sein als diese, meine Schwester. / Erneut: / E. / (Morgen 2 lectures, dann täglich nur eine, diese fesche Woche lang! Und immer in Bummelzügen, – coaches only, no dinner, thank you *very* much!)». Mit anderen Worten: Monika ist ein Nichts, ergo kann und darf sie auch nichts erwarten. Erika Manns Tüchtigkeit steht dazu in vollem Kontrast und kommt umso besser zur Geltung. Im Kampf um ihre Vormachtstellung – und es ging stets darum, die Gunst des Vaters *und* der Mutter zu erringen – bleibt auch die älteste Tochter das ‹Kind Erika› bis zum Ende ihres Lebens.

«I don't know where to go» – Ich weiß nicht, wohin ich gehen soll

Dieses Motto durchzieht im Grunde Monika Manns gesamte Emigration. Es umfasst dabei weit mehr als die Suche nach einem Ort. Vor allem aber sind damit ihre Jahre in New York gemeint, auch wenn sie später ihre dort verbrachte Zeit nicht wird missen wollen. In der Tat weiß sie nicht, wohin sie gehen und was sie tun soll, und ihr anfänglicher Klavierunterricht bei Kurt Appelbaum diente wohl mehr therapeutischen Zwecken als einer Berufsperspektive. Das Leben in dieser Stadt verlangte damals wie heute ein hohes Maß an Eigeninitiative und Selbständigkeit. Bedenkt man ihre Situation, wird die ihr zur Last gelegte Passivität verständlich. Auf ernst gemeinte Hilfe konnte Monika Mann kaum hoffen, denn trotz des berühmten Vaters und des breit gespannten Netzwerkes unter den Emigranten war letztlich jeder auf sich allein gestellt. Ihre schon früh zu beobachtende Abhängigkeit von persönlicher Fürsorge und unmittelbarer Nähe eines ihr wohlgesinnten Menschen beeinträchtigte sie in zunehmendem Maße und schränkte sie in ihrer Entscheidungsfreiheit ein.

Streckenweise scheint sich Monika Mann jedoch zu stabilisieren. An Heinrich Mann schreibt sie einmal fast übermütig: «Inzwischen haben wir – Golo und ich – die endlose Fahrt überstanden und sind also ‹heimgekehrt› in die Monsterstadt! – Kadidja, Golo und ich wohnen unter einem Dach!» Anhand ihrer Texte und Briefe kann man rekonstruieren, dass sie in Künstlerkreisen verkehrte und trotz aller Krisen und verzweifelten Rufe das Leben in der Metropole genießen konnte. Sie schien spontan, zutraulich und herzlich, dabei eher unpolitisch, jedoch sozial interessiert, denn im Unterschied zur restlichen Familie beachtete Monika Mann auch die kleinen Leute. Dazu passte auch ihre eigene, relativ bescheidene Lebensweise, sie suchte Geborgenheit und nicht den mondänen Auftritt in der Öffentlichkeit. Ein Leben im Hotel, wie es die Geschwister Klaus und Erika im großen Stil praktizierten, kam für Monika Mann nicht in Frage. Auch später noch bevorzugte sie kleine Pensionen. Zumeist versuchte sie, irgendwo unterzukommen, möglichst bei Bekannten oder in möblierten Apartments. Der vorläufige Charakter ihrer Bleibe hatte durchaus seinen Reiz und entsprach dem Leben vieler Emigranten. Ohne Zweck und Ziel drohte jedoch die Gefahr, sich zu verlieren. Einziger Fixpunkt ist und bleibt deshalb für Monika Mann das Elternhaus in Pacific Palisades. Oft kommt sie, sehr zum Verdruss ihres Vaters, krank und pflegebedürftig dort an. Willkommen scheint sie praktisch nie zu sein, bestenfalls duldete man sie und wünschte den Termin ihrer Abreise herbei. Der Eindruck, Monika Mann lebte vorwiegend bei den Eltern, täuscht jedoch. Den größten Anteil dieser Jahre verbringt sie in New York, in Interlaken in Massachusetts und in Pennsylvania, mit langen Zwischenaufenthalten in der Schweiz.

Ihr Festklammern an einem Stück Holz im Ozean steht für das Leben selbst und wird auch zukünftig auf eine harte Probe gestellt. Die Familie weiß um ihre Probleme, findet es jedoch deplatziert, wenn sie diese zeigt. Mit wenigen Ausnahmen, zu denen ihr Bruder Klaus gehörte, spricht man nicht offen über ihre Ängste und Depressionen. Man verständigt sich untereinander, ohne sie mit einzubeziehen. Viele Tagebucheintragungen Thomas Manns und Briefe der Familie legen Zeugnis davon ab. Thomas Mann ehrte Sigmund Freud und verfasste psychologisch kenntnisreiche Studien. Umso erstaunlicher ist es, dass er nicht an eine psychoanalytische Behandlung dachte, zumal er die Erwägung eines «physischen Gehirnleidens» ablehnte. Über lange Strecken hinweg spielte Monika Mann oft tage- und stundenlang Klavier. Sie hielt sich damit die bedrängenden Stimmen vom Leib, die Musik sollte die Schreie übertönen, Vergangenes vergessen lassen. Die Probleme der Gegenwart werden dadurch jedoch nicht gelöst. Sie muss sich eine Beschäftigung suchen, nicht nur, weil die Familie sie dazu drängt, auch um ihrer selbst willen. Monika Mann wendet sich dem in ihrer Familie Naheliegenden zu und wagt den Schritt zur Sprache. Zuerst betätigt sie sich als Übersetzerin. Bald verfasst sie ihre ersten Texte und beabsichtigt, ihre literarischen Kenntnisse und Fähigkeiten zu vertiefen. Aus Pacific Palisades schreibt sie an Charles Neider: «Vielleicht nehme ich an Nathan's ‹Writer in April› teil. Habe heute einen halb zustimmenden Brief erhalten. ‹Kreative Regungen› soweit nicht in mir –, die Bedingungen sind zu neu. Im *Geheimen* fasse ich gelegentlich das Klavier an. Ich muß allgemein vorsichtig sein, um nicht ‹gebrochen› zu werden.» Obwohl Monika Mann sich ihrer schwierigen Situation bewusst ist, kann sie die sich andeutende Krise nicht verhindern. Wie so oft hoffte sie auf Genesung – die bald darauf erfolgte Zahnoperation unter Narkose besitzt in dieser Hinsicht fast einen symbolischen Wert. Das Ende ihrer Affäre mit Richard Schweizer und ihrer Freundschaft mit Kadidja Wedekind hatte sie in den Monaten zuvor erlebt. Wieder einmal stand sie vor dem Nichts

– als einzige Perspektive blieb die Hoffnung, sich schreibend zu betätigen. Hierfür konnte Monika Mann jedoch mit wenig Zuspruch oder Unterstützung rechnen.

Aus Anlass von Katia Manns 65. Geburtstag versammelte sich die Familie im Elternhaus, nervös notiert Thomas Mann im Tagebuch die vielen Besuche. Wie nicht anders zu erwarten, führt Monika Manns Ankunft bald zu ersten Komplikationen, die ganze Lage scheint angespannt. Erika Mann zieht zu Bruno Walter – man weiß um ihre unglückliche Liaison –, Klaus Mann begeht einen Selbstmordversuch, und Elisabeth Mann Borgese leidet unter ihrem streitbaren Ehemann Giuseppe Antonio. Einzig Lieblingsenkel Frido bringt etwas Freude ins Haus. Von Monika Mann sind «hysterische» Anfälle, demonstratives Fernbleiben von der Familie oder ostentatives Schweigen vermerkt. Letztlich sind es Hilferufe, die sich in Schrei- und Weinkrämpfe steigern. Wünschte Thomas Mann zuvor ihre «Niederlassung in der Schweiz», so spitzt sich jetzt die Lage zu: «Beschluß, die arme Moni eine Stunde weit in das anthroposophische Guest House zu expedieren, wo Heinrich und Huxley zeitweise lebten.» Katia Mann spricht in einem ihrer unveröffentlichten Briefe von einem «indischen Tempelsanatorium». Gemeint war tatsächlich das Ananda Ashram in La Crescenta nahe Los Angeles, in dem Heinrich Mann im September 1944 zu einem Kuraufenthalt weilte. Diese gern zitierte Passage gibt Einblick in die dramatische Steigerung eines Konflikts, der schon lange schwelte. Sie wird oft falsch interpretiert. Denn Monika Manns Aufenthalt im Ananda Ashram ist nur von kurzer Dauer. Bereits nach wenigen Tagen findet sie Zuflucht bei einem befreundeten Ehepaar in Los Angeles. Auch wurde sie nicht in einer psychiatrischen Anstalt untergebracht. Man könnte eher von einer Form der Katharsis sprechen, denn an Vivian und Charles Neider schreibt sie aus Los Angeles: «Es funktionierte diesmal ‹ganz einfach nicht› – irgendwie hat es noch nie so ‹richtig› geklappt –

und eine Art von ‹Explosion› kam dabei heraus: mußte wohl dabei herauskommen.» Die Aufnahme bei Freunden gibt ihr Gelegenheit, Abstand zu finden und vielleicht erstmals ihren eigenen Anteil an dem eskalierenden familiären Konflikt zu bedenken. In Elisabeth Mann Borgeses Nachlass liegt ein psychiatrisches Gutachten über Monika unter Verschluss, das möglicherweise aufgrund ihres notierten Verlangens nach einem «Nervenarzt» erstellt wurde. Nach erneuten Versuchen, zu den Eltern zurückzukehren, bestehen diese jedoch auf Monikas Rückkehr nach New York. Bald darauf bittet sie ihren Vater um Beurteilung eines Manuskripts, das zwei Jahre später unter dem Titel «Gedanken am Fenster» erscheinen wird. Dabei handelt es sich um Erinnerungen an die Kindheit, die Klaus Mann vermutlich als Erster gelesen hat: «Manuskript einer Autobiographie von Monika (!)».

Anspruchsvoll, ängstlich, leidend und kritisch zugleich – diese Kombination machte es Monika Manns Mitmenschen schwer, sie zu ertragen. In erster Linie strapazierte sie vermutlich ihre Mutter. Thomas Mann schottete sich von dem zu bewältigenden familiären Alltag in der Regel in seinem Arbeitszimmer ab. In seinen Tagebucheinträgen über Monika Mann scheint der Schriftsteller auch das Sprachrohr anderer zu sein, die im Hintergrund agieren. Man kann sich des Eindrucks nicht erwehren, als seien Monika Manns Ausbrüche ein willkommener Anlass gewesen, sie aus dem Haus zu schaffen. Die Befürchtung, sie verlange mehr, als andere ihr geben wollen oder können, hält auch in Zukunft viele ihrer Freunde ab, sich näher mit ihr zu beschäftigen. Sich auf sie einzulassen hätte die gesamte Person gefordert, ohne zu wissen, wie lange der Einsatz währt und wie weit ihre Ansprüche reichen. Man begegnet ihr mit einer gewissen Vorsicht, wissend um ihre Probleme. So finden auch ihre Einladungen und Aufforderungen an Neider und Kesten, mit ihr die Sommermonate zu verbringen oder eine Wohnung zu teilen, keine Resonanz. Darüber hinaus entbehren sie einer realistischen Einschätzung. Beide sind in erster Linie Freunde und Bewunderer von Klaus oder Thomas Mann, überdies verheiratet und haben andere berufliche Pläne.

Ihre erste, man könnte sagen probeweise Rückkehr nach Europa scheiterte vermutlich auch an mangelnder Perspektive und Einsamkeit. Einem Brief an Charles Neider hat Monika Mann in dieser Zeit ein kaum lesbares Manuskript beigelegt. Eines zeigt es aber mehr als deutlich: In Zürich, wo sie Weihnachten und den Winter alleine verbringen wird, kann es ihr nicht gut ergangen sein. Wieder zurück in New York, schreibt sie in aller Offenheit an Neider: «Und vor allem weiß ich nicht, *wohin* ich gehen soll. Ich schreibe Dir dies in einem Brief, weil ich es am Telefon nicht schaffe und ich zum Sprechen insgesamt zu verwirrt und ‹entwurzelt› bin.» Monika Mann wechselt die Wohnungen und Standorte, im Sommer lebt sie außerhalb von New York in einer kulturell traditionsreichen Gegend in Massachusetts. Dort nimmt sie an Schreibkursen der noch heute bekannten «Stockbridge School» teil, besucht das «Tanglewood-Musik-Festspiel» und trifft den italienischen Komponisten Luigi Dallapiccola wieder, ihren geschätzten und bewunderten «Meister» aus Florentiner Tagen. Stolz berichtet sie Hermann Kesten von ihren Erfolgen und ihrem intensiven Studium der Literatur. Die von ihr genannten Werke und Autoren wie Stifters «Nachsommer» oder Joseph Conrad, den sie in englischer Sprache liest, zeigen, wie sehr sie in der Tradition von Thomas und Klaus Mann stand. Fast zeitgleich ist dies auch deren Lektüre. In diesem Kontext ist auch ihre Kafka-Rezeption und Beschäftigung mit der Zwölftonmusik zu sehen, nachzulesen in einem ihrer Texte über den Prager Schriftsteller und einer sehr bemühten Kritik von Charles Neiders gerade erschienener Kafka-Studie. An Schönberg schreibt sie, ungeachtet der Konflikte, die zwischen ihm und ihrem Vater ausgetragen werden: «Meine persönliche Reaktion auf Ihre Musik ist Befremdung und ein innerer Wille, mit ihr vertraut zu werden. Vielleicht ist der Grund meines heutigen Schreibens, lieber verehrter Arnold Schönberg, eine Bitte. Die Bitte, daß Sie mir helfen, mir vielleicht einen Rat geben, wie ich ‹zu Werke› gehen soll.» Entgegen einer Legende, die sie selbst mit am Leben hielt, lassen diese Hinweise neben anderen Texten erkennen, dass sie auch die Werke Thomas Manns sehr wohl kannte. Zeugnisse hierfür lassen sich in Briefen an Charles Neider, Peter de Mendelssohn und Werner Helwig finden, die sowohl von ihrer profunden Kenntnis als auch von ihrer Bewunderung sprechen. Nicht selten verteidigt sie ihn und seine literarischen Schöpfungen, insbesondere den «Doktor Faustus», den Charles Neider offenbar kritisierte und als unverständlich bezeichnete. Gern gab sie sich als unwissend und naiv, unterscheidet zwischen dem Künstler und dem Intellektuellen, zwischen intuitiv und rational. Man kann dies auch als Schutzbehauptung sehen, hinter der sich Monika Mann versteckte. Liest man hingegen ihren Essay «Savonarola, der kleine Herr Friedemann und der Besuch eines Yankees», wird man eines anderen belehrt. Zugleich widerlegt oder bestätigt er – je nachdem, welche Lesart man wählt – ihres Vaters doppeldeutige Widmung seines «Faustus» für sie: «Für Mönchen, sie wird es schon verstehen».

Sie tue nichts, sei nutzlos und faul, ist wohl der am häufigsten auftauchende Vorwurf, mit dem Monika Mann sich im US-Exil konfrontiert sieht. Wie sich natürlich auch die Frage stellt, was sie in all diesen Jahren in Amerika getan hat. Diese lässt sich vielleicht so beantworten: Es galt ein Trauma zu verarbeiten, den Verlust und die Trauer um einen geliebten Menschen im Grunde mit sich alleine abzumachen und Schuldgefühle abzubauen. Monika Mann überlebte, viele andere, darunter ihr Mann Jenö Lányi, nicht. In dieser für sie stark belastenden Situation musste sie eine neue Sprache lernen, sich in einer fremden Kultur zurechtfinden und in der Gesellschaft eines unbekannten Landes behaupten. Das Image ihres Vaters war zwar nützlich, zugleich – das liegt unverkennbar auf der Hand – belastend. Daran, wie auch an dem Unverständnis der übrigen Familie nicht zugrunde zu gehen, war eine bewundernswerte Leistung. Zu Beginn der Arbeit an seinem Roman «Doktor Faustus» notiert Thomas Mann einmal im Tagebuch über die Neue Welt: «Amerika ist Menschenfremde, die wenig haftende Eindrücke liefert. Irgendwie muß aus der Vergangenheit, aus Erinnerung, Bildern, Intuition schöpfen.» Im Unterschied zu ihrem Vater schildert Monika Mann in ihren Texten amerikanische Landschaften und Städte, beobachtet die Menschen, auch oder gerade wenn sie in den «Slums» leben. Sie setzt sich der Härte einer Stadt wie New York aus und zeigt sich zugleich dankbar für die dort empfangene Inspiration, sie genießt die Landschaft rings um Interlaken mit seinen Herbstwäldern und – man könnte sagen, trotz allem – auch das Alleinsein.

«Fremd zu Hause» – Rückkehr nach Europa

Im Grunde genommen kehrte Monika Mann zweimal in die Alte Welt zurück, denn ihr erster Europaaufenthalt nach Kriegsende dauerte fast ein ganzes Jahr. Ähnlich wie Katia und Thomas Mann, deren zweite längere Europareise streckenweise parallel zu der ihren verlief, näherte sie sich der Reemigration erst allmählich und schrittweise an. Vor diesem Hintergrund sind die immer wieder auftauchenden falschen Angaben zu verstehen, die ihre endgültige Rückkehr betreffen. Unmittelbar nach der konfliktreichen Phase in Pacific Palisades war New York aufgrund der erlebten Enttäuschungen eine für Monika Mann belastende Stadt. Bald darauf vermerkt Katia Mann erleichtert, die Tochter habe sich spontan zu einer Schiffsreise mit ihrem Bruder Michael nach Genua entschlossen. Mit ihrer Schwester Elisabeth und Familie fährt Monika Mann einige Jahre später ein zweites Mal dorthin, wohl wissend, dass dies ein endgültiger Abschied von den USA ist. Zwischen beiden Reisen liegt die Spanne ihrer Rückkehr nach New York mit der bereits erwähnten Intensivierung ihrer schriftstellerischen Tätigkeit in Pennsylvania.

Die Eindrücke jener ersten und zweiten Europareise schildert sie in einer ihrer literarischen Arbeiten in verdichteter Form. Fiktion und reale Begebenheiten gehen bruchlos ineinander über, auch die Perspektiven wechseln zwischen den Protagonisten. Unter dem Titel «Brudergespräche» nimmt sie als Schwester die Position ihres Bruders Klaus ein. Er befindet sich als heimlicher Dritter mit im Bunde, neben der Ich-Erzählerin und deren jüngerem Bruder, der unverkennbar die Züge Michael Manns trägt. Unerwähnt bleibt demgegenüber die verpasste Zusammenkunft der beiden mit Klaus Mann in Cannes, der einige Tage darauf an einer Überdosis Schlaftabletten sterben wird. Wie bekannt, wird Michael Mann am Grab des Bruders als Einziger der Familie vertreten sein, und es stellt sich die Frage, weshalb Monika Mann nicht mit zur Beerdigung nach Cannes fuhr. Die gemeinsame Europareise führte die beiden über Genua in die Schweiz, von wo der jüngere Bruder allein zur Beisetzung nach Südfrankreich reiste. Bereits zu Thomas Manns Geburtstag wenige Wochen später trifft Monika Mann mit ihren Eltern in Zürich zusammen. Von dort aus sendet sie auch ein halbes Jahr später einen Beitrag für das Klaus-Mann-Gedenkbuch an die inzwischen nach Pacific Palisades zurückgekehrte Familie. Im Tagebuch von Thomas Mann wird die Post aus der Schweiz als «fatale Einsendung» deklariert. Und so ist Monika Manns Arbeit in der Anthologie «Klaus Mann zum Gedächtnis» auch kein Platz vergönnt – für die Hommage an den Schriftsteller Klaus Mann trifft Erika Mann als Herausgeberin die alleinige Auswahl der Texte. Monika Manns Gedenkschrift für den Bruder erscheint erst zwanzig Jahre später in den «Neuen Deutschen Heften».

Von Zürich reist Monika Mann über Paris nach New York zurück und wird von dort aus nach Vermont und Umgebung weiterziehen. Als sie im Juni 1952 die amerikanische Staatsbürgerschaft erhält, besiegelte dieser bürokratische Akt einen Lebensabschnitt, der bereits hinter ihr lag. Viele Emigranten waren schon zurückgekehrt, so auch ihre Eltern nebst Schwester Erika. Die Ära McCarthy beschleunigte den Prozess der Auflösung deutscher Schriftstellerkolonien. Eine zweite Fluchtbewegung hatte begonnen, auch Monika Mann ergriff die Gelegenheit, einen Neuanfang zu wagen. Wieder einmal muss sie sich neu orientieren, auf Menschen zugehen, einen Ort und eine Bleibe finden. Florenz, Bordighera, Ponte Brolla, Rom und von dort aus in die Schweizer Berge, ein erster Besuch in Deutschland und wieder Rom, das «fahrende Haus» bietet wenig Schutz. Erneut hofft sie auf ein Zusammentreffen oder -leben mit Hermann Kesten, der sich mit seiner Frau Toni gleichfalls in Europa befindet. Wie schon zuvor sind ihre Erwartungen mehrschichtig und der Situation nicht angemessen. Er soll ihr Vater und Mutter sein und zugleich die Rolle des Geliebten einnehmen: «Aber wie ein Ertrinkender bin ich rücksichtslos und ungestüm – und ich *brenne* einfach um Beistand, um Ihren Beistand. Wie komme ich dazu? Weil Sie mir Sympathie gezeigt und weil Sie seit Monaten freundliche Worte und Lockrufe mir zukommen lassen. Aber jetzt bin ich hier – und zwar *völlig* verlassen. Es ist außer Frage, daß ich zu den Eltern fahre, es wäre die allerschlechteste Lösung. Das beste ist, in Italien zu bleiben. Aber hier ist es nicht gut. Regen und Frieren an der Riviera ist mir nicht zuträglich. Ich kann aber unmöglich einfach nach Rom fahren, wo ich niemanden *kenne.*» Kestens im Nachlass befindliche Antworten sind verhalten, höflich-distanziert und in der üblichen Manier geschrieben. Sie geben von außen betrachtet keinen Anlass zu derartigen Hoffnungen, es sind ihre subjektiven Blicke, die zu derartigen Täuschungen führen. Einige Zeit wohnt Monika Mann im Haus des russischen Malers Bilinski in Bordighera: «Habe mich zwar indes in den Maler verliebt, der über mir wohnt – ich sehe ihn nur leider fast nie!» Wie viele ihrer Freunde und Bekannten verehrte dieser Thomas Mann, in der italienischen Ausgabe seiner Kataloge findet sich dazu ein Hinweis. Ob ein von ihm gemaltes Doppelporträt von Monika und Thomas Mann Ausdruck seiner Bewunderung war oder ob er intuitiv die tiefe Verbundenheit Monikas zu ihrem Vater erkannte, ist schwer zu sagen.

Nach diesem mehrmonatigen Aufenthalt an der italienischen Riviera versucht sie trotz ihrer Ängste vor der unbekannten Stadt, in Rom Fuß zu fassen. Im Kreise vieler Verehrer, wie Corrado Alvaro und anderen Künstlern, lebt es sich dort jedoch besser als gedacht. Der gute Klang ihres Namens verhilft ihr zu einer gewissen Popularität, und viele interessante Gespräche müssen sich ergeben haben. Die Gruppe 47 ist ihr nicht nur ein Begriff, sie lernt Böll, Bachmann und Richter kennen. Ihre Schwester stellt ihr Ignazio Silone vor, und Thomas Mann notiert bald darauf: «Medi [Elisabeth] ein tête-a tête mit Silone zu verheimlichen». An Einladungen mangelt es nicht, und aus Ponte Brolla schreibt sie: «Der schöne Mythologe Kerényi wohnt um die Ecke!» Die Bekanntschaft mit ihm und seiner Familie geht, wie so oft, auf dessen Bekanntschaft mit Thomas Mann zurück. Im Unterschied zu New York kommt ihr Rom freundlicher entgegen und ist weniger anonym. Selbst eine Begegnung mit ihren Eltern bei deren Durchreise bringt sie nur kurzfristig aus dem Gleichgewicht. Verständlich auch, dass sie trotz notierter Erfolge nicht ausreichend Ruhe fand, um regelmäßig zu schreiben. Nur einige wenige Texte, darunter ein «Römisches Lied», sind in dieser Zeit entstanden. Bei allem Stolz auf ihr reges gesellschaftliches Leben fehlt Monika Mann die Beständigkeit und immer wieder die Nähe eines Menschen, mit dem sie die Gewissheit der täglichen Rituale teilen kann. An Kesten schreibt sie: «Ich habe viele Hofmacher – aber Du weißt ja, es ist nicht *das*!» Man spürt, dieses bislang noch verschwommene «Das» wird sie weiterhin suchen. Kesten kann und wird es nicht sein. Allmählich erkennt auch Monika Mann die Differenz zwischen ihren Erwartungen und seinen höflich distanzierten Antworten. Ihre Korrespondenz verläuft im Sande und wird auch später nicht mehr aufgefrischt. Einmal zeigt sich Monika Mann noch verletzt, als er auf Capri weilt und sich nicht bei ihr meldet. Dennoch stand er ihr hilfreich zur Seite und unterstützte sie bei der Herausgabe ihres Erinnerungsbandes – sehr zum Missfallen von Erika Mann, die sich bei Kesten erkundigt: «Ob Sie denn nun wirklich der Publikation eine Bauchbinde zur Verfügung gestellt haben?» Hermann Kesten schrieb eine wohlmeinende Rezension, die im Klappentext der Originalausgabe abgedruckt ist. Ob die anstoßerregende Formulierung auf der Bauchbinde von ihm stammt, ist schwer zu sagen: «Die Tochter von Thomas Mann erzählt vor allem vom Vater. So persönlich, so unmittelbar und mit solcher Eindringlichkeit ist Thomas Mann noch nie gesehen und geschildert worden.»

Trotz aller Sehnsucht nach den bayerischen Wiesen – ihre Feuilletons sprechen immer wieder davon –, dem Oktoberfest und allem, was zu München gehört, zieht Monika Mann eine dauerhafte Rückkehr nach Deutschland niemals in Betracht. Mit höchst ambivalenten Gefühlen geht sie bei ihrem ersten Besuch durch München und wird unter dem Titel «Fremd zu Hause» ihre Eindrücke schildern. Auf der Durchreise nach Rom bleibt sie nur einige Tage in der alten Heimatstadt. Sie lernt hier Richard Raupach kennen, einen freien Journalisten und Bewunderer Thomas Manns. Wieder in Rom, bittet sie Raupach um einen Beleg seiner inzwischen gedruckten «Begegnung mit

Monika Mann». Bereits in einem ihrer nächsten Briefe schreibt sie in aller Offenheit von ihrem Wunsch, ihm nahe zu sein. Ihr Einsatz ist hoch, und umso heftiger fällt ihre Enttäuschung aus, als sie erkennen muss, dass er den «Sprung» nicht wagt und sich gegen ihr Drängen wehrt. Dramaturgisch interessant, lässt sie in einem ihrer Briefe einen Geist auftreten, der Raupach verdammt und feige nennt. Hinter ihm kann sich das Alter Ego der Briefschreiberin verbergen, sie selbst wahrt damit das Gesicht und bleibt ihm als Monika Mann freundschaftlich verbunden. Es lassen sich sogar einige kurze Treffen rekonstruieren, aber niemals mehr wird sie ihn als potentiellen Partner adressieren. Im gewissen Sinne stellt Raupach für Monika Mann die Verbindung zur Alten Welt oder Heimat her, ähnlich wie sie später auf Capri gern deutschen Touristen lauscht und sich freut, wenn sie einen bayerischen Dialekt zu hören bekommt. Da seine Briefe nicht erhalten sind, kann man nur ungefähre Rückschlüsse ziehen und sich ihn als einen religiös-spirituellen Menschen vorstellen. Eine von ihm erhaltene Drucksache mit einer Art ökologisch-heiligen Botschaft sendet sie mit kritischen Worten zurück. Damit endet ihre Korrespondenz. Auch sie versandete, ob aus weltanschaulichen Differenzen oder anderen Gründen, kann man nicht mehr nachvollziehen.

«Alles ist Utopie» – Capri und das Ende

Am Ende eines ihrer Sommeraufenthalte in den Bergen wird Monika Mann einmal mehr bewusst, dass sie ein Leben fern der Städte bevorzugt: «Eigentlich mag ich nicht fortgehen von hier. Am Land sein will ich – die Städte sind ein Unsinn – und die vielen Menschen und der Stein machen so verwirrt und einsam.» Zurückgekehrt nach Rom, flieht sie vor der drohenden Einsamkeit, Weihnachten und der Jahreswechsel stehen vor der

Tür. Auf eine Empfehlung des mit ihr befreundeten Schriftstellers Rolf Schott hin fährt sie nach Capri, ohne zu ahnen, wenn auch zu hoffen, dass sie dort zur Ruhe kommen wird. Zu Gabriel Laub wird sie später im Interview sagen: «Ich bin hierhergekommen, eigentlich aus reinem Zufall. Wie alles bei mir im Leben eigentlich. Ich hab' mich erst sehr lange herumgetrieben in der Welt, wie das die Zeit so mit sich brachte, und dann hatte ich es ein wenig satt und wollte irgendwo *sitzen* und da saß ich plötzlich in Capri. Der Wind hat mich hergetragen.» Eine Metapher, die sie sehr gerne verwendet und die zu ihr als Weltbürgerin passt. Der Wind trägt ein Samenkorn, das kann entweder Wurzeln schlagen oder zugrunde gehen. Monika Mann beherrschte die Kunst, die Gunst der Stunde zu nutzen. Sich treiben zu lassen – viele Vorwürfe ihrer Familie gehen in diese Richtung – war mitunter Selbstschutz oder eine heimliche Rebellion gegen den Leistungsdruck, unter dem alle Kinder Thomas Manns standen. Über dreißig Jahre wird sie auf Capri bleiben. In Antonio Spadaro findet sie hier den Menschen, der ihr die langgesuchte Geborgenheit, aber auch Bestätigung ihrer Arbeit und Person gibt – und zwar unabhängig von Thomas Mann. Auch wenn sie ihre Herkunft nicht leugnen kann und will, ist Spadaro, so ist anzunehmen, vor allem durch ihre Persönlichkeit beeindruckt. Hier wird sie die Ruhe finden, um ihr mehrfach begonnenes Erinnerungsbuch «Vergangenes und Gegenwärtiges» zu schreiben, und darin in warmen Tönen ihren Vater zeichnen. Die meisten sagen, es sei ihr bestes Buch. In Unkenntnis seiner Tagebücher konnte sie ihn noch mythisch erhöhen und nachträglich umwerben. Zwanzig Jahre später wird er ihr entgleiten: «his face gets foreign.»

Als Feuilletonistin fasst Monika Mann den Mut zu weiteren, etwas längeren Texten, experimentiert mit Form und Sprache. Ein regelmäßig geordnetes Leben beginnt: an einem landschaftlich außergewöhnlich schönen Ort, mit einem Menschen, dem sie vertraut, der zu Capri gehört wie das Meer und die Felsen. Sie kocht gern, wie sie immer wieder in ihren Briefen betont, und führt den Haushalt selbst. Wenn sie etwas Zeit erübrigen kann, schreibt sie ihre kleinen Stücke. Im wöchentlichen Turnus erscheinen vorwiegend in Schweizer Zeitungen ihre Feuilletons. Dabei schöpft sie das gesamte Spektrum des Genres aus: Erzählungen, Märchen, Grotesken, Aphorismen, Nachrufe, Würdigungen, Rezensionen von Büchern und Filmen, Gedichte. Immer wieder steht die Familie, vor allem der Vater im Mittelpunkt, aber sie schreibt auch über die Menschen ihrer Umgebung, Natur und Landschaft, aktuelle Begebenheiten. Ihre Zeit mit Jenö Lányi wird im Wesentlichen ausgespart, ihre traumatische Erfahrung, der Verlust und die Trauer nur in Kurzform angedeutet. Viele Manuskripte und Zeitungskopien sind verschwunden, dennoch müssen etwa tausend Texte geschrieben worden sein. Mit «Der letzte Häftling – Eine wahre Legende in onore eines (letzten) Komponisten» wagt Monika Mann einen abschließenden Versuch, einen längeren experimentellen Text zu schreiben. Auch wenn das Thema an Thomas Manns «Doktor Faustus» erinnert, sind Sprache und Stil konzentriert, kurz und rhythmisch. Danach bleibt sie bei der kleinen Form. Diese entspricht ihrem, man könnte sagen: sprunghaften Leben und Temperament: «So oft ich mir vornehme, etwas Größeres zu schreiben, eine gewichtige Prosa, fällt mir die Spule aus der Hand, und es wickelt sich ab, eins zwei drei.»

Spuren der Aura von Thomas Mann, auch von Klaus Mann und der übrigen Familie lassen sich in vielen Gedankensträngen, lebensphilosophischen Haltungen nachvollziehen, ohne diese einfach zu imitieren. Gleich zu Beginn ihres Erinnerungsbandes stellt sie die Frage: «Was ist das Leben?» (im Gespräch mit einem wortkargen alten Fischer wird diese aufgeworfen). Nach mehreren falschen Antworten findet sich die Lösung: «Er meinte, daß das Leben eine Selbstbefreiung sei.» Das erinnert sehr stark an die von Erika Mann veranlasste Inschrift auf Klaus Manns Grabstein und geht auf das Motto zu seinem letzten Romanprojekt «The Last Day» zurück:

«FOR WHOSOEVER WILL SAVE HIS LIFE SHALL LOSE IT BUT WHOSOEVER WILL LOSE HIS LIFE ... THE SAME SHALL FIND IT»

Thomas Mann hält bereits in seinem Bericht «Die Entstehung des Doktor Faustus» fest: «Es ist ein großes Wort, daß, wer sein Leben hingibt, es gewinnen wird, – ein Wort, das in der Sphäre der Kunst und Dichtung nicht weniger Heimatrecht besitzt als in der religiösen.» Wir wissen und ahnen, dass Thomas Mann sein Leben für das Kunstwerk bereit war zu geben. Bei Klaus Mann muss diese Frage offen bleiben. Das Motto zu «The Last Day» lehnte sich ursprünglich nur frei an die Bibel an. Erst die Inschrift auf seinem Grabstein gibt den genauen Wortlaut wieder und macht auch die Auslassung «for my sake» in Klaus Manns Notizen durch das Setzen von Punkten kenntlich. Auch wenn es bei Lukas IX, 24 heißt: «Denn wer sein Leben erhalten will, der wird es verlieren; wer aber sein Leben verliert um meinetwillen, der wird's erhalten», kann man ihm kein religiöses Bekenntnis unterstellen. Im Unterschied dazu hat Monika Mann ihr Leben allen Widrigkeiten zum Trotz erhalten. Sie zieht das Leben dem «Unleben», wie sie es kritisch nannte, vor. Ihre Widerstandskraft gegen den Sog der Tiefe, ihre immer wieder durchbrechende Lebensfreude lassen das vermuten. Antonio, das Meer, die Musik und die Arbeit, schreiben und kochen – in dieser Reihenfolge benennt sie die Gründe, weshalb sie über dreißig Jahre auf der Insel bleibt. Bemerkenswert ist, dass sie das Meer täglich vor Augen hat und es trotz drohender Tiefe und Gefahr lieben kann.

Ein paar Monate nach dem Tod von Antonio Spadaro verlässt Monika Mann Italien. Ihre Habe findet, wie schon so oft, in wenigen Koffern Platz. Raffaele La Capria, der ein letztes Interview mit ihr auf Capri führte, vertraut sie an: «Ich weiß nicht, wie meine Zukunft wird, alles ist *Utopie.*» Dieser Schritt ins Ungewisse wird verständlich, wenn man bedenkt, dass die Nähe eines vertrauten Menschen für sie unabdingbar geworden ist. Sie kann nicht mehr alleine leben. Ihr letzter Rettungsanker ist das Haus in Kilchberg, dessen Erbteil sie sich nach dem Tod der Mutter nicht auszahlen ließ. Gegen jede Vernunft und Einsicht hofft sie auf ein Zusammenwohnen mit ihrem Bruder Golo. Es kann nicht funktionieren. Golo Mann – selbst mit Problemen belastet – erträgt ihre Nähe nicht, die mehr als eine räumliche ist. Ein absurdes Spiel beginnt und dauert bis zu ihrer Übersiedlung nach Leverkusen. Abwechselnd verlassen oder bewohnen sie das Haus jeweils alleine. Monika Mann vernachlässigt sich nach Aussagen von Bekannten, flüchtet sich, so ist anzunehmen, in eine Altersverwirrtheit. Wiederum hätte sie schreiben können: «ich weiß nicht, wohin ich gehen soll», nur fehlt ihr jetzt die Kraft, sich einen ihr gemäßen Platz zu suchen. Auf Veranlassung ihres Bruders Golo Mann nimmt dessen adoptierte Familie in Leverkusen sie auf. Auch wenn sie bei Ingrid Beck-Mann in guten Händen war – sie war stets in ihrer Nähe, und an ihrer Pflege gab es sicherlich nichts zu bemängeln –, können diese letzten Jahre und ihr Ende nur als tragisch angesehen werden. Thomas Manns Befürchtung hat nicht ihn, sondern wie ein Fluch seine Kinder getroffen: «And my ending is despair», so Prospero in seinem Epilog in Shakespeares «Der Sturm», «Verzweiflung ist mein Lebensend'».

Monika Mann, eine schutzsuchende Weltbürgerin? Vielleicht wäre besser zu sagen: ein Schutz und Geborgenheit suchender Mensch, der auf zwei Kontinenten und in vielen Ländern gelebt hat und immer wieder gezwungen war, einen Neuanfang zu wagen. Es scheint vermessen, wenn Golo Mann in einer Art Rechtfertigungsbericht über die letzten Jahre seiner Schwester Monika sinngemäß schreibt: in Leverkusen, das werden ihre besten Jahre gewesen sein. Ihre besten Jahre, das kann nachvollzogen werden, waren die Jahre auf Capri, mit Antonio. In ihren Interviews beschreibt sie das Zusammenleben sehr anrührend: «Die *Anwesenheit* des andern genügte. Wir waren sehr vereint [...]. Er baute die azurblaue Grotte, ich hörte Mozart, weshalb hätten wir reden sollen?» Im Unterschied zu Klaus Mann, der sich in Hotelzimmern häuslich einrichten konnte, legte sie großen Wert auf eine private, wohnliche Atmosphäre. Monika Mann, von außen betrachtet eine Weltbürgerin – sie lebte in München, Lausanne, Paris, Frankfurt, Berlin, Sanary-sur-Mer, Florenz, Wien, Zürich, London, Princeton, Kalifornien, New York, Bordighera, in Rom und auf Capri. Im Lauf ihres Lebens besaß sie insgesamt fünf unterschiedliche Pässe. Bei genauem Hinsehen aber bleiben die einfachen Grundbedürfnisse des Lebens übrig, unabhängig von Ländern und Städten, von Sprachen und Landschaften. Zur Vorbereitung ihrer jährlichen Sommerurlaube schreibt sie an die Wirtin der Pension Haessig: «Bitte mach's studio-like, wohnlich, inspirierend, nicht ‹bed-room› vom Niemandsland! Bitte – ein für allemal – abends *kein* Fleisch! Das heißt: Suppe und Nachspeise. Dazwischen eine kleine Käseplatte. Schafs- und Ziegenkäse vorgezogen. Auch ein kleiner Rahmkäse oder Stückerl Butter. Nicht viel, aber appetitanregend. Ein paar Radieschen ecc. Brotauswahl! Daß man nicht auf jedes Stückerl wartet. Auch ein Biscotto dazu, Du verstehst.»

Anmerkungen

Zu den verwendeten Kürzeln vgl. das Siglenverzeichnis auf S. 302

«arme Mönle»: zahlreiche Einträge zur «armen Moni» in TM Tb und zum «armen» «Mönle» in unveröffentlichten Briefen Katia Manns an Klaus Mann (in: MON). 260

«Monika – die hat halt nicht so viel hergegeben»: Heinrich Breloer: «Unterwegs zur Familie Mann. Begegnungen. Gespräche. Interviews». Frankfurt a. M.: S. Fischer 2001, S. 40.

Peter de Mendelssohn: vgl. die Veröffentlichung einer Auswahl von Monika Manns Briefen an Peter de Mendelssohn im vorliegenden Band, S. 118 ff.

«Mein Vater hatte mich nicht weiter ungern»: Veit Mölten: «Thomas-Mann-Tochter Monika zum 10. Todestag ihrer Schwester Erika: ‹Mein Vater hatte mich nicht weiter gern›». In: «Abendzeitung» (München), 24. August 1979. Zit. nach Thomas Sprecher und Fritz Gutbrodt (Hg.): «Die Familie Mann in Kilchberg». Zürich: Verlag Neue Zürcher Zeitung 2000, S. 179.

«Die Moni ist schalkhaft»: Monika Mann: «Vergangenes und Gegenwärtiges. Erinnerungen». Ergänzte Ausgabe. Reinbek: Rowohlt 2001, S. 54. 261

«Der Geburtstag ist doch zu etwas gut»: Thomas Mann an Monika Mann, 17. April 1955. In: Thomas Mann: «Briefe III. 1948–1955 und Nachlese». Hg. von Erika Mann. Frankfurt a. M.: Fischer Taschenbuch Verlag 1979, S. 394.

«Pièces»: Monika Mann an Toni und Hermann Kesten, 11. August 1950: «Publiziert habe ich wieder hie und da eine Pièce, ob Ihnen was zu Gesichte kam?!» (Unveröffentlichter Brief, handschriftlich. In: MON).

«Sie haben viel Material von mir [...]»: Monika Mann an Elfriede Mechnig, 8. Juni 1964. Unveröffentlichter Brief, handschriftlich. In: AdK. 262

«So feierten wir zu Hause»: «Welt am Sonntag», 29. Dezember 1957. In: MON.

«Jubelhexe»: Monika Mann an Karl Lemke, 20. Januar 1976. Unveröffentlichter Brief, handschriftlich. In: DLA.

«Über Papa kann ich momentan nichts schreiben [...]»: Monika Mann an Richard Raupach, 13. November 1959. Unveröffentlichter Brief, handschriftlich. In: MON.

«Diese ist nun ungültig [...]»: Monika Mann an Karl Lemke, 15. Juni 1964. Unveröffentlichter Brief, handschriftlich. In: DLA.

«Damals übergab ich dem Fräulein Naef [...]»: Monika Mann an Martin 263

Gregor-Dellin, 4. Dezember 1975. Unveröffentlichter Brief, handschriftlich. In: DLA.

264 *«Die Kinder der Manns»:* Uwe Naumann (Hg.) in Zusammenarbeit mit Astrid Roffmann: «Die Kinder der Manns. Ein Familienalbum». Reinbek: Rowohlt 2005.

Gespräch mit Charles Neider: Heinrich Breloer: «Unterwegs zur Familie Mann», a. a. O., S. 338–360.

265 *«das fahrende Haus»:* Monika Mann: «Fünfzigmal erlebte ich den Rosenmonat». In: «Welt am Sonntag», 5. Juni 1960. In: MON. Vgl. die Wiederveröffentlichung im vorliegenden Band, S. 219.

asketischen Kargheit: vgl. das Interview Raffaele La Caprias mit Monika Mann zum Tode von Antonio Spadaro: «A Sulla Mia Capri è sceso l'autunno». In: «Corriere della Sera», 28. Mai 1986, S. 13. Vgl. die deutschsprachige Erstveröffentlichung im vorliegenden Band, S. 252 und 258.

als Sammelband zu veröffentlichen: vgl. Monika Mann an Karl Lemke, 28. Mai 1964: «Ich frage Sie nebenbei: glauben Sie, man könnte davon (ich habe ja Hunderte) einen kleinen Sammelband machen?» (Unveröffentlichter Brief, handschriftlich. In: DLA).

266 *«einfache Menschen»:* Interview Raffaele La Caprias mit Monika Mann zum Tode von Antonio Spadaro: «A Sulla Mia Capri è sceso l'autunno». In: «Corriere della Sera», 28. Mai 1986, S. 13. Vgl. die deutschsprachige Erstveröffentlichung im vorliegenden Band, S. 255.

«Aristokrat des Volkes»: Monika Mann an Karl Lemke, 6. August 1964. Unveröffentlichter Brief, handschriftlich. In: DLA.

«Drang auf ihre Entfernung»: TM Tb, 16. April 1942.

«Liquidierung [...]»: Monika Mann an Peter de Mendelssohn, 7. Juni 1977. Vgl. die Veröffentlichung im vorliegenden Band, S. 121.

«elfischer Überschwang»: Monika Mann: «Vergangenes und Gegenwärtiges». Ergänzte Ausgabe, a. a. O., S. 11.

267 *«nicht wahr»:* vgl. die Interviews mit Golo Mann in: Heinrich Breloer und Horst Königstein: «Die Manns. Ein Jahrhundertroman». Frankfurt a. M.: S. Fischer 2001, passim, sowie in: «Die Manns. Ein Jahrhundertroman». Regie: Heinrich Breloer. Erstsendung: ARD 2001.

«kühnes herrliches Kind»: Übersetzung eines Telegramms von Thomas Mann an Erika Mann, 29. Januar 1947. In: Erika Mann: «Mein Vater, der Zauberer». Hg. von Irmela von der Lühe und Uwe Naumann. Einmalige Sonderausgabe. Reinbek: Rowohlt 1999, S. 196 und 530.

«überschritt die Grenze des Statthaften»: Monika Mann: «Vergangenes und Gegenwärtiges». Ergänzte Ausgabe, a. a. O., S. 40.

«die Grenzen des Sittsamen überschritt»: Thomas Mann: «Buddenbrooks. Verfall einer Familie». In: Thomas Mann: «Gesammelte

Werke in dreizehn Bänden». Bd. I. Frankfurt am Main: S. Fischer 1974, S. 644.

«Gehen»: Monika Mann: «Autobiographisches». In: «Neue Deutsche 268
Hefte», Jg. 27, Nr. 166, Heft 2, 1980, S. 275–277. Vgl. die Wiederveröffentlichung im vorliegenden Band, S. 244ff.

«Gefoppte Niederkunft. Ein wahres Begebnis»: unveröffentlichtes Typoskript. In: AdK.

«Mittleren»: vgl. TM Tb, passim. 269

«wunderliche Mönle»: Katia Mann an Klaus Mann, 5. September 1934. Unveröffentlichter Brief, handschriftlich. In: MON.

«trüben Problem Moni»: TM Tb, 19. Oktober 1936. 270

«ihre nach menschlichem Ermessen aussichtslose Musik»: TM Tb, 26. März 1936.

«verfehlt poetische»: TM Tb, 6. September 1935.

«Fort»-«Da»-Spiel: Sigmund Freud: «Jenseits des Lustprinzips». In: Sigmund Freud: «Gesammelte Werke». Band XIII. Achte Auflage. Frankfurt a. M.: S. Fischer 1976, S. 3–69. «Fort»-«Da»-Spiel speziell vgl. ebd., S. 11–15.

«Kind Moni»: so Monika Manns Unterschrift in ihren Notizen an Ilse Langenmeyer-Haessig. Unveröffentlicht, handschriftlich. In: TMA.

überfordert ist von diesem *Kind:* vgl. Inge und Walter Jens: «Frau Thomas Mann. Das Leben der Katharina Pringsheim». Reinbek: Rowohlt 2003, S. 126–130.

missachtet ihre Geschenke: vgl. KM Tb, 25. Juni 1942.

«Moni angekommen, von Florenz, niedlich aussehend»: TM Tb, 17. April 271
1935.

«die heilige Moni»: Tagebuch-Notizen der Drehreise zur Dokumenta- 272
tion «Treffpunkt im Unendlichen» von Horst Königstein, S. 29. Unveröffentlichtes Protokoll, zur Verfügung gestellt durch Horst Königstein. Erstsendung von «Treffpunkt im Unendlichen. Die Lebensreise des Klaus Mann»: NDR 1983. Dokumentarfilm von Heinrich Breloer. Redaktion: Horst Königstein, Christhart Burgmann.

«Das Leben, das nicht geopfert werden kann [...]»: Giorgio Agamben: «Homo sacer. Die souveräne Macht und das nackte Leben». Frankfurt a. M.: edition suhrkamp 2002, S. 92.

«P. S. Moni beinah so lange nis desehn [...]»: Erika Mann an Katia und Thomas Mann, 11. Januar 1943. In: Erika Mann: «Mein Vater, der Zauberer», a. a. O., S. 168.

«I don't know where to go»: Monika Mann an Charles Neider, 28. August 273
195[0], handschriftlicher englischsprachiger Brief. In: TMC. Vgl. die Veröffentlichung im vorliegenden Band, S. 240.

274 *«Inzwischen haben wir [...]»:* Monika Mann an Heinrich Mann, 27. Januar 1947. Unveröffentlichter Brief, handschriftlich. In: Heinrich Mann Collection, Feuchtwanger Memorial Library, University of Southern California, Specialized Libraries and Archival Collections, Los Angeles.

275 *«physischen Gehirnleidens»:* TM Tb, 15. August 1948.

«Vielleicht nehme ich an Nathan's ‹Writer in April› teil [...]»: Monika Mann an Charles Neider, Pacific Palisades, 29. Juni 1948. Unveröffentlichter englischsprachiger Brief, handschriftlich. In: TMC. Published with permission of the Princeton University Library. Die übersetzte Passage «‹Kreative Regungen› soweit nicht in mir –, die Bedingungen sind zu neu. Im *Geheimen* fasse ich gelegentlich das Klavier an. Ich muß allgemein vorsichtig sein, um nicht ‹gebrochen› zu werden» lautet im Original: «‹Creative moods› not in me so far – because conditions too new. *Secretely* touching the piano occasionally. Must be careful generally, not to ‹get crushed›.»

Affäre mit Richard Schweizer: vgl. Katia Mann an Klaus Mann, 5. Oktober 1947, 17. Januar 1948, 27. Februar 1948. Unveröffentlichte Briefe, handschriftlich. In: MON.

Kadidja Wedekind: vgl. TM Tb, 18. Oktober 1948 und 3. Dezember 1948.

276 *«hysterische» Anfälle:* TM Tb, 7. Juli 1948.

«Niederlassung in der Schweiz»: TM Tb, 24. Juli 1948.

«Beschluß, die arme Moni [...]»: TM Tb, 27. August 1948.

«indischen Tempelsanatorium»: Katia Mann an Klaus Mann, 27. September 1948. Unveröffentlichter Brief, handschriftlich. In: MON.

«Es funktionierte diesmal ‹ganz einfach nicht› [...]»: Übersetzung eines englischsprachigen Briefes von Monika Mann an Vivian und Charles Neider, 6. November 1948, handschriftlich. In: TMC. Vgl. die Veröffentlichung im vorliegenden Band, S. 341.

277 *psychiatrisches Gutachten:* vgl. «Schellenberg & Haissly, Walder Wyss. File 4.13. Includes a psychiatric evaluation of Monika Lanyi-Mann and copies of her will. Closed.» In: «The Archives of Elisabeth Mann Borgese», «Dalhousie University», Halifax.

«Nervenarzt»: TM Tb, 1. September 1948.

«Gedanken am Fenster»: vgl. TM Tb, 23. Februar 1949 und Thomas Mann an Monika Mann, 24. Februar 1949. In: Thomas Mann: «Briefe III», a. a. O., S. 74 f.

«Manuskript einer Autobiographie von Monika (!)»: KM Tb, 13. Dezember 1948.

278 *«Und vor allem weiß ich nicht,* wohin *ich gehen soll [...]»:* Übersetzung eines englischsprachigen Briefes von Monika Mann an Charles Neider,

28. August 195[0], handschriftlich. In: TMC. Vgl. die Veröffentlichung im vorliegenden Band, S. 347.
«Meine persönliche Reaktion auf Ihre Musik ist Befremdung [...]»: Monika Mann an Arnold Schönberg, New York, 5. November 1950. Unveröffentlichter Brief, maschinenschriftlich. In: SCH.
«Savonarola, der kleine Herr Friedemann und der Besuch eines Yankees»: 279
«du. Kulturelle Monatszeitschrift», Jg. 28, Februar 1968, S. 138 f. Vgl. die Wiederveröffentlichung im vorliegenden Band, S. 150 ff.
«Für Mönchen, sie wird es schon verstehen»: Monika Mann, «Vergangenes und Gegenwärtiges». Ergänzte Ausgabe, a. a. O., S. 102.
«Amerika ist Menschenfremde [...]»: TM Tb, 11. April 1943. 280
«Slums»: Monika Mann: «In den Slums». Zeitungsausschnitt ohne Angaben, vermutlich «St. Galler Tagblatt». In: MON. Vgl. die Wiederveröffentlichung im vorliegenden Band, S. 74 f.
«Brudergespräche»: «St. Galler Tagblatt», Juni 1963, drei Folgen. Ohne 281
weitere Angaben. In: MON. Vgl. die Wiederveröffentlichung im vorliegenden Band, S. 169 ff.
Michael Mann am Grab: vgl. dazu Erika Mann an Michael Mann, 21. November 1968: «Nie vergesse ich Dir, dass Du zur Beerdigung fuhrst (was ich nicht vermochte) und dort spieltest» (unveröffentlichter Brief, maschinenschriftlich. In: MON).
«fatale Einsendung»: TM Tb, 11. Februar 1950.
Monika Manns Gedenkschrift: Monika Mann: «Mein Bruder Klaus». In: 282
«Neue Deutsche Hefte», Jg. 21, Nr. 143, Heft 3, 1974, S. 520 f.
«Aber wie ein Ertrinkender bin ich rücksichtslos und ungestüm [...]»: Monika Mann an Hermann Kesten, Bordighera, 22. Oktober 1952. Unveröffentlichter Brief, handschriftlich. In: MON.
«Habe mich zwar indes in den Maler verliebt [...]»: Monika Mann an 283
Hermann Kesten, 9. Januar 1953. Unveröffentlichter Brief, handschriftlich. In: MON. Bei dem Maler handelt es sich um den russischen Künstler Roman Bilinski, der zwei Porträts von Monika Mann anfertigte.
Gruppe 47: Vgl. dazu Monika Mann an Richard Raupach, 10. Mai 1954. Unveröffentlichter Brief, handschriftlich. In: MON.
«Medi ein tête-a tête mit Silone zu verheimlichen»: TM Tb, 18. Dezember 1953.
«Der schöne Mythologe Kerényi [...]»: Monika Mann an Hermann Kesten, 8. Juni 1953. Unveröffentlichter Brief, handschriftlich. In: MON.
«Römisches Lied»: «Frankfurter Rundschau», 18. April 1953. In: MON. Vgl. die Wiederveröffentlichung im vorliegenden Band, S. 126 f.
«Ich habe viele Hofmacher [...]»: Monika Mann an Hermann Kesten, 284
Rom, 3. Mai 1953. Unveröffentlichter Brief, handschriftlich. In: MON.

«Ob Sie denn nun wirklich […]»: Erika Mann an Hermann Kesten, Kilchberg, 26. Januar 1956. Unveröffentlichter Brief, maschinenschriftlich. In: MON.

«Die Tochter von Thomas Mann erzählt […]»: Ankündigung auf dem Schutzumschlag der Erstausgabe von Monika Manns «Vergangenes und Gegenwärtiges. Erinnerungen». München: Kindler 1956.

«Fremd zu Hause»: «Münchner Merkur», Nr. 279, 21./22. November 1953, S. 16. In: MON. Vgl. die Wiederveröffentlichung im vorliegenden Band, S. 64ff.

«Begegnung mit Monika Mann»: Richard Raupachs Artikel erschien am 30. November 1953 in den «Münchener Jüdischen Nachrichten». In: MON.

285 *«Sprung»:* Monika Mann an Richard Raupach, 2. August 1954: «Sie wagen den Sprung nicht?!» (Unveröffentlichter Brief. In: MON).

Eine von ihm erhaltene Drucksache mit einer Art ökologisch-heiligen Botschaft: an Richard Raupach zurückgesendete Drucksache mit einer handschriftlichen Notiz Monika Manns, nach der Datierung auf dem Briefumschlag vermutlich von 1972. In: MON.

«Eigentlich mag ich nicht fortgehen […]»: Monika Mann an Richard Raupach, 19. September 1954. Unveröffentlichter Brief, handschriftlich. In: MON.

286 *«Ich bin hierhergekommen […]»:* «Gabriel Laub im Gespräch mit Monika Mann». In: NDR-Archiv. Erstsendedatum: Mai 1979. Vgl. die Druckfassung im vorliegenden Band, S. 13.

«his face gets foreign»: Monika Mann an Peter de Mendelssohn, 20. Februar 1976, handschriftlicher Brief. In: MON. Vgl. die Veröffentlichung im vorliegenden Band, S. 119.

287 *«Der letzte Häftling […]»:* Lohhof bei München: Karl Lemke 1967.

«So oft ich mir vornehme, etwas Größeres zu schreiben […]»: Monika Mann an Karl Lemke, 18. Oktober 1963, handschriftlicher Brief. In: DLA. Vgl. die Veröffentlichung im vorliegenden Band, S. 96.

«Was ist das Leben?»: Monika Mann: «Vergangenes und Gegenwärtiges». Ergänzte Ausgabe, a.a.O., S. 9.

288 *«FOR WHOSOEVER […]»:* vgl. die Abbildung von Klaus Manns Grabstein in Cannes bei Uwe Naumann (Hg.): «‹Ruhe gibt es nicht, bis zum Schluß›. Klaus Mann (1906–1949). Bilder und Dokumente». Reinbek: Rowohlt 1999, S. 326. Das Bibelwort hat Klaus Mann als Motto für sein letztes Romanprojekt «The Last Day» gewählt. Den Wortlaut dieser Notizen vgl. ebd., S. 325: «For whosoever shall save his life shall lose it; but whosoever shall lose his life, the same shall find it».

«Es ist ein großes Wort [...]»: Thomas Mann: «Die Entstehung des Doktor Faustus. Roman eines Romans». In: Thomas Mann: «Reden und Aufsätze 3». In: Thomas Mann: «Gesammelte Werke». Bd. XI. Frankfurt a. M.: S. Fischer 1974, S. 147 f.
«Unleben»: Monika Mann: «Vergangenes und Gegenwärtiges». Ergänzte Ausgabe, a. a. O., S. 10.
«Ich weiß nicht, wie meine Zukunft wird [...]»: Interview Raffaele La Ca- 289
prias mit Monika Mann zum Tode von Antonio Spadaro: «A Sulla Mia Capri è sceso l'autunno». In: «Corriere della Sera», 28. Mai 1986, S. 13. Vgl. die deutschsprachige Erstveröffentlichung im vorliegenden Band, S. 252.
«ich weiß nicht, wohin ich gehen soll»: Übersetzung eines englischsprachigen Briefes von Monika Mann an Charles Neider, 28. August 195[0]. In: TMC. Vgl. die Veröffentlichung im vorliegenden Band, S. 347.
Ingrid Beck-Mann: vgl. die Anmerkungen zu einem Brief von Golo Mann an Peter Marxer, 20. November 1986. In: Golo Mann: «Briefe 1932–1992». Hg. von Tilmann Lahme und Kathrin Lüssi. Göttingen: Wallstein Verlag 2006, S. 466.
«And my ending is despair»: vgl. Ruprecht Wimmer: «‹And my ending is despair›. Thomas Manns Krankheit des Alterns». In: «Vom ‹Zauberberg› zum ‹Doktor Faustus›. Die Davoser Literaturtage 1998». Hg. von Thomas Sprecher. Frankfurt a. M.: Vittorio Klostermann 2000 (= «Thomas-Mann-Studien». Bd. XXIII), S. 31–46.
einer Art Rechtfertigungsbericht: unveröffentlichtes Dokument, handschriftlich. In: Schweizerisches Literaturarchiv, Bern.
«Die Anwesenheit des andern genügte»: Interview Raffaele La Caprias mit 290
Monika Mann zum Tode von Antonio Spadaro: «A Sulla Mia Capri è sceso l'autunno». In: «Corriere della Sera», 28. Mai 1986, S. 13. Vgl. die deutschsprachige Erstveröffentlichung im vorliegenden Band, S. 256.
«Bitte mach's studio-like [...]»: einige handschriftliche Notizen an die Wirtin der Pension Haessig befinden sich undatiert und in loser Anordnung in: TMA. Vgl. die Veröffentlichung im vorliegenden Band, S. 137 f.

Konsultierte Archive

Literaturarchiv der Monacensia, Stadtbibliothek München: Ein Konvolut Feuilletons von Monika Mann (Zeitungsausschnitte); Korrespondenzen mit Hermann Kesten, Erika und Klaus Mann sowie Peter de Mendelssohn; Briefe an Richard Raupach; Briefe Erika Manns an Hermann Kesten und Lotte Walter; Briefe Klaus Manns an Katia Mann.

Deutsches Literaturarchiv Marbach, Nachlass Dr. Marlis Kressner: Briefe Monika Manns an Karl Lemke, Martin Gregor-Dellin und Herbert Hohenemser («Münchner Merkur»); ein Brief Jenö Lányis an Franz Baermann Steiner; Sammlung einiger Feuilletons (Zeitungskopien).

Akademie der Künste Berlin, Literaturarchiv, Nachlass Elfriede Mechnig: Korrespondenz mit Monika Mann; Typoskripte.

Akademie der Künste Berlin, Musikarchiv, Nachlass Hans Heinz Stuckenschmidt: Korrespondenz zwischen Hans Heinz Stuckenschmidt und Monika Mann.

Thomas Mann Collection, Manuscripts Division, Department of Rare Books and Special Collections, Princeton University Library: Korrespondenz Monika Manns mit Charles und Vivian Neider.

Heinrich Mann Collection, Feuchtwanger Memorial Library, University of Southern California, Los Angeles: Briefe Monika Manns an Heinrich Mann.

Thomas-Mann-Archiv der ETH Zürich: Ein Brief Monika Manns an Katia Mann, Notizen und Briefe an Ilse Langenmeyer-Haessig.

Schönberg Collection, University of Michigan, Special Collections Library: Briefe Monika Manns an Arnold Schönberg.

Rowohlt Verlag, Reinbek bei Hamburg: Korrespondenz Monika Manns mit Berthold Spangenberg.

Deutsche Nationalbibliothek, Deutsches Exilarchiv 1933–1945, Frankfurt am Main: Korrespondenz Monika Manns mit Wilhelm Sternfeld.

General Register Office, England: «Certified Copy of an Entry of Marriage» (Heiratsurkunde von Monika Mann und Jenö Lányi).

Originalkorrespondenz im Nachlass Werner Helwig: Briefwechsel zwischen Monika Mann und Werner Helwig. Zur Verfügung gestellt von Ursula Prause.

Nachlass Anna Jacobson: Briefe Monika Manns an Anna Jacobson. Zur Verfügung gestellt von Ulrich Kocher.

Editorische Bemerkungen

Im vorliegenden Band sind erstmals Feuilletons, Briefe und Interviews von und mit Monika Mann in Auswahl erfasst. Neben den fünf von ihr so genannten «Büchelchen», von denen einzig der Erinnerungsband «Vergangenes und Gegenwärtiges» wieder veröffentlicht wurde, schrieb sie im Zeitraum von 1947 bis 1986 unzählige Essays, Erzählungen, Märchen, Kommentare, Rezensionen, Aphorismen, Gedichte. Manches verwarf sie – so der Korrespondenz mit Hermann Kesten, Karl Lemke und Richard Raupach zu entnehmen –, anderes verschwand im Laufe der Zeit. Gegenwärtig sind über 450 literarische Texte registriert. Erscheinungsdatum und Angaben zu den jeweiligen Publikationsorganen wurden von den Quellennachweisen auf den Vorlagen in den konsultierten Archiven oder Privatsammlungen übernommen. Daraus ergibt sich teilweise ein abweichendes Datenmaterial hinsichtlich der Zuordnungen von Jahrgang, Datum und Seitenzahl. Die Fassungen der aufgenommenen Texte und Briefe folgen den angegebenen Manuskripten und Typoskripten sowie Erstdrucken und erscheinen in ungekürzter Form. Unleserliche Passagen wurden kenntlich gemacht. Die Interpunktion und Orthographie wurden behutsam der damals gültigen deutschen Rechtschreibung angeglichen, offensichtliche Flüchtigkeitsfehler dabei behoben.

Einige Briefe Monika Manns und eine lose Sammlung ihrer Feuilletons befinden sich im Literaturarchiv Monacensia, Stadtbibliothek München. Zu treuen Händen von «Fräulein Egli» sandte Monika Mann ihre bereits gedruckten Artikel an das Thomas-Mann-Archiv nach Zürich. Von dort gelangten sie zur Aufbewahrung nach München. Die gelegentlichen Angaben zu Erscheinungsdatum und -ort tragen unverkennbar ihre Handschrift und lassen diese Rückschlüsse zu. Welchen Weg die ebenfalls dort aufbewahrten Originalbriefe an Hermann Kesten und Richard Raupach aus den Jahren 1950 bis 1970 zurückgelegt haben, bleibt ein offenes Geheimnis, wie auch die Lücken und weißen Flecken in der Familienkorrespondenz viele Fragen aufwerfen. Eine Korrespondenz aus den Jahren 1973 bis 1982 mit Peter de Mendelssohn, dessen Nachlass ebenfalls im Literaturarchiv der Monacensia aufbewahrt wird, erlaubt Einblicke in die Arbeit an der Herausgabe der Tagebücher Thomas Manns.

Ein kleines Konvolut von Zeitungskopien sowie Originalbriefen an Karl Lemke und Martin Gregor-Dellin aus den Jahren 1963 bis 1980 liegt außerdem im Deutschen Literaturarchiv Marbach, Nachlass Dr. Marlis Kressner. Biografische Notizen zu Monika Mann lassen vermuten, dass die Literatur- und Theaterwissenschaftlerin an eine Publikation dachte oder sich zumindest sehr für Monika Mann interessierte. Im Nachlass von Joachim Günther, dem Herausgeber der «Neuen Deutschen Hefte», werden außerdem einige Briefe Monika Manns aufbewahrt.

Weitere unveröffentlichte Typoskripte in Form dünner Durchschläge liegen im Literaturarchiv der Akademie der Künste Berlin, Nachlass Elfriede Mechnig. Die langjährige Sekretärin Erich Kästners war von 1930 bis 1980 als Literaturagentin für verschiedene Autoren tätig. Deren – zumindest in ihrem Fall – wenig erfolgreiche Dienste beanspruchte Monika Mann im Zeitraum von 1953 bis 1980. Doppelungen und Veröffentlichungen in Blättern wie dem «Osnabrücker Tageblatt» oder der Mainzer «Allgemeinen Zeitung» gehen auf diese Bemühungen zurück. Ein auf die Geschäftsbelange reduzierter Briefwechsel aus diesen Jahren, der ebenfalls in Berlin archiviert wird, gewährt Einblick in die peniblen Abrechnungspraktiken von Monika Mann und in ihre Bemühungen, ihre Texte veröffentlicht zu sehen.

Das Hauptgeschäft wurde jedoch von ihr selbst bestritten. An folgende Periodika – darunter Monatsmagazine sowie Wochen- und Tageszeitungen – sandte Monika Mann über Jahrzehnte direkt ihre Typoskripte, in letzteren wurden sie zumeist in den Wochenendbeilagen veröffentlicht:

«Die Tat», Zürich; «St. Galler Tagblatt»; «Der Bund», Bern; «Neue Zürcher Zeitung»; «Süddeutsche Zeitung», München; «Münchner Merkur»; «Stuttgarter Zeitung»; «Frankfurter Rundschau»; «Neue Deutsche Hefte», Berlin; «Wegwarten. Eine literarische Zeitschrift für Einzelne», Hannover; «Aufbau. Das jüdische Monatsmagazin», damals New York; «Staats-Zeitung und Herold», New York; «Il Mondo», Rom.

Vereinzelt erschienen Monika Manns Beiträge in:

«Panorama. Eine deutsche Zeitung für Literatur und Kunst», München; der schweizerischen Kulturzeitschrift «du», Zürich; «Merkur. Deutsche Zeitschrift für europäisches Denken», Stuttgart; «Konkret», Hamburg.

Monika Mann pflegte selbst die zum Teil sehr persönlichen Kontakte, so zu Kurt Lüthy, dem damaligen Chefredakteur des «St. Galler Tagblatts». Ihm widmete sie auch ihre «Tupfen im All». In Verbindung stand sie des Weiteren zu Dr. Erwin Jaeckle (1909–1997), dem langjährigen Chefredakteur der Zeitung «Die Tat». Er veröffentlichte ebenfalls in der Literaturzeitschrift «Wegwarten» seine eigenen kleinen Gedichte und Essays, und es ist anzunehmen, dass der Kontakt zu Walter Lobenstein, dem Gründer und Herausgeber dieser literarischen Zeitschrift, über ihn zustande kam.

Während ihrer Zeit in New York und Pennsylvania verfasste Monika Mann einige ihrer Texte in englischer Sprache, ebenso ist der Briefwechsel mit Charles und Vivian Neider aus den Jahren 1947 bis 1953 in Englisch gehalten. Nach ihrer endgültigen Rückkehr nach Europa teilt sie Hermann Kesten mit: «Ich kritzle einiges von mir auf englisch» (Bordighera, 9. Januar 1953. In: MON). Später schreibt sie fast ausschließlich wieder in deutscher Sprache, für die italienische Presse allerdings in deren Landessprache.

Eine kleine Auswahl der vorgefundenen Briefe Monika Manns wird in dieser Anthologie erstmals veröffentlicht, vollständig und ohne Kürzungen. Die schmalen Konvolute liegen in den genannten Archiven, der Rest ging verloren oder wurde vernichtet. Ebenfalls erstmals werden ein Rundfunk-Interview mit Gabriel Laub in gedruckter Form veröffentlicht und ein letztes Gespräch mit dem Schriftsteller Raffaele La Capria aus dem Italienischen übersetzt.

Das bisher zugängliche Foto-Material wurde durch eine undatierte Fotografie aus dem Nachlass von Charles Neider und ein in Italien angefertigtes Porträt des russischen Malers Roman Bilinski aus dem Jahr 1953 ergänzt.

Anmerkungen

Folgende Siglen werden verwendet:

AdK Akademie der Künste Berlin, Literaturarchiv, Nachlass Elfriede Mechnig (1901–1986).

DLA Deutsches Literaturarchiv Marbach, Nachlass Dr. Marlis Kressner (1925–1999).

KM Tb Klaus Mann: «Tagebücher». Hg. von Joachim Heimannsberg, Peter Laemmle und Wilfried F. Schoeller. 6 Bde. Reinbek: Rowohlt 1995.

MON Literaturarchiv der Monacensia, Stadtbibliothek München.

SCH Schönberg Collection, University of Michigan, Special Collections Library.

TMA Thomas-Mann-Archiv der ETH Zürich.

TMC Thomas Mann Collection, Manuscripts Division, Department of Rare Books and Special Collections, Princeton University Library: Korrespondenz Monika Manns mit Charles und Vivian Neider.

TM Tb Thomas Mann: «Tagebücher». Hg. von Peter de Mendelssohn bzw. Inge Jens. 10 Bde. Frankfurt a. M.: S. Fischer 1977–95.

WH Originalkorrespondenz im Nachlass Werner Helwig (1905–1985): Briefwechsel zwischen Monika Mann und Werner Helwig. Zur Verfügung gestellt durch Ursula Prause.

Titel *Das fahrende Haus*

Vollständiges Zitat: «Ein episodisches Sein, das fahrende Haus hat als Grundstein die gefestigte Kindheit und Jugend.» Aus: Monika Mann: «Fünfzigmal erlebte ich den Rosenmonat». Vgl. die Anmerkung zu dem Text im vorliegenden Band, S. 336.

5 *Das Dach ist durchlässig*

«Capri 1958». Unveröffentlichte Briefkarte an Richard Raupach, handschriftlich. Mit einem vermutlich von Monika Mann als Druckvorlage entworfenen Motiv auf der Vorderseite. In: MON.

Das Dach ist durchlässig: vollständiger Text: «Lieber Richard! Daß Sie lange Pausen lieben, merke ich. Es zeugt von Generosität. You have got a large character, haven't you, honey? – Österlich grüße ich Sie, wünsche das beste! – Capri ist ein rechtes Osternest – die Heimat der Auferstande-

nen – alles was Beine hat, kommt her. – Das Katzentier hat Junge bekommen und leckt sich stolz den Bart. Wehe dem Pudel, der sich ihr nähert! Sie verteidigt ihre Brut vor einem Löwen. Recht hat sie! – Umstehend das Gemälde ist ungefähr mein Haus. Das Dach ist durchlässig. Aus dem Mond fallen Käfer und Eidechsen aus Eis und Gold. – Was schreiben Sie übrigens, am Sonntag – off duty? Dichten Sie? – Es wäre gut, wenn wir uns einmal begegneten.
Alles Schöne Ihre Monika
Capri 1958»

Der Feuilletonist und Kritiker Richard Kurt Raupach (Lebensdaten nicht ermittelt) war ein Bewunderer Thomas Manns. Erwähnt: «Geistige Fracht von Übersee. Eine deutsche Stimme zu Thomas Manns neuem Roman ‹Dr. Faustus›». O. O. O. J. [1947]. Nachweisbar: «Thomas Mann und das Ende des Dritten Reiches. Unveröffentlichte Briefe des Dichters» (in: «Die Tat», Nr. 114, 27. April 1963). Raupach korrespondierte mit Thomas Mann in den Jahren 1947 bis 1950 (vgl.«Die Briefe Thomas Manns. Regesten und Register». Bd. III: 1944–1950. Hg. von Hans Bürgin und Hans-Otto Mayer. Frankfurt a.M.: S.Fischer 1982, 47/383; 48/402; 49/352; 49/449; 50/444) und interviewte Monika Mann während ihres ersten Besuches im November 1953 in München (Richard Raupach: «Begegnung mit Monika Mann». In: «Münchener Jüdische Nachrichten», 30. November 1953. In: MON). In dieser Zeit lebte Monika Mann alleine und ohne Perspektive in Rom, sie suchte und brauchte einen Menschen, dem sie vertrauen konnte. Dieser Mensch, so ihre Hoffnung, könnte Raupach sein. In diesem Sinne schrieb sie ihre ersten Briefe, er konnte oder wollte jedoch ihre Erwartungen nicht erfüllen. Raupach war für sie jedoch mehr als «der Mann», er überbrückte die Distanz zur alten Heimatstadt München und stellte den Kontext zum Vater über seine Thomas-Mann-Rezeption her. Nach ihrer Etablierung auf Capri blieb sie ihm freundschaftlich verbunden.

Statt einer Einleitung: «Der Wind hat mich hergetragen» 11

«Monika Mann im Gespräch mit Gabriel Laub». In: NDR-Archiv. Serientitel: «Bibliothek des 3. Programms». Erstsendedatum: Mai 1979, Aufnahme-/Produktions-Datum: 8. Mai 1979. Transkription: Karin Andert.

Gabriel Laub: Journalist, Satiriker, Aphoristiker polnischer Herkunft (1928–1998), ab 1939 in der Sowjetunion, ab 1946 in Prag, emigrierte 1968 nach Deutschland, schrieb in deutscher und tschechischer Sprache.

Freund Antonio: Antonio Spadaro (1907–1985), Monika Manns Lebensgefährte. Seit ihrem Capri-Aufenthalt im Winter 1954/1955 lebten sie bis zu seinem Tod im Dezember 1985 in der «Villa Monacone» unter einem Dach, vermutlich nicht in einer Wohnung.
Sanary: die französische Stadt an der Côte d'Azur wurde nach 1933 für viele exilierte Schriftsteller zu einem Zufluchtsort vor der nationalsozialistischen Diktatur. Neben der Familie Mann hielten sich hier in den dreißiger Jahren vorübergehend etwa Lion Feuchtwanger, Franz Werfel und Ludwig Marcuse auf. Dieser prägte angesichts der großen Zahl der hierher geflohenen Schriftsteller sogar die Wendung von der «Hauptstadt der deutschen Literatur» (Ludwig Marcuse: «Mein zwanzigstes Jahrhundert». München: Paul List 1960, S. 179). René Schickele lebte in Sanary-sur-Mer bereits seit 1932, der englische Schriftsteller Aldous Huxley kaufte sich 1930 dort ein Haus. Nach ihrem Sanary-Aufenthalt siedelten sich Thomas und Katia Mann mit ihren beiden jüngsten Kindern Elisabeth und Michael im September des Jahres 1933 in Küsnacht bei Zürich an. Monika Mann blieb als Einzige von der Familie noch bis Jahresende in dem französischen Küstenort.
Rolf Schott: Schriftsteller (1891–1977), lebte in Rom und stand in Verbindung mit Monika Mann. Schott traf Thomas Mann während seines Rom-Besuches (vgl. TM Tb, 6. April 1954) und besuchte ihn in Kilchberg (vgl. TM Tb, 4. Juni 1954).
Bruno Walter: Dirigent und langjähriger Freund der Familie (1876–1962).

TEIL I
«Schule der Weltbürger» – Texte zur Emigration

30 Die Flucht

Unveröffentlichtes Typoskript. In: AdK.

31 Schule der Weltbürger. (Ein Dokument)

Zeitungsausschnitt ohne Angaben, vermutlich «St. Galler Tagblatt», zwei Folgen, ca. November 1959. In: MON. Nicht lesbare Passagen im Original sind durch Auslassungszeichen gekennzeichnet.

Conte Ciano: Galeazzo Ciano (1903–1944), Schwiegersohn Mussolinis, italienischer Außenminister. Wegen Hochverrats an Mussolini zum Tode verurteilt, in Verona am 11. Januar 1944 vollstreckt.

Bundespräsident Motta: Giuseppe Motta (1871–1940), Mitglied des Schweizer Bundesrates, Bundespräsident während einiger Jahre.
Benesch: Edvard Beneš, Dr. Eduard Benesch (1884–1948), tschechoslowakischer Staatspräsident (1935–38), Präsident der tschechischen Exilregierung in London (1940–45), danach erneut Präsident der Tschechoslowakei (1945–48).
acht neue Kleider: tschechoslowakische Pässe unter der Regierung Beneš für die Familie Mann (Thomas, Katia, Klaus, Golo, Monika, Elisabeth, Michael). Monika Mann wurde als Letzte der Familie am 22. April 1938 in Zürich vereidigt. Erika Mann war bereits seit ihrer Hochzeit mit dem englischen Dichter Wystan H. Auden im Juni 1935 britische Staatsbürgerin – es handelt sich also nur um sieben «neue Kleider».
Masaryk: T. G. Masaryk (1850–1937), erster Staatspräsident der Tschechoslowakei (1918–35), Philosoph, Publizist.
Zapotocky: Antonín Zápotocký (1884–1957), tschechoslowakischer Politiker. Von 1940–45 im Konzentrationslager Sachsenhausen. Von 1948–53 Ministerpräsident und später Staatspräsident der Tschechoslowakei.
Horthy: der ungarische «Reichsverweser» und Admiral Miklós Horthy von Nagybánya (1868–1957), Vertreter einer Politik der Annäherung an Italien und Deutschland. Nach dem Scheitern seines Versuchs, für Ungarn einen Sonderfrieden zu erlangen, dankte Horthy am 15. Oktober 1944 ab. Er starb im Exil in Portugal.
Rákosi: der Politiker Mátyás Rákosi (1892–1971), Kommunist stalinistischer Prägung, der vor dem Volksaufstand 1956 zentrale politische Ämter in Ungarn innehatte.
Es war soweit: Annahme der amerikanischen Staatsbürgerschaft im Juni 1952.
auf dem deutschen Konsulat: im April 1958 Wiederannahme der deutschen Staatsbürgerschaft auf dem deutschen Konsulat in Neapel.

Es war wie ein Traum. Casablanca: Hafen voller Gegensätze 44

Freitag, 15. Juli 1955, keine weiteren Angaben. In: MON. Auch erschienen unter dem Titel: «Landung in Casablanca». In: «Stuttgarter Zeitung», 4. Februar [?], ohne weitere Angaben. In: DLA. Weitere Veröffentlichung unter dem Titel: «Eine Landung (Casablanca)». In: «Aufbau», Jg. XVIII, 21. November 1952. Erwähnt in: «Monika Mann (1910–1992). Zusammengestellt unter Mitarbeit von Anita Naef». Hinweis von Dr. Sabine Grimkowski, Rundfunkredakteurin, die unter dem Titel «Wer war Monika Mann?» einen Artikel in der Wiener Zeitung am 20. Oktober 2000 veröffentlichte.

45 **USA 1940 / – Notizen –**

«Wegwarten», Jg. 16, Heft 61, Winter 1976 / 77, S. 19–24. In: Privatsammlung.

Your story: der Text bezieht sich auf Monika Manns Ankunft in New York mit dem Schiff «Cameronia» am 28. Oktober 1940. Ihr erster Versuch, nach Amerika zu gelangen, war fehlgeschlagen. Das Schiff «City of Benares», auf dem sie sich mit ihrem Mann Jenö Lányi (geb. 1902) befand, wurde in der Nacht vom 17. September 1940 auf der Fahrt von England nach Kanada von einem deutschen U-Boot torpediert. Monika Mann wurde gerettet, Jenö Lányi kam ums Leben.
Artur Schnabel: der Pianist Artur Schnabel (1882–1951) emigrierte 1939 in die USA.
«Bruno Walter»: der zum engsten Freundeskreis der Manns gehörende Dirigent Bruno Walter (1876–1962), der 1940 in die Vereinigten Staaten ging und dort in Beverly Hills lebte.
Carl Zuckmayer: der Schriftsteller Carl Zuckmayer (1896–1977), 1939 in die Vereinigten Staaten emigriert.
Erich Maria Remarque: der Schriftsteller (1898–1970) siedelte 1939 in die USA über. Weltberühmt wurde Remarque durch seinen Roman «Im Westen nichts Neues», der 1929 / 30 in den USA verfilmt wurde.
Kadidja: die Autorin, Schauspielerin und Journalistin Kadidja Wedekind (1911–1994), mit der Monika Mann zeitweise in New York zusammenlebte. Vgl. die Anmerkung unter «Treuer alter, K.» im vorliegenden Band, S. 326.
Friedelind (Wagner): die Tochter Siegfried und Winifred Wagners (1918–1991). Im Gegensatz zu ihrer Familie, die sich mit dem Dritten Reich arrangierte, emigrierte Friedelind Wagner in die USA.
Bartók: der ungarische Komponist Béla Bartók (1881–1945) emigrierte 1940 in die USA. Kurz nach Kriegsende starb er in New York.
Hindemith: der vom NS-Regime boykottierte Komponist Paul Hindemith (1895–1963) übersiedelte 1940 in die USA, wo er an der Yale University in New Haven lehrte.
PSALMSYMPHONIE: die «Psalmensinfonie» des von Frankreich nach New York übergesiedelten russischen Komponisten Igor Strawinsky (1882–1971) entstand 1930 als Auftragskomposition des Boston Symphonie Orchestra. 1948 überarbeitete Strawinsky das Werk.
SACRE: Strawinkys Ballett «Le Sacre du Printemps».
Alma Mahler. La Grande-Veuve-von-Gestern: die «grande veuve» (TM Tb, 2[8]. Juli 1948) Alma Mahler-Werfel, Witwe von Gustav Mahler und seit

1945 von Franz Werfel. Vgl. die Anmerkung zu Monika Manns Brief an H. H. Stuckenschmidt vom 30. Juli 1972 im vorliegenden Band, S. 309.
Einstein: der Physiker und Nobelpreisträger Albert Einstein (1879–1955), Erfinder der Relativitätstheorie. Emigrierte 1933 in die Vereinigten Staaten. In Princeton fand er am Institute for Advanced Studies eine neue Wirkungsstätte und lebte hier ganz in der Nähe von Thomas Mann bis zu dessen Übersiedlung an die Westküste.
News Reel: «Newsreel», amerikanische Wochenschau.
Laskars: ostindische Matrosen bzw. Schiffsangestellte.
Vermont: wie ihrem Briefwechsel zu entnehmen ist, bereiste Monika Mann wiederholt den amerikanischen Bundesstaat.

Das alte Haus in der Neuen Welt 52

«St. Galler Tagblatt», 19. Januar 1950, mit handschriftlichen Korrekturen Monika Manns. In: MON. Auch erschienen in: «Die Neue Zeitung» (München), 9. Februar 1950. In: MON.

John Dewey: der amerikanische Philosoph und Pädagoge John Dewey (1859–1952).
Hugo Bieber: der im amerikanischen Exil lebende Germanist Hugo Bieber (1883–1950).
Carl Zuckmayer: der Schriftsteller Carl Zuckmayer (1896–1977) emigrierte 1939 in die Vereinigten Staaten.
Eugen Spiro: der Maler Eugen Spiro (1874–1972), in Breslau geboren, vor seinem Gang ins Exil in Berlin wirkend. Emigrierte zunächst nach Paris, später in die USA. Im Druck «Walter Spiro», Vorname von Monika Mann handschriftlich zu «Eugen» korrigiert.
Lotte Leonhardt: vermutlich die mit den Manns und Bruno Walter bekannte Sängerin Lotte Lehmann (1888–1976). Emigrierte 1938 in die USA, wo sie an der Metropolitan Opera in New York ein neues Wirkungszentrum fand. Ab 1951 unterrichtete Lehmann an der Music Academy of the West in Santa Barbara, Kalifornien.
Bruno Eisner: der Berliner Pianist und Musikprofessor Bruno Eisner (1884–1978). Vgl. die Anmerkung zu Monika Manns Brief an Anna Jacobson vom 23. Mai 1949 im vorliegenden Band, S. 345.

TELEGRAPH. Amerikanische Nachrichten 55

«Frankfurter Neue Presse» [?], S. 19, keine weiteren Angaben. In: MON.

56 **Ich besitze kein Autogramm**

«Die Tat», «Magazinseite», Samstag, März 1964, keine weiteren Angaben. In: MON.

Schönberg: in ihrem Text verdichtet Monika Mann mehrere Begegnungen mit Arnold Schönberg, u. a. bei Arthur Rubinstein in Los Angeles, Kalifornien (vgl. Monika Mann an H. H. Stuckenschmidt, 30. Juli 1972). Ein «Verkehr und Austausch mit Arthur Rubinstein und seinem Haus» wie auch mit Arnold Schönberg bahnen sich für Thomas Mann und seine Familie während der Arbeiten an seinem Musikerroman «Doktor Faustus» an und intensivieren sich im Lauf der Zeit (vgl. Thomas Mann: «Die Entstehung des Doktor Faustus. Roman eines Romans». In: Thomas Mann: «Reden und Aufsätze 3». In: Thomas Mann: «Gesammelte Werke». Bd. XI. Frankfurt a. M.: S. Fischer 1974, S. 178 f.).

61 **«Schönberg» – Monika Mann an H. H. Stuckenschmidt**

«Pensione Haessig / Colle-Renon / Soprabolzano / 30.VII.72». Unveröffentlichter Brief, handschriftlich. In: AdK, Musikarchiv, Nachlass Hans Heinz Stuckenschmidt.

H. H. Stuckenschmidt: Hans Heinz Stuckenschmidt (1901–1988), Autor und Musikkritiker, arbeitete an einer korrigierten Neuauflage seiner Biographie zu Arnold Schönberg und bat Monika Mann um Informationen. Unter dem Titel «Schönberg. Leben – Umwelt – Werk» kam das Werk 1974 im Atlantis Verlag, Zürich und Freiburg i. Br., heraus. Dort zitiert Stuckenschmidt aus dem hier abgedruckten Brief (S. 415).
«Schönberg»: Arnold Schönberg, Schöpfer der Zwölftontechnik (1874 bis 1951). Traf mit Thomas Mann in Los Angeles zusammen und lieferte ihm Materialien für seinen Roman «Doktor Faustus». Nach dessen Veröffentlichung griff Schönberg Thomas Mann an, weil er sich in seiner Bedeutung als Komponist der Zwölftonmusik an den Rand gedrängt fühlte.
Peter Stadlen: österreichischer Pianist, Komponist (1910–1996), Freund von Monika Mann aus ihrer Wiener Zeit, war in Australien interniert und lebte nach seiner Freilassung bis zu seinem Tod in England. Monika Mann setzte sich für seine Haftentlassung ein. Vgl. die Anmerkung zu ihrem Brief an Schönberg vom 29. Januar 1941 im vorliegenden Band, S. 340 f.
Genia Schwarzwald: Eugenie Schwarzwald, in vielen Projekten engagierte Pädagogin und Schulgründerin (1872–1940). In Wien war ihr Salon Treffpunkt vieler Künstler, 1938 emigrierte sie in die Schweiz.

Kolisch: Schönbergs Schwager Rudolf Kolisch (1896–1978), Violinist und Bruder von Gertrud Kolisch, die 1924 Schönberg heiratete. Kolisch war sein Schüler und gründete das «Wiener Streichquartett». Emigration nach Amerika, Lehrtätigkeiten an der New School of Social Research in New York und anderen Universitäten.
Arthur Rubinstein: Pianist (1887–1982), in Polen geboren, verlegte im Zweiten Weltkrieg seinen Wohnsitz von Paris in die USA. Siehe auch die Anmerkung zu Monika Manns Text «Ich besitze kein Autogramm» im vorliegenden Band, S. 308.
Alma Mahler: Alma Mahler-Werfel (1879–1964), geb. Schindler, Witwe Gustav Mahlers, Ehefrau von Walter Gropius, später von Franz Werfel. Nach der Emigration in die USA 1940 lebte sie in unmittelbarer Nachbarschaft zu Thomas Mann und gehörte zu dessen engerem Freundeskreis.
Persönlich sah ich ihn 42 und 43: nach verschiedenen Treffen bei gesellschaftlichen Anlässen legte ein gemeinsamer Abend bei Werfels am 8. Mai 1943 den Grundstein für den späteren intensiven Austausch zwischen Arnold Schönberg und Thomas Mann: «und es trifft sich gut, daß er [Schönberg] selbst auf Verkehr der Häuser dringt» (TM Tb). Monika Mann könnte ihrer Schilderung zufolge mit ihrer Familie einer Einladung Schönbergs am 27. August 1943 gefolgt sein: «Zum Abendessen bei / Schönbergs / in Brentwood. Gastliche Aufnahme. Ungezogene Kinder. Vorzüglicher Wiener Kaffee. / Mit ihm viel über Musik» (TM Tb).

Bilder aus der Emigration 63

«Neue Deutsche Hefte», Jg. 32, Nr. 186, Heft 2, 1985, S. 263 f. In: Privatsammlung.

Alma Mahler: vgl. die Anmerkung zu Monika Manns Brief an Hans Heinz Stuckenschmidt vom 30. Juli 1972 im vorliegenden Band, S. 309.
Thomas Mann [...] funkt seine beschwörenden Worte nach D.: Radiosendungen «Deutsche Hörer» über die British Broadcasting Corporation von 1940–1945.
Heinrich Mann: der Schriftsteller Heinrich Mann (1871–1950) emigrierte 1940 in die USA.
«Faustus»: Thomas Manns «Doktor Faustus» erschien 1947 in Stockholm bei Bermann-Fischer. Während der Arbeit an dem Roman wurde bei Thomas Mann eine Erkrankung an Lungenkrebs diagnostiziert. Im April 1946 musste er sich im «Billings Hospital» in Chicago einer Operation unterziehen.

64 **Fremd zu Hause**

«Münchner Merkur», Nr. 279, 21./22. November 1953, S. 16. In: MON.

Heimatstadt München: erste Wiederbegegnung Monika Manns nach 1933 mit ihrer Geburtsstadt München. Zuvor hatte sie an den Feierlichkeiten zu Katia Manns 70. Geburtstag in Zürich teilgenommen und hielt sich danach einige Wochen in Erlenbach und in den Bergen auf. Nach ihrem etwa zehntägigen Besuch in München fuhr sie wieder nach Rom zurück. Ein Brief von Monika Mann aus dem Hotel «Vier Jahreszeiten» an den «Münchner Merkur» vom 19. November 1953 bestätigt diese Annahme (unveröffentlicht, handschriftlich. In: DLA). Siehe auch Richard Raupach: «Begegnung mit Monika Mann», «Münchener Jüdische Nachrichten», 30. November 1953. In: MON.

66 **Die Frage des Wohnens**

Zeitungsausschnitt ohne Angaben, vermutlich «St. Galler Tagblatt». In: MON.

Tiberios Haus: die Villa Jovis auf Capri, Residenz des römischen Kaisers Tiberius. Vgl. die Anmerkung zu «Fünfzigmal erlebte ich den Rosenmonat» im vorliegenden Band, S. 337.

68 **Capri und Campari**

Zeitungsausschnitt ohne Angaben, vermutlich im Zeitraum von 1962 publiziert. In: MON.

brasilianische Ahnen: Monika Manns Großmutter väterlicherseits Julia da Silva-Bruhns (1851–1923), geboren in Paraty, Brasilien, verheiratet mit dem Lübecker Senator Thomas Johann Heinrich Mann.

70 **«Alles Gepäck verloren» – Monika Mann an Wilhelm Sternfeld**

«Capri/4. Januar 1957». Adresse: «W. Sternfeld/London, N. W. 8/2, Blenheim Road». Unveröffentlichter Brief, handschriftlich. In: Deutsche Nationalbibliothek, Deutsches Exilarchiv 1933–1945, Frankfurt am Main, Nachlass Wilhelm Sternfeld.

Sternfeld: Willy (Wilhelm) Sternfeld (1888–1973), Journalist und Schrift-

steller. Emigrierte 1933 nach Paris, 1935 nach Prag, 1939 nach London. In Prag tätig für die Thomas Mann-Gesellschaft, in London Sekretär einer Thomas-Mann-Gruppe innerhalb des tschechoslowakischen Hilfsdienstes für Emigranten sowie Vertrauensmann der Self Aid of Refugees from Germany. Verfasste u. a. mit Eva Tiedemann: «Deutsche Exil-Literatur von 1933–1945. Eine Bio-Bibliographie». Heidelberg: Schneider 1962 (Erweiterte Ausgabe in den Veröffentlichungen der Deutschen Akademie für Sprache und Dichtung, Darmstadt. Heidelberg: Schneider 1970). Sternfeld knüpfte den Kontakt zu Monika Mann. Er sandte ihr einen Fragebogen der Deutschen Akademie für Sprache und Dichtung nach Capri. Am 7. Januar 1957 reagierte er auf ihr Antwortschreiben und versprach, der Sache nachzugehen, bat dazu aber um zusätzliche Daten. Am 10. Januar 1957 erwiderte Monika Mann, dass sie keine weiteren Angaben machen könne, und gab die Hoffnung auf Entschädigung auf: «Übrigens würde ich Sie als eine Art Wundermann ansehen, sollte bei Ihren Forschungen etwas herauskommen. Viel investieren will ich nicht in sie, da aus meinen konkreten Hoffnungen das Traumhafte und Trügerische nicht ganz weichen will» (unveröffentlichter Brief, handschriftlich. In: Deutsche Nationalbibliothek, Deutsches Exilarchiv 1933–1945, Nachlass Wilhelm Sternfeld).
«emigriert»: in Monika Manns Brief finden sich einige ungenaue Angaben. Endgültig kehrte sie erst 1952 nach Italien zurück; die Eheschließung mit Jenö Lányi fand erst am 2. März 1939 in London statt. Vgl. dazu die Zeittafel im vorliegenden Band.
Jenö Lányi: siehe die Anmerkungen zu «USA 1940 / – Notizen –» im vorliegenden Band, S. 306.

TEIL II
«Wald – Der Vater – Liebe» – Kleine Prosa

In den Slums 74

Zeitungsausschnitt ohne Angaben, vermutlich «St. Galler Tagblatt». In: MON. Auch erschienen in: «Aufbau», Jg. XVIII, 14. März 1952. Erwähnt in: «Monika Mann (1910–1992). Zusammengestellt unter Mitarbeit von Anita Naef».

Mein Schatz 75

«Die Tat», Nr. 87, 12. April 1974. In: DLA. Auch erschienen in: «Frankfurter Presse» [?], 31. Mai 1974. In: MON. Weitere Veröffentlichungen in:

«Wegwarten», Jg. 13, Heft 50, 1974, S. 9f. und Jg. 27, Heft 102, 1987. In: Privatsammlung.

76 **Der Brief**

«Der Bund», Nr. 254, 3. Juni 1956. In: MON.

78 **Im Hotel**

Unveröffentlichtes Typoskript. In: AdK.

82 **Die Eisläuferin**

«Die Tat», Jg. 34, 28. Juni 1969, S. 40. In: DLA.

83 **Capri-Skizzen**

Die Druckfassung folgt dem Typoskript. In: AdK. Erschienen in: «Wegwarten», Jg. 12, Heft 47, Sommer 1973. In: Privatsammlung. Weitere Veröffentlichungen in: «Die Tat», Nr. 156, 7. Juli 1973, S. 25, in: DLA; [?] (Bregenz), Nr. 185, 11. August 1973, keine weiteren Angaben, in: MON. Die Skizzen wurden teilweise einzeln oder in wechselnder Zusammensetzung mit leicht abweichenden Formulierungen veröffentlicht.

giornalaio: Zeitungshändler.
Graham Greene: der englische Schriftsteller Graham Greene (1904–1991) hielt sich über Jahrzehnte hinweg mehrere Wochen im Jahr auf Capri auf.
Oskar Kokoschka: der österreichische Maler und Graphiker Oskar Kokoschka (1886–1980). Vgl. die Anmerkung zu Raffaele La Caprias Artikel «Auf mein Capri ist der Herbst eingebrochen» im vorliegenden Band, S. 354.
Axel Munthe: der international renommierte Arzt Axel Munthe (1857–1949), der sich auf Capri die Villa San Michele errichten ließ. Später zog er sich auf der Insel in die Torre di Materita zurück. Hier schrieb Munthe «Das Buch von San Michele», das ihn über seinen Tod hinaus berühmt machte.
Gret Palucca: die Ausdruckstänzerin und Tanzpädagogin Gret Palucca (1902–1993).
Rainer Maria Rilke: der Schriftsteller Rainer Maria Rilke (1875–1926) hielt sich in den Jahren 1906–08 zweimal auf Capri auf. Kontakte zu dem schwedischen Arzt Axel Munthe und Maxim Gorki.

Quisisanas: Kur- und Gasthäuser.
W. H. Auden: der englische Dichter Wystan Hugh Auden (1907–1973), Schwager Monika Manns. Um Erika Mann zur britischen Staatsbürgerschaft zu verhelfen, ging er im Juni 1935 eine Passehe mit ihr ein. Seither stand er mit der Familie Mann in freundschaftlichem Kontakt.

Ich. Eine Erzählung aus dem Süden 87

Zeitungsausschnitt ohne Angaben. Auch erschienen unter dem Titel: «Ich, nur Ich», ebenfalls ohne Angaben. In: MON.

Servus, Hans Mai! Die Ballade vom Emigranten 90

«Der Bund», Jg. 119, Nr. 97, 26. April 1968. In: DLA.

Wald – Der Vater – Liebe 93

Die Druckfassung folgt im Wesentlichen dem Typoskript, das den Titel «Kleine Prosa: Wald – Der Vater – Liebe» trägt. In: AdK. Erschienen in: «Neue Zeit» (Graz), 26. Mai 1957. In: MON. Die typographische Gliederung und der Titel wurden der überarbeiteten publizierten Version angeglichen.

Die Spule in der Hand – Monika Mann an Karl Lemke 95

«Capri / 18.X.63». Unveröffentlichter Brief, handschriftlich. In: DLA.

Karl Lemke: Publizist, Verleger und Heinrich-Mann-Bewunderer (1895–1969). Mit einem Beitrag von Monika Mann erschien 1965 seine Denkschrift unter dem Titel «Erinnerungen an Heinrich Mann» (Verlag Dachauer Volksbote: Dachau). Karl Lemke ermutigte Monika Mann in ihren schriftstellerischen Ambitionen und gab 1967 ihre Legende «Der letzte Häftling» im Eigenverlag (Lohhof bei München) heraus.
kleine Erinnerungsarbeit: «Vergangenes und Gegenwärtiges. Erinnerungen». München: Kindler 1956.
«Der Start»: 1960 im Steinklopfer Verlag, Fürstenfeldbruck, erschienen.
«Tupfen im All»: Köln: Jakob Hegner 1963.

Teil III
«Kunst und Leben» – Kommentare

Zitat im Kapiteltitel: Monika Mann: «Im Gedenken an meinen Bruder». Vgl. den Text im vorliegenden Band, S. 162.

98 Gelingen

Aus: Monika Mann: «Nachklang». In: Monika Mann: «Der Start. Ein Tagebuch». Fürstenfeldbruck: Steinklopfer 1960, S. 105. «Der Start» ist Richard Raupach gewidmet.

98 Das Paradies – Headquarters der Musen

Zeitungsausschnitt ohne Angaben. In: MON.

Brent: «Brentwood», Stadtteil von Los Angeles.
Charles Laughton, Igor Strawinsky, Charlie Chaplin oder Thomas Mann: in Los Angeles begegneten Thomas Mann und seine Familie den Schauspielern und Regisseuren Charles Laughton (1899–1962) und Charlie Chaplin (1889–1977) sowie dem russischen Komponisten Igor Strawinsky (1882–1971) bei diversen Anlässen.

101 Etwas aus Capri (Bagatellen und Weltfeuer)

Die Druckfassung folgt dem Typoskript. In: AdK. Erschienen unter dem Titel «Salvatore grollt auf Capri» in: «Allgemeine Zeitung» (Mainz), ohne weitere Angaben. In: MON.

Faraglioni: Felsengruppe vor Capri, nahe dem Wohnsitz von Monika Mann und Antonio Spadaro, der «Villa Monacone».

102 Apropos Essen

Zeitungsausschnitt ohne Angaben. In: MON.
For I bestow: «Leaves of Grass» von Walt Whitman (1819–1892).

104 Kunst und Natur. Ein Sketch

«Die Tat», 19. Juni 1964. In: DLA. Auch erschienen in «St. Galler Tagblatt», [Januar] 1964, ohne weitere Angaben. In: MON.

mein leiblicher Onkel (Heinrich): der Schriftsteller Heinrich Mann (1871–1950), älterer Bruder von Thomas Mann.

Kunst der musikalischen Interpretation 107

«Stuttgarter Zeitung», Nr. 211, 13. September 1958, S. 46. In: DLA.

Artur Schnabel: der Pianist Artur Schnabel (1882–1951). Vgl. dazu auch die Anmerkung zu «Edwin Fischer» im vorliegenden Band, S. 328.

Kafka 109

Zeitungsausschnitt ohne weitere Angaben. In: MON. Vermutlich erschienen in: «Aufbau», 8. Januar 1971. Erwähnt in: «Monika Mann (1910–1992). Zusammengestellt unter Mitarbeit von Anita Naef».

Emotionen. Eine Studie 111

«Die Tat», Jg. 35, Nr. 209, 5. September 1970, S. 37. In: DLA. Auch erschienen in: «Der Bund», 31. Januar 1971. In: MON.

Kurze Analyse des Selbstmords 114

Unveröffentlichtes Typoskript. In: AdK.

Tagebücher 116

«Der kleine Bund», Beilage zu «Der Bund», Nr. 106, 7. Mai 1977. In: DLA.

Versimpeln bis verfälschen 117

«Der kleine Bund», Beilage zu «Der Bund», Nr. 259, 4. November 1978, S. 2. In: DLA.

«Morte a Venezia»: Luchino-Visconti-Verfilmung von Thomas Manns Novelle «Der Tod in Venedig» aus dem Jahr 1971.
T.M'schen Tagebücher: Veröffentlichung ab 1977, Freigabe ab 1975.
«Narzissus»: «Narcissus» von Caravaggio. Gemeinsamer Besuch mit Thomas Mann im Palazzo Barberini in Rom am 26. Februar 1954. Monika Manns Erinnerung täuscht sie hier. Caravaggios «Narcissus» entstammt

nicht der Sammlung der Galleria Borghese, sondern der «Galleria Nazionale d'Arte Antica» im Palazzo Barberini in Rom. Thomas Mann erwähnt den gemeinsamen Besuch mit der Tochter dort in seinem Tagebuch (vgl. TM Tb, 27. Februar 1954).

118 **«I am afraid of knowing who my father is» – Monika Mann an Peter de Mendelssohn**

«20.II.76». Briefkopf: «Villa Monacone / Via Pizzo Luongo, 7 – Tel. 8379187 / I–80073 CAPRI (Napoli)». Unveröffentlichter Brief, handschriftlich. In: MON.

Peter: Peter de Mendelssohn (1908–1982), in München geboren, emigrierte 1933 über Paris und Wien nach London. Während des Zweiten Weltkrieges war er im britischen Staatsdienst tätig. Danach beteiligte er sich maßgeblich am Wiederaufbau der deutschen Presse. 1970 siedelte er von London nach München über. Zahlreiche Veröffentlichungen in deutscher und englischer Sprache. Er gab die ersten fünf Bände der Tagebücher (1918–1943) und die ersten Bände der von ihm angelegten Frankfurter Ausgabe der «Gesammelten Werke in Einzelbänden» Thomas Manns heraus, dessen berufener Biograph er war. Seine unvollendete Biographie erschien 1975 unter dem Titel «Der Zauberer. Das Leben des deutschen Schriftstellers Thomas Mann» im S. Fischer Verlag, Frankfurt a. M. Während der Korrespondenz mit Monika Mann (1973–82) arbeitete er an der Endredaktion der Biographie und an der Herausgabe der Tagebücher von Thomas Mann, dessen erster Band im Jahr 1977 erschien. Mendelssohn fragte gelegentlich bei Monika Mann an, ob er die sie betreffenden Kommentare Thomas Manns veröffentlichen dürfe. Trotz ihrer spürbaren Betroffenheit hatte sie keine Einwände, genehmigte selbst die kritischsten Stellen und unterstützte ihn sogar finanziell. So schreibt Monika Mann etwa am 13. März 1979 an Mendelssohn: «Und das liebe money – ich schenke Ihnen 4000 Franken, als *kleinen verfliegenden* Trost» (unveröffentlichter Brief, handschriftlich. In: MON).
Anita: Anita Naef (1925–2000), seit 1955 Sekretärin erst Thomas Manns, dann von Erika, Katia und schließlich von Golo Mann. Als Lebensgefährtin von Peter de Mendelssohn war sie später auch an der Herausgabe der Tagebücher Thomas Manns beteiligt.

«7. Juni 1977». Briefkopf: «Villa Monacone / Via Pizzo Luongo, 7 – Tel. 8379187 / I–80073 CAPRI (Napoli)». Unveröffentlichter Brief: ein handschriftliches Blatt, ein separater maschinenschriftlicher Bogen Peter de Mendelssohns, den Monika Mann mit einer handschriftlichen Notiz versehen hat. In: MON.

Mieleins: Bezeichnung der Kinder für die Mutter Katia Mann.
Z.: im Briefwechsel der Familie gebräuchliche Abkürzung für den Vater Thomas Mann (1875–1950), den «Zauberer».
Florenz: Wohnsitz Monika Manns von 1934–37.
«Warum ist Duvivier genial?»: «Aufbau», 30. Mai 1952. In: MON.
Küsnacht: im europäischen Exil lebten Thomas und Katia Mann von 1933–38 in Küsnacht bei Zürich.
Neumann: Alfred Neumann (1895–1952), deutscher Schriftsteller. Emigration 1933 nach Florenz, anschließend über Nizza nach Los Angeles. Ende der vierziger Jahre erster längerer Europaaufenthalt. Bald darauf zweite ausgedehnte Europareise, während deren er einem Herzleiden erlag. In München wie in Kalifornien war Neumann mit Thomas Mann und seiner Familie befreundet. In Florenz Begegnungen mit Monika Mann.
Heinrich: der Schriftsteller Heinrich Mann (1871–1950), älterer Bruder Thomas Manns.
Feuchtwangers: der Schriftsteller Lion Feuchtwanger (1884–1958) und seine Ehefrau Marta, geb. Löffler (1891–1987). Emigration 1933 nach Südfrankreich, 1940 in die USA; ließ sich 1941 in Kalifornien nieder, war Thomas Mann und Familie freundschaftlich verbunden.
Die San Francisco Kinder: Michael «Bibi» Mann mit seiner Ehefrau Gret und dem gemeinsamen Sohn Frido.
K.: Katia Mann.

Teil IV
«Choreographisches» – Aphorismen und Gedichte

Pensilvenia 124

Zeitungsausschnitt ohne Angaben. In: MON.

Pensilvenia: «Pennsylvania», amerikanischer Bundesstaat. Monika Mann variiert in ihren deutschen Texten und Briefen zwischen der ihr eigenen Schreibweise «Pensilvenia» und der eingedeutschten Form «Pennsylvanien». Von der Metropole New York zog es Monika Mann immer wieder in ländlichere Regionen des amerikanischen Kontinents. In Pennsylvania hielt sie sich u. a. 1950 in Honesdale auf, nachdem sie von ihrer ersten Europareise nach Kriegsende wieder nach New York zurückgekehrt war.

Längere Zeit verbrachte sie 1951 und 1952 in Interlaken, Massachusetts, und im nahe gelegenen Hillsdale im Bundesstaat New York. Auch bereiste Monika Mann mehrfach Vermont. Wie ihrem Briefwechsel zu entnehmen ist, war sie seit 1945 wiederholt dort anzutreffen.
Korea: Koreakrieg 1950–53.

126 **Römisches Lied**

Die Druckfassung folgt dem Typoskript. In: AdK. Erschienen in: «Frankfurter Rundschau», 18. April 1953. In: MON. Die Zeilenumbrüche sind im Original durch Abstände zwischen den einzelnen Sätzen markiert.

Römisches Lied: erwähnt in einem Brief an Herman Kesten vom 2. April 1953 aus Rom: «Das Römische Lied ist vorderhand nur von Erich Lissner angenommen» (unveröffentlichter Brief, handschriftlich. In: MON). Erich Lissner war Feuilletonredakteur der «Frankfurter Rundschau», bei der Monika Mann mehrfach ihre Artikel veröffentlichte.
Restauratoren: im Original «Restauranten».
Rom: längere Aufenthalte Monika Manns in Rom von März 1953 bis Ende 1954.

128 **Aufgeschrieben / gedanken zur gegenwart**

«Wegwarten», Jg. 22, Heft 87, 1983, S. 17 f. In: Privatsammlung. Das Auslassungszeichen markiert eine Lücke in der Vorlage.

130 **Aphorismen**

«Die Tat», Nr. 37, 7. Februar 1964. In: MON.

131 **Augenblicke**

«Neue Deutsche Hefte», Jg. 31, Nr. 182, Heft 2, 1984, S. 277.

132 **Zehn Fragen**

Zeitungsausschnitt, 30. August 1970, S. 9, keine weiteren Angaben. In: MON.

was wirst du noch erleben: «Beim Anblick eines Säuglings fragt man, was wirst du noch erleben (das liebe Kind ist voll der ungeheuerlichsten Utopien, ist Fleischwerdung der nächsten hundert Jahre)?» Möglicherweise eine zitathafte Anspielung auf Klaus Manns Autobiographie «The Turning Point», für dessen erste Kapitel Monika Mann eine Rohübersetzung ins Deutsche anfertigte und die ihr daher wohl im Ganzen geläufig war. Hier schreibt er über seinen Neffen Frido Mann: «Nicht ohne Rührung betrachte ich das greisenhafte Gesichtchen mit großen Ohren, schaumig zarten Wangen. Die unglaublich winzigen Hände und Füße, schon so genau gebildet, sorgfältig geformt, regen sich wie nervöse Fleischblümchen. Was mag *der* nun erleben? Armer Fridolin! Arme Welt ...» (Klaus Mann: «Der Wendepunkt. Ein Lebensbericht». Reinbek: Rowohlt 1993, S. 568).

Choreographisches 133

«Wegwarten», Jg. 16, Heft 64, Herbst 1977, S. 13–15. In: Privatsammlung.

Song. Gebet eines Atheisten 135

«Die Tat», Jg. 35, Nr. 119, 23. Mai 1970, S. 35. Auch erschienen unter dem Titel «Gebet eines Atheisten» in: «Der kleine Bund», Beilage zu «Der Bund», Jg. 121, Nr. 165, 19. Juli 1970. In: DLA und MON.

Liebe 136

Zeitungsausschnitt ohne Angaben. In: MON.

Schuld und Sühne 136

Unveröffentlichtes Typoskript. In: AdK.

Carneval 137

«Wegwarten», Jg. 23, Heft 90, 1984, S. 9. In: Privatsammlung.

Bitte 137

Zeitungsausschnitt ohne Angaben. In: MON.

«Bitte mach's studio-like» – Notizen an Ilse Langenmeyer-Haessig 137

Einige handschriftliche Notizen an die Wirtin der Pension Haessig befinden sich undatiert und in loser Anordnung in: TMA.

Ilse Langenmeyer-Haessig: Monika Mann verbrachte die Sommermonate außerhalb Capris. In der Pension Haessig bei Bozen in Tirol hielt sie sich des öfteren während der sechziger und siebziger Jahre auf, wie aus Briefen an Karl Lemke und Richard Raupach hervorgeht. Anfangs begleitete sie Antonio Spadaro, später reiste sie alleine in die Berge, auch nach Zürich und Kilchberg: «Mir fällt es schwer, zu reisen sowieso. Und ungern, mit dunkler Seele verlasse ich ‹Toni› – mein lieber Capreser, der sonst mit kam, aber wegen Gesundheit jetzt lieber auf der Insel bleibt» (Monika Mann an Karl Lemke, «4.VII.64». Unveröffentlichter Brief, handschriftlich. In: DLA).

Teil V
«Wir sind elf» – Schriften zur Familie

Zitat im Kapiteltitel: Monika Mann an Erika Mann, 9. Januar 1964. Vgl. den Brief im vorliegenden Band, S. 190.

140 Märchenhafte Gespielin

«Wiesbadener Kurier» / «Höchster Kreisblatt», 9. August 1958. In: MON. Auch erschienen unter dem Titel «So jung war Urgroßmutter» in: «Telegraf» (Berlin), Nr. 29 / 14, S. 7, ohne weitere Angaben. In: MON.

meiner Urgroßmutter: Hedwig Dohm (1831–1919), Großmutter von Katia Mann, Schriftstellerin und Frauenrechtlerin, lebte in Berlin. Der Text bezieht sich auf einen Besuch Monikas mit ihrer Mutter an Pfingsten 1916: «8. Juni 1916, […] meine Frau macht mit der Jüngsten einen Besuch in Berlin» (in: «Thomas Mann an Ernst Bertram. Briefe aus den Jahren 1910–1955». Hg. von Inge Jens. Pfullingen: Verlag Günther Neske 1960, S. 33).

142 Mielein. Kleine Aussagen über meine große Mutter

«Neue Deutsche Hefte», Jg. 16, Nr. 121, Heft 1, 1969, S. 80–83. In: Privatsammlung. Die Druckfassung folgt dieser Vorlage. Auch erschienen unter dem Titel «Mielein. Mütterliche Aphorismen» in: «Die Tat», Jg. 34, Nr. 245, 18. Oktober 1969, S. 39. In: DLA.

Mielein: Kosename für die Mutter Katharina [Katia] Mann (1883–1980), geb. Pringsheim.

Lenbachschen Kinderbildnis: erst kürzlich gelangte das von Franz von Lenbach (1836–1904) gemalte Porträt der 9-jährigen Katia Pringsheim in das Thomas-Mann-Archiv zurück. Es hing jahrzehntelang in Thomas Manns Arbeitszimmer und schmückt den Erinnerungsband von Katia Manns «Meine ungeschriebenen Memoiren» (Frankfurt a. M.: S. Fischer 1974).

Vater liest vor 146

«Frankfurter Rundschau», Nr. 260, 8. November 1952, S. 15. In: MON.

Vater liest vor: am 29. April 1952 hatte Thomas Mann in Hollywood das 1. Kapitel des «Tonio Kröger», «Lob der Vergänglichkeit» und das Kapitel «Die Buße» aus «Der Erwählte» für eine Schallplattenaufnahme eingelesen (Thomas Mann: «Selections from his writings. Read by the author». New York: Caedmon 1952) (vgl. TM Tb). Monika Mann verfasste dafür den Umschlagtext (vgl. TM Tb, 8. Mai 1952). Wie man dem in der «Frankfurter Rundschau» abgedruckten Vorspann entnehmen kann, ist der Artikel «Vater liest vor» mit diesem identisch: «Am 10. November liest Thomas Mann in der Aula der Frankfurter Universität aus unveröffentlichten Werken. Die folgenden Zeilen sind einem Begleittext entnommen, den des Dichters Tochter für die ersten Thomas-Mann-Schallplatten schrieb.»
meines Vaters: Thomas Mann, Schriftsteller (1875–1955). Monika Mann hat im Laufe ihrer schriftstellerischen Tätigkeit an die zwanzig verschiedene Vaterporträts erstellt. «Papa» (in: «The Stature of Thomas Mann». Edited by Charles Neider. New York: New Directions 1947, S. 77–82) und der in den vorliegenden Band aufgenommene Text «Vater» (1986) sind ihre jeweils erste und letzte Veröffentlichung. Spätere Publikationen waren Wiederveröffentlichungen älterer Arbeiten.

Eine Improvisation / 1953 147

«Konkret», Nr. 1, Januar 1964, hg. von Klaus Rainer Röhl, Chefredakteur: Ulrike Meinhof. Titelgeschichte: «Thomas Mann in Rom», S. 19. In: Privatsammlung. Auch in: «St. Galler Tagblatt», 14. Juni 1963. In: MON.

Rom: von Oktober 1896 bis April 1898 zweiter Italienaufenthalt Thomas Manns mit seinem Bruder Heinrich. Im Oktober 1897 Beginn der Niederschrift des Romans «Buddenbrooks» in Rom.
Venedig: Thomas Mann: «Der Tod in Venedig». Erste Buchausgabe: München: Hyperionverlag Hans von Weber 1912.

Forte, Sizilien, Florenz: häufige Aufenthalte in Italien, darunter mehrere Reisen nach Florenz und 1954 etwa nach Sizilien. 1926 Sommerurlaub in Forte dei Marmi. Das Reiserlebnis findet in Thomas Manns Novelle «Mario und der Zauberer» Eingang, die er 1929 im Ostseebad Rauschen verfasst.
Su la docile: Zeile aus Gabriele D'Annunzios (1863–1938) Gedicht «La vento scrive» in seinem Buch «Alcyone».
Er ist in der Ewigen Stadt: Aufenthalt Thomas Manns in Rom vom 20. bis 30. April 1953, Audienz bei Papst Pius XII. Mehrmalige Treffen mit Monika Mann, die damals in Rom lebte.

150 **Savonarola, der kleine Herr Friedemann und der Besuch eines Yankees**

«du. Kulturelle Monatszeitschrift», Jg. 28, Februar 1968. Redaktion: Manuel Gasser, Dr. Willy Rotzler, S. 138 f. In: Privatsammlung. Der Schweizer Journalist Manuel Gasser (1909–1979) war Feuilleton-Redakteur und Mitbegründer der Schweizer Wochenzeitung «Die Weltwoche» sowie Chefredakteur der kulturellen Monatszeitschrift «du». Freundschaftlicher Kontakt zur Familie Mann, insbesondere zu Golo Mann, den er 1933 in Zürich kennen gelernt hatte.

Savonarola: Bildnis des Girolamo Savonarola von Fra Bartolommeo. Hölzerne Kunsttafel, die Thomas Mann während der Arbeit an «Fiorenza» auf seinem Schreibtisch stehen hatte und die ihn über die Jahre hinweg begleitete. Sie befindet sich heute im Thomas-Mann-Archiv in Zürich.
Herr Friedemann: erste Buchausgabe im Rahmen des Novellenbandes «Der kleine Herr Friedemann», 1898 bei S. Fischer in Berlin erschienen.
Während des Zweiten Weltkriegs: Radiosendungen «Deutsche Hörer» über die British Broadcasting Corporation von 1940–1945.
‹Fiorenza›: erste Buchausgabe: Berlin: S. Fischer 1906.

156 **Vater**

«Neue Deutsche Hefte», Jg. 33, Nr. 190, Heft 2, 1986, S. 235. In: Privatsammlung.

157 **Versuch über Erika Mann**

«Neue Deutsche Hefte», Jg. 31, Nr. 184, Heft 4, 1984, S. 830. In: Privatsammlung. Der Vorspann lautet: «anläßlich der eben erschienenen Erika-Mann-Briefe, edition spangenberg im Ellermann Verlag». 1984 erschien der erste Band einer Briefauswahl Erika Manns unter dem Titel «Briefe und Antworten. 1922–1950» im Münchner Verlag Heinrich Ellermann, ein Jahr später der zweite Band, der die Jahre von 1951–1969 umfasst.

Erika Mann: die Schwester Erika Julia Hedwig Mann (1905–1969), die als «Tochter-Adjutantin» und später als «Nachlaßhüterin» Thomas Manns in einem spannungsvollen Verhältnis zu ihren jüngeren Geschwistern stand (TM Tb, 1. Februar 1948).
Giehse: Therese Giehse (1898–1975), in München geborene Schauspielerin jüdischer Abstammung, Freundin Erika Manns und Mitbegründerin ihres Kabaretts «Die Pfeffermühle».
Bergner: die Schauspielerin Elisabeth Bergner (1897–1986). Emigrierte 1933 nach England und anschließend in die USA, kehrte nach Kriegsende nach London zurück.
Bassermann: Albert Bassermann (1867–1952), deutscher Film- und Theaterschauspieler, 1933 in die Schweiz und anschließend in die USA emigriert, ab 1946 wieder an europäischen Bühnen tätig.
Michael: Katia und Thomas Manns jüngster Sohn, der Bratschist und Germanistikprofessor Michael Thomas Mann (1919–1977).

Ein imaginärer Brief 159

Unveröffentlichtes Typoskript. Beilage zu einem Brief von Monika Mann an Karl Lemke, «6.II.64». In: DLA.

Klaus: Klaus Heinrich Thomas Mann (1906–1949). «Ein imaginärer Brief» bezieht sich wie «Versuch über Erika Mann» auf die ältere Schwester, die sich nach dem Tod des Bruders für die Veröffentlichung seiner Werke in Deutschland einsetzte.

Im Gedenken an meinen Bruder 160

Zeitungsausschnitt ohne Angaben, vermutlich «St. Galler Tagblatt», November 1956. In: MON.

mein Bruder Klaus: Klaus Mann (1906–1949). In einem Brief an Werner Helwig vom 30. August 1975 schreibt Monika Mann über ihren Bruder: «*Übrigens*, K. war homosexuell. Ja, und *ist* es so wesentlich? Wahrscheinlich. Für ihn. Nicht für uns. Finde ich. – Unser Zeitalter der ‹Aufklärung›, Barlegung ecc. neigt dazu, alles aufzudecken, nicht wahr, und dann liegen die Dinge da, nackt, frierend, ohne motiviert zu sein. Die Zusam-

menhänge fehlen, die ‹Gründe›, so sich so viel zusammenfindet und miteinander tief verbindet, so daß der Einzelne nicht mehr ‹zählt› oder doch anders wird ... Wissen Sie, ich *scheue* mich sehr und ganz vor *jeder* Herausstellung jeglicher Wesenszüge, besonders dann, wenn sie – solche Wesenszüge – durchaus verschmelzen und verschmolzen sind mit vielem, ja gleichsam der bindende Beitrag zum Ganzen sind. – Es sind die ‹Schwulen› – von ihnen ist heute mehr die Rede als je, sie werden gezüchtet, vermählt und als Schaupuppen zurechtgemacht – es sind also die Schwulen, die den Namen K als Banner tragen, es sich um die Lenden schlagen, gierig daran nagen ecc. – K wird ganz schief und krumm allmählich, das Ganze ‹stimmt› längst nicht mehr. Es ist bezeichnend, daß *Sie*, lieber Helwig, diese burleske Schwulheit in ihren Zeilen an mich herausstellen – es ist bezeichnend deshalb, weil man dem Thema ‹unbewußt› verfällt ... (Abgesehen davon, spukt nicht in jedem Künstler die Anomalie – welche Art auch immer, und *dankt* nicht jeder Künstler eben ihr – oder doch auch ihr – das Talent?) – Genug! –» (unveröffentlichter Brief, handschriftlich. In: WH).
Mit dem Schriftsteller und Capri-Kenner Werner Helwig (1905–1985) führte Monika Mann über lange Jahre hinweg einen Briefwechsel (1966–1984). Der Impuls dazu ging vermutlich von Helwig aus. Er sandte seine neuesten Publikationen an Monika Mann, und sie reagierte darauf. Alltägliches und Literarisches mischten sich im Laufe der Zeit. Trotz seiner vielen Capri-Reisen begegneten sie sich nie persönlich.
«Pathétique»: Klaus Manns Tschaikowsky-Roman «Symphonie Pathétique», 1935 im Amsterdamer Querido Verlag erschienen.

163 **«Treuer alter, K.» – Klaus Mann an Monika Mann**

«Rom, September 30». Briefkopf: «THE STARS AND STRIPES / MEDITERRANEAN / UNIT No. 1 / APO 512». In: MON. Lektorat der Übersetzung: Dr. Fredric Kroll, Freiburg.

Übersetzung:

THE STARS AND STRIPES
MEDITERRANEAN
UNIT No. 1
APO 512
Rom, 30. September [1945]

ALSO, das ist sehr lieb von Dir, altes Mädchen! Ich behellige Dich sehr ungern, weiß aber Deine Güte zu schätzen. Mir ist klar, wie lästig das für

Dich sein muß. Pakete zu versenden und besonders ZUSAMMENZUSTELLEN, ist eine der langwierigsten, schwierigsten, HERZZERREISSENDSTEN Arbeiten auf der Welt.
Laß das mit dem Mantel. Ich habe meinen Wintermantel behalten, der von der Army ausgegeben wurde – die Farbe könnte ich noch ändern. Zwei Anzüge wären ganz in Ordnung. Ich hoffe, es wird auch einige Hemden, Krawatten und Unterwäsche geben. Wie wär's mit Schuhen? Hast Du auch irgendwelche Schuhe mitgeschickt? Die wären in der Tat ganz praktisch.
Und was ist mit einem Koffer? Wenn ich mich nicht irre, habe ich Friedrich erklärt, daß ich einen brauche. Es sollte ein ziemlich großer Koffer sein – nicht zu ausgefallen, nur solide und zweckmäßig.
Was Du für mich tun könntest, mein klein Engel, wäre: Schau mal an einem Delikatessengeschäft vorbei und kauf' ein wenig *Kaffee* für mich – sagen wir, ein halbes Pfund, oder so – und ein wenig *Marmelade* und einige Büchsen mit *Sardinen* und anderen Fischspeisen und etwas *Knackebröd* (schwedische Kräcker) und vielleicht etwas einfache Schokolade – und dann geh' zum Koffergeschäft und bitte sie, mir den Koffer mit den Frühstückssachen zu schicken. Ich nehme an, das wird nicht schwerer als fünf Pfund sein. Falls allerdings doch, muß mir der Delikatessenladen ein separates Paket schicken, während das Koffergeschäft den leeren Koffer an mich absendet ... NOCH MEHR PLAGEN! Aber wenigstens mußt Du dann die Pakete nicht selbst herstellen ... Ich hoffe, der 40-Dollar-Scheck, den ich beifüge, schont Deine Ausgaben. Falls Du mehr als diesen Betrag ausgegeben hast, laß es mich aber auf der Stelle wissen. Es wäre in der Tat unverzeihlich, Dich finanziell zu ruinieren, nachdem ich zu allem Überfluß Deine Zeit in Anspruch genommen und Dir so viel Mühe verursacht habe.
...
Neulich habe ich jemanden getroffen, der einen Kunsthistoriker kennt, der mit einem Fotografen in Florenz bekannt ist. Und dieser Fotograf besitzt – oder vielmehr, bewahrt es für den eigentlichen Eigentümer auf – das ganze Donatello-Material, das Lanyi gesammelt und in Italien zurückgelassen hat. Ich glaube, ich könnte diese wertvolle Sammlung auftreiben – Experten sagen mir, daß es wirklich eine einzigartige Zusammenstellung von Fotografien und Notizen ist! –, wenn ich wüßte, daß Du daran interessiert bist. Kannst Du die Bilder irgendwie gebrauchen? Ich könnte versuchen, sie Dir zu schicken oder sie selbst mitzunehmen.
...
Es ist lustig, wieder ein Zivilist zu sein (obgleich ich noch meine Armeeanschrift benutze – was ein bißchen illegal ist, unter den Umständen) ...

Ich weiß nicht, wie lange ich noch in Europa bleiben werde. Ungefähr sechs Monate, nehme ich an … Was ist mit Kadidja los? Ich dachte, ihr wäret ineinander geradezu vernarrt.

Nochmals danke.
Treuer alter, K.

Klaus Mann: Klaus Heinrich Thomas Mann (1906–1949), Schriftsteller, ältester Sohn Katia und Thomas Manns. Er meldete sich freiwillig in die US Army, Einberufung im Dezember 1942. Teilnahme am alliierten Feldzug in Italien, Mitarbeiter der US-Armeezeitung «Stars and Stripes». Am 28. September 1945 Entlassung aus dem Armeedienst. In den folgenden Jahren wechselnde Aufenthalte unter anderem in Rom, Amsterdam, New York, Pacific Palisades, in Deutschland nur besuchsweise. Nach einer Überdosis Schlaftabletten stirbt Klaus Mann am 21. Mai 1949 in Cannes.
Two suits: «Zwei Anzüge». Klaus Mann erwähnt dies in einem Brief an seine Mutter Katia vom 9. Oktober 1945 aus Rom. Die Übersetzung des englischen Originals lautet: «Gestern Nacht präsentierte ich mich dem erstaunten römischen Publikum zum ersten Mal wieder als Zivilist – zum Teil dank Deiner Hilfe; zum Teil dank der Tüchtigkeit unserer geschätzten Monika: die es – ob Du's glaubst oder nicht! – doch tatsächlich fertiggebracht hat, mir zwei recht gut erhaltene Anzüge und einiges andere Zeug zu schicken» (Klaus Mann: «Briefe und Antworten 1922–1949». Hg. von Martin Gregor-Dellin. München: edition spangenberg im Ellermann Verlag 1987, S. 785).
the whole donatello material: Monika Manns Ehemann Jenö Lányi arbeitete in den dreißiger Jahren in Florenz und setzte dort seine Studien am Kunsthistorischen Institut fort. Sein vorrangiges Interesse galt dabei der Skulptur Donatellos. Sein umfangreiches Arbeitsmaterial ließ er in Italien zurück. Vgl. auch die Anmerkung zu H. W. Janson in Monika Manns Brief an Klaus Mann vom 12. November 1945 im vorliegenden Band, S. 327 f.
Kadidja: die seit ihrer Jugend mit Monika Mann befreundete Autorin, Schauspielerin und Journalistin Kadidja Wedekind (1911–1994), Tochter des Schriftstellers Frank Wedekind. Emigrierte 1937 in die USA. In New York lebte sie seit 1944 mit Unterbrechungen über mehrere Jahre hinweg mit Monika Mann in einer gemeinsamen Wohnung.

165 **«To Klaus» – Monika Mann an Klaus Mann**

«121 WEST 77th STREET / NEW YORK 24, N. Y. / 12 November 1945». Unveröffentlichte V-Mail, handschriftlich. In: MON. Lektorat der Übersetzung: Dr. Fredric Kroll, Freiburg.

Übersetzung:

121 WEST 77th STREET
NEW YORK 24, N.Y.
12. NOVEMBER 1945

Bestes altes KLÄUSCHEN! DAS MÖCHTE ICH DICH ZUERST WISSEN LASSEN: DASS ICH DIE FRESSALIEN VERSCHICKT HABE – FÜNF PFUND IST TROTZDEM NICHT VIEL – UND WENN DU MEHR WILLST, SCHICK' MIR EINFACH EINEN BRIEF MIT DEINEN ANLIEGEN – VIELLEICHT MÖCHTEST DU ETWAS FEINE YARDLEY-SEIFE? – ZWEITENS – UND DAS IST WICHTIG –: DER KUNSTHISTORIKER, DER LANYIS ARBEIT ÜBERNOMMEN HAT, UM DARAUS ETWAS ZU MACHEN, WAS MAN PUBLIZIEREN KANN, IST SEHR DARAN INTERESSIERT, DAS MATERIAL IN DIE HÄNDE ZU BEKOMMEN, VON DEM DU SPRACHST. WENN DU ES ALSO ERMÖGLICHEN KÖNNTEST, ES ZU BEKOMMEN UND IHM SCHICKEN ZU LASSEN, WÄRE DAS GEWISS WUNDERBAR! FALLS ES SICH ALS ZU KOMPLIZIERT HERAUSSTELLEN SOLLTE ODER ALS EINE IRGENDWIE UNSICHERE ANGELEGENHEIT, DANN BRING' ES SELBST MIT! NUR VERGISS ES NICHT! DU BIST EIN SEHR BRAVER JUNGE! DIE ADRESSE DES KUNSTHISTORIKERS IST: H. W. JANSON, WASHINGTON UNIVERSITY, SAINT LOUIS, MISSOURI. – UND DRITTENS: SAG MIR BESCHEID ÜBER DEN REISESACK – OB DU IHN WILLST! – WIE WIRST DU WEIHNACHTEN VERBRINGEN, ARMES DING? – UM DIESE ZEIT WIRD NEW YORK LEBHAFT – ES GEFÄLLT MIR, SO ZIEMLICH! ABER ALL DIE GESCHEITEN LEUTE SIND SO PESSIMISTISCH IM HINBLICK AUF DEN ZUSTAND, IN DEM DIE WELT SICH BEFINDET! YEAH – DAS HAPPY END SCHEINT NICHT GEWÜNSCHT ZU SEIN! – DARLING – HABE ICH NICHT EINE SCHÖNE BLOCKSCHRIFT HINGELEGT? DAS IST SO, WEIL ICH DEINE NIEDLICHE KLEINE SCHWESTER BIN – IN LIEBE –

MONIKA

H. W. JANSON: der in die USA emigrierte Kunsthistoriker Horst Woldemar Janson (1913–1982), der an der Washington University in St. Louis Kurator der dortigen Kunstsammlung wurde. Auf der Grundlage von

Jenö Lányis Materialien erarbeitete Janson die Studie «The Sculpture of Donatello. Incorporating the notes and photographs of the late Jenö Lányi» (Princeton: Princeton University Press 1957).

166 **Der blinde Bruder**

«Die Tat», «Magazinseite», Nr. 18, 28. November 1975. In: DLA. Erschienen auch in: «Badische Neueste Nachrichten», 7. April 1984. Weitere Veröffentlichung unter dem Titel «Mister Mann in Begleitung»: [?] (Lüneburg), 18. Januar 1975, ohne weitere Angaben. In: MON.
mein Bruder Golo: Angelus Gottfried Thomas Mann (1909–1994), bekannter Historiker und Autor, Lehrtätigkeit bereits in den USA, zeitlebens ein großer Hundefreund.

167 **Edwin Fischer. Er starb vor zehn Jahren**

Die Druckfassung folgt dem Typoskript. In: AdK. Erschienen in: «Die Tat», 28. August 1970, S. 14. In: MON.
Edwin Fischer: einer der großen Schweizer Pianisten des 20. Jahrhunderts (1886–1960), spielte bevorzugt Werke von Bach, Beethoven und Schubert.
Schwester Elisabeth: Elisabeth Veronika Mann Borgese (1918–2002).
Sie ist so beweglich: Elisabeth Mann Borgese arbeitete ab 1965 am «Center for the Study of Democratic Institutions» in Santa Barbara. Bis zum Tod ihres Lebensgefährten Corrado Tumiati Wohnsitze in Kalifornien und Italien. Seit 1967 enge Zusammenarbeit mit dem maltesischen UN-Botschafter Arvid Pardo: 1970 wurde die erste «Pacem in Maribus»-Konferenz auf Malta abgehalten, 1972 dort das erste Internationale Ozeaninstitut ins Leben gerufen. Ab 1978 Wohnsitz in Kanada, wissenschaftliche Tätigkeit und spätere Professur für internationales Seerecht an der Dalhousie University, Halifax.
Furtwängler: der Dirigent und Komponist Wilhelm Furtwängler (1886–1954), umstritten wegen seiner Tätigkeit in Berlin und Wien während des Nationalsozialismus.
Schnabel: der Pianist und Komponist Artur Schnabel (1882–1951), berühmt für seine Edition der Beethoven-Sonaten. Schnabel emigrierte 1933 von Deutschland nach Italien, 1939 in die USA und starb in der Schweiz.
Party in Florenz: Monika Mann lebte von 1934 bis 1937 in Florenz, dort nahm sie Klavierunterricht bei dem Komponisten Luigi Dallapiccola und lernte ihren späteren Mann Jenö Lányi kennen. Unter dem Titel «Musik. Luigi Dallapiccola» (ohne Angaben, MON) huldigt sie ihrem ehemaligen

«Meister». Nach der Reemigration 1952 war Monika Mann mehrmals bei ihrer Schwester Elisabeth zu Besuch, die wie sie selbst in Italien lebte. Seit 1952 wohnte Elisabeth Mann Borgese in der Nähe von Florenz, zunächst in Fiesole, ab 1953 in San Domenico. Der schweizerische Pianist Edwin Fischer wirkte in den dreißiger Jahren an der Staatlichen Hochschule in Berlin, seit Anfang der vierziger Jahre setzte er seine Konzerttätigkeit aus seiner Heimat fort.
Richter: Swjatoslaw Richter (1915–1997), russischer Pianist deutscher Herkunft. Berühmt für seine Schallplattenaufnahmen der Werke von Schumann, Tschaikowsky, Liszt, Bach und Rachmaninow.

Brudergespräche 169

«St. Galler Tagblatt», Juni 1963, drei Folgen. Ohne weitere Angaben. In: MON.
«Brudergespräche»: die Erzählung ist eine Verdichtung zweier Schiffsreisen von New York nach Genua. Im Mai 1949 überquerte Monika Mann den Atlantik mit dem polnischen Ozeandampfer «Sobieski», im September 1952 mit der italienischen Linie «Conte Biancamano».
Kicki ist mein Bruder: vieles deutet darauf hin, dass Monikas jüngster Bruder, der Musiker und Germanist Michael Mann (1919–1977), gemeint ist – bis hin zur Namensgebung mit der Silbendoppelung. Michael Mann wurde von den Familienangehörigen «Bibi» genannt.
Gatto Bianco: ihre erste Europareise im Mai 1949 legte Monika Mann gemeinsam mit ihrem Bruder Michael zurück. Sie fuhren per Schiff von New York nach Genua. In Cannes wartete Klaus Mann vergeblich am Kai auf seine Geschwister. Das Schiff lag über mehrere Stunden im Hafen, aber nur die endgültig aussteigenden Passagiere durften es schließlich verlassen. Diese fehlgeschlagene Begegnung kurz vor seinem Tod wird von Klaus Mann in einem seiner letzten Briefe mit Bedauern erwähnt (vgl. Klaus Mann an Katia und Erika Mann, 20. Mai 1949. In: Klaus Mann: «Briefe und Antworten 1922–1949», a. a. O., S. 624 ff.).
Fiaskos: «fiasco», italienische Korbflasche.
Alexej Petrowitsch: die Figur weist Ähnlichkeit mit dem russischen Maler Roman Bilinski (1897–1981) auf. Monika Mann kehrte im Frühjahr 1950 nach New York zurück und fuhr im September 1952 mit der «Conte Biancamano» erneut nach Genua – diesmal in Begleitung von ihrer Schwester Elisabeth Mann Borgese und deren Familie. Außer den Erwähnungen in Briefen von Monika Mann an Hermann Kesten («Bordighera/9. 1. 53»: «Habe mich zwar indes in den Maler verliebt, der über mir wohnt – ich sehe ihn nur leider fast nie!». In: MON) führt die Spur zu einem Öl-

gemälde «Thomas Mann e sua figlia Monika» (1953) und einem Aquarell «Ritratto di Monika Mann – acquarello 1953» (in: «Roman Bilinski 1897–1981» und «Omaggio a Roman Bilinski 25 febbraio – 18 marzo 1984». Milano: Galleria d'Arte Molino delle Armi).

185 **Der Einsame. Erinnerungen an Heinrich Mann**

Zeitungsausschnitt ohne Angaben. In: MON.
Heinrich Mann: Schriftsteller und älterer Bruder von Thomas Mann (1871–1950). Kurz vor der geplanten Rückkehr nach Deutschland, wo er als Präsident der Akademie der Künste in Ost-Berlin vorstehen sollte, starb er im amerikanischen Exil in Santa Monica bei Los Angeles. Einige Briefe von Monika aus den Jahren 1944–1949 an Heinrich Mann liegen im Lion Feuchtwanger-Archiv, University of Southern California, Specialized Libraries and Archival Collections.
Tod seiner Frau: Nelly Kröger (1898–1944), eigentlich Emmy Johanna Westphal, Lebensgefährtin und ab 1939 zweite Ehefrau Heinrich Manns. Sie begleitete ihn in die Emigration und nahm sich, schwer alkoholkrank, 1944 in Los Angeles das Leben.
«Die kleine Stadt»: der Roman Heinrich Manns erschien erstmals 1909 im Leipziger Insel-Verlag.
«Untertan»: Heinrich Manns Roman «Der Untertan». 1918 erschien die erste offizielle deutsche Buchausgabe im Leipziger Kurt Wolff Verlag und begründete Heinrich Manns wachsenden Ruhm in der Weimarer Zeit.

188 **Tante Mimmi**

«Sonntagsblatt» des «St. Galler Tagblatts», 31. August 1963. In: MON.
Tante Mimmi: Maria (Mimi) Kanová-Mann (1886–1947), tschechische Schauspielerin jüdischer Herkunft, seit 1914 erste Ehefrau Heinrich Manns. Nach ihrer Scheidung 1930 kehrte sie mit ihrer Tochter Leonie in die Tschechoslowakei zurück. Langjährige Inhaftierung im KZ Theresienstadt, starb bald nach der Befreiung an den Folgen der Haft.
Ihre Tochter: Carla Maria Henriette Leonie Mann-Aškenazy (1916–1986), Tochter von Heinrich Mann und Maria Kanová-Mann, genannt «Goschi». In München geboren, lebte mit ihrer Mutter nach der Scheidung von Heinrich Mann in Prag. Verheiratet mit Ludvík Aškenazy, zwei Kinder: Jindřich und Ludvík. Nach der Besetzung der Tschechoslowakei durch fünf Warschauer Pakt-Staaten, die dem Prager Frühling 1968 ein gewaltsames Ende setzte, Emigration nach München. Von 1976 bis zum

Tod ihres Mannes 1986 Wohnsitz in Bozen, starb noch im gleichen Jahr in Berlin.

Es ist ihr Neffe Klaus: über einen Besuch im Konzentrationslager Theresienstadt und ein Treffen mit Mimi Mann und ihrer Tochter Goschi in Prag im Mai 1945 schreibt Klaus Mann an Heinrich Mann. Die Übersetzung des im Original in Englisch gehaltenen Briefes vom 24. Mai 1945 lautet:

«Ich schreibe dies in Eile, nur als Bestätigung und Wiederholung dessen, was ich gestern telegraphierte: Daß ich Goschi und Mimi in Prag gesehen habe.

Goschi geht es gut. [...] Mimis Fall ist viel ernster. Sie hat die letzten drei oder vier Jahre an einem schrecklichen Ort namens Theresienstadt, in der Nähe von Prag zugebracht – eine Art Konzentrationslager beziehungsweise so etwas wie eine umgrenzte, gestapobewachte Ghettostadt. Sie muß sehr viel durchgemacht haben, und sie hat ihren ganzen alten Schwung und ihre Selbstsicherheit verloren. Ich konnte sie zuerst kaum wiedererkennen. Eine Art nervöser Schlag hat sie an einem Bein und einem Arm gelähmt und auch ihr Gesicht in Mitleidenschaft gezogen – die eine Hälfte ist permanent verzerrt. Ihr Haar ist völlig ergraut, und sie ist ganz dünn geworden – da sie einige Jahre lang von Hungerrationen gelebt hat. Sie befindet sich wirklich in einem traurigen Zustand. Doch die Tatsache, daß sie überhaupt überlebt hat, ist an sich schon ein Wunder, und unter Goschis Fürsorge wird sich ihre Gesundheit wohl bald wieder festigen» (Klaus Mann: «Briefe und Antworten 1922–1949», a.a.O., S. 781f.).

«Big good sis!» – Monika Mann an Erika Mann 189

«Villa Monacone, CAPRI (Napoli) / 9. Januar 1964». Unveröffentlichter Brief, maschinenschriftlich auf blauem Papier. In: MON.

Briefband zwo: Thomas Mann: «Briefe II. 1937–1947». Hg. von Erika Mann. Frankfurt a. M.: S. Fischer 1963. Von 1961 bis 1965 gab Erika Mann eine erste dreibändige Edition der Briefe Thomas Manns heraus.

«Wir sind elf»: das Vorhaben, eine Anthologie mit Texten aller schreibenden Familienangehörigen herauszugeben, scheiterte an Erika Manns Einspruch.

Omama: vermutlich Julia da Silva-Bruhns (1851–1923), geboren in Paraty, Brasilien, verheiratet mit dem Lübecker Senator Thomas Johann Heinrich Mann, oder eventuell die Schauspielerin Hedwig Pringsheim (1855–1942), Tochter von Hedwig und Ernst Dohm, verheiratet mit dem Münchner Universitätsprofessor Alfred Pringsheim. Julia Mann verfasste Erzählungen, Skizzen und Lyrik. Unter dem Titel «Aus Dodos Kindheit»

schrieb sie ihre Erinnerungen nieder, die aber erst posthum veröffentlicht wurden (vgl. Julia Mann: «Ich spreche so gern mit meinen Kindern. Erinnerungen». Hg. von Rosemarie Eggert. Berlin und Weimar: Aufbau-Verlag 1981). Hedwig Pringsheim, von den ältesten Enkeln Erika und Klaus Mann «Offi» genannt, verfasste Feuilletons, u. a. für die «Vossische Zeitung».
Urmimchen: die Urgroßmutter Hedwig Dohm (1831–1919), Schriftstellerin und Frauenrechtlerin.
elf Schreibende: zu treffende Auswahl unter folgenden schreibenden Familienangehörigen: Urgroßvater Ernst Dohm, Urgroßmutter Hedwig Dohm, Großmutter Hedwig Pringsheim, Großmutter Julia Mann, Thomas Mann, Heinrich Mann, die Geschwister Erika, Klaus, Golo, Elisabeth, Michael und Monika selbst, evt. auch Viktor Mann, ihr Onkel.
Stoffelkapitel: Erika Mann: «Stoffel fliegt übers Meer». Bilder und Ausstattung von Richard Hallgarten. Stuttgart: Levy & Müller 1932.
Marino Marini: italienischer Bildhauer, Maler und Graphiker (1901–1980). Für die «Weltwoche» zeichnete er am 25. November 1954 in Kilchberg das berühmte Porträt Thomas Manns.
Z: Abkürzung für «Zauberer», Bezeichnung – vorwiegend der beiden ältesten Kinder Erika und Klaus – für den Vater Thomas Mann.
etwas «Joseph»: Thomas Manns vierbändiger Roman «Joseph und seine Brüder», erschienen zwischen 1933 und 1943.

190 **«Dear Morrr» – Erika Mann an Monika Mann**

«13. Januar 1964». Unveröffentlichter Brief, maschinenschriftlich. In: MON.

Dear Morrr: Monika Mann unterzeichnete manche ihrer (frühen) Briefe mit «Morrniga», es war einer ihrer zahlreichen abgewandelten Namen («Moni», «Monnile», «Mönle», «Mönchen», «Möndle»). «Morrr» drückt Erikas Groll sehr treffend aus.
Mielein: Bezeichnung der sechs Geschwister für die Mutter Katia Mann.
Urmimchen: Hedwig Dohm (1831–1919).
drei Bücher: zu diesem Zeitpunkt waren bereits «Vergangenes und Gegenwärtiges» (München: Kindler 1956), «Der Start» (Fürstenfeldbruck: Steinklopfer 1960) und «Tupfen im All» (Köln: Jakob Hegner 1963) erschienen.
Medi: Kosename für die Schwester Elisabeth Mann Borgese.
Lotte Walter: älteste Tochter Bruno Walters (1903–1970), nahe Freundin Erika und Klaus Manns seit ihrer Kindheit.

Liesl Frank: Elisabeth (Liesl) Frank (1903–1979), Tochter der Operettendiva Fritzi Massary und Witwe des mit Thomas Mann befreundeten Schriftstellers Bruno Frank (1887–1945).
Herz Ida: die Nürnberger Buchhändlerin Ida Herz (1894–1984), seit 1924 mit Thomas Mann bekannt. Ihre Verehrung war ihm lästig, dennoch nahm er ihre Dienste gern in Anspruch. Sie sammelte alle Thomas Mann betreffenden Unterlagen in Zeitungen und sonstigen Publikationen. Ihr umfangreiches Archiv vermachte sie dem Thomas-Mann-Archiv.
Dein Erinnerungsbuch: Monika Mann: «Vergangenes und Gegenwärtiges». München: Kindler 1956. Erika Manns heftige Reaktion auf dieses Buch ist in mehreren Briefen dokumentiert. Fast zeitgleich erschien im selben Jahr im Frankfurter S. Fischer Verlag ihr eigener Band «Das letzte Jahr. Bericht über meinen Vater». Im Folgenden einige Passagen aus bisher unveröffentlichten Briefen:
An Hermann Kesten schreibt Erika Mann aus Kilchberg am 26. Januar 1956: «ja, – Moni! Die Kunde vom Erscheinen ihrer Autobiografie hat uns alle in gelinden Aufruhr versetzt. Ob Sie denn nun wirklich der Publikation eine Bauchbinde zur Verfügung gestellt haben? So oder so wird der Band gar nicht umhin können, vielfach Verlegenheit zu bereiten. Aber *mutig* ist die Dame, – daran ist nicht zu rütteln!» (in: MON). Hermann Kesten verfasste für Monika Manns Autobiographie einen einführenden Klappentext. Eine «Bauchbinde» befand sich zusätzlich mit einem kleinen Porträt Thomas Manns und folgendem Text auf dem Originalumschlag: «Die Tochter von Thomas Mann erzählt vor allem vom Vater. So persönlich, so unmittelbar und mit solcher Eindringlichkeit ist Thomas Mann noch nie gesehen und geschildert worden.»
Der Bühnenbildner und Illustrator Emil Preetorius (1883–1973) wiederum gestaltete den Schutzumschlag und den Einband von Monika Manns Autobiographie. Beginnend mit «Herr und Hund» (1919), hatte Preetorius mehrfach zuvor Bücher von Thomas Mann ausgestattet. Er stand zeit seines Lebens in häufigem und ausführlichem Briefwechsel mit ihm. Emil Preetorius, genannt «Pree», ist das Vorbild zu Sixtus Kridwiß im «Doktor Faustus». Er verbrachte die Jahre des Nationalsozialismus in München und bemühte sich nach Kriegsende vergeblich um eine Rückkehr Thomas Manns nach Deutschland.
Auch wenn Monika Manns Autobiographie bei Erika Mann auf wenig Gegenliebe stieß, die Auslieferung und Ausstattung des Buches konnte sie nicht verhindern. Dass die Angelegenheit vielfach, auch außerhalb der Familie erörtert wurde, zeigt ein Brief Erika Manns an Lotte Walter vom 22. Mai 1956: «Geliebter Schatz, – […]. Wenn alles mit rechten Dingen zuginge, müsste mein Büchlein ‹Das Letzte Jahr› Euch noch zu Hause er-

reichen. Kann sein, dass auch ein Meisterwerk von Moni Euch noch dort betrifft, über dessen Publikation ich mich – vielleicht unverhältnismässig heftig – grämen muss. Hat doch das Geschöpf in einer Art von Autobiographie, die es schuf, sich den Zauberer zum Helden genommen, nun sieht es doch so aus, als hätten in scheusslichem Konjunktureifer gleich zwei Töchter von T. M. sich dieses Gegenstandes literarisch bemächtigt. Dabei kannte nicht nur, wie Du weisst, das liebe ‹Mönle› den Z. beinahe gar nicht, – sie war überdies von Mielein unterrichtet davon, dass ich, quasi im Auftrage der Familie und im de facto Auftrage des Verlages an einer Schrift arbeitete, die unter anderem die Krankheitsgeschichte endgültig klar und richtig stellen sollte. Bei Lichte besehen, – es ist unvermeidlich und keineswegs ‹unverhältnismässig›, wenn das ekle Vorkommnis mir nahe geht» (unveröffentlichter Brief, maschinenschriftlich. In: MON).

«Rauschgold»: «St. Galler Tagblatt», 30. Dezember 1962. In: MON.
hiesige Mathild: Hausangestellte Katia Manns in Kilchberg.
Ernst Dohm: Urgroßvater Ernst Dohm (1819–1883), Schriftsteller und langjähriger Chefredakteur der politisch-satirischen Zeitschrift «Kladderadatsch».
Viktor Mann-Buch: 1949 erschienen von dem jüngeren Bruder Thomas Manns (1890–1949) die Erinnerungen «Wir waren fünf. Bildnis der Familie Mann» (Konstanz: Südverlag).

195 Oskar Maria Graf: Zwei Töchter sehen ihren Vater

In: Oskar Maria Graf: «An manchen Tagen. Reden, Gedanken und Zeitbetrachtungen». Frankfurt a. M.: Nest Verlag 1961, S. 315–320.

«Für Mönchen, die es schon verstehen wird.»: Monika Mann selbst zitiert die Widmung in ihrer Autobiographie mit dem Wortlaut «Für Mönchen, sie wird es schon verstehen» und kommentiert diese wie folgt: «Darin liegt eine flüchtige, schon abgetane Geringschätzung, an deren Stelle sofort Vertrauen tritt» (vgl. «Vergangenes und Gegenwärtiges. Erinnerungen». Ergänzte Ausgabe. Reinbek: Rowohlt 2001, S. 102).
italienischen Kunstwissenschaftler: gemeint ist der ungarische Kunsthistoriker Jenö Lányi, Monika Manns Ehemann.

Teil VI
«Erinnerungsbilder» – Autobiographisches

Kleine Lebensbeichte 204

Nachwort in: Monika Mann: «Der Start. Ein Tagebuch». Fürstenfeldbruck: Steinklopfer 1960, S. 107–111. «Der Start» ist Richard Raupach gewidmet. Nachdem es zu Verzögerungen beim Druck der limitierten bibliophilen Ausgabe kommt, bittet Monika Mann den in München lebenden Freund um Kontaktaufnahme zum Verlag: «Ob Du in Fürstenfeldbruck *warst*?! Der Mensch hat bisher 100 Bändchen gemacht. Damit kommt er kaum weit. Von den 20 Belegen bekam ich erst 5. *Was* er wohl tut und plant, der Narr?!» (Monika Mann an Richard Raupach, «Capri (Napoli) / 10.I.61». Aus einem unveröffentlichten Brief, handschriftlich. In: MON). Der auch unter dem Pseudonym «Heinz Elm» bekannte Verleger Paul Heinzelmann (1903–1961) war zu diesem Zeitpunkt schwer krank und konnte sich nicht mehr bei Monika Mann zurückmelden (vgl. die Gedenkschrift seines Enkels Bernhard Heinzelmann: «‹Sei Mensch!›: Versuch über die jugendbewegten Berliner Jahre des Druckers und Kleinverlegers Heinz Elm». In: «Zeitschrift für Museum und Bildung», Nr. 59, 2003, S. 64–89).

Bruno Walter: Dirigent und langjähriger Freund der Familie (1876–1962).
Schnabel: der Pianist und Komponist Artur Schnabel (1882–1951). Vgl. die Anmerkung zu «Edwin Fischer» im vorliegenden Band, S. 328.
Hiddensee: Sommerurlaub mit der Familie 1924.
Jenö Lányi: Monika Mann heiratete den ungarischen Kunsthistoriker im März 1939. Vgl. die Anmerkung zum Brief an Katia Mann vom 31. August 1939 im vorliegenden Band, S. 338. Jenö Lányi ertrank nach der Torpedierung der «City of Benares» am 17. September 1940.
ich übersetzte den Turning Point: das Erscheinen der deutschen Ausgabe von «The Turning Point» (New York: L. B. Fischer 1942) erlebte Klaus Mann nicht mehr. Die Erstausgabe von «Der Wendepunkt» erschien 1952 posthum im Frankfurter S. Fischer Verlag. In ihr dankt Klaus Mann der Schwester in einer Nachbemerkung für die Rohübersetzung der ersten sechs Kapitel seiner zweiten Autobiographie.
Freundin Kadidja Wedekind: die seit ihrer Jugend mit Monika Mann befreundete Autorin und Schauspielerin Kadidja Wedekind (1911–1994). Vgl. die Anmerkung unter «Treuer alter, K.» im vorliegenden Band, S. 326.
Ich re-emigrierte: 1952 endgültige Rückkehr nach Europa, 1958 Wiederannahme der deutschen Staatsangehörigkeit in Neapel.

206 **Erinnerungsbilder**

«Sonntagsblatt» der/des «Staats-Zeitung und Herold», 16. November 1952. In: MON.

211 **Rauschgold**

«St. Galler Tagblatt», 30. Dezember 1962. In: MON. An diesem Text entzündete sich erneut die Debatte um Monika Manns Veröffentlichungen. Siehe auch den in diesem Band abgedruckten Brief Erika Manns an Monika Mann vom 13. Januar 1964 «Dear Morrr», S. 192.

Zur Zeit des «Zauberbergs»: Thomas Manns Roman «Der Zauberberg», 1924 in zwei Bänden im Berliner S. Fischer Verlag erschienen.
Föhringer Allee: Wohnsitz der Familie Mann in der Poschingerstraße 1 im Münchner Herzogpark, die an die Föhringer Allee grenzte. Die Föhringer Allee ist inzwischen in Thomas-Mann-Allee umbenannt worden.
Hans Castorp: Hauptfigur des Romans «Der Zauberberg».
Großvater und Großmutter: der mit seiner Ehefrau, der Schauspielerin Hedwig Pringsheim (1855–1942), in der Münchner Arcisstraße residierende Mathematikprofessor Alfred Pringsheim (1850–1941), Katia Manns Eltern.
Bauschan: literarisch verewigt in Thomas Manns Idylle «Herr und Hund», die nach einer limitierten Vorzugsausgabe 1919 zusammen mit «Gesang vom Kindchen» im Berliner S. Fischer Verlag erschien.

214 **Ein Brief**

«Staats-Zeitung und Herold», 3. Juli 1948. In: MON.
U. B.: nicht ermittelt.

Berlin: Monika Mann lebte unmittelbar vor dem Gang ins Exil für einige Zeit in Berlin, traf dort mit Klaus und Golo Mann zusammen und folgte im Mai 1933 ihrer Familie in die Emigration nach Bandol.

219 **Fünfzigmal erlebte ich den Rosenmonat**

«Welt am Sonntag», 5. Juni 1960. In: MON.

Schloßschule Salem: Aufenthalt in dem von Kurt Hahn und dem früheren Reichskanzler Prinz Max von Baden 1920 gegründeten Internat am Bo-

densee in den Schuljahren 1924–1926. Auch der Bruder Golo Mann war Schüler in Salem.
tschechische Staatsbürgerin: Vereidigung auf die tschechische Staatsbürgerschaft am 22. April 1938 im tschechischen Konsulat in Zürich.
Jenö Lányi: den ungarischen Kunsthistoriker Jenö Lányi lernte Monika Mann in Florenz kennen. Gemeinsam emigrierten sie über Wien und Zürich nach London. Dort heirateten sie am 2. März 1939.
Londoner «Blitzkrieg»: Luftangriffe der Deutschen im Sommer / Herbst 1940.
sechsmal «cross-continent»: Fahrten von New York nach Pacific Palisades, Los Angeles.
Schumanns «Carneval» und «Kreisleriana»: nach dem Umzug nach New York 1942 setzte Monika Mann ihre Klavierstudien fort und nahm Unterricht bei dem Pianisten Kurt Appelbaum.
«Lotte in Weimar»: Roman ihres Vaters Thomas Mann. Erstausgabe: Stockholm: Bermann-Fischer 1939.
Rhododendrenwäldern Vermonts: längere Aufenthalte in dem US-Bundesstaat seit Mitte der vierziger bis Anfang der fünfziger Jahre.
Herzogspark: «Herzogpark», Wohnviertel im Münchner Stadtteil Bogenhausen. Wohnsitz der Familie Mann in der Poschingerstraße 1 von 1914 bis 1933.
Italien: ab 1952 Aufenthalte in Bordighera an der italienischen Riviera und in Rom. Per Zufall entdeckte Monika Mann Capri und verbrachte schließlich über dreißig Jahre ihres Lebens dort (1954–1986). 1958 nahm sie in Neapel die deutsche Staatsbürgerschaft wieder an. Solange sie auf Capri lebte, zog es Monika Mann aber nur sporadisch in die alte Heimat. Im Sommer hielt sie sich bevorzugt im Gebirge bei Bozen auf und besuchte regelmäßig ihre Mutter in Kilchberg bei Zürich.
Kaiser Tiberio: der Kaiser Tiberius regierte das Römische Reich von 27 n. Chr. bis zu seinem Tod im Jahr 37 n. Chr. von Capri aus.

Von Meer und Mama 221

«ZEITmagazin», Nr. 17, 19. April 1985. Folge VIII der unter dem Motto «Wenn ich ein Tagebuch schriebe» von Rolf Hochhuth herausgegebenen «Tagebuchblätter». In: DLA.

ein Buch, das die Mama über mich führte: dieses Notiz- oder Tagebuch gilt ebenso wie das von Golo, Erika und Klaus Mann als verschollen.
Aissi: der Bruder Klaus Mann.

224 **Autobiographisches**

«Neue Deutsche Hefte», Jg. 27, Nr. 166, Heft 2, 1980, S. 275–277. In: Privatsammlung.
Großvater Ofays: «Ofay oder «Ofey», der Großvater Alfred Pringsheim (1850–1941).
Freund A.: Antonio Spadaro (1907–1985).

TEIL VII
«Eigentlich bin ich immer so kompliziert allein» – Aus dem Briefwechsel

Zitat im Kapiteltitel: Monika Mann an Richard Raupach, 2. April 1958. Unveröffentlichter Brief, handschriftlich. In: MON.

230 **AN KATIA MANN**

«21, Stanley Gardens / London W. 11 / 31. August 1939». Unveröffentlichter Brief, handschriftlich. In: TMA. Archivalische Notiz: «[Monika Mann an Katia Mann, P.st. 30. 8. 1939]».

London: Monika Mann und Jenö Lányi lebten seit Ende des Jahres 1938 in London und heirateten dort am 2. März 1939 (vgl. «Certified Copy of an Entry of Marriage». In: General Register Office, London). Thomas und Katia Mann besuchten sie auf ihrer Durchreise nach Schweden vom 18. bis 23. August 1939.
Gret – Bibi: der Bruder Michael Mann und die Schwägerin Gret, geb. Moser. Heirat am 6. März 1939 in New York. Nach der Rückkehr nach Europa setzte Michael Mann sein Geigenstudium bei dem bekannten Violinisten Carl Flesch fort. Nach dem deutsch-sowjetischen Nichtangriffspakt im August 1939 Flucht nach London, wo sich auch sein Lehrer im Exil aufhielt.
L.: Jenö Lányi.
Mr. H. N.: Sir Harold Nicolson (1886–1968), britischer Diplomat, Politiker, Schriftsteller und Publizist. Der Botschaftsrat und gute Deutschlandkenner gehörte 1935–45 als Abgeordneter der National Labour Party dem Unterhaus an. Thomas Mann schreibt vor der Abreise aus London in seinem Tagebuch: «Abschied von den jungen Leuten, denen im Kriegsfall Protektion Murrays und Nicolsons zu erwirken. Das zart verkümmernde Wesen Moni's gibt rührend zu denken» (TM Tb, 23. August 1939).
Mißgeschick: Erika Mann befand sich auf der Reise zu ihren Eltern nach

Saltsjöbaden. In Amsterdam verschwand kurzfristig ihr Gepäck mit wertvollen Materialien (vgl. TM Tb, 26. August 1939).
Paris: Monika Mann weilte 1929 zu Studienzwecken einige Zeit in Paris, nachweisbar auch durch einen Brief Monikas an Erika Mann vom 18. Dezember 1929 (in: MON).
Urgreise: Kosename für die Großeltern Hedwig und Alfred Pringsheim. Ihre Ausreise von Deutschland in die Schweiz stand kurz bevor, am 31. Oktober 1939 erreichten sie Zürich, unmittelbar vor der endgültigen Schließung der Grenzen.
Schweizer Golette: Golo Mann, der sich von 1937 bis 1940 vorwiegend in Zürich aufhielt. Hier arbeitete er an der bis 1940 erscheinenden Exilzeitschrift «Maß und Wert» mit, deren Redaktion er 1939 übernahm.
Tanten: Käthe Rosenberg (1883–1960) und Ilse Dernburg (1880–1965), Cousinen von Katia Mann, die nach London emigriert waren.
grellem Üsewesen: «Das Wort ‹üsis› spielte eine enorme Rolle in unserem Sprachschatz (und spielt sie übrigens heute noch). Es ist in seiner Herkunft und seiner Bedeutung nicht ganz leicht zu erklären. Ursprünglich von ‹putzig› abgeleitet und über ‹usig›, ‹üsig› zu seiner endgültigen Form ‹üsis› sich entwickelnd, wurde es zunächst auf Puppen und auf Tiere angewendet. Es bezeichnet auf eine vage und zärtliche Weise alles, was ungeschickt, rührend, bemüht, großäugig-drollig, ungelenk-sympathisch auf uns wirkte. Kälber oder Füllen konnten üsis sein, Puppen oder kleine Kinder mit erstauntem, hilflosem Ausdruck im Gesicht; in seltenen Glücksfällen sogar Erwachsene» (Klaus Mann: «Kind dieser Zeit». Erw. Neuausg. Reinbek: Rowohlt 2000, S. 32).
Flesch: Carl Flesch (1873–1944), ungarischer Violinist und Violinpädagoge jüdischer Abstammung, bei dem Michael Mann in London ein Geigenstudium absolvierte.
Zauberer: Kosename für den Vater Thomas Mann.

JENÖ LÁNYI [UND MONIKA MANN] AN FRANZ BAERMANN STEINER 231

«Kistor Hotel / Torquay / 28. 10. 39». Unveröffentlichter Brief, maschinenschriftlich mit handschriftlichen Ergänzungen. In: DLA. Grammatikalische Eigentümlichkeiten wurden unverändert übernommen und sind nicht als Fehler bei der Drucklegung zu verstehen.

Torquay: Stadt an der Südküste Englands, Grafschaft Devon.
Dr. Steiner: Franz Baermann Steiner (1909–1952), Anthropologe und Lyriker, in Prag geboren, Emigration über Wien nach England. Er konnte

1939 in Oxford Fuß fassen und erhielt zeitweise ein Stipendium der tschechoslowakischen Exilregierung. Mit Elias und Veza Canetti, die er bereits aus Wien kannte, nahm er in England erneut Kontakt auf.
«Beruf»: «1929 promovierte der junge Ungar über Jacopo della Quercia bei Wilhelm Pinder in München. Vorübergehend ist Lányi daraufhin an den Staatlichen Museen in Berlin beschäftigt. Seit Anfang der dreißiger Jahre setzt er seine Studien am Kunsthistorischen Institut in Florenz fort. Sein vorrangiges Interesse gilt dabei der Skulptur Donatellos» («Die Kinder der Manns. Ein Familienalbum». Hg. von Uwe Naumann in Zusammenarbeit mit Astrid Roffmann. Reinbek: Rowohlt 2005, S. 145).
Belegmaterial: posthum erschien auf der Grundlage seiner Materialien die Studie: H. W. Janson: «The Sculpture of Donatello. Incorporating the notes and photographs of the late Jenö Lányi». Princeton: Princeton University Press 1957. Vgl. die Anmerkung zu Monika Manns Brief an Klaus Mann vom 12. November 1945 im vorliegenden Band, S. 327 f.
Schwiegervater: Thomas Mann.
September in London: Thomas und Katia Mann besuchten die Lányis auf ihrer Durchreise nach Schweden vom 18. bis 23. August 1939 in London.
M. u. W.: «Maß und Wert» (1937–1940), die von Thomas Mann und Konrad Falke herausgegebene Exilzeitschrift erschien im Verlag Oprecht in Zürich. Golo Mann hatte zu diesem Zeitpunkt die Redaktion von Ferdinand Lion übernommen.
Freund Canetti: Elias Canetti (1905–1994), Schriftsteller, emigrierte 1938 von Wien nach London.

233 AN ARNOLD SCHÖNBERG

«65, Stockton Street / Princeton, N. J. / 29. Januar 1941». Unveröffentlichter Brief, maschinenschriftlich. In: SCH.

Arnold Schönberg: Komponist, Schöpfer der Zwölftonmusik (1874 bis 1951). In ihrem Text «Ich besitze kein Autogramm» und in ihrem Brief an H. H. Stuckenschmidt vom 30. Juli 1972 schildert Monika Mann ihre Begegnungen mit Schönberg. Vgl. die Anmerkungen im vorliegenden Band, S. 308 f.
Fritz Kolisch: vermutlich Schönbergs Schwager, der Violonist Rudolf Kolisch (1896–1978). Vgl. die Anmerkung zu Monika Manns Brief an H. H. Stuckenschmidt vom 30. Juli 1972 im vorliegenden Band, S. 309.
Peter Stadlen: österreichischer Pianist und Komponist (1910–1996), Freund von Monika Mann aus ihrer Wiener Zeit, war in Australien interniert und lebte nach seiner Freilassung bis zu seinem Tod in England. Mo-

nika Mann plante, sich noch an weitere prominente Fürsprecher zu wenden, um Stadlen aus der Internierung zu befreien: «Moni, beleidigt, weil ihr ein Brief an Mrs. Roosevelt zugunsten ihres Freundes in Australien verweigert wurde, erscheint nicht zum Abendessen» (TM Tb, 7. August 1941).
Längi-Mann: die Wiedergabe entspricht der Schreibweise von Monika Mann in diesem Brief (Absender und Unterschrift). Vermutlich dem Amerikanischen angepasst.

AN VIVIAN UND CHARLES NEIDER 235

«334 S. Alvarado Street / Los Angeles 5, California». Archivalische Notiz: «Nov. 6, 1948». Unveröffentlichter Brief, handschriftlich. In: TMC. Published with permission of the Princeton University Library. Lektorat der Übersetzung: Dr. Fredric Kroll, Freiburg.

Übersetzung:

334 S. Alvarado Street
Los Angeles 5, California
[6. November 1948]

Liebste Vivian und lieb(st)er Charles!!
Ich wollte Euch nur ein paar Zeilen schreiben, um unnötige Bedenken zu vermeiden, die Ihr Euch über mich machen könntet. Die Dinge laufen verhältnismäßig reibungslos. Die Angelegenheit mit den Eltern ist wahrscheinlich weniger tragisch, als es zunächst schien. Es «funktionierte» diesmal «ganz einfach nicht» – irgendwie hat es noch nie so «richtig» geklappt – und eine Art von «Explosion» kam dabei heraus: mußte dabei wohl herauskommen. *Sie* kommen gut zurecht, das nehme ich an – und ich – auch gut. Ich sehe sie gelegentlich, und die Dinge werden sich nach und nach wieder einrenken.
Ich beabsichtige jetzt einigermaßen ernsthaft, wieder nach New York zurückzukehren … wenn nur das Wohnungsproblem nicht wäre. Aber ich vermute, das *muß* sich erledigen und *wird* sich erledigen. (Falls Ihr *zufällig* irgend etwas *seht*, bitte zieht es in Betracht! Und sagt es auch Euren Freunden: manchmal ziehen Leute aus … vielleicht Eure Freunde – ich hab' die Namen vergessen, verzeiht mir! – der Schriftsteller und der Tänzer; und der Literaturprofessor …).
Momentan habe ich eine Aufgabe – der Ehemann meiner Freundin Therese hatte eine Operation (Rückgrat) – und nun ist er zu Hause unter *meiner* Aufsicht: das heißt, ich koche das Mittagessen usw. Wenn Therese

abends nach Hause kommt, meint sie, ich sei wundervoll. Sie sind beide ganz liebe Menschen – beide Schriftsteller – und es ist gut, sie zu haben. Natürlich haben sie kein Geld – und wir leben sozusagen – nicht wie Könige, aber was soll's. – Ich habe eine Menge Zeug geschrieben. Wie kommst Du voran, Charly? Habe gesehen, daß Du prächtige Besprechungen Deiner Anthologie hattest. «Das Beste, was wir je gesehen haben, mit einer sehr klugen Einleitung». *Glückwunsch! Wie geht's Vivian?* Wie geht's Mademoiselle? Wie geht's meinem Zögling? Wie geht's meinem Schneider? (Das graue Kleid wurde *geändert!*) Wie geht's Eurem Wagen? Übrigens, Doris scheint ein abscheuliches, ungeheuerliches, rücksichtsloses kleines Huhn zu sein: sie hat mich *nicht* angerufen – und ist jetzt wohl schon nach Mexiko fort. So ein Esel! Statt dessen hat sie mit meinen Eltern angebändelt, die Hexe!

Und was denkt ihr über den Dr. Faustus? Es ist an der Zeit, daß Charles eine günstige Besprechung darüber schreibt!! Habt Ihr die Saturday Review gesehen? Sie war *sehr gut*. (Der New Yorker schamlos! So waren die meisten anderen: kein Geist, nichts. Papa ist wahrscheinlich empört: er *könnte* sogar Schweizer Bürger werden, wenn ihr *mich* fragt.)

Von Klaus höre ich nichts. Er ist in Amsterdam bei Querido – hoffe, es geht ihm gut.

Liebe Freunde, ich muß jetzt schlafen gehen. Wollt Ihr freundlicherweise meine Liebe entgegennehmen

alle beide
und bitte denkt
an Eure
alberne
Moni

Vivian: Vivian Neider, erste Ehefrau von Charles Neider.

Charles: der amerikanische Schriftsteller, Kritiker und Editor Charles Neider (1915–2001), Mitarbeiter bei Klaus Manns Zeitschrift «Decision». Monika Mann wohnte nach Aussagen von Charles Neider manchmal bei ihm in New York. Er tröstete sie, wenn es ihr schlechtging, und unterstützte ihre schriftstellerischen Ambitionen (vgl. auch Heinrich Breloer: «Unterwegs zur Familie Mann. Begegnungen, Gespräche, Interviews». Frankfurt a. M.: S. Fischer 2001, S. 348–350).

«explosion»: im Sommer 1948, während eines ihrer Besuche in Pacific Palisades, kulminierten die Konflikte zwischen Monika Mann und ihren Eltern. Ihr wird Egoismus und fehlendes Engagement vorgeworfen, sie leidet an ihrer Einsamkeit und traumatischen Vergangenheit. Das Haus ist überfüllt von Kindern und Enkeln, Klaus Mann unternimmt einen

Selbstmordversuch und Monika Mann fühlte sich vernachlässigt. Die Einträge im Tagebuch Thomas Manns steigern sich: «Monika, wunderliche Hausgenossin, bedrückt und reizt K[atia] so sehr, daß ihr Weggang zu wünschen» (TM Tb, 10. August 1948), «Beim Frühstück mit K. über das trübe Problem Moni. Lehnte die Hypothese eines physischen Gehirnleidens ab» (ebd., 15. August 1948), «Verstimmungen und Mißlichkeiten mit der armen Monika, die möglichst bald fort muß. Golo mit der Verhandlung dringend beauftragt» (ebd., 24. August 1948), «Beschluß, die arme Moni eine Stunde weit in das anthroposophische Guest House zu expedieren, wo Heinrich und Huxley zeitweise lebten» (ebd., 27. August 1948), «Moni nach arger Szene, blödem Gebahren, von Gret zu größter Erleichterung K.'s expediert» (ebd., 28. August 1948), «Erika zu Besuch mit der Nachricht, daß [Moni?] von ihrem Aufenthalt entwichen, sich bei einer Bekannten in L. A. befindet u. nach einem Nervenarzt verlangt» (ebd., 1. September 1948).

Thomas Mann erwähnt in seinem Tagebuch ein «anthroposophisches Guest House», in dem die Tochter untergebracht wurde. Katia Mann spricht demgegenüber in einem ihrer unveröffentlichten Briefe von einem «indischen Tempelsanatorium» (Katia Mann an Klaus Mann, «29. [August] 1948» – von ihr selbst vermutlich falsch datiert auf den «29.IX.1948», in: MON). Gemeint war tatsächlich das Ananda Ashram in La Crescenta nahe Los Angeles, in dem Heinrich Mann im September 1944 zu einem Kuraufenthalt weilte.

Therese: vermutlich Therese Pohl (vgl. TM Tb, 14. November 1948), Lebensdaten nicht ermittelt.

Anthologie: «The Stature of Thomas Mann». Edited by Charles Neider. New York: New Directions 1947. Monika Mann veröffentlichte dort ihren ersten Text «Papa» in englischer Sprache.

Dr. Faustus: Thomas Mann: «Doktor Faustus. Das Leben des deutschen Tonsetzers Adrian Leverkühn, erzählt von einem Freunde». Stockholm: Bermann-Fischer 1947.

Klaus: ihr Bruder Klaus Mann, der ab August 1948 für kurze Zeit eine Anstellung als Lektor im Bermann-Fischer / Querido-Verlag in Amsterdam innehatte.

AN ANNA JACOBSON 236

«334 S. Alvarado Street, Los Angeles 5, Calif. / 16. November 1948». Unveröffentlichter Brief, handschriftlich. In: Nachlass Anna Jacobson in der Sammlung Ulrich Kocher, Reutlingen.

Anna Jacobson: Germanistin (1888–1972). 1924 bis 1956 Professur am Hunter College, New York. Korrespondenz mit Thomas und Katia Mann sowie mit Golo, Erika und Monika Mann. An ihrem College setzte sich Anna Jacobson für die Vermittlung deutscher Gegenwartsliteratur ein. Sie organisierte zahlreiche Lesungen Thomas Manns in den USA. Ebenso bestand Kontakt zu Monika Mann in New York und ein freundschaftlicher Briefaustausch von 1945 bis 1960. Auszugsweise veröffentlicht in: «Thomas Mann / Katia Mann – Anna Jacobson. Ein Briefwechsel». Hg. von Werner Frizen und Friedhelm Marx. Frankfurt a. M.: Vittorio Klostermann 2005. Die Briefe befinden sich im Besitz von Ulrich Kocher, Reutlingen; Nachlass Anna Jacobson.
San Remo: seit 1942 Wohnsitz der Eltern Katia und Thomas Mann am San Remo Drive 1550 in Pacific Palisades, Los Angeles.
Ich war vorgestern draußen: Besuch Monika Manns mit ihrer Freundin Therese Pohl bei Thomas und Katia Mann in ihrer Villa in Pacific Palisades (vgl. TM Tb, 14. November 1948).
Adornos: Theodor W(iesengrund) Adorno (1903–1969), Philosoph, Soziologe, Musiktheoretiker und Komponist, und seine Frau Gretel, geb. Karplus (1902–1993). Adorno lehrte nach 1933 in Oxford, Princeton und Berkeley und war mit Max Horkheimer und Herbert Marcuse Mitbegründer des «Instituts für Sozialforschung». Er lebte seit der Übersiedlung des Instituts nach Kalifornien in Los Angeles, in der Nähe von Thomas Mann, dem er während der Arbeit am «Doktor Faustus» ein unentbehrlicher Helfer bei der Lösung musikalischer Probleme wurde. Adorno kehrte 1949 als Professor nach Frankfurt zurück.
Onkel Heinrich: Thomas Manns älterer Bruder, der Schriftsteller Heinrich Mann (geb. 1871), starb in Santa Monica am 12. März 1950.
Bab: Julius Bab (1880–1955), Schriftsteller, Theater- und Literaturkritiker. Er emigrierte 1938 nach Frankreich und gelangte 1940 in die Vereinigten Staaten, wo er bis zu seinem Tod in New York lebte. Bab war seit etwa 1910 mit Thomas Mann gut bekannt und stand in häufigem Briefwechsel und Meinungsaustausch mit ihm. Er veröffentlichte auch eine Reihe von Artikeln und Aufsätzen über Thomas Mann.
Reisiger: Hans Reisiger, Schriftsteller und Übersetzer (1884–1968), den Thomas Mann spätestens seit 1913 kannte, gehörte zu den engsten Freunden des Hauses Mann. Reisiger machte Thomas Mann auf die Werke Walt Whitmans aufmerksam, die er übersetzte. Seit 1933 besuchte Reisiger die Familie Mann mehrfach in Zürich. In der Zeit des amerikanischen Exils ab 1938 verlor sich der Kontakt. Nach Kriegsende setzte sich Reisiger gegen den Vorwurf zur Wehr, die Verbindung zur Familie Mann abgebrochen und Deutschland nicht verlassen zu haben. Erneute Intensivierung

des Kontakts. Im «Doktor Faustus» hat Thomas Mann seinen Freund in der Figur des Rüdiger Schildknapp porträtiert.

AN ANNA JACOBSON 238

«23. Mai 1949». Briefkopf des Hotels: «Urban Hotel Garni Zürich», «Stadelhoferstr. 41». In Auszügen im Briefwechsel Thomas und Katia Manns mit Anna Jacobson veröffentlichter Brief, handschriftlich (vgl. «Thomas Mann / Katia Mann – Anna Jacobson. Ein Briefwechsel», a. a. O., Anmerkung 306, S. 121 f.). In: Nachlass Anna Jacobson in der Sammlung Ulrich Kocher, Reutlingen.

«Sobieski»: erste Europareise nach Kriegsende im Mai 1949. Monika Mann unternahm diese gemeinsam mit dem Bruder Michael Mann, genannt «Bibi». Die beiden reisten mit der polnischen Transatlantiklinie «Sobieski», deren Route von New York u. a. über die Zwischenstationen Gibraltar, Cannes und Genua nach Neapel führte.
traurige Botschaft: Tod Klaus Manns am 21. Mai in Cannes.
Bruno Eisner: der Berliner Pianist und Musikprofessor Bruno Eisner (1884–1978) war 1933 in die USA emigriert, wo er an verschiedenen Colleges lehrte und als Konzertpianist auftrat. Im Exil Kontakte zu Thomas Mann und seiner Familie. Anlässlich des 60. Geburtstags von Monika Mann verfasste Bruno Eisner die Würdigung «Gruß an Monika Mann» (in: «Aufbau», 3. Juli 1970. In: MON).

AN VIVIAN NEIDER 239

«27. August 1949». Briefkopf des Hotels: «Urban Hotel Garni Zürich», «Stadelhoferstr. 41». Unveröffentlichter Brief, handschriftlich. In: TMC. Published with permission of the Princeton University Library. Lektorat der Übersetzung: Dr. Fredric Kroll, Freiburg.

Übersetzung: [Urban Hotel Garni, Stadelhoferstr. 41, Zürich]
27. August 1949

Liebe Vivian! Ich wollte Dir Bescheid geben, daß ich Dich und Charles nicht vergessen habe. Habe ich Dir jemals gesagt, wieviel Freude Du mir mit Deinem Brief über Klaus bereitet hast – ich danke Dir – vielleicht noch einmal. Wie geht es Euch beiden – wie seid Ihr mit der *Hitze* fertig geworden?? Ist M immer noch gemein? Habt Ihr schöne Reisen mit Eu-

rem Wagen unternommen? Ich möchte von Euch hören, daß alles in bester Ordnung ist!
«Moni in Europa» – Comedy Spirituelle in einem Akt. Von Zeit zu Zeit gehe ich in einen amerikanischen Film, um mich in diesem süßen Heimweh zu baden – gemischt mit Stolz, und richte an die Adresse meiner Sitznachbarn den Gedanken: «Was wißt ihr schon über New York ...!» Ich lese ununterbrochen Joseph Conrad, um mein Englisch nicht zu vergessen – aber es schleicht sich ganz leicht aus Deinem Ohr und aus Deinem Gedächtnis hinaus, und Du findest Dich in dieser eher reizlosen Ausdrucksweise zu Hause, die hier gesprochen wird – ich war die ganze Zeit in der Schweiz – und ich sehne mich nach neuen Orten. Zürich war denkbar heiß und langweilig. Für ein paar Wochen bin ich in die Berge gefahren, wo es ganz erfrischend war – abgesehen von dem Mangel an Gesellschaft. Ich habe meinen alten Freund aus London getroffen – ein bewegendes Erlebnis, gelinde gesagt. Das ganze Unternehmen der «Rückkehr» ist eher furchteinflößend und zu vielschichtig, um darüber diskutieren zu können.
Ich habe Freundschaften geschlossen, neue, was nett ist. Ich hoffe, sie werden von Dauer sein. Meine Familie ist wieder in L. A., nachdem mit der Weimarer Rede alles auf den Kopf gestellt wurde usw. Armer Papa, une figure trop parlée.
Ich habe mindestens ein halbes Dutzend Artikel geschrieben – und einer wurde gedruckt, was deprimierend ist, oder?! Wenn ich Glück habe, werde ich künftig mehr Glück haben. Dieser «Weltwoche»-Redakteur wird im September in die U. S. A. reisen. Sein Name ist François Bondy – ein ganz netter Kerl – vielleicht möchtet Charles und Du ihn treffen.
Liebe Freunde, das wäre im Moment alles. Unter meinem Fenster ist ein Zirkus!!! –
Ich küsse Euch, umarme Euch und schicke Euch überhaupt meine
ergebene Zärtlichkeit.
Eure Moni

about Klaus: Klaus Mann starb am 21. Mai 1949 in Cannes an einer Überdosis Schlaftabletten.
M: nicht ermittelt.
«Moni in Europe»: erster Europa-Aufenthalt seit 1940. Überfahrt mit ihrem Bruder Michael von New York nach Genua mit der polnischen Linie «Sobieski» im Mai 1949. Treffen mit den Eltern im Juni 1949 in Zürich.
Joseph Conrad: eigentlich Teodor Józef Konrad Korzeniowski (1857–1924), polnischer Herkunft. 1894 ließ er sich als freier Schriftsteller in England

nieder. Obwohl Conrad die Sprache erst mit neunzehn Jahren erlernte, zählt er zu den Meistern der englischen Literatur.

old friend from London: nicht ermittelt.

Weimar talk: Thomas Manns erste Deutschlandreise nach 1933, die ihn 1949 anlässlich Goethes hundertstem Geburtstag nach Weimar und Frankfurt am Main führte. In beiden Städten nahm er den Goethe-Preis entgegen und hielt seine Rede «Ansprache im Goethejahr 1949». Der Besuch Ostdeutschlands stieß in der noch jungen Bundesrepublik auf Ablehnung.

François Bondy: Redakteur, Schriftsteller und Übersetzer (1915–2003). Freie Mitarbeit bei zahlreichen Schweizer Zeitungen, u. a. politischer Redakteur bei der «Weltwoche» in Zürich.

AN CHARLES NEIDER 240

«I West 89th Str. / New York 24, N. Y. / TEL.: TR4–0635 / 28. August 195[0]». Unveröffentlichter Brief, handschriftlich. In: TMC. Published with permission of the Princeton University Library. Lektorat der Übersetzung: Dr. Fredric Kroll, Freiburg.

Übersetzung:

I West 89th Str.
NEW YORK 24, N.Y.
TEL.: TR4–0635
28. August 195[0]

Lieber Charles!

Hast Du letzte Woche meinen Brief erhalten? Ich bin nach New York gekommen, um meine Eltern zu treffen, was ich dann auch tat. Sie waren ältlich und etwas traurig. Nachdem der Besuch vorbei ist, sitze ich nun in New York und leide. Mein Pennsylvania-Aufenthalt scheint seinem Ende entgegenzugehen. Aber ich habe keinen Grund, in dieser Stadt zu bleiben, ich beabsichtige, den Monat September über auf dem Land zu sein, *ich weiß nicht, wohin ich gehen soll. Weißt Du einen Rat?* Könntest Du mich in Eurem Wagen mitnehmen? – Ich werde Dir gerne das Benzin bezahlen und alle Kosten für den Verbrauch. Es wäre nur eine phantastische Hilfe, mit Dir zu reisen, da ich mich allein in einem Zug so aufgeregt, verloren und hilflos wie ein Schaf unter Wölfen fühle ... genug für einen Zusammenbruch ... Und vor allem weiß ich nicht, *wohin* ich gehen soll. Ich schreibe Dir dies in einem Brief, weil ich es am Telefon nicht schaffe und ich zum Sprechen insgesamt zu verwirrt und «entwurzelt» bin.

Du weißt um die Tatsache, daß die mexikanische Sache, aus der nichts geworden ist, einige Verwirrung in mein ganzes Dasein gebracht hat. Es ist

die Frage, ob und wann meine Vorstellungskraft einen Ersatz finden wird für etwas, das zu machen ich mich entschlossen hatte. Es scheint ein Loch dort zu sein, das ich flicken muß …
Charles, würdest Du mich freundlicherweise sofort wissen lassen, was Du für mich tun kannst, ich wäre glücklich.
Vielleicht wirst Du mit Vivian ohnehin an irgendeinen Ort gehen, und ich könnte Euch begleiten und einige Wochen dort bleiben.
Eine Sache noch: A. Skulsky, den Du getroffen hast, als er das Geld abgeholt hat, könnte er sich eventuell zu uns gesellen? Er ist ein ganz lieber Mensch, und ich würde ihn möglicherweise zum Ausgehen einladen, wenn ich irgendeinen Ort finde, wo ich als Haushaltshilfe arbeiten kann.
Charles, ich warte auf Deine freundliche Antwort.
Es ist wichtig, wirklich dringend.

Mit liebevollen Grüßen für Dich und
Vivian.
Deine Moni

my parents: Treffen mit den Eltern im August 1950 in New York (vgl. TM Tb, 22., 23. und 25. August 1950).
Pennsylvania-stay: Monika Mann war im April 1950 aus Europa nach New York zurückgekehrt. Nach einem Aufenthalt in Honesdale, Pennsylvania, lebte sie zu diesem Zeitpunkt wieder in der Metropole New York.
Mexican-thing: an Hermann Kesten schreibt Monika Mann am 11. August 1950: «Sie werden Augen machen, wie man sich wieder akklimatisieren muß, nach so langem europäischen Herumtreiben, ich kann ein Liedchen davon singen.
Ich tat nicht viel. Meine Mexikoreise ist wegen bürokratischer Hindernisse vorderhand Essig.
Indessen sitze ich irgendwo im Grünen – und führe ein surrealistisches Leben» (unveröffentlichter Brief, handschriftlich. In: MON).
A. Skulsky: nicht ermittelt.

241 **AN HERMANN KESTEN**

«Interlaken, Mass./25. Sept. 1951». Unveröffentlichter Brief, handschriftlich. In: MON.

Interlaken: Ortschaft in der Berkshire County, Massachusetts, zwischen Stockbridge und Lenox.
Kesten: der Autor, Kritiker und Herausgeber von Anthologien Hermann Kesten (1900–1996). Arbeitete für den Berliner Verlag Kiepenheuer, in

der Emigration für die deutsche Abteilung des holländischen Exilverlags Allert de Lange in Amsterdam. Befreundet mit Klaus Mann seit den Emigrantenjahren, dessen literarischen Werke und Exilzeitschrift «Die Sammlung» ebenso in Amsterdam verlegt wurden – im Querido Verlag, der wie der Verlag Allert de Lange nach 1933 eine deutschsprachige Abteilung für Exilautoren eingerichtet hatte. Von Kesten ging der Impuls zu Klaus Manns Roman «Mephisto» aus. Kontakte zu Thomas, Katia und Erika Mann. Nach dem Krieg Mitarbeit im Querido Verlag in Amsterdam, danach im Kurt Desch Verlag, Berlin, sowie zahlreiche Ehrenämter im Literaturbetrieb. Lebte von 1953 bis 1977 überwiegend in Rom und starb in Basel.

«interessanten Schule»: die Stockbridge School in Massachusetts unter damaliger Leitung von Hans Maeder. Die Inschrift lautet noch heute: «Give Your Best To Dear Old Stockbridge · Body · Heart · Soul (1918)». Heute ist die Schule als «College of Natural Resources and the Environment» der University of Massachusetts angeschlossen.

Nachruf auf Schnabel: «Zum Andenken an Artur Schnabel – den Pianisten», veröffentlicht im «St. Galler Tagblatt», ohne weitere Angaben. In: MON. Artur Schnabel starb am 15. August 1951 in der Schweiz.

Aufsatz über das «Nationale Gefühl»: «Über das nationale Gefühl». Erschienen in: «Neue Literarische Welt» (Darmstadt), hg. von der Deutschen Akademie für Sprache und Dichtung, 10. März 1952. In: MON.

New York: Treffen mit den Eltern Katia und Thomas Mann sowie Hermann Kesten in New York (vgl. TM Tb, 1. Oktober 1951). Nach ihrer Rückkehr nach Massachusetts schreibt Monika Mann einige Wochen später, am 10. Oktober 1951, an Kesten: «Lieber Hermann Kesten! Nun ist es eine Woche, daß wir zusammen am Broadway spazierten und auf der verwüsteten Allee am Hudson. Der Umbruch New York – Interlaken ist so groß, daß es mir hundert Jahre lang her scheint» (unveröffentlichter Brief, handschriftlich. In: MON).

Tanglewood-Musik-Festspiele: im 19. Jahrhundert schrieb Melville in Pittsfield «Moby Dick» und in Lenox hatte sich der befreundete Schriftsteller Nathaniel Hawthorne niedergelassen. Die Berkshire County in Massachusetts konnte damals wie heute mit einem sommerlichen Kulturangebot aufwarten, das Monika Mann nutzte. Sie nahm dort an Schreibkursen teil und besuchte das Tanglewood-Festival, berühmt für seine Musikdarbietungen. Auch ihr früherer Lehrer aus der Florentiner Zeit, der bedeutende Komponist Luigi Dallapiccola, hielt hier am Berkshire Music Center in Tanglewood in den Jahren 1951 und 1952 Kompositionskurse ab.

242 AN HERMANN UND TONI KESTEN

«Hillsdale, N. Y. / 30. Mai 1952». Unveröffentlichter Brief, handschriftlich. In: MON.

Hillsdale: nahe an der Grenze zu Massachusetts gelegene Stadt im Bundesstaat New York.
Citizenship: im Juni 1952 Erhalt der amerikanischen Staatsbürgerschaft. Beschrieben auch in «Schule der Weltbürger» im vorliegenden Band, S. 38 f.

242 AN HERMANN KESTEN

«Hillsdale, N. Y. / 23. August 1952». Unveröffentlichter Brief, handschriftlich. In: MON.

Conte Biancamano: gemeinsame Schiffsfahrt vom 12. bis 27. September 1952 mit ihrer Schwester Elisabeth Mann Borgese und ihrem Schwager Giuseppe Antonio Borgese von New York nach Genua.
Maeders: Hans Maeder, damaliger Leiter der Stockbridge School.
Titus: «La clemenza di Tito», Oper von Wolfgang Amadeus Mozart, 1791 in Prag uraufgeführt.
Dallapiccola: Luigi Dallapiccola (1904–1975), italienischer Komponist und Pianist. In den dreißiger Jahren nahm Monika Mann in Florenz Klavierunterricht bei ihm. 1951 und 1952 gab Dallapiccola Kompositionskurse am Berkshire Music Center in Tanglewood.
Maurice Grozin: nicht ermittelt.
Georges Schlocker: Schweizer Publizist (gest. 2005), lebte teilweise in Paris. Schlocker schrieb eine Würdigung zu Monika Manns 70. Geburtstag: «Gruss an Monika Mann von Georges Schlocker» («Basler Zeitung», 7. Juni 1980. In: MON). An Werner Helwig schreibt Monika Mann am 18. Mai 1980: «Und Georges Schlocker, den Golo den ‹armen Schlocker› nennt – ja ja, den kenn ich lang. Sicher schreibt er was Nettes, *wo* weiß ich nicht, bin seit Jahrzehnten außer Kontakt. À vous! Moni» (unveröffentlichter Brief, handschriftlich. In: WH).

244 AN HERMANN KESTEN

«‹Conte Biancamano› / Cabine Class / Cabina 183 / 8. September 1952». Unveröffentlichter Brief, handschriftlich. In: MON.

«Ihr Rome»: Schreiben ist nicht erhalten.

AN HERMANN KESTEN 245

«Bordighera». Archivalische Notiz: «1952». Unveröffentlichter Brief, handschriftlich. In: MON.

M. Kienast: nicht ermittelt.
Schwester Elisabeth: Elisabeth Mann Borgese lebte zu dieser Zeit in Fiesole bei Florenz. Ihr Mann Giuseppe Antonio Borgese starb überraschend am 4. Dezember 1952 in Fiesole.

AN HERMANN [UND TONI] KESTEN 245

«Rom, 10. Mai 1953». Unveröffentlichter Brief, handschriftlich. In: MON.
Elternbesuch: Aufenthalt von Thomas und Katia Mann in Rom vom 20. bis 30. April 1953. Mehrmalige Treffen mit Monika Mann, die damals in der italienischen Hauptstadt lebte.
Negerdichters, Pianist: nicht ermittelt.
mein Maler: vermutlich der russische Maler Roman Bilinski (1897–1981), mit dem sie in Bordighera in einem Haus wohnte und der sie offenbar verehrte.
Lowbiers, Jennessons: nicht ermittelt.
Regler: vermutlich der Schriftsteller und Journalist Gustav Regler (1898–1963), der mit Hermann Kesten befreundet war.

AN HERMANN KESTEN 246

«P. B. 23.VI.53». Unveröffentlichter Brief, handschriftlich. In: MON.

Ponte Brolla: Ortschaft im Schweizer Kanton Tessin.
Erlenbach: Schweizer Wohnsitz von Thomas und Katia Mann von Dezember 1952 bis März 1954.

AN RICHARD K. RAUPACH 247

Archivalische Notiz: «Villnös, 30. 3. 1954». Unveröffentlichter Brief, handschriftlich. In: MON.

Villnöß: Tal in Südtirol.

Interview: Richard Raupach: «Begegnung mit Monika Mann». In: «Münchener Jüdische Nachrichten», 30. November 1953. In: MON.
dieser Richard: vgl. die Anmerkung zu «Das Dach ist durchlässig» im vorliegenden Band, S. 302 f. Raupachs Briefe sind nicht erhalten, ihrem weiteren Schriftverkehr ist jedoch zu entnehmen, dass er ihren Erwartungen nicht entsprechen konnte oder wollte.

249 AN RICHARD K. RAUPACH

«Capri / Ende Januar 1955». Unveröffentlichter Brief, handschriftlich. In: MON.

«Goldene»: Goldener Hochzeitstag von Thomas und Katia Mann am 11. Februar 1955 im kleinsten Familienkreis. Monika Mann nahm an der Feier nicht teil.
der «80.»: der 80. Geburtstag von Thomas Mann am 6. Juni 1955, der in Kilchberg und Zürich an mehreren Tagen gefeiert wurde. Auch Monika Mann wohnte den Feierlichkeiten bei.

251 **Statt eines Epilogs: «Auf mein Capri ist der Herbst eingebrochen». Raffaele La Capria begegnet Monika Mann**

Interview Raffaele La Caprias mit Monika Mann zum Tode von Antonio Spadaro: «A Sulla Mia Capri è sceso l'autunno». In: «Corriere della Sera», 28. Mai 1986, S. 13. Lektorat der Übersetzung aus dem Italienischen: Dr. Reinhold Jaretzky, Berlin. Zitierte Passagen innerhalb des Interviews beziehen sich auf Monika Manns Autobiographie «Vergangenes und Gegenwärtiges».

Raffaele La Capria: italienischer Schriftsteller, Drehbuchautor (geb. 1922), lebt in Rom.
Faraglioni: Felsengruppe vor Capri, nahe dem Wohnsitz von Monika Mann und Antonio Spadaro, der «Villa Monacone».
Antonio […] ist tot: Monika Manns Lebensgefährte Antonio Spadaro (* 22. Oktober 1907) starb am 13. Dezember 1985.
alles ist Utopie: ihre dunklen Ahnungen erwiesen sich als berechtigt. Golo Mann schreibt an einen Freund: «Die Schwester, die hier mit mir leben will, heisst in der Tat Monika, und schreiben tut sie auch ein klein bisschen oder tat es wenigstens und durchaus nicht ganz unbegabt. Aber sie ist gemütskrank, viel schlimmer, als ich wusste, und ich kann mit ihr nicht leben. Ich muss da eine Lösung finden und, wohl zum ersten Mal in mei-

nem Leben, ‹hart› sein. Sie hat 32 Jahre auf Capri gelebt mit einem echten Caprenser, der nun gestorben ist. Da sie dort äusserst billig lebte, keine Steuern zahlte und niemandem auf Erden etwas schenkte, so ist sie sehr reich und könnte sich also hier jede beliebige Wohnung suchen. Warum muss es gerade in meinem Haus sein?» (Golo Mann an Peter Marxer, 20. November 1986. In: Golo Mann: «Briefe 1932–1992». Hg. von Tilmann Lahme und Kathrin Lüssi. Göttingen: Wallstein Verlag 2006, S. 300). Damit verkannte er ihre Lage. Sie suchte und brauchte die Nähe eines Menschen, wie so oft in ihrem Leben. Er konnte und wollte das verständlicherweise nicht sein, im Gegenteil, er verließ das Haus, sobald sie dort war. Rechtlich gesehen war sie Miteigentümerin, denn als Einzige der Erbengemeinschaft hatte sie sich ihre Anteile nicht auszahlen lassen. Schließlich lebte sie bei Freunden und Bekannten oder im Hotel und konnte sich selbst nicht mehr versorgen. Golo Mann brachte sie zur Familie seines verstorbenen Adoptivsohns nach Leverkusen, dort wurde sie von Ingrid Beck-Mann gepflegt und starb am 17. März 1992 an einer Lungenentzündung im Krankenhaus.

ihrem Buch, dem einzigen: neben ihrer Autobiographie «Vergangenes und Gegenwärtiges» hat Monika Mann noch vier weitere Bücher veröffentlicht (s. Übersicht in der Zeittafel).

«Für Toni»: Antonio Spadaro. «Vergangenes und Gegenwärtiges» ist ihm gewidmet: «Für Toni».

London: der Schriftsteller Robert Musil (1880–1942) emigrierte 1938 in die Schweiz und lebte dort bis zu seinem Tod. Vorübergehend schlug das Ehepaar Musil in der Züricher Pension Fortuna sein Quartier auf. Auch Monika Mann und Jenö Lányi kamen hier zeitweise unter. Nach deren Übersiedlung nach London ist ein Treffen zwischen Monika Mann und dem Schriftsteller nicht mehr zustande gekommen, Musil stand aber weiterhin in Briefkontakt mit ihr und Jenö Lányi.

Wir haben uns in Zürich kennengelernt: Robert Musil bestätigt dies in einem «nach Mitte November» 1938 geschriebenen Brief an Thomas Mann: «Wir haben jetzt einige Wochen in der gleichen Pension mit Ihrer Tochter Monika zugebracht und sie liebgewonnen. Dr. Lanyi ist ein guter alter Bekannter von mir und ein Mann von bedeutenden Fähigkeiten. Ich freue mich, Ihnen beides sagen zu können. Vorgestern sind sie nach England abgereist.» (Robert Musil: «Briefe 1901–1942». Hg. von Adolf Frisé. Reinbek: Rowohlt 1981, S. 885).

«Der Mann ohne Eigenschaften»: die ersten beiden Bände von Robert Musils Hauptwerk erschienen 1930 und 1933 bei Rowohlt in Berlin. Ein weiterer 1943 von Martha Musil aus dem Nachlass herausgegebener Band blieb unvollendet.

«War er wirklich in Sie verliebt?»: Musils «Verliebtheit» oder Bewunderung, die Monika Mann äußert, mag ein Missverständnis gewesen sein. Für ihn war sie die Tochter des einflussreichen Thomas Mann, von dem er sich finanzielle Unterstützung erhoffte. An Bruno Fürst schreibt er im «April / Mai 1938»: «Vielleicht könnte auch Jenö [Lányi] durch Gottvater [d. i. Thomas Mann] dafür etwas tun, selbst wenn ich dazu nach A. [Amerika] gehen müßte. Lieber Himmel, was bin ich für ein ärmliches Geschöpf!» (Robert Musil: «Briefe 1901–1942», a. a. O., S. 817).
Tod Ihres Mannes: Jenö Lányi ertrank nach der Torpedierung der «City of Benares» am 17. September 1940.
Kokoschka: Oskar Kokoschka (1886–1980), Maler, Graphiker, Schriftsteller. In Österreich geboren, emigrierte über Prag nach London. Seit 1953 Wohnsitz in der Schweiz, wo er in Montreux starb. 1913 Aufenthalt mit Alma Mahler in Neapel und auf Capri. Zahlreiche weitere Italienreisen sind in seiner Biographie vermerkt, ohne explizit einen Besuch seit 1954 bei Monika Mann auf Capri zu erwähnen.

Zeittafel

1910 Monika Mann wird am 7. Juni als viertes Kind und zweitälteste Tochter von Thomas und Katia Mann in München, Franz-Joseph-Straße 2, geboren. Geschwister: Erika Julia Hedwig (1905), Klaus Heinrich Thomas (1906), Angelus Gottfried Thomas (1909), Elisabeth Veronika (1918), Michael Thomas (1919). Im Oktober 1910 Umzug in eine größere Wohnung in die Mauerkircherstraße 13/II. Am 6. Oktober 1910 Taufe im Landhaus in Bad Tölz.

1914 Im Januar Einzug in das neue Haus im Münchener Herzogpark, Poschingerstraße 1. Sommeraufenthalte in Bad Tölz bis zum Verkauf des Landhauses im Jahr 1917.

1916 Besuch mit der Mutter Katia bei der Urgroßmutter Hedwig Dohm in Berlin.

1919 Im September nach dreijährigem Besuch einer Privatschule Eintritt in die Gebele-Volksschule, Bogenhausen.

1920 Besuch der Städtischen Höheren Mädchenschule mit Frauenschule am St. Annaplatz in München.

1924 Aufenthalt in der Schule Schloss Salem. Nach dem Schuljahr 1925/26 Abschluss der Untersekunda.

1926 Musikstudium in Lausanne. Im Anschluss daran Besuch einer Kunstgewerbeschule in München, 1929 einer «Kunstschule» in Paris, 1931/32 Fortsetzung der Ausbildung in Frankfurt am Main.

1930–32 Ferienaufenthalte mit der Familie im neu errichteten Sommerhaus in Nidden auf der Kurischen Nehrung.

1933 Bei Verwandten in Berlin, Zusammentreffen mit den Brüdern Klaus und Golo Mann. Am 30. Januar Ernennung Adolf Hitlers zum Reichskanzler. Am 31. Mai Ankunft bei den Eltern in Bandol an der südfranzösischen Küste. Beginn der Emigration. Bis Jahresende Aufenthalt in Sanary-sur-Mer.

1934 Im Januar Übersiedlung nach Florenz, Klavierstudium bei Luigi Dallapiccola. Dort lernt sie den ungarischen Kunsthistoriker Jenö Lányi (1902–1940) kennen.

1936 Im Dezember Verlust der deutschen Staatsangehörigkeit im Zuge der Ausbürgerung von Thomas und Katia Mann und ihren vier jüngsten Kindern.

1937 Zu Beginn des Jahres Übersiedlung nach Wien, Klavierstudium. Dort lernt sie den Pianisten und Schönberg-Verehrer Peter Stadlen kennen.

1938 Verlobung mit Jenö Lányi, ab Februar Aufenthalt bei den Eltern in Küsnacht bei Zürich. Nach dem Anschluss Österreichs an das Deutsche

Reich kehrt Monika Mann nicht mehr nach Wien zurück. Am 22. April Vereidigung auf die tschechoslowakische Staatsangehörigkeit in Zürich. Nach der Übersiedlung der Eltern nach Princeton von September bis Anfang Dezember mit Jenö Lányi in der «Pension Fortuna» in Zürich. Hier hält sich auch Robert Musil mit seiner Frau auf, der Lányi bereits aus Wien kannte. Ende des Jahres Emigration nach London.

1939 Am 2. März Heirat mit Jenö Lányi im Londoner Exil. Dort leben sie zeitweise mit ihrem Bruder Michael und ihrer Schwägerin Gret in einer Wohnung zusammen. Im August Besuch von Katia und Thomas Mann, die sich auf der Durchreise nach Schweden befinden. Nach Kriegsausbruch am 1. September Flucht von London aufs «Land», für Oktober nachgewiesener Aufenthalt in Torquay an der Westküste.

1940 Der Emigrationsversuch mit der «City of Benares» von Liverpool nach Halifax, Kanada, schlägt fehl. Bei der Torpedierung des Schiffes durch ein deutsches U-Boot am 17. September kommt Monika Manns Ehemann Jenö Lányi ums Leben. Nach einem Aufenthalt in Schottland erneute Schiffsreise nach Amerika. Am 28. Oktober Ankunft mit der «Cameronia» im New Yorker Hafen. Beginn des amerikanischen Exils.

1941 Nach einigen Monaten bei den Eltern in Princeton von März bis Juni Aufenthalt bei ihrem Bruder Michael und dessen Frau Gret in Carmel, Kalifornien. Nach der Übersiedlung von Thomas und Katia Mann an die Westküste Aufenthalt bei den Eltern in Pacific Palisades, Los Angeles. Ab Juli bezieht Monika Mann dort eine eigene Wohnung, spielt viel Klavier.

1942 Im November Umzug nach New York. Klavierstudium bei Kurt Appelbaum.

1944–1945 Seit 1944 in New York mit Unterbrechungen über mehrere Jahre hinweg Wohnung mit Kadidja Wedekind. Im Sommer 1945 Treffen mit Katia und Thomas Mann in New York, begleitet sie auf Einladung von Agnes Meyer hin zu deren Sommersitz in Lake Mohonk.

1947 Beginn der publizistischen Tätigkeit. In der zweiten Jahreshälfte Liaison mit Richard Schweizer.

1948 Bei einem Aufenthalt im Elternhaus in Pacific Palisades kommt es aufgrund starker psychischer Anspannungen zum Eklat. Auf Veranlassung Katia und Thomas Manns bringt sie ihre Schwägerin Gret am 28. August in das Ananda Ashram in La Crescenta nahe Los Angeles. Nur wenige Tage darauf findet Monika Mann auf eigene Initiative hin Zuflucht bei Freunden in Los Angeles.

1949–1950 Nach einem längeren New-York-Aufenthalt im Mai Schiffsreise mit ihrem Bruder Michael nach Genua – erster Europaaufenthalt nach Kriegsende. Auf der Passage über Cannes wartet Klaus Mann vergeblich am Kai auf die Geschwister. Kurz darauf stirbt er in dem französischen Rivieraort am 21. Mai an einer Überdosis Schlaftabletten. Von Juni 1949 bis März 1950 Aufenthalt in Zürich. Über Paris im April 1950 Rückkehr nach New York, in der zweiten Jahreshälfte vorübergehender Aufenthalt in Honesdale, Pennsylvania.

1951 In der zweiten Jahreshälfte Umzug von New York nach Interlaken, Massachusetts. Besuch der Stockbridge School unter damaliger Leitung von Hans Maeder.

1952 Aufenthalte in New York und in Hillsdale im Bundesstaat New York. Im Juni Erhalt der amerikanischen Staatsbürgerschaft. Im September endgültige Rückkehr nach Europa. Überfahrt mit ihrer Schwester Elisabeth und ihrem Schwager Giuseppe Antonio Borgese. Nach einem mehrmonatigen Aufenthalt in Bordighera an der Riviera Wohnsitz in Rom.

1953 Besuch bei den Eltern in Erlenbach, Schweiz. Nach einem Aufenthalt in den Bergen im November erste Wiederbegegnung nach zwanzig Jahren mit ihrer Heimatstadt München. Monika Mann lernt Richard Raupach kennen. Ende des Jahres Rückkehr nach Rom.

1954 Treffen mit den Eltern bei deren Durchreise in Rom. Im Frühjahr Aufenthalt in Bozen, danach wieder in Rom. Kontakte zu Musikern und Schriftstellern, Treffen mit der «Gruppe 47». Vor dem Jahreswechsel Reise und Umzug nach Capri. Lebensgemeinschaft mit Antonio Spadaro, einem gebürtigen Capreser. Fortsetzung und Intensivierung der schriftstellerischen Tätigkeit. Ihre zahlreichen Feuilletons werden hauptsächlich in Schweizer Zeitungen veröffentlicht.

1955 Anlässlich des 80. Geburtstags des Vaters im Juni Aufenthalt in Kilchberg bei Zürich. Tod Thomas Manns am 12. August im Züricher Kantonsspital.

1956 Erste Buchveröffentlichung «Vergangenes und Gegenwärtiges. Erinnerungen». München: Kindler.
Im April Reise nach New York. In den folgenden Jahren Unterbrechung des Capriaufenthalts jeweils von Juli bis September durch Reisen nach Bozen und sich daran anschließende Besuche bei der Mutter Katia Mann in Kilchberg.

1957 Besuch des 1956 gegründeten Thomas-Mann-Archivs in Zürich (Gästebucheintrag vom 29. September).

1958 Im April Wiederannahme der deutschen Staatsangehörigkeit in Neapel.

1960 «Der Start. Ein Tagebuch». Fürstenfeldbruck: Steinklopfer.
Mit Antonio Spadaro im Thomas-Mann-Archiv in Zürich (Gästebucheintrag vom 31. August).

1963 «Tupfen im All». Köln: Jakob Hegner.

1966 «Wunder der Kindheit. Bilder und Impressionen». Köln: Jakob Hegner.

1967 «Der letzte Häftling. Eine wahre Legende in onore eines (letzten) Komponisten». Lohhof bei München: Karl Lemke.

1969 Ihre Schwester Erika Mann stirbt am 27. August nach langer Krankheit im Züricher Kantonsspital.

1976/1977 Michael Mann, der jüngste Bruder, stirbt in der Neujahrsnacht nach dem Konsum von Alkohol und Barbituraten in Orinda, Kalifornien.

1980 Ihre Mutter Katia Mann stirbt am 25. April in ihrem Haus in Kilchberg bei Zürich.

1985 Am 13. Dezember Tod des Lebensgefährten Antonio Spadaro im Alter von 78 Jahren (*22. Oktober 1907) auf Capri.

1986 Umzug nach Zürich, wechselnde Wohnsitze in Hotels und bei Freunden. Ihr Bruder Golo Mann bringt sie Ende der achtziger Jahre nach Leverkusen zu Ingrid Beck-Mann, der Witwe seines Adoptivsohnes.

1992 Am 17. März stirbt Monika Mann in Leverkusen. Sie wird im Grab der Eltern in Kilchberg beigesetzt. Die nicht unmittelbar informierten Medien berichten erst mit einem Monat Verspätung von ihrem Tod.

Personenregister

Die kursiv gesetzten Zahlen bezeichnen die Abbildungen und Anmerkungen.

Bildnachweis

Princeton University Library, Manuscripts Division, Department of Rare Books and Special Collections, Thomas Mann Collection, VII. Photographs and Pictures, Box / Folder 8: Umschlagvorderseite, 17

Literaturarchiv der Monacensia, Stadtbibliothek München: Zeichnung der Villa Monacone auf S. 5, Bilder 1, 4, 6, 18, 19, 20, 27

KEYSTONE / Thomas-Mann-Archiv der Eidgenössischen Technischen Hochschule Zürich: 5, 7, 8, 9, 10, 16

Stadtarchiv München: 2

Thomas-Mann-Förderkreis München e.V., Nachlass Anita Naef in der Universitätsbibliothek Münschen: 3

Privatsammlung: 11, 22

Helga Keiser-Hayne, Prata / Grosseto, Italien: 12

General Register Office, London: 13

Jens Roffmann, Ilsede: 14

Imperial War Museum, London, Negative number ZZZ 2070B: 15

Aus: «Omaggio a Roman Bilinski. 25 febbraio – 18 marzo 1984». Galleria d'Arte Molino delle Armi, Milano [o. J.]: 21

Luciano d'Alessandro, Napoli: 23, 24, 25

Walter Höhn, München: 26